Wolfgang Harsch
Der Midaskomplex

Das Anliegen der Buchreihe BIBLIOTHEK DER PSYCHOANALYSE besteht darin, ein Forum der Auseinandersetzung zu schaffen, das der Psychoanalyse als Grundlagenwissenschaft, als Human- und Kulturwissenschaft sowie als klinische Theorie und Praxis neue Impulse verleiht. Die verschiedenen Strömungen innerhalb der Psychoanalyse sollen zu Wort kommen, und der kritische Dialog mit den Nachbarwissenschaften soll intensiviert werden. Bislang haben sich folgende Themenschwerpunkte herauskristallisiert: Die Wiederentdeckung lange vergriffener Klassiker der Psychoanalyse – wie beispielsweise der Werke von Otto Fenichel, Karl Abraham, Siegfried Bernfeld, W. R. D. Fairbairn, Sándor Ferenczi und Otto Rank – soll die gemeinsamen Wurzeln der von Zersplitterung bedrohten psychoanalytischen Bewegung stärken. Einen weiteren Baustein psychoanalytischer Identität bildet die Beschäftigung mit dem Werk und der Person Sigmund Freuds und den Diskussionen und Konflikten in der Frühgeschichte der psychoanalytischen Bewegung.

Im Zuge ihrer Etablierung als medizinisch-psychologisches Heilverfahren hat die Psychoanalyse ihre geisteswissenschaftlichen, kulturanalytischen und politischen Bezüge vernachlässigt. Indem der Dialog mit den Nachbarwissenschaften wiederaufgenommen wird, soll das kultur- und gesellschaftskritische Erbe der Psychoanalyse wiederbelebt und weiterentwickelt werden.

Die Psychoanalyse steht in Konkurrenz zu benachbarten Psychotherapieverfahren und der biologisch-naturwissenschaftlichen Psychiatrie. Als das ambitionierteste unter den psychotherapeutischen Verfahren sollte sich die Psychoanalyse der Überprüfung ihrer Verfahrensweisen und ihrer Therapie-Erfolge durch die empirischen Wissenschaften stellen, aber auch eigene Kriterien und Verfahren zur Erfolgskontrolle entwickeln. In diesem Zusammenhang gehört auch die Wiederaufnahme der Diskussion über den besonderen wissenschaftstheoretischen Status der Psychoanalyse.

Hundert Jahre nach ihrer Schöpfung durch Sigmund Freud sieht sich die Psychoanalyse vor neue Herausforderungen gestellt, die sie nur bewältigen kann, wenn sie sich auf ihr kritisches Potenzial besinnt.

Bibliothek der Psychoanalyse

Herausgegeben von Hans-Jürgen Wirth

Wolfgang Harsch

Der Midaskomplex

**Zur unbewussten Bedeutung
von Gold, Geld und Kapital**

Psychosozial-Verlag

Bibliografische Information der Deutschen Nationalbibliothek.
Die Deutsche Nationalbibliothek verzeichnet diese Publikation
in der Deutschen Nationalbibliografie; detaillierte bibliografische Daten
sind im Internet über http://dnb.d-nb.de abrufbar.

Originalausgabe
© 2012 Psychosozial-Verlag
E-Mail: info@psychosozial-verlag.de
www.psychosozial-verlag.de
Umschlagabbildung: Kalkbehälter aus Gold,
Schatz der Quimbaya (Kolumbien)
Umschlaggestaltung & Layout: Hanspeter Ludwig, Wetzlar
www.imaginary-art.net
Satz: Andrea Deines, Berlin
ISBN 978-3-8379-2143-4

Inhalt

Einleitung   9

1   Der Midasmythos

Die klassische Überlieferung durch Ovid   13
Der geschichtliche Hintergrund   16
Die Götter und Personen des Mythos   18
Das Gold in Ovids Metamorphosen   22
Die Ovid'schen Metamorphosen   24

2   Deutungen des Midasmythos

Religiös-moralische Deutung durch Ovid   27
Religiös-moralische Deutungen nach Ovid   35
Ökonomische Deutung durch Aristoteles   39
Ökonomische Deutung durch Marx   43
Psychoanalytische Deutung durch Freud   52

3   Ödipuskomplex, Geldkomplex und Midaskomplex

Freud und der Ödipuskomplex   61
Freud und der Geldkomplex   66
Borneman und der Midaskomplex   75
Ein psychoanalytisches Konzept des Midaskomplexes   80
Midaskomplex und Midasmythos   82
Midaskomplex und Ödipuskomplex   87
Der überindividuelle und kulturelle Midaskomplex   90

4 Der Midaskomplex als Goldkomplex

Das goldene Zeitalter und das goldene Geschlecht 93

Die Entstehung von Herrschaft, Arbeit und Eigentum 101

Gold als Bedeutungsträger für Reinheit, Unvergänglichkeit
und Allmacht 106

Gold als Bedeutungsträger für Schmutz, Kot und Unterwelt 112

Gold als Bedeutungsträger für den goldenen Kinderkot 114

Gold als Arbeitsprodukt 117

Arbeit als Wert- und Goldschöpfung 120

Gold als Tauschzweck und Tauschmittel 125

König Midas und das prämonetäre Gold 131

5 Der Midaskomplex als Geldkomplex

Midas, Gyges und die Entstehung des Münzgeldes 137

Die Entwicklung des Marktes 146

Der Markt als Ort unbewusster Inszenierungen 153

Der Markt und der Schatzbildner 158

Antike Formen des Kapitals 164

Die antike Sklavenhaltergesellschaft und ihr Untergang 170

Christentum und Midaskomplex 175

6 Der Midaskomplex als Kapitalkomplex

Die historische Wiederkehr und Verallgemeinerung
des Midaskomplexes 179

Die Genese von industriellem Kapitalist und freiem Arbeiter 185

Die Rolle von Handel und Kredit 193

Die Entstehung von symbolischem Geld und Kreditgeld 200

Der kapitalistische Midaskomplex 205

Die Produktion des Mehrwerts 210

Die Erhöhung der Produktivkraft der Arbeit 219

Produktivitätssteigerung durch Maschinen 225

Die Akkumulation von industriellem Kapital 231

Akkumulationstrieb und Genusstrieb 236

Akkumulationstrieb und Konkurrenz 240

Die Akkumulation von Geldkapital und fiktivem Kapital 243
Der manisch-depressive Akkumulationszyklus 251
Der tendenzielle Fall der Profitrate 257
Das allgemeine Gesetz der kapitalistischen Akkumulation 262
Illustration des allgemeinen Gesetzes 266
Die unsichtbare Hand 274
Revolution, Evolution und Reform 278

7 Der Midaskomplex im zwanzigsten Jahrhundert

Imperialistischer Krieg und Revolution 287
Arbeitslosigkeit und Staatsintervention 298
Inflation und Monetarismus 308

Schluss
321

Literatur
327

Einleitung

Der Begriff Midaskomplex stammt von Ernest Borneman, der ihn in seinem Buch *Psychoanalyse des Geldes* (1973) entsprechend dem Freud'schen Ödipuskomplex entwickelt hat. Wie bei König Ödipus handelt es sich bei König Midas um eine Gestalt der griechischen Mythologie, die zum Namenspatron eines psychologischen Komplexes gemacht wurde. Aber während Freud den auf die Eltern gerichteten Ödipuskomplex zum Kernkomplex der Psychoanalyse erklärte, hat sich der auf das Gold und Geld gerichtete Borneman'sche Midaskomplex in der Psychoanalyse nicht durchgesetzt.

Freud beschäftigte sich schon in der Anfangszeit der Psychoanalyse mit der unbewussten Bedeutung von Gold und Geld. Er erwähnt die Mythengestalt des »Midas« (1985b, S. 314) und spricht von einem »Geldkomplex« (1908b, S. 207), den er auf einen kindlichen »Exkrementalkomplex« (1909, S. 310) zurückführt. Noch in der Regierungszeit von Kaiser Franz Josef I. schreibt er 1902 aus Wien an seinen Freund Fließ in Berlin: »Ich habe gelernt, daß diese alte Welt von der Autorität regiert wird, wie die neue vom Dollar« (1985b, S. 503). Aber diese Erkenntnis brachte ihn nicht dazu, die unbewusste Bedeutung des Geldes in der modernen Welt dauerhaft zum Thema zu machen und einen dem Ödipuskomplex entsprechenden Midaskomplex einzuführen. Er blieb theoretisch der alten und damit der ödipalen Welt verhaftet, die durch den genitalen »Mutterkomplex« (1910a, S. 72) und »Vaterkomplex« (1911a, S. 108) bestimmt und meist durch väterliche Autoritäten regiert wurde. Zwar verlagerte sich in der Psychoanalyse nach Freud, hauptsächlich unter dem Einfluss von Melanie Klein, das Interesse vom genitalen Ödipuskomplex auf die frühe Mutter-Kind-

Beziehung und damit auf den oralen Mutterkomplex, aber dies geschah unter Umgehung des analen Geldkomplexes.

Der amerikanische Psychoanalytiker Krueger hat mit seinem Buchtitel *The Last Taboo* schon vor 25 Jahren auf dieses Phänomen hingewiesen. Er vermutet, dass es sich beim Geld um das letzte emotionale Tabu der Gesellschaft und deshalb auch der Psychoanalyse handle, gerade weil es »das emotional bedeutungsvollste Objekt im gegenwärtigen Leben« (1986, S. 3; eigene Übersetzung) sei. Während Fromm noch die Meinung vertritt, »Freuds Gleichung: Geld=Kot ist eine implizite, wenn auch unbeabsichtigte Kritik des Funktionierens der bürgerlichen Gesellschaft« (1976, S. 85), ist es für Reiche klar, dass das Geld als »System-Mechanismus« (1995, S. 252) in seiner »Funktionsweise« prinzipiell »nicht psychoanalytisch gedeutet werden« kann. Ich komme in meinem Buch *Die psychoanalytische Geldtheorie* (1995) zum Ergebnis, dass die von Freud entdeckte Geld-Kot-Gleichung, bildlich gesprochen, der Stein ist, den zwar die moderne Psychoanalyse verworfen hat, der aber zum Grundstein einer umfassenden, nicht nur auf die moderne Gesellschaft bezogenen, »psychoanalytischen Geldtheorie« (Brown 1959, S. 299) gemacht werden kann.

Um Aussagen über die unbewusste Bedeutung von Gold und Geld machen zu können, muss man zuerst eine Vorstellung über ihre bewusste Bedeutung in Wirtschaft und Gesellschaft haben. Aber hier beginnen neue Schwierigkeiten, denn während von der Psychoanalyse das Geld meist als Tabu behandelt wurde und wird, spricht die Ökonomie, von der man verwertbare Auskünfte über Gold und Geld erwarten möchte, selbst von einem Geldrätsel. So hat Riese 1995 einen Artikel mit dem Titel »Geld – das letzte Rätsel der Nationalökonomie« geschrieben, in dem er allerdings den Anspruch erhebt, es gelöst zu haben. Vor ihm haben schon andere diesen Anspruch erhoben. Ich nenne nur zwei bekannte Namen: Karl Marx in seinem ökonomischen Hauptwerk *Das Kapital* (1867, S. 62) und Milton Friedman in seinem Buch *Geld regiert die Welt* (1992, S. 21).

Die ökonomischen Lehrbuchdefinitionen des Geldes kennen kein Geldrätsel. Das Geld ist einfach ein Mittel, modern ausgedrückt ein Medium oder ein Systemmechanismus, denn es funktioniert als allgemeines Tausch-, Rechen-, Wertaufbewahrungs- oder Zahlungsmittel. Durch diese Definition wird festgelegt, dass Geld nur Mittel, nicht Zweck oder gar Selbstzweck zu sein hat. Dabei ist schon jeder Geld-Ware-Tausch, also jeder Kauf, immer auch umgekehrt ein Ware-Geld-Tausch, also ein Verkauf. Beim Kauf ist das Geld das Tauschmittel und die Ware der Tauschzweck, beim Verkauf ist dagegen die Ware Tauschmittel und das Geld Tauschzweck. Dennoch wird eine ebenfalls mögliche Definition des Geldes als allgemeiner Tauschzweck von vorneherein ausgeschlossen. Auch die Geldkritiker gehen schon seit Aristoteles von der primären Tauschmitteleigenschaft des Geldes aus, beklagen aber, dass das Geld, ursprünglich erfunden als Mittel, sich durch eine Art Sündenfall in einen Selbstzweck verwandelt hat. Dagegen ist Simmel der Ansicht, dass das Geld, so wie der »Gottesgedanke« (1900, S. 240), als »coincidentia oppositorum«, als Zusammenfall der Gegensätze, überhaupt nicht definiert werden kann, weil es immer auch das Gegenteil seiner selbst beinhaltet und deshalb beides, sowohl »absolutes Mittel« (S. 241) als auch »absoluter Zweck«, bedeuten kann. Auch Luhmann hat das Geld doppeldeutig als »symbolisch« (1988, S. 258) und »diabolisch generalisiertes Kommunikationsmedium« beschrieben.

Die nächste Schwierigkeit stellt sich beim Verhältnis vom Geld zum Gold ein. Spätestens seit 1971, als sich die USA weigerten, Papierdollars weiter in Gold einzutauschen, stellte sich die Frage, ob das Gold in der modernen Wirtschaft überhaupt noch Geld, oder ob es inzwischen demonetarisiert ist. Auch auf diese Frage darf man von der Ökonomie keine befriedigende Antwort erwarten. So weist der amerikanische Ökonom Krugman 1996 in einer Polemik gegen die »Gold Bugs«, die Befürworter einer Wiedereinführung der Goldwährung, darauf hin, dass Keynes schon vor über 60 Jahren den Goldstandard ein »barbarous relic« nannte. Krugman bezeichnet die Goldbefürworter, die diesem barbarischen Relikt noch nachhängen, spöttisch als »latter-day Midases«. Er unterstellt ihnen, dass sie, vergleichbar den Mormonen, den »latter-day Saints«, den »Heiligen der Letzten Tage«, an die unmittelbar bevorstehende Wiederkunft des Goldes als Geld glauben. Er wirft ihnen vor, dass sie unfähig sind, die Geldwirtschaft, die »monetary economics«, zu verstehen, indem sie Gold und Geld gleichsetzen. Diese Unfähigkeit sei auch die eigentliche Sünde des Midas gewesen:

> »Was die Götter ihm sagen wollten, war, dass Gold einfach ein Metall ist. Wenn es manchmal mehr erscheint, dann nur deshalb, weil die Gesellschaft es bequem fand, Gold als Tauschmittel zu verwenden, als Brücke zu anderen, wirklich wünschenswerten Gegenständen. Es gibt andere mögliche

Tauschmittel und es wäre töricht sich vorzustellen, dass diese schöne, aber nur mäßig nützliche Substanz, das Gold, irgendeine unersetzbare Bedeutung hat« (Krugman 1996; eigene Übersetzung).

Wenn Krugman, der inzwischen weltbekannte Nobelpreisträger für Ökonomie von 2008, Recht hätte, dann wäre die Beschäftigung mit dem von Ovid überlieferten Midasmythos und mit dem danach benannten psychischen Midaskomplex oder überhaupt mit der unbewussten Bedeutung von Gold und Geld überflüssig.

Das Ziel dieser Arbeit ist es, den Midaskomplex mit seinen auf das Gold und das Geld gerichteten unbewussten Wünschen ernst zu nehmen, ihn aus seinem Schattendasein heraus zu führen und dem Ödipuskomplex zur Seite zu stellen. Während durch das Verständnis des Ödipuskomplexes die unbewussten und infantilen Determinanten der Sexualität, einschließlich der Geschlechts- und Generationenbeziehungen und der familiären, politischen und religiösen Autoritäten, aufgeklärt werden können, kann ein Verständnis des Midaskomplexes dasselbe in Bezug auf die Ökonomie, einschließlich der Geldliebe, der Geldherrschaft und des Geldfetischismus, leisten. Ausgehend vom Ovid'schen Midasmythos soll gezeigt werden, welche unbewussten und infantilen Vorstellungen, Wünsche und Ängste mit dem Midaskomplex und seinem Drang, alles in Gold oder Geld zu verwandeln, verbunden sind, wie der psychische Midaskomplex gesellschaftlich und individuell entstand und immer wieder neu entsteht, auf welche Weise er sich ökonomisch verwirklichte, sich in den äußeren ökonomischen Umständen niederschlug und wie zugleich diese Umstände oder die ökonomische Realität auf ihn zurückwirkten, ihn formten und prägten. Es wird beschrieben, welche Entwicklungen er bis heute durchgemacht hat, indem er sich generalisierte und globalisierte und sein Objekt, das Gold, symbolisiert wurde. Zwar handelt es sich bei dieser Arbeit um den Versuch der Integration einer psychologischen und ökonomischen Herangehensweise, aber der eigentliche Schwerpunkt wird doch der psychologische sein.

1 Der Midasmythos

Die klassische Überlieferung durch Ovid

Der Mythos des König Midas aus Phrygien entstand im antiken Griechenland, wurde aber erst durch den römischen Dichter Ovid (43 v. Chr.–18 n. Chr.) in seinen *Metamorphosen* im Zusammenhang aufgezeichnet und damit der abendländischen Kulturgeschichte überliefert. So wie der Ödipusmythos durch Sophokles 430 v. Chr. in seinem Theaterstück *Oedipus Tyrannos* in eine bis heute klassische Form gebracht wurde, so hat dies Ovid 1 n.Chr. mit dem Midasmythos getan. Ich werde also zuerst die Ovid'sche Version des Midasmythos wiedergeben, weil sie dem Midaskomplex ihren Namen und Inhalt gegeben hat. Dabei übernehme ich die auch heute noch geschätzte deutsche Übersetzung von Reinhart Suchier aus dem Jahre 1858.

Ovid erzählt in einer Vorgeschichte wie der Sänger »Orpheus« (XI, 1f.) von wahnsinnigen und wilden thrakischen Frauen und Müttern als ihrem Verächter getötet wird und wie der Gott »Bacchus« (85f.), von den Griechen Dionysos und von Ovid auch Lyaeus, Liber oder Vater Lenaus genannt, sie deshalb, obwohl sie seine Anhängerinnen waren, zur Strafe in Bäume verwandelt. Nach dem dramatischen Tod des Orpheus verlässt Bacchus Griechenland und begibt sich, nunmehr umschwärmt von Satyrn und Bacchen, nach Lydien in Kleinasien zu den Weinhöhen des Timolusgebirges und zu dem Fluss Paktolus, dessen Wellen noch nicht golden waren. Unterwegs in Phrygien hatte »Silenus« (90), der frühere Erzieher und jetzige Begleiter des Bacchus, sich betrunken verirrt, wurde vom Landvolk gefasst und mit Kränzen gefesselt zu ihrem »König Midas« (92f.) geführt. Dieser erkennt ihn wieder als früheren

Genossen und Bruder eines orgischen, von dem Thraker Orpheus gelehrten heiligen Dienstes, an dem auch Eumolpus der Athener teilnahm. Midas nimmt Silenus als Gast auf und feiert mit ihm zehn Tage und Nächte hintereinander mit Schmaus und Gelage das frohe Ereignis. Als Lucifer, der Morgenstern, zum elften Mal erscheint, bringt der vergnügte König den Silenus zu Bacchus in die lydische Flur. Bacchus, der blühende Zögling, der über seines Pflegers Zurückkunft froh ist, gönnt Midas als Gegengabe oder Gegengeschenk »freies Belieben im Wunsch, das, ohne zu frommen, genehm war« (100). Damit beginnt die eigentliche Midasgeschichte, die Geschichte des sogenannten »Midas aureus« (Thiel 2000, S. 11), des Ovid'schen Goldmidas, auf die sich der Begriff des Midaskomplexes bezieht.

»Er, dem schlechten Gewinn das Geschenk bringt, spricht: ›So verleihe,
daß, was immer berühre mein Leib, sich verwandle zu Golde‹.
Liber nickt zu dem Wunsch und gewährt die verderbliche Gabe,
aber es bekümmert ihn sehr, daß Besseres nicht er begehrte.
Froh des Verderbs entfernt sich der berecynthische Heros
und rührt einzelnes an, ob sich das Versprechen bewähre.
Zweifel in sich noch setzend, entbricht er der niedrigen Eiche,
grün von Blättern, ein Reis: das Reis ist golden geworden.
Auf nun hebt er den Stein: der Stein ist erblichen zu Golde.
Erde berührt er, und gleich ist die Scholle vom starken Berühren
klumpiges Erz. Ausrauft er gezeitigte Ähren der Ceres:
goldene Ernte erschien. Vom Baum abpflückt er den Apfel:
für Hesperidengeschenk wohl nähmst du ihn. Kommt mit den Fingern
stehenden Pfosten er nah, so scheinen die Pfosten zu strahlen.
Wenn er in rinnender Flut sich hatte gewaschen die Hände,
konnte die Flut, die den Händen entrann, auch Danae täuschen.
Kaum umfasst er im Geist sein Glück, der alles sich golden
vorstellt. Jetzo besorgt das Gesinde dem Frohen die Tafel,
reich mit Speisen besetzt und versehen mit gerösteter Feldfrucht.
Da nun aber, sobald mit der Rechten die Gabe der Ceres
Midas hatte berührt, erstarrte die Gabe der Ceres;
oder, gedacht er das Fleisch zu zermalmen mit gierigem Zahne,
hüllte das Fleisch beim Nahen des Zahnes gelbglänzende Kruste.
Als er mit Wasser gemischt den Verleiher des mächtigen Zaubers,

da war's flüssiges Gold, was ihm in dem Schlunde hinabrann.
Starr vor Schreck für den neuen Verderb, so dürftig im Reichtum,
möchte er den Schätzen entfliehen und haßt, was jüngst er begehret.
Mitten in Fülle verbleibt sein Hunger; es brennt in der Kehle
trockener Durst, und das leidige Gold ist verdiente Plage.
Da zum Himmel erhebt er die Händ und die strahlenden Arme:
›Vater Lenaus, verzeih huldvoll! Wir sündigten‹, sprach er,
›aber erbarme dich mein und entnimm mich dem glänzenden
Elend!‹
Bacchus, der gütige Gott, stellt her den geständigen Sünder,
und er beseitigt die Gunst, die treu dem Vertrage gewährt war.
›Daß du umdrängt nicht bleibst von dem übel erbetenen Golde‹,
sprach er, ›geh an den Strom, der nahe der mächtigen Sardes;
dann auf der Höhe des Bergs, entgegen den fallenden Wellen,
wandre den Weg, bis du gelangst an die Quelle des Flusses,
und in den schäumenden Born, da, wo er am reichsten hervor-
kommt,
tauche das Haupt und wasche den Leib und wasche die Schuld ab‹.
Midas gehorchte und steigt in die Flut. Die verwandelnde Goldkraft
färbte den Strom und ging von dem menschlichen Leib in die
Wellen.
Jetzt noch starret die Flur vom empfangenen Samen der alten
Ader und flimmert von Gold, das dringt in befeuchtete Schollen«
(XI, 102–145).

Im zweiten Teil des Mythos, der »Midas auritus«, der (Esels-)Ohr-Mi-
das genannt wird, hält sich Midas, Reichtum und Prunk hassend, in
Wäldern und Fluren beim »Pan« (147f.), dem Gott des Viehs, im Timolusgebirge in der Nähe von Sardes, der lydischen Hauptstadt, auf. Aber
sein träger Verstand sollte Midas nochmals schaden, wie vorher sein
törichter Sinn. Pan bläst auf seiner Flöte vor wollüstigen Nymphen und
mit Ergötzen vernimmt auch der anwesende Midas sein barbarisches
Spiel. Pan, dadurch ermuntert, fordert »Phoebus« (164), der die Laute
spielt, zum verwegenen Wettstreit vor des Timolus' Gericht. Phoebus
Apollo trägt den Sieg davon, aber als einziger schmäht Midas den Ent-
scheid und Spruch des heiligen Berges und nennt ihn unbillig. Darauf
verwandelt Apollo die törichten Ohren des Midas in die Ohren des

langsam schreitenden Esels. Midas versucht, seinen hässlichen Schimpf durch eine purpurne Mütze zu verdecken. Sein Diener, der ihm die Haare schneidet, getraut sich zwar nicht, ihn zu verraten, kann aber das Geheimnis nicht bei sich behalten und flüstert es deshalb in ein Loch im Erdreich. Auf der verschütteten Grube wächst Rohr und raunt jene vergrabenen Worte.

Der geschichtliche Hintergrund

Der phrygische König Midas ist eine mythische und eine historische Gestalt. Von seinem Herrschaftsantritt im Jahre 738 v. Chr. bis zu seinem Tod beim Einfall der Kimmerer um 696 v. Chr. kontrollierte er »ein knappes halbes Jahrhundert lang von seiner Residenzstadt Gordion aus weite Teile der kleinasiatischen Halbinsel« (Thiel 2000, S. 27). Er erschien den damaligen Griechen als der größte Monarch, der bis dahin am Ostufer der Ägäis in Erscheinung getreten war. Er war nicht nur politisch und militärisch mächtig, sondern auch außergewöhnlich reich, vor allem an Gold, das im damaligen Griechenland selten war. Durch die archäologischen Grabungen in seiner Hauptstadt Gordion wurden kostbare Funde in Form von Grabbeigaben gemacht, die beweisen, »daß die Reichtümer des Midas die Phantasie der Griechen zu Recht gereizt haben« (ebd., S. 28).

Nun ist aber bei Ovid nicht von Gordion, sondern vom mächtigen Sardes die Rede, das Aischylos in den *Persern* (472 v. Chr.) »goldreich« (45) nennt. Sardes war die Hauptstadt von Lydien, dessen Aufstieg mit dem Fall des benachbarten Phrygien begann. Man vermutet, dass das Gold im lydischen Timolusgebirge und in dem durch die Hauptstadt Sardes führenden, im Timolusgebirge entspringenden Fluss Paktolus noch in der Regierungszeit des lydischen König Gyges, etwa 687–652 v. Chr., entdeckt wurde (Hanfmann 1960, S. 515). Ranke-Graves ist der Ansicht, dass der Midasmythos erfunden wurde, um »das Vorhandensein von Gold im Flusse Paktolos zu erklären« (1955, I, S. 257). Auch Gyges, der Gründer der lydischen Mermnaden-Dynastie, der ein halbes Jahrhundert nach Midas lebte und ebenfalls im Abwehrkampf gegen die Kimmerer ums Leben kam, wurde zur Gestalt eines Mythos. Gyges Ur-Urenkel, der lydische König Krösus, war, wie vor ihm Midas, ebenfalls für seinen sprichwörtlichen Reichtum, aber auch für den törichten Umgang und den völligen Verlust dieses Reichtums an die

Perser bekannt. Möglicherweise ist im Goldreichtum des Midas auch der Goldreichtum der lydischen Könige mythisch verdichtet.

Als bedeutendste zivilisatorische Leistung der Lydier wird die Erfindung der Goldmünzen im siebten Jahrhundert v. Chr. hervorgehoben. Sie bestanden zuerst aus noch wenig bearbeiteten Klumpen aus Elektron, einer natürlichen Gold-Silber-Legierung, die im Paktolus gefunden und denen ein Stempel aufgedrückt wurde. Sophokles erwähnt in seiner *Antigone* (442 v. Chr.) »der Sarder Silbergold« (1038). Da Lydien damals in enger politischer und kultureller Verbindung zu den griechischen Küstenstädten der Ägäis wie Milet und Ephesus stand, wurden die Münzen von ihnen übernommen und sie verbreiteten sich von dort schnell über ganz Griechenland. Ovid hat den Midasmythos in ein historisch unbestimmtes mythisches Zeitalter ohne Geld versetzt, aber nur durch die Verbindung von Gold und Geld bekam der Mythos seine Aktualität.

Ovid schrieb seine *Metamorphosen* um die Zeitenwende. Die römische Republik war infolge 100 Jahre andauernder sozialer Kämpfe zwischen den Optimaten und den Popularen zerbrochen und wurde von der Alleinherrschaft zuerst Cäsars, dann Oktavians, der sich später Augustus nannte, abgelöst. Mit ihnen begann das römische Kaisertum. Die Geldwirtschaft war damals in Rom schon weit entwickelt und deshalb bedeutete Gold für die zeitgenössischen Leser vor allem Goldgeld. Das römische Geld bestand aus Gold-, Silber-, Messing- und Bronzemünzen. Dem goldenen Aureus mit einem Bild des Kaisers entsprachen 25 silberne Denare, 100 Sesterzen aus Messing und 400 bronzene Asse. Ohne die Hilfe von Göttern und ohne Magie konnte man sich in Rom den Midaswunsch selbst erfüllen, indem man Güter wie Land, Getreide, Äpfel, Brot und Wein durch Verkauf in Goldmünzen verwandelte. Seit dem Fall Karthagos, der Eroberung Spaniens, Griechenlands und Kleinasiens und schließlich Galliens waren viel Gold und Silber als Kriegsbeute nach Rom geflossen und große Reichtümer angesammelt worden. Eine allgemeine, für die Traditionalisten schockierende Gold- und Geldgier machte sich im noch republikanischen Rom breit.

Im Ovid'schen Midasmythos werden die zerstörerischen Folgen einer unersättlichen Goldgier dargestellt. Schon vorher hatte der mit Ovid befreundete Vergil in seiner *Aeneis* (19 v. Chr.) vom »auri sacra fames« (III, 56), dem heiligen und zugleich verfluchten Hunger nach Gold, gesprochen und gefragt: »Wo reißt du der Menschen Herz hin«. Auch Vergil verlegte den Hunger nach Gold in die mythische Vorzeit und in barbarische Länder wie Thrakien und Phrygien, nicht in das Rom des Augustus. Da aber der mythische Stammvater der Römer der Trojaner, oder wie ihn Vergil auch nennt, der »Phryger« (VII, 430) Aeneas war, wurde trotzdem eine Verbindung zu Rom gezogen. Der trojanisch-phrygische Prinz Polydor war mit dem Goldschatz seines Vaters Priamos während des trojanischen Kriegs zur Sicherheit zum thrakischen König Polymestor geschickt worden. Als dem der Fall Trojas bekannt wurde, ließ er Polydor, entgegen den Gesetzen der Gastfreundschaft, ermorden und raubte den Goldschatz, der ihm dann zum Fluch wurde. Nach Ovids *Metamorphosen* rächte »Hecuba« (XIII, 556) ihren Sohn, indem sie »in die treulosen Augen« (561) des Polymestor ihre Finger stieß und ihn blendete.

Der verfluchte Hunger nach Gold führte auch zur Zeit Ovids zu Raub, Mord und Untergang des Goldgierigen. Dies wurde durch den sprichwörtlich reichen Römer Crassus Dives demonstriert. Er unterlag 53 v. Chr. den Parthern in einem von ihm begonnenen Eroberungskrieg. Seinem abgeschlagenen Kopf soll mit den Worten: »Hier hast du, was du dir gewünscht hast« (Freud 1900, S. 576), geschmolzenes Gold in den Mund gegossen worden sein. Sowohl die Gier nach Gold und Geld als auch das geizige Zurückhalten des Geldes als Schatz wurde nicht nur im Midasmythos, sondern auch in der politischen und wirtschaftlichen Realität Roms zum Problem. Deshalb erließ Cäsar eine Verordnung »gegen Schatzbildung und Wucher« (Dieter/Günther 1990, S. 188), die festsetzte, »daß niemand mehr als 60000 Sesterzen an barem Gold und Silber in seinem Besitz haben sollte«[1]. Legt man den oben angegebenen Kurs zugrunde, so war dies ein Betrag von 600 Goldmünzen. Das Gold sollte nicht als Schatz gehortet, sondern als Geld wieder ausgegeben werden.

Die Götter und Personen des Mythos

Nach Herbert Hunger war Midas der Sohn des phrygischen Königs »Gordios und der Kybele« (1953, S. 255). Von Ovid wird er der berecynthische Heros genannt. Berecynthisch bedeutet einerseits phrygisch,

---

[1] Anmerkung zur Zitierweise: Zitate ohne Stellenangabe stammen stets von derselben Stelle wie das letzte vorangehende Zitat mit Stellenangabe. Wenn nur eine Seitenzahl angegeben ist, bezieht sich diese ebenfalls auf das zuletzt zitierte Werk, es sei denn der Text vorher gibt die Literatur an, z. B. Marx schreibt 1867, dass »...« (S. 213).

andererseits hieß die kleinasiatische Göttin Kybele »Berecynthia mater«. Midas wäre nach dieser Aussage sowohl ein phrygischer Held als auch der Sohn der Muttergöttin Kybele, also ein »Halbgott« gewesen, was die erste Bedeutung von »heros« ist. Die Charakterisierung der Kybele, »unnahbar thront sie auf den Bergeshöhen. Löwen und Panther ziehen den Wagen der Herrin aller Kreatur« (Hunger 1953, S. 226), schließt wohl eine enge Beziehung zur Mutter aus. Nach Ranke-Graves soll Midas »der Sohn der Großen Göttin von Ida und eines Satyrs, dessen Namen man nicht kennt« (1955, I, S. 255), gewesen sein. In seiner Kindheit »beobachtete man eine Ameisenprozession, die Weizenkörner an seine Wiege schleppte und zwischen die Lippen des schlafenden Kindes legte. Die Wahrsager deuteten diesen Vorfall als ein Zeichen großen Reichtums, der in seinen Händen noch zusammenfließen würde.« Als Erwachsener musste Midas allerdings feststellen, dass es einen entscheidenden Unterschied zwischen dem Reichtum in Form von essbarem Weizen und nicht essbarem Gold gibt.

Der römische Gott Bacchus entspricht dem griechischen Gott Dionysos, der als Weingott auch der Gott des Rausches, der Ekstase und der Fruchtbarkeit war. Er wurde im lydischen Timolusgebirge geboren und hat viele Züge des »lydischen Weingott Baki« (Hanfmann 1960, S. 504). In der Antike war der lydische Wein von Sardes berühmt. »Lyaeus« und »Lenaeus« sind Beinamen des Dionysos und bedeuten griechisch »der Sorgenbrecher« und »die Kelter«. Er wurde erst spät unter die unsterblichen zwölf Götter Griechenlands aufgenommen. Die bescheidene Göttin Hestia verzichtete zu seinen Gunsten auf ihren Sitz im Olymp. Bacchus erscheint im Ovid'schen Mythos auch unter dem Namen »Liber«. Liber war eine altitalienische Gottheit. Zusammen mit Libera, seinem weiblichen Gegenstück, und der Göttin Ceres hatte er auf dem römischen Aventin einen gemeinsamen Tempel, der der »sakrale und politische Mittelpunkt« (Dieter/Günther 1990, S. 49) der Plebejer war. Nach Hunger stand diese »chthonische Trias« (1953, S. 236) der »kapitolinischen Trias Jupiter, Juno und Minerva gegenüber«, die im »ältesten Tempel des römischen Staatskultes« (S. 203) von den Patriziern und dem Senat verehrt wurde.

Da »liberi« die Kinder – abgeleitet von *liber* frei – bedeutet, wurden Liber und Libera auch als Kinder der Ceres aufgefasst. Ceres war die römische Göttin des Ackerbaus oder die Erdmutter und entsprach der griechischen Göttin Demeter. Ihre Tochter Libera, auch Proserpina genannt, entsprach der griechischen Persephone, die von dem Unterweltgott

Hades, auch Pluto genannt, entführt und geheiratet wurde. Dionysos selbst wurde wiederum mit Hades und damit mit Pluto in Verbindung gebracht. Der Gott Liber war als Weingott der »freie« und »befreiende« Gott, und damit auch der Gott der Unbeherrschtheit, Maßlosigkeit und rauschhaften Zügellosigkeit. Zu seinem Gefolge gehörte der alte Silenus, der sein Erzieher gewesen sein soll. Silene waren zweibeinige Pferdemenschen und von den Satyren schwer zu unterscheiden. Die männlichen Satyre waren zusammen mit den weiblichen Nymphen und Mänaden, die wiederum den Bacchen gleichgesetzt wurden, die orgiastischen und lüsternen Begleiter des Dionysos. Silene und Satyre wurden oft mit Pferdeohren, Schwanz und Hufen dargestellt und fielen durch ihren übergroßen erigierten Phallus (Ichtyphallus) auf. Bei dauerhafter sexueller Übererregung spricht man noch heute in der Psychopathologie von Satyriasis und von Nymphomanie.

Weitere Personen des Mythos sind Orpheus, der Midas den orgischen Dienst gelehrt haben soll. Nach Ranke-Graves war Orpheus sogar der »Erzieher« (1955, I, S. 255) des Knaben Midas. Die Gestalt des Orpheus tritt bei Ovid als überragender Sänger in Erscheinung, der durch seinen Gesang die Unterwelt bewegen konnte, seine verstorbene Frau Eurydike freizugeben, sie dann durch eigene Schuld wieder verlor. Aber Orpheus war als mythische oder historische Gestalt auch der Gründer und Lehrer der Orphik, einer religiösen Geheimlehre, die mit dem Dionysoskult eng verbunden war. Bacchus nennt Orpheus deshalb auch den »Verkünder seiner Verehrung« (XI, 68). In diesem Zusammenhang wird der Athener Eumolpus, der die Mysterien von Eleusis gegründet haben soll, erwähnt. Eleusis war in der Antike eine Stadt bei Athen, die durch ihren religiösen Geheimkult berühmt wurde.

Bei der durch Midas bewirkten Metamorphose von Äpfeln und Wasser in Gold spielt Ovid auf zwei weitere Mythen an, auf das Hesperidengeschenk und auf die Verführung der Danae. Das Hesperidengeschenk war das Hochzeitsgeschenk der Gaia an Zeus und Hera in Form eines goldenen Apfelbaumes mit goldenen Äpfeln. Dieser Baum wuchs im Land westlich des Atlasgebirges, im Jenseits oder auch in der Unterwelt und wurde von den Hesperiden, den Töchtern der Nacht, bewacht. Da Hera ihnen nicht völlig vertraute, stellte sie ihnen Ladon, einen Drachen oder eine Schlange, zur Seite. Verbindungen können von diesem Mythos zum biblischen Paradies mit seinen verführerischen Fruchtbäumen und der Schlange, aber auch zum germanischen Mythos vom goldenen Schatz, der von einem Drachen bewacht wird, hergestellt werden. Der Danae-Mythos handelt von der Befruchtung der von ihrem Vater eingesperrten Danae durch Zeus/Jupiter in Form eines Goldregens. Nur durch die Metamorphose seines göttlichen Samens in goldenen Samen konnte er Danae täuschen und schwängern. Sie gebar Perseus, eine weitere Gestalt der griechischen Mythologie. Durch diese beiden Mythen werden auf indirekte Art auch Hera/Juno und Zeus/Jupiter in den Midasmythos eingeführt.

Im zweiten Teil des Mythos tritt an die Stelle des Bacchus der Gott Pan, ein Wald- und Weidegott, von Ovid Viehgott genannt. Er erscheint mit Bocksattributen wie Behaarung, Hörnern und Beinen und gehört zum Gefolge des Dionysos. Die tierischen Eigenheiten treten auch bei dem christlich-mittelalterlichen Teufel wieder auf, in dem Pan, die Satyre und Silene auf volkstümliche Art weiterlebten. Der griechische Gott Pan, Sohn des Hermes und einer Nymphe, war ein weinseliger Spaßmacher, konnte aber auch durch sein plötzliches Erscheinen »panischen« Schrecken hervorrufen. Er spielte auf seiner Flöte, die aus »verbundenen Rohren« (XI, 154) bestand und »Syrinx« (I, 688) genannt wurde. Dies war ursprünglich der Name einer Nymphe, die Pan in sexueller Absicht verfolgte. Aber sie konnte sich ihm entziehen und in ein »Sumpfrohr« (706) verwandeln, das dann der enttäuschte Pan in seinen Armen hielt.

Der Gott Apollo war der Vater oder Lehrer des Sängers und Lautenspielers Orpheus. Sein Beiname Phoebus kennzeichnet Apollo als Sonnengott, der zugleich als griechischer Helios oder römischer Sol verehrt wurde. Er soll nach Ranke-Graves dem ägyptischen Sonnengott Horus nachgebildet sein (1955, I, S. 70). Apollo als Sol wird von Ovid, wie es schon die griechische Antike tat, mit Gold in Verbindung gebracht. So wollten die Spartaner im sechsten Jahrhundert »das Gesicht der Statue des amyklaiischen Apollo vergolden lassen« (Gebhard 2001, S. 24) und mussten sich deshalb an den lydischen König Kroisos wenden. Auch das Apolloheiligtum Delphi war bekannt für seine Goldschätze, die Goldopfer für die Pythia, die Priesterin des Apollos, darstellten.

Ranke-Graves zieht von den Eselsohren des Midas eine Verbindung zu dem ägyptischen »eselsohrigen Set« (1955, I, S. 257), der sich in dauerndem Kampf mit dem Sonnengott oder »Himmelsgott Horus« (Lurker 1974, S. 154) und dem »Vegetationsgott Osiris« befand. Der »chtonische« Gott Seth im »Inneren der Erde« war zugleich der »Herr der Metalle«. So gesehen wären die Eselsohren auch ein Zeichen für eine Reichtum und Gold symbolisierende Eselsgottheit, deren Nachklang noch im Grimm'schen Märchen vom »Goldesel«, dem »Esel streck dich«, zu finden ist. Nach Kurnitzky galt der Esel in der Antike »als Fruchtbarkeitssymbol und Triebtier« (1994, S. 178). Der Esel ist deshalb ein Begleittier des Dionysos, der auch der »Gott der Sinne« (Ranke-Graves 1955, S. 101) genannt wurde, im Gegensatz zu dem »Sonnengott« Apollon, »dem Gott des Geistes«. Dionysos wurde der Unterwelt des Trieblebens, Apollo der Überwelt des Geistes zugeordnet.

Das Gold in Ovids Metamorphosen

Ovid teilt die Geschichte der Menschheit in vier Zeitalter auf und nennt das erste das »goldene Zeitalter« (I, 88f.), obwohl in ihm das Gold noch nicht erwähnt wird. Es tritt erst im vierten und letzten, dem eisernen Zeitalter und bei dem eisernen Geschlecht in Erscheinung, das begann, »in das Innere der Erde« (137) einzudringen, um »heillos Eisen« (140) und »Gold, heilloser als Eisen« zu gewinnen. Einerseits entspricht die Hierarchie der vier Zeitalter der Werthierarchie der Metalle, die vom Gold über Silber und Bronze zum Eisen wertloser werden. Andererseits erscheint das wertvolle Gold erst im minderwertigen eisernen Zeitalter und ist noch heilloser als Eisen. Ovid scheint diesen Widerspruch so zu erklären: Gold ist bei ihm ein Attribut der unsterblichen Götter. Im goldenen Zeitalter waren die Menschen als goldenes Geschlecht den Göttern noch am nächsten oder ähnlichsten, auch oder gerade ohne im Besitz des Goldes zu sein, denn in der Hand der sterblichen Menschen führt das Gold zu Krieg, Untergang und vorzeitigem Tod. Die indirekte Aussage Ovids, das ewige Gold sollte den Göttern, den »zwölf Unsterblichen« (VI, 73), vorbehalten sein, wird im Text seiner *Metamorphosen* durchgehend illustriert.

So steht Apollos Burg »auf ragenden Säulen hell von blinkendem Gold und von flammengleichem Pyropus« (II, 2), einer Legierung aus Kupfer und Gold. Sein Sonnenwagen hat eine »goldene« (II, 107) Achse und einen »goldenen« Radkranz. Sein Haupt wird »caput flavum« (XI, 165) genannt, was mit blond, aber auch mit goldgelb übersetzt werden kann. Apollo spielt auf einer »goldenen Leier« (VIII, 15) und auch seine Schwester, die Göttin Phoebe, wird als »golden« (II, 723) bezeichnet. Ebenso wird die Liebesgöttin Venus die »Goldene« (X, 277) genannt und der Pfeil

Amors, der die Liebe erweckt, ist »golden« (470). Auch der Bogen der Diana ist »golden« (I, 697), Juno ist in eine »goldene Wolke« (III, 273) gehüllt und Bacchus trägt bunte Gewänder, in denen »Gold« (III, 555) verwoben ist. Perseus ist der »goldentsprossene Bruder« (V, 250) der Pallas Athene. Jupiter wurde, um Perseus zu zeugen, zum »Golde gewandelt« (V, 11) oder verwandelte sich in »regnendes Gold« (IV, 611). Danae war die menschliche »Jungfrau, die mit befruchtendem Gold im Gewahrsam, Jupiter füllte« (IV, 698).

Die goldenen Götter und Göttinnen wohnen im »goldenen Äther« (XIII, 587) und so werden die für sie bestimmten Tempel und Opfer von den Menschen vergoldet. Die Hörner der Opferkühe werden »mit Gold« (X, 272) umwunden und die Opferstiere »mit Goldschmuck prangend« gerichtet. Die von Jupiter in einen Tempel verwandelte Hütte von Philemon und Baucis besitzt ein Dach, das ebenfalls »prangend von Golde« (VIII, 701) ist. Gold wird auch mit den göttlichen Mächten der Unterwelt in Verbindung gebracht, so mit der »Schlange des Mars«, die »hell schimmert mit goldenem Kamme« (III, 32). Aeneas gelingt es nur mithilfe eines »Baumreis, das hell glänzte von Gold« (XIV, 113), in die Unterwelt zu gelangen.

Den sterblichen Königen in Ovids *Metamorphosen*, die sich das Gold aneignen, bringt es dagegen Unglück. So wird König Atlas, der im Besitz eines Baumes ist, »dessen Blätter von strahlendem Golde glänzten und Äste von Gold und Äpfel von Golde verdeckten« (IV, 637f.), von Perseus seiner goldenen Äpfel beraubt und mithilfe des Gorgonenhauptes in ein Gebirge, den Atlas, verwandelt. Der Inder Attis, der in ein »tyrisches Kriegergewand, umsäumt von goldenen Streifen« (V, 52), gekleidet ist und am Hals ein »goldenes Gehänge« (53) trägt, wird von Perseus im Kampf getötet. Nileus, auf dessen Schild die Nilmündungen in »Gold« gebildet waren, wird dagegen in Stein verwandelt. Der Königssaal der Cephenen ist »prangend von Gold« (IV, 764), um gleich zu einer heillosen Stätte blutigen Kampfes zu werden. Beim Abschiedsmahl des Königs Pandion für seinen Schwiegersohn, den Thraker Tereus, »blinket im Gold« (VI, 489) die Gabe des Bacchus. Das festliche Kleid von Procne, der Tochter des Pandions und Frau des Tereus, »glänzte von goldenen Streifen« (567). Als sie aber vom Treuebruch ihres Mannes erfährt, hüllt sie sich in ein schwarzes Gewand und beginnt tödliche Rache an ihrem Ehemann zu nehmen.

In ihrer Überheblichkeit, in ihrer Hybris, schmücken sich die Menschen mit dem für die Götter bestimmten Gold: So fordert Niobe,

»prächtig im phrygischen Kleid, das reich mit Golde durchwirkt war«
(VI, 166), die Göttin Latona heraus und wird deshalb von deren »unsterblichen Kindern« (338), Apollo und Artemis, dafür bestraft. Zuerst werden
die sieben Söhne Niobes, die Rosse mit »von Gold schwer wiegenden
Zügeln« (223) lenken, getötet, dann ihre sieben Töchter, schließlich die
trauernde Niobe selbst in Stein verwandelt. Auch die Weberin Arachne
fordert Athene mit ihrer Kunst, bei der sie »mit geschmeidigem Gold«
(VI, 68) die Fäden durchwirkt, heraus. Für ihre Überheblichkeit gegenüber der Göttin wird sie in eine Spinne verwandelt. Atalanta lässt sich
durch Hippomenes mithilfe von »drei goldenen Äpfeln« (X, 649) besiegen
und verführen. Aber das »rollende Gold« (667) oder das »leuchtende
Gold« (675), dem Atalanta nachläuft, bringt beiden kein Glück. Aufgrund ihrer Hybris – sie haben den Tempel der Kybele durch sträfliche
Unzucht entweiht – werden sie beide in Löwen verwandelt. Auch die
menschliche Gier nach Gold wird von den Göttern bestraft: Als Aglauros,
die Tochter des Königs von Athen, von dem Gott Hermes, der selbst
»Goldschmuck« (II, 734) trägt, »schwer wiegendes Gold« (750) fordert,
um ihm Zugang zu ihrer schönen Schwester Herse zu verschaffen, wird
sie mit Missgunst bestraft und schließlich in Stein verwandelt.

Die Ovid'schen Metamorphosen

Der Midasmythos ist einer von 250 Mythen, die Ovid als fortlaufende
Erzählung zu seinen *Metamorphosen* zusammengefasst hat. Allen gemeinsam ist das Verwandlungsmotiv oder die jeweils stattfindende
Metamorphose. Metamorphose leitet sich von griechisch »meta« und
»morphe« ab und bedeutet Umformung oder Umgestaltung. Die Fähigkeit zur Metamorphose ist, wie auch das Gold selbst, ein göttliches
Attribut, ein Attribut der Unsterblichen. Die Götter verwandeln nicht
nur sich selbst, sondern vor allem die Menschen, sei es als Strafe oder
als Lohn. Nicht nur werden Menschen in Dinge verwandelt, mithilfe
der Götter wird auch Lebloses lebendig gemacht, wie im Mythos von
»Deucalion und Pyrrha« (I, 380f.), die Steine in Menschen verwandeln,
was zum »Heil« des Menschengeschlechts geschieht. Im Mythos von
»Cadmus« (III, 95f.) wirkt sich die verliehene Göttergabe, die Zähne
des getöteten Drachens in Menschen verwandeln zu können, »heillos«
aus. In der Medeasage kann sogar die menschliche Zauberin »Medea«

(VII, 258) durch ihre magischen Fähigkeiten es den Göttern gleichtun, sodass Bacchus seine »Ammen« (295) durch sie verjüngen lässt. Aber hier gilt dasselbe wie für das Gold: In der Hand der sterblichen Menschen wirkt die Fähigkeit zur Metamorphose heillos. Auch der Midasmythos gehört zu den Erzählungen, in denen der sterbliche Mensch daran erinnert wird, dass er sowohl die magische Verwandlungskraft als auch das Gold besser den Göttern überlässt.

Nicht nur in den einzelnen Geschichten, sondern auch in der Gesamtgeschichte wird eine Metamorphose nachvollzogen, vom Chaos vor der Weltentstehung bis zur Gegenwart des augusteischen Zeitalters. Ovid lässt durch den Mund des Pythagoras die Metamorphose zu einem Weltgesetz erheben, das sowohl für die Seele und den Körper als auch für das menschliche Individuum und den Kosmos gilt: »Wie das geschmeidige Wachs, zu neuer Gestalt sich bequemend, weder verbleibt, wie es war, noch hält an denselbigen Formen, aber dasselbe doch ist; so bleibt auch, lehr ich, die Seele immer sich gleich und begibt sich nur in verschiedene Formen« (XV, 169ff.). Dies schließt die von Pythagoras gelehrte Seelenwanderung und eine immer wieder neue Verkörperung der Seele ein: Sie geht »aus Tieren in menschliche Leiber und in Getier von uns und besteht so ewige Zeiten« (167f.). Auch der Leib erfährt rastlose Verwandlung und »was wir gewesen und sind, wir verbleiben morgen es nicht« (215), denn »du, aufzehrende Zeit, und du, mißgünstige Alter, ihr bringt allem Verderb, und benagt vom Zahne des Wechsels, macht ihr alles gemach im schleichenden Tode vergehen« (234ff.). In der Weite des Weltalls ist nichts von Bestand: »Rings ist Fluß und jedes Gebild ist geschaffen zum Wechsel. Selber die Zeit auch gleitet dahin in beständigem Gange, anders nicht als ein Strom; denn Strom und flüchtige Stunde stehen im Lauf nicht still« (178–181).

Trotz des Todes gilt: »Alles verändert sich nur, nichts stirbt« (165). Wie das Wachs beständig ist und nur seine Form wechselt, so postuliert Ovid eine beständige, unsterbliche Substanz, die als Körpersubstanz oder als Seelensubstanz nur ihre Form wechselt:

»In der Weite der Welt geht nichts – das glaubt mir – verloren; Wechsel und Tausch ist nur in der Form. Entstehen und Werden heißt nur, anders als sonst anfangen zu sein, und Vergehen, nicht mehr sein wie zuvor. Sei hierin jenes versetzet, dieses vielleicht dorthin: im ganzen ist alles beständig« (251–258).

Das Resultat ist also ein unbeständig-beständiger Weltzustand, ein sich bewegender Widerspruch, eine Welt, in der alles vergeht und stirbt und in der doch der Glaube besteht, dass nichts wirklich verloren geht.

Von Heraklit stammt nicht nur der berühmte Satz »panta rhei«, alles fließt, den Ovid mit »cuncta fluunt« (178) übersetzt, sondern auch der weniger bekannte Satz: »Aus dem Feuer aber wird Alles und Feuer aus Allem, gleich wie aus Gold Güter und aus Gütern Gold« (Marx 1867, S. 120). Daraus haben Thomson (1955) und Sohn-Rethel (1961) geschlossen, dass die griechische Naturphilosophie nur durch das Erlebnis der Geldwirtschaft möglich wurde, in der sich Güter in Gold oder Geld und Geld wiederum in Güter verwandelten und die Vergänglichkeit der Güter oder Waren im Gegensatz zur Unvergänglichkeit und Unwandelbarkeit des Goldes standen.

Das Gesetz der Metamorphose erscheint in der Neuzeit als Dialektik, zuerst idealistisch bei Hegel, dann materialistisch bei Marx, indem sie »in dem positiven Verständnis des Bestehenden zugleich auch das Verständnis seiner Negation, seines notwendigen Untergangs einschließt, jede gewordene Form im Flusse der Bewegung, also auch nach ihrer vergänglichen Seite auffaßt« (1867, S. 28). Die Dialektik selbst ist widersprüchlich. Sie ist eine Lehre der Vergänglichkeit, der Negation und trotzdem besteht auch bei ihr der Glaube, dass durch die »Negation der Negation« (S. 791), durch die Aufhebung, letztlich nichts verloren geht, sodass der Optimismus über den Pessimismus siegt.

Der von Ovid vertretene naturphilosophische Metamorphosenbegriff hat im 19. Jahrhundert auch in den Naturwissenschaften eine Wiederauferstehung erlebt. In der Zoologie nannte man die Entwicklung der Insekten, die von einem Larvenstadium ausgehen, »Metamorphosen«. Der Begriff wurde auch mit »Stoffwechsel« gleichgesetzt und man sprach von »progressiver« und »regressiver Stoffmetamorphose« (Brockhaus 1895, Bd. 15, S. 376). Darwin ging in seiner Evolutionstheorie von langfristigen Veränderungen der Arten, von Transmutationen oder Metamorphosen aus, im Gegensatz zur biblischen Schöpfungsgeschichte, in der die Lebewesen von Anfang an als individuelle Arten geschaffen werden. Transmutation ist schließlich auch noch ein Begriff in der modernen Kernphysik, wo es gelungen ist, Bleiisotop in Gold zu verwandeln, ein Verfahren, das aber wegen der zu hohen Kosten nur theoretisch, nicht praktisch, interessant ist. Im Prinzip wurde so durch die Kernphysik der Traum des Midas und der Alchemisten realisiert: die Verwandlung von Erde oder von Blei in Gold.

2 Deutungen des Midasmythos

Religiös-moralische Deutung durch Ovid

Midas wurde schon von Aristoteles in seiner *Politik* (etwa um 330 v. Chr.) erwähnt. Für ihn war das Gold des Midas »eine Menge Geld« (1257b) und von Göttern ist in dieser kurzen Anspielung nicht die Rede. Dagegen war für den späteren Ovid das unvergängliche Gold nicht Geld, sondern ein Attribut der ewigen Götter. Er stellte den Midasmythos in einen religiösen Rahmen und behandelte die Beziehungen des sterblichen Midas zu den unsterblichen Göttern Bacchus, Ceres, Pan und Apollo. Die Ovid'sche Wiedergabe und Fassung des Mythos stellt zugleich seine religiöse und moralische Deutung dar.

Midas wird als phrygischer König eingeführt, der schon vor der Gabe des Dionysos, alles in Gold zu verwandeln, reich war, jedenfalls so reich an Gütern, dass er zu Ehren des Silenus ein Fest feiern konnte, das zehn Tage und Nächte dauerte und für das ihn seine Bauern und Diener mit Lebensmitteln und Luxusgütern versorgen konnten. Aber phrygisch wird von Ovid in seinen *Metamorphosen* vor allem mit Goldreichtum assoziiert und Midas strebte über seinen Reichtum an Gütern den Reichtum an Gold an, selbst auf die Gefahr hin, seinen Güterreichtum dadurch aufs Spiel zu setzen und zu zerstören.

Midas wird nicht nur als reich dargestellt, sondern, bevor er den Goldwunsch äußerte, auch als fromm. Zusammen mit Eumolpus wurde er von Orpheus in die »orgia«, die nächtlichen Dionysosfeiern, eingeführt. Bei diesen heiligen Riten, bei denen er Silenus als Teilnehmer kennenlernte, handelte es sich um einen orgiastischen religiösen Kult mit ekstatischen Rauschzuständen. Aber die von Orpheus begründete Orphik führte zu einer Sublimierung dieses Kultes, zu Askese, Sündenbewusstsein und dem Glauben an ein Jenseits. Orpheus, als der ursprüngliche Verkünder der Dionysosverehrung, soll sich zunehmend zu Apollo, seinem Vater, bekehrt haben. Nach dem Tod seiner Frau Eurydike verfiel er in Trauer und saß sieben Tage »pflegevergessen am Ufer« (X, 73) des Styx und »verschmähte die Gabe der Ceres«. Auch soll er danach »der weiblichen Liebe gänzlich entsagt« (X, 79f.) haben und wurde so den thrakischen Stämmen zum Vorbild, dem »zarten Männergeschlecht in Liebe zu nahn« (84). Als Verächter der Frauen wurde er von den »Mänaden« (XI, 22) in einem Racherausch gesteinigt und zerstückelt. Aber Dionysos, aus alter Anhänglichkeit an Orpheus und inzwischen selbst apollinisch gewandelt, bestraft die thrakischen »Mütter« (69), indem er sie in Bäume verwandelt.

In Anbetracht der ursprünglichen Religiosität des Midas kümmert es Bacchus sehr, »daß Besseres er nicht begehrte« (105). Aber der Goldwunsch des Midas könnte gerade aus seiner durch die religiösen und sexuellen Metamorphosen des Orpheus bewirkten eigenen religiösen und sexuellen Orientierungslosigkeit und durch den Tod und Verlust seines früheren Erziehers und Vorbilds, der vielleicht auch sein sexueller Liebhaber war, erwachsen sein. Midas, so deutet Ovid an, entscheidet sich für das ewige und asexuelle Gold, um dem möglichen Verlust einer geliebten Person mit all seinen traurigen Folgen zu entgehen. So gesehen entsprang der Goldwunsch des Midas aus wirklichen und befürchteten Verlusterlebnissen.

Auf den ersten Blick erscheint die Beziehung von Midas zu Bacchus/ Dionysos als eine Mensch-Gott-Beziehung, bei der Midas eine gottgefällige Tat vollbringt und dafür von Bacchus mit der Erfüllung eines Wunsches belohnt wird. Aber Midas ist nach dem Mythos nicht nur ein menschlicher König, sondern als Sohn der Göttin Kybele auch ein Halbgott, ebenso wie Dionysos, dessen Vater zwar Zeus war, der aber mütterlicherseits von der Königstochter Semele aus Theben abstammte. Als Halbgötter sind Midas und Bacchus gleichgestellt und es handelt sich zwischen ihnen um einen Gabentausch. Dionysos hat Silenus, seinen geliebten Erzieher und Begleiter, die Bezugsperson seiner Kindheit, verloren und ist auch als Gott oder Halbgott nicht in der Lage, den Vermissten wiederzufinden. Midas wird zum Wunscherfüller, indem er ihm seinen »Pfleger« (XI, 101) zurückbringt. Zugleich bringt er ein Opfer, indem er den weisen, aber auch phallisch-trunkenen Silenus als

Bruder und Genossen wieder abgibt. Wenn es stimmt, dass sein Vater ein Satyr war, so verzichtet er auch auf einen Vaterersatz in der Person des Silenus. Midas befriedigt also den menschlich zu nennenden Wunsch des Dionysos nach der verlorenen Bezugsperson der Kindheit und nach einem persönlichen Freund und Begleiter.

Als Gegengabe wünscht sich Midas die »vis aurea«, die magische und göttliche »Goldkraft«, um alles in Gold zu verwandeln. Seine Goldmetamorphosen beginnen damit, dass er ein grünes Eichenreis abbricht, das sich durch seine Berührung vergoldet. In Vergils Epos *Aeneis* dient der »goldene Zweig« (VI, 187) als Opfer und Geschenk, als »Spende« (142) für Proserpinas Schönheit, die mit dem Gott der Unterwelt Pluto verheiratet ist. Aeneas musste zuerst einen goldenen Eichenzweig brechen, um mit seiner Hilfe in die den lebenden Menschen versperrte Unterwelt gelangen zu können, dort seinen Vater zu treffen und aus ihr wieder lebend herauszukommen. Odysseus in Homers *Odyssee* geht dagegen in der Unterwelt auf die Suche nach seiner Mutter. Er findet sie am Eingang und muss für seine Begegnung mit ihr »Hades schreckliche Macht und die strenge Persephoneia« (XI, 47) anbeten und ihnen Tieropfer bringen. Midas wiederum sucht nicht seine verlorenen und toten Eltern, er sucht das Gold, das im Besitz von Hades/Pluto, dem »Herrn über die Schätze der Erde« (Hunger 1953, S. 336), und seiner Gemahlin Proserpina ist.

Die erste Goldmetamorphose des Midas lässt sich als eine magisch-fromme Handlung deuten, durch die er sich die Götter der Unterwelt geneigt machen möchte. Erst nach dieser Initialmetamorphose gelingt es ihm, Steine und Erde und weiter Ähren und Äpfel in Gold zu verwandeln. Durch die goldenen Ähren und Äpfel verschafft er sich zugleich die goldenen Attribute der Göttinnen Ceres und Juno. Danach geht er ins Haus, berührt die Hauspfosten, die sich dadurch vergolden und das Haus zum Palast oder gar zum Tempel machen. Vor dem Mahl wäscht er sich die Hände und das Waschwasser wird zum Goldwasser, das ihn, sich mit Zeus oder Jupiter identifizierend, an dessen goldenen und göttlichen Samen erinnert, mit dem dieser Danae verführte. Sein Wunsch, durch das Gold zu den Göttern emporzukommen, gibt sich nicht mit den chthonisch-plebejischen Göttern Ceres und Liber zufrieden, er möchte wie die olympisch-patrizischen Götter Juno und Jupiter werden.

Indem sich Midas über den Danae-Mythos mit Zeus/Jupiter identifiziert, muss er erkennen, dass selbst der allmächtige Gott der Götter, Vergil nennt ihn in seiner *Aeneis* »Jupiter omnipotens« (IX, 625), menschliche

Bedürfnisse und Gelüste hat. Wie ein gewöhnlicher Mensch wird er von sexueller Begierde getrieben und versucht, diese mithilfe des Goldes als Verführungsmittel zu befriedigen. Während die Menschen das Gold anstreben, um sich mit ihm als Endzweck zu vergöttlichen, streben die goldenen Götter danach, sich mit dem Gold als Mittel zu vermenschlichen. Jupiter gibt es weg, um dafür mit einer Frau, die wiederum am Gold interessiert ist, seine sexuellen Bedürfnisse auszuleben und sich fortzupflanzen.

Bis zu diesem Stadium seiner Goldmetamorphosen kann Midas sein Glück und seine Macht kaum fassen, alles in Gold oder in goldene Abbilder, die göttlich und ewig und dadurch dem Urbild scheinbar überlegen sind, verwandeln zu können. Er steigert sich durch die ihm geschenkte göttliche Verwandlungskraft in einen Glücks- und Rauschzustand hinein. Er bekommt vom Gott Bacchus/Liber nicht einen Weinrausch oder einen sexuellen Rausch in Form eines orgiastischen Festes, sondern einen Goldrausch. Von ihm sagt Ovid im lateinischen Orginal: »vix spes ipse suas animo capit aurea fingens omnia« (XI, 118), was so übersetzt wurde: »Kaum umfasst im Geist er sein Glück, der alles sich golden vorstellt«.

Aber »spes« kann auch mit »spekulativer« Zukunftshoffnung und »aurea fingens omnia« mit »der alles sich golden bildet« übersetzt werden. Das lateinische Wort »spes« ist mit der Spekulation verwandt und »fingere, fictus«, von dem auch die »Fiktion« abgeleitet ist, bedeutet ursprünglich »aus oder in Lehm bilden« und erst später »sich vorstellen« und »erdichten«. Midas stellt sich vor und ist gleichzeitig dabei, alle realen Dinge in ewige, göttliche, aber fiktive Gegenstände, goldene Duplikate der realen Dinge, zu verwandeln. Die Duplikate aus realem Gold sind real und zugleich fiktiv. So ist der goldene Apfel aus realem Gold gebildet, aber als Apfel ist er fiktiv. Diese Apfelfiktion lässt sich nur wieder realisieren, indem der goldene Apfel in einen wirklichen essbaren Apfel zurückverwandelt wird. Durch seine gottgegebene Vis aurea, seine goldene Verwandlungskraft, möchte sich Midas letztlich in ein fiktives, unsterbliches, goldenes Abbild seiner selbst, in einen Gott, verwandeln.

An dem Punkt, wo er fiktiv schon am Ziel seiner Wünsche ist und sich dem ewigen und allmächtigen Jupiter gleich fühlt, tritt eine gewisse Sättigung seines »auri sacra fames«, seines Goldhungers ein. Er unterbricht seine Goldverwandlungen, um seinen Nahrungshunger zu befriedigen. Sein rauschhaftes, golden-göttliches Allmachtsgefühl ändert sich aber schlagartig, als Midas mit dem von seinem Gesinde zubereiteten Mahl beginnt. Zu seinem Erstaunen und Erschrecken wirkt seine Goldkraft ohne und gegen seinen Willen als Zwang weiter. Sie verwandelt sich aus einem erwünschten Segen in einen unerwünschten Fluch, so wie der heilige Hunger nach Gold sich in einen verfluchten Hunger verwandelt. Sowohl das Brot, als Gabe der Ceres, als auch das Fleisch erstarren durch seine Berührung zu nicht mehr essbarem Gold, zu »hard food« oder zu »harter Nahrung«, wie es Shakespeare in seinem *Kaufmann von Venedig* (III, 2) ausdrückt. Als Midas schließlich versucht, den Wein, die Gabe des Bacchus, zu trinken, verwandelt auch der sich in flüssiges Gold und wird untrinkbar. Während er zunächst über die Verwandlung von Ähren und Äpfeln in Gold begeistert war und das goldene, aber nicht essbare Abbild über die wirklichen Nahrungsmittel stellte, hasst er nun die göttlichen und goldenen Nahrungsfiktionen, die ihn durch Hunger und Durst mit dem Tod konfrontieren.

Seine ersten Metamorphosen bewirkte Midas durch seine berührenden Hände, bei seinen letzten sind es dagegen die Zähne und der Schlund, also die Organe, mit denen die Stoffmetamorphose oder die Verdauung eingeleitet wird. Die magische Berührung mit der Hand verweist auf das Handanlegen und damit auf die Handarbeit, aber auch auf den Händewechsel und damit auf den Tausch. Zugleich geht es bei der Vis aurea nicht nur um die Kraft zu verwandeln, sondern auch noch um die Kraft anzueignen. Zuerst dienten Midas die Hände als Aneignungsorgan, am Ende sind es die Zähne und der Mund, sodass sich sein Goldwunsch wirklich in einen Goldhunger verwandelt hat.

Nachdem es bisher um die Beziehung von Midas zu Bacchus/Dionysos ging, geht es nun um seine Beziehung zu Ceres. Allerdings tritt diese im Mythos nicht persönlich auf, sondern wird vertreten von den Bauern und Dienern des Midas, die ihn mit der Nahrung, den »Gaben der Ceres«, versorgen, sie ihm produzieren, zubereiten und auftischen und damit ihm gegenüber die Rolle der Muttergöttin spielen. Ceres ist eine den Menschen freundlich gesinnte Göttin, die sie mit Nahrung versorgt und ihnen Hunger erspart, denn »daß Ceres und Hunger zusammenkommen, verbeut das Geschick« (VIII, 785), schreibt Ovid. Aber Ceres kann auch strafen, wenn sie wie im Mythos des »Erysichthon« (738), in dem sie persönlich auftritt, nicht geehrt wird, sondern dieser ruchlos und vermessen ihren heiligen Hain mit der Axt abholzt. Erysichthon, der »Götterverächter« (816), wird von ihr mit einer »schrecklichen Gier des nimmer befriedigten Gaumens« (845), mit nie zu sättigendem Hunger bestraft und frisst sich schließlich selbst auf.

Midas, in seinem Verlangen, alles in Gold zu verwandeln, verwandelt auch die Gaben oder Geschenke der Ceres, Brot und Speisen, in Gold. Indem er sie ungenießbar macht und damit zerstört, versucht auch er, die Göttin Ceres zu zerstören, und wird deshalb durch drohenden Hungertod bestraft. Wenn die Erdschollen und das Wasser zu Gold werden, ist eine Agrikultur nicht mehr möglich, und wenn die schon produzierten Lebensmittel ebenfalls zu Gold werden, sind davon auch seine Bauern und Diener betroffen. Midas zieht sowohl die Erde als auch seine Untertanen in das durch seine Goldverwandlungskraft bewirkte Zerstörungswerk mit ein. Ceres als »Terra Mater« ist eine chtonische Gottheit, eine Erdgöttin, deren Machtbereich nicht nur auf, sondern auch unter der Erde liegt, wo sie das Gold vor den Menschen versteckt und in die Nähe der Toten bringt.

Midas verschmäht die Gaben der Ceres für die Menschen, die Früchte der Erde als Lebensmittel, indem er sie in Gold verwandelt und an diesem toten Gold festhält, anstatt es der Göttin zu übergeben. Aber durch die Verwandlung der Speisen und Getränke, von Brot, Fleisch und Wein in Gold, wird sich Midas seines »glänzenden Elends« (XI, 133) bewusst, das darin besteht, sowohl reich als auch elend zu sein. Da die Speisen des Midas von Ovid »dapes« (123) genannt werden, können sie auch als Opferspeisen verstanden werden, in denen sich Ceres und Bacchus dem Menschen Midas in Form von Brot, Fleisch und Wein hingeben, sich von ihm einverleiben und ihn dadurch an ihrer Göttlichkeit teilhaben lassen. Aber Midas wollte mehr, er wollte unabhängig von den Göttern mit dem Gold selbst ein Gott werden.

Den Tod vor Augen erkennt und bereut er, dass er gesündigt hat, wobei er sein Sündenbekenntnis, »peccavimus«, im Plural spricht. Die Sünde war sein Wunsch, wie die goldenen Götter zu sein oder gar über ihnen als Götterverächter zu stehen. Sie bestand in der superbia, in dem frevelhaften Hochmut, im Griechischen »Hybris« genannt. Wenn im Lateinischen »hybrida« Mischling bedeutet, so kann Hybris als eine ungehörige Vermischung von Gott und Mensch oder als eine Überschreitung der von den Göttern den Menschen gesetzten Grenzen verstanden werden. Für Midas gilt dasselbe, was der unsterbliche Helios zu seinem sterblichen Sohn Phaethon sagt: »Dir fiel sterbliches Los zu, doch was du begehrst, ist nicht sterblich« (II, 56).

Der durch den drohenden Tod einsichtig gewordene Midas fleht Bacchus als »pater« (XI, 132), als Vater an, ihn von dem Gold, von dem er ringsum beschmiert, »circumlitus« (136), ist, wieder zu befreien. Dadurch zeigt er, dass er sich wie ein hilfloses Kind fühlt, das mit seinem Hunger und seinem Schmutz allein gelassen wird. Bacchus verwandelt sich in einen gütigen und verzeihenden Vater-Gott. Midas wird auferlegt, durch ein Reinigungsbad die gewünschte göttliche Goldverwandlungskraft abzuwaschen, die sich in eine schmutzige und tödliche Sünde, die Bacchus »crimen« (141), d.h. Schuld oder gar Verbrechen nennt, verwandelt hatte. Das Bad in der Quelle des Flusses bedeutet außer dem Reinigen im körperlichen und seelischen Sinn auch das Akzeptieren der Vergänglichkeit, den Abschied von seiner Hybris und einen Neuanfang, ein Neugeborenwerden und damit ein Ende seiner Schuld. Mit der Verflüssigung oder Liquidation des ewigen Goldes unterwirft er sich dem Gesetz der Metamorphose, nach dem »cuncta fluunt« (178), alles fließend, und damit vergänglich ist. Das von Bacchus verordnete Bad ist mit der christlichen Taufe vergleichbar, die sowohl Reinigungsritus als auch Ausgießung des heiligen Geistes und Neugeburt bedeuten soll.

Die verwandelnde Goldkraft des Midas ging durch seine Waschung in den Fluss Paktolus über, machte ihn zu einem Goldfluss und das von ihm bewässerte Land zu einem Goldland. Der Reinigungsritus kann auch als eine Opferhandlung, als ein Sühneopfer, verstanden werden. Das der Ceres als »Terra Mater« gierig und mit Händen, Schlund und Zähnen aus ihrem Inneren entrissene Gold wird ihr in Form eines Goldflusses, der das Land vergoldet, wieder zurückgegeben und damit Wiedergutmachung geleistet. Allerdings war durch den Ritus das Gold nicht aus der Welt, denn es kehrte historisch wieder als Goldmünze und damit als Goldgeld. Aus dem Gold, das der lydische Paktolus in der Antike mit sich führte und das in der Realität nicht von Midas, sondern aus dem goldhaltigen Timolusgebirge stammte, wurden die ersten Geld- oder Goldmünzen geschlagen, deren Nachfolger, die modernen Scheidemünzen, bis heute im Geldverkehr sind.

Die Goldsünde oder Goldschuld des Midas bestand einerseits in der Hybris, durch das Gold wie Gottvater Jupiter selbst sein zu wollen, und andererseits in der Beraubung und Zerstörung der Mutter Erde. Die zur Erlösung von Schuld und Sünde notwendigen Einsichten und Taten verlangen den Abschied von der Hybris und die Rückgabe des Goldes an die Natur, um wieder Zugang zu den Lebensmitteln zu bekommen.

Die Begehung der Gold-Sünde und die Erlösung von der Schuld sind der zentrale religiöse Inhalt des »Midas Aureus«-Mythos. Allerdings trat eine geistig-geistliche Erneuerung bei Midas, wie seine Geschichte weiter zeigt, nach dem Reinigungsritus nicht ein, was der wohl selbst nicht sonderlich religiöse Ovid im zweiten Teil mit Ironie zeigt.

Nach seinen Erlebnissen mit dem nun verhassten Gold flieht Midas vor Reichtum und Prunk, vor der Gold- und Geldkultur, in die Wälder und hält sich bei dem Naturgott Pan auf. Aber Midas hat trotz Einsicht, Sündenbekenntnis und Reinigungsbad nicht wirklich aus seinen Erfahrungen mit den Göttern gelernt: »Es blieb sein träger Verstand, und schaden wie vormals sollte der törichte Sinn zum anderen Mal dem Besitzer« (XI, 148f.). Bei einem musikalischen Wettstreit zwischen Pan und Apollo votiert er als einziger für Pan. Dabei ging es nicht nur um verschiedene Musikauffassungen, sondern zugleich auch um verschiedene Lebensauffassungen. Nietzsche spricht von zwei »Kunsttrieben« (1871, S. 81), die sich bei den Griechen im Konflikt befanden, dem »Apollinischen« und dem »Dionysischen«.

Während Midas im ersten Teil wie die unsterblich-goldenen Götter sein wollte und das göttliche, aber ungenießbare Gold den Gaben des Triebgottes Bacchus/Dionysos, dem Wein, und den Gaben der Ceres, dem Brot, vorzog, verfällt er nun ins Gegenteil. Er besteht auf dem Vorzug des triebhaften Flötenspiels des Viehgotts Pan gegenüber dem sublimen Leierspiel des goldenen Sonnengotts Apoll. Dadurch wird Midas wieder zu einem törichten Götterverächter, der erneut in Hybris oder Hochmut verfällt. Er wird deshalb von dem gekränkten Apollo bestraft, der die musikalisch barbarischen Ohren des Midas in die Ohren des »langsam schreitenden Esels« (XI, 179) verwandelt. Midas versucht, die Strafe durch eine phrygische »purpurne Mütze« ungeschehen zu machen. Aber nachdem er die Partei der Sumpfrohr-Flöte ergriffen hatte, wird seine Schande gerade durch ein flüsterndes Sumpfrohr öffentlich gemacht und seine Torheit in der ganzen Welt verbreitet.

Midas wird von Ovid als ein ursprünglich frommer Mensch eingeführt, der sich aber von seinen Begierden, seinem Hochmut und seiner Habgier hinreißen lässt und sich dadurch in einen Sünder und in einen Tor verwandelt, der von den Göttern schließlich gezeichnet wird. Einmal wird ihm vergeben, das zweite Mal nicht mehr. Die Moral, die der moralisierende Ovid verkünden will, lautet, dass es für den Menschen klug ist, den von den Göttern gesetzten Rahmen zu akzeptieren, und töricht ist, sich mit den Göttern vermischen zu wollen. Das menschliche Bestreben, es den goldenen und himmlischen Göttern gleichzutun als auch zu ihnen in Opposition zu treten, ist zum Scheitern verurteilt. Aber diese Moral wird von dem unmoralischen Ovid gleich wieder ironisch infrage gestellt, indem er den absoluten Unterschied zwischen Menschen und Göttern relativiert.

Denn unmittelbar nachdem sich Apollo an Midas gerächt hat, verdingt er sich zusammen mit Poseidon, beide in Menschen verwandelt, dem »phrygischen Tyrannen« (XI, 203), dem König »Laomedon« (199), um »Gold« (204). Sie bauen dem »avarae Troiae« (208), dem habgierig-geizigen Troja, die Mauern. Ovid bezieht sich auf Homers *Ilias*, in der Poseidon Apollo daran erinnert, dass Laomedon ihnen den Lohn verweigerte und ihnen sogar drohte, »mit Erz die Ohren zu rauben« (XXI, 455). Der göttliche und goldene Phoebus Apollo war also bereit, um Gold für einen Menschen zu arbeiten und sich dabei noch betrügen und bedrohen zu lassen. Selbst aus dem apollinischen Gott kann das Gold einen von Menschen betrogenen Tor machen. Apollo und Poseidon rächen sich, indem sie das Land überschwemmen und es in eine kommende Hungersnot stürzen. Wie bei Midas wird der Hunger nach Gold mit wirklichem Hunger bestraft.

Während im Midasmythos offene Gewalt und Krieg nicht vorkommen, wird er in den Ovid'schen *Metamorphosen* von gewalttätigen und kriegerischen Mythen eingerahmt: der Tötung und Zerstückelung des Orpheus durch die thrakischen Frauen und Mütter und der Bestrafung des goldgierigen Laomedon, die zum Trojanischen Krieg führt. Dies könnte man als einen Hinweis Ovids verstehen, dass die Geldwirtschaft im Prinzip friedlich ist, indem sie durch Tausch Gewalt überwindet, andererseits aber durch Geldgier, Geiz und ungerechten Tausch neue Gewalt auslösen kann.

Religiös-moralische Deutungen nach Ovid

Wenn man der christlichen Zeitrechnung folgt, dann vertritt Jesus von Nazareth etwa 30 Jahre nach Ovids Midasmythos eine ähnliche Auffassung über das Verhältnis von Gott und Gold. In seiner Bergpredigt sagt er: »Ihr sollt euch nicht Schätze sammeln auf Erden, da sie die Motten und der Rost fressen und da die Diebe nachgraben und stehlen. Sammelt euch aber Schätze im Himmel« (Math. 6, 20) und er fährt fort: »Niemand kann zwei Herren dienen: entweder er wird den einen hassen und den andern lieben, oder er wird dem einen anhangen und den andern verachten. Ihr könnt nicht Gott dienen und dem Mammon« (24). Das Aufhäufen von goldenen Schätzen wird von Jesus genauso verurteilt, wie es Ovid im Midasmythos tut. So wie die Goldmetamorphosen des Midas eine Sünde sind, so ist auch das Aufhäufen des Mammons eine Sünde, die, wenn ungesühnt, nicht nur wie bei Midas zum Tod, sondern zur ewigen Verdamnis führt, denn »es ist leichter, daß ein Kamel gehe durch ein Nadelöhr, denn daß ein Reicher in das Reich Gottes komme« (Luk. 18, 25).

Es ist nicht überraschend, dass der von Ovid religiös und moralisch gedeutete antike Midasmythos im christlichen Mittelalter mit dem Wiedererwachen der Geldwirtschaft eine bedeutende Rolle in der europäischen Kulturgeschichte spielte. Man verstand den Wunsch des Midas, alles in Gold zu verwandeln, als Ausdruck eines sündigen Verlangens nach Gold als Geld. Die »Avaritia« wurde von der Kirche als eine der sieben Todsünden bestimmt. Sie beinhaltet beides, die Habgier und den Geiz, wobei sich auch das deutsche Wort Geiz etymologisch von Gier ableitet. Goethe hat im *Faust* (II, 1) das Motto der »Avaritia« auf den Begriff gebracht: »Nur viel herein und nichts hinaus!« Nach Simmel ist der »Geldgier« und dem »Geiz« gemeinsam, dass sie »die Wertung des Geldes als absoluten Zweck« (1900, S. 242) zur Grundlage haben und Geld damit seinen Mittel-Charakter verliert. Paulus bringt Geiz und Hochmut in Zusammenhang, indem er den »Geiz« (1. Tim. 6, 10) als »eine Wurzel alles Übels« bezeichnet und von den »Reichen dieser Welt« (17) fordert, »daß sie nicht stolz seien«.

Für Gregor den Großen in der zweiten Hälfte des sechsten Jahrhunderts ist der Hochmut, die »Superbia«, die »Mutter und Wurzel aller anderen Übel der menschlichen Natur« (Thiel 2000, S. 199). Er unterscheidet die geistlichen von den fleischlichen oder weltlichen Sünden, wobei er Superbia und Avaritia zu den geistlichen, »Gula« (Völlerei) und »Luxuria« (Wollust) dagegen zu den fleischlichen rechnet. Daraus kann man folgern, dass Geld als der allgemeine Tauschzweck ein geistlicher Zweck ist und als solcher in Konkurrenz mit der Religion steht, in der Gott oder die Vereinigung mit Gott der absolute Zweck sein sollte. Wenn das Geld allerdings als Tauschmittel für Völlerei oder Wollust ausgegeben oder verschwendet wird, dann bedeutet dies eine Abkehr von dem heiligen Geld als dem absoluten Zweck und es bedeutet seinen Missbrauch als Mittel für profane und fleischliche Zwecke. Der vorchristliche und heidnische König Midas konnte wieder »zur Zielscheibe moralisierender Kritik« (Thiel 2000, S. 198) werden, weil »sein doppeltes Fehlverhalten« der ersten und der letzten der sieben Todsünden der christlichen Kirche entsprach: der Superbia, dem Hochmut, Stolz und der Überheblichkeit, und der Avaritia, der Habgier und dem Geiz.

Die moralisierende Kritik an Midas im ausgehenden Mittelalter begann in Dantes *Die Göttliche Komödie* (1321). Dort erinnern im »Fegfeuer«, dem »Purgatorium«, jede Nacht die Büßer an sieben mythologische oder geschichtliche Beispiele der Habsucht und ihrer Folgen, so auch an Midas: »Vom Fluche, den sein süchtiger Wunsch gebracht Midas, dem Geizhals, daß man, wo die Leute von ihm erzählen, heut noch seiner lacht« (XX, 106ff.). Midas wird weniger als hochmütig charakterisiert, sondern als habsüchtiger Geizhals, der sich gerade dadurch der Lächerlichkeit preisgibt. Andererseits sagt Dante: »Stolz, Neid, Habgier sind die Brände, davon die Herzen allesamt entbrannt« (Inferno, VI, 74f.).

Der Versuch, die Habsüchtigen, Goldgierigen und Geizigen in moralischer Absicht der Lächerlichkeit preiszugeben, ist schon älter als Dante und wurde bereits in den antiken Komödien, so in der *Goldtopf-Komödie* (ca. 200 v. Chr.) des Plautus, angewandt. Trotzdem waren die nun über 2.000 Jahre andauernden Versuche, Geldgier und Geiz durch eine gierige und schmutzige Metaphorik lächerlich zu machen, bisher nicht besonders erfolgreich. So sind die Habsüchtigen in Dantes »Hölle«, dem »Inferno«, vom »schmutzigen Fehl, der wahres Gut verkannt, besudelt« (VII, 53), so wie der sündige Midas vom Gold ringsherum beschmiert war. Aber ihre eigentliche Sünde besteht in dem Vorwurf: »Aus Gold und Silber macht ihr Gott« (XIX, 112). Aus einem göttlichen Attribut wird das Gold und Geld selbst ein Gott und verdrängt als Mammon den persönlichen Gott. Simmel zitiert Hans Sachs mit den Worten: »Gelt ist auff erden der irdisch got« (Simmel 1900, S. 241). Shakespeare nennt in seinem *Timon von Athen* das Gold »sichtbare Gottheit« (IV, 3), ergänzt aber: »O welch ein Gott ist Gold, daß man ihm dient im schlechtern Tempel, als wo das Schwein haust« (V, 1).

Die moralischen Geschichten vom Pakt mit dem Teufel lassen sich möglicherweise auch auf den Ovid'schen Midasmythos zurückführen, in dem das Gold von Bacchus »getreu dem Vertrag (pacti) gewährt« (XI, 135) wird. In *Peter Schlemihls wundersame Geschichte* (1814) von

Chamisso wird der Schatten, in *Das kalte Herz* (1825) von Hauff das Herz gegen Gold verkauft. Beide Protagonisten bereuen ihren Tausch, der sie wie Midas trotz des Goldes ins Elend treibt. Der Versuch, den eingegangenen Teufelspakt wieder rückgängig zu machen, ist erfolglos oder nur durch List und Magie möglich.

Richard Wagner hat in seinem Musikdrama *Der Ring des Nibelungen* (1853) das Midasthema variiert. Bei ihm sind es die Götter, die für die maßlose Macht des Goldringes die Göttin Freia, die sie mit ihren goldenen Äpfeln ernährt und ewig jung erhält, als Pfand weggeben. Auch sie drohen zu verhungern und alt zu werden. Das den Rheintöchtern geraubte Gold bringt ihnen kein Heil, sondern Untergang und Tod. Als Lösung soll das Gold dem Rhein und damit auch der Göttin Erda, der Mutter Erde, wieder zurückgegeben und, wie bei Midas, rein gewaschen werden. Dadurch verschwindet die alles und alle in einer Götterdämmerung zerstörende Macht des Goldes.

Schopenhauer vergleicht in seinen *Aphorismen zur Lebensweisheit* das Geld mit dem wandelbaren Meeresgott Proteus. Er versucht damit zu erklären, warum Geld an die Stelle eines wunscherfüllenden Gottes tritt:

»Daß die Wünsche der Menschen hauptsächlich auf das Geld gerichtet sind und sie dieses über alles lieben, wird ihnen oft zum Vorwurf gemacht. Jedoch ist es natürlich, wohl gar unvermeidlich, das zu lieben, was, als ein unermüdlicher Proteus, jeden Augenblick bereit ist, sich in den jedesmaligen Gegenstand unserer wandelbaren Wünsche und mannigfaltigen Bedürfnisse zu verwandeln. Jedes andere Gut nämlich kann nur einem Wunsch, einem Bedürfnis genügen: Speisen sind bloß gut für den Hungrigen, Wein für den Gesunden, Arznei für den Kranken, ein Pelz für den Winter, Weiber für die Jugend usw. Sie sind folglich alle nur ›agatha pros ti‹ (Güter für einen bestimmten Zweck), d. h. nur relativ gut. Geld allein ist das absolut Gute: weil es nicht bloß einem Bedürfnis in concreto (im Einzelfall) begegnet, sondern dem Bedürfnis überhaupt, in abstracto (im allgemeinen)« (1851, S. 45f.).

Das Geld ist das absolute und zugleich abstrakte Gut und wird dadurch sowohl zum absoluten Mittel als auch zum absoluten Zweck des Menschen.

Während sich Proteus durch seine göttliche Magie verwandeln konnte, besitzt in einer Geldwirtschaft das Gold oder Geld als Tauschmittel diese göttliche Magie und macht dadurch seinen Besitzer zu einem Magier oder gar zu einem Gott. Aber wer sein Geld als Tauschmittel, als Mittel zum Zweck einsetzt, gibt es aus und überträgt es auf eine andere Person. Dadurch gewinnt er zwar irdische Wunscherfüllung und Bedürfnisbefriedigung, aber verliert das unvergängliche magische Geld und damit zugleich seine scheinbar göttliche Allmacht.

Ökonomische Deutung durch Aristoteles

Hörisch hat den Midasmythos als einen »der frühesten ökonomischen Mythen« (2002, S. 28) bezeichnet und so nimmt es nicht Wunder, dass im Laufe der Geschichte die verschiedensten ökonomischen Schriftsteller auf ihn Bezug genommen haben. Aristoteles (384–322 v. Chr.) ist der erste, der das Gold des Midas als Geld und die Metamorphosen von Gegenständen in Gold als Verwandlung von Waren in Geld und damit als Tausch oder als Verkauf interpretiert hat. In seiner *Politik* kommt er auf das Geld und in diesem Zusammenhang auch auf Midas zu sprechen. Die Entstehung des Geldes erklärt er so: In der ursprünglichen begrenzten Gemeinschaft, im »oikos«, im Haus (1257a), waren Tauschgeschäfte nicht notwendig. Sie entstanden erst, als die Gemeinschaft umfassender wurde. So begann ein Tauschhandel von Nutzgütern, indem beispielsweise Wein gegeben und Getreide dafür genommen wurde. Mit der Erweiterung des Tauschhandels entstand notwendigerweise das Geld, ursprünglich ein nützliches Ding, das nach Übereinkunft gegeben und genommen wurde, um den Tausch zu erleichtern. Als geeignetes Geldmaterial nennt Aristoteles Eisen und Silber, dessen Gewicht man ursprünglich maß und dem man schließlich ein Prägezeichen als Zeichen der Quantität, aber auch der Qualität aufdrückte. Geld ist nicht etwas, das von Natur aus vorliegt, sondern wird als »noumisma« durch das Gesetz, nomos, bestimmt. Aus dem Tauschhandel mit nützlichen Gütern entwickelte sich das »Handelswesen« (1257b). Der Reichtum nahm die Form von Geld an und alle Händler wollten »ins Unbegrenzte hinein ihr Geld vermehren«. Es ist aber »unsinnig, daß der Reichtum solcher Art sei, bei dessen hinreichendem Vorrat man Hungers stirbt, wie man das von jenem Midas überliefert, weil wegen der Unersättlichkeit seines Wünschens ihm alles, was man ihm vorsetzte, zu Gold wurde« (ebd.).

Aristoteles entmythologisiert den Mythos, indem er zeigt, wie im entwickelten Handel der unersättliche Midaswunsch durch den Tausch von Gütern in Gold, ohne Hilfe eines Gottes und ohne Magie, in Erfüllung gehen kann. Er unterscheidet die ursprüngliche Hausverwaltung, die Ökonomik, von der eigentlichen Geldwirtschaft, die er Chrematistik nennt. Diese charakterisiert und kritisiert er als eine Wirtschaftsform, in der die Menschen unsinnigerweise ein primäres Interesse am Gold oder an der Geldware und nur ein sekundäres Interesse an bedürfnisbefriedigenden Waren, an Esswaren, haben. Als negatives Beispiel dient ihm der mythische Midas, für den die Dinge, einschließlich der Nahrung, nur Mittel waren, um in Gold getauscht zu werden. »Chrematistik« geht auf Griechisch »chrema«, d. h. Handel oder auch Geld, zurück. Davon soll wiederum das deutsche Wort »Krämer« abgeleitet sein.

Marx hat die Unterscheidung des Aristoteles so zitiert: Während sich die »Ökonomik«(1867, S. 167) auf »die Verschaffung der zum Leben notwendigen und für das Haus oder den Staat nützlichen Güter« beschränkt, ist die »Chrematistik« auf das Geld gerichtet, für das »keine Grenze des Reichtums und des Besitzes zu existieren scheint«. Die Ökonomik bezweckt also »ein vom Gelde selbst Verschiedenes«, das Ziel der Chrematistik ist dagegen die »absolute Bereicherung«. Die Verwechslung beider Formen, »die ineinander überspielen, veranlaßt einige, die Erhaltung und Vermehrung des Geldes ins Unendliche als Endziel der Ökonomik zu betrachten«. Diese Unterscheidung ist auch heute noch aktuell. Indem das herrschende Wirtschaftssystem statt Kapitalismus verharmlosend Ökonomie genannt wird, unterstellt man, dass sein primäres Ziel nicht die absolute Vermehrung oder Akkumulation des Geldes und des Kapitals, sondern, wie beim antiken *oikos*, die Befriedigung von Bedürfnissen durch Produktion und Markt ist. Gegen diese beschönigende Vorstellung des Kapitalismus hat z. B. Schumpeter bemerkt, dass, »so wie die Dinge nun einmal liegen, die Produktion eine Nebenerscheinung beim Erzielen von Profiten ist« (1942, S. 448).

Aristoteles, der den Midasmythos entmythologisierte, hat zuerst das Dogma aufgestellt, dass das Geld für den Warenaustausch »angeschafft« (1258b) oder erfunden wurde und nicht, um es durch den chrematistischen Handel aufzuhäufen oder um es durch die »Wucherei« zu vermehren. Mit Aristoteles begann der Versuch, dem Geld seine soziale Sprengkraft zu nehmen, indem es auf seine Funktion als allgemeines Tauschmittel festgelegt wird, seine anderen Funktionen als Schatzmittel oder als Kapital aber verpönt oder gar verboten werden. Die Kirche im Mittelalter hat sich in ihrer Einstellung zum Geld und zum Zins auf Aristoteles berufen. Geld sollte nur als Mittel oder Medium funktionieren, nicht als Zweck oder gar Selbstzweck.

Der Hinweis des Aristoteles auf Midas ist in mehrerer Hinsicht bemerkenswert. Er ist in der erhaltenen griechischen Literatur der »früheste Nachweis für die Geschichte von der vergoldenden Berührung« (Thiel 2000, S. 64). Vorher, beim spartanischen Dichter Tyrtaios und in Platons *Politeia*, ist Midas mit einer Wendung ins Negative nur sprichwörtlich reich und, wie im *Plutos* des Aristophanes, erstmals aufgeführt 388 v. Chr., zusätzlich noch mit »Eselsohren« (286) gezeichnet. Aristoteles betont die »Aplestia«, die Unersättlichkeit des Midas nach Gold als Geld, obwohl man davon nicht körperlich satt werden kann. Er war eine Zeit lang der Lehrer Alexanders des Großen. Dessen Vater Philipp von Mazedonien ließ sich, als Erster in Griechenland, aus den in Nordgriechenland neu entdeckten Goldvorkommen Goldmünzen mit eigenem Portrait, die »Philippoi«, prägen, sodass auch in Griechenland Gold zum ersten Münzmetall wurde und das Silber als Geldmetall der Polis von diesem Platz verdrängte. Das Gold war die Grundlage von Philipps politischer und militärischer Macht, mit der er Griechenland und sein Sohn und Nachfolger Alexander das persische Reich eroberten.

Die »Aplestia« des Midas nach Gold als Geld bedeutet wie die lateinische »Avaritia« beides, Geldgier und Geldgeiz, und beides kann, wie Aristoteles am Beispiel von Midas zeigt, zur Hungerkrise führen. Auch Marx hat dies an einem historischen Beispiel, das er einer Geschichte des böhmischen Bergwerks entnahm, demonstriert:

> »Im Jahre 760 wanderte eine Masse armer Leute aus, um den Fluß-goldsand südlich von Prag auszuwaschen, und drei Mann waren fähig, in einem Tag eine Mark Gold zu extrahieren. Infolge davon wurde der Zulauf zu den Goldfundstätten und die Zahl der dem Ackerbau entzogenen Hände so groß, daß das Land das nächste Jahr von Hungersnot heimgesucht wurde« (1859, S. 131).

Wird gesellschaftlich zu viel Arbeit für die Produktion von Gold und zu wenig für die Produktion von Lebensmitteln aufgewendet und findet deshalb das Gold keine Lebensmittel zum Eintauschen vor, so kann seine Tauschmagie schnell verblassen und sich ins Gegenteil verkehren. Der

Überfluss an Gold oder Geld bei gleichzeitigem Mangel an kaufbaren Nahrungsmitteln bewirkt zuerst eine Teuerung, um dann in die Elementarform der ökonomischen Krise, in eine Hungersnot, umzuschlagen.

Nicht nur die Geldgier, auch der Geiz oder das geizige Festhalten der potenziellen Käufer an ihrem Gold und Geld kann die Verkäufer oder die Nahrungsmittelproduzenten dazu bringen, dass sie ihre Produktion für den Markt einstellen und zu Selbstversorgern werden. Auch dadurch wird das Gold als Tauschmittel entwertet und nutzlos. Wie im Midasmythos besteht in diesem Fall die Überwindung der lebensbedrohlichen ökonomischen Krise in der Liquidation, der Verflüssigung, des geizig zurückgehaltenen Goldes, also konkret im Ausgeben von Geld und damit im Kauf von Nahrungsmitteln oder Waren allgemein, was wiederum zu einer Anregung der Produktion für den Markt führt. Damit wird das Gold oder Geld als Endzweck in ein Mittel zum Zweck, in ein Tauschmittel verwandelt, mit dem die zum Leben und Überleben notwendigen Lebensmittel eingetauscht werden können.

Das Gold war für den mythischen Midas Ziel und Zweck seiner Metamorphosen, seiner Tauschhandlungen und damit auch seiner Ökonomie. Seine Gestalt wird deshalb von Kritikern der Geldwirtschaft, beginnend mit Aristoteles, und Kritikern des Kapitalismus, mit Marx als Hauptvertreter, bevorzugt zitiert. Adam Smith (1723–1790), der Begründer der modernen Ökonomie und Vater des Wirtschaftsliberalismus, hat, obwohl er eine ausgeprägte Kenntnis der griechischen und lateinischen Literatur besaß, Midas in seinem Klassiker *Der Wohlstand der Nationen* (1776) nicht erwähnt. Auch er hätte ihn als negatives Beispiel zitieren können, denn er war der Ansicht, »daß der Wohlstand der Nationen nicht in nicht-konsumierbaren Vorräten an Geld, sondern in Verbrauchsgütern besteht« (S. 574). Smith wendet sich damit ausdrücklich gegen die Merkantilisten, die auch Monetaristen genannt wurden, weil diese den Reichtum an Gold oder Geld als den eigentlichen Reichtum ansahen. Er schreibt, »Menschen lieben Geld nicht des Geldes, sondern der Güter wegen, die sie damit kaufen können« (S. 356), und weiter: »Der Konsum allein ist Ziel und Zweck einer jeden Produktion« (S. 558). Damit beschreibt er einen Sollzustand, aber nicht die kapitalistische Realität, in der die Protagonisten ein anderes Ziel haben, als das Geld für den Konsum auszugeben.

Auch Ricardo (1772–1823) ist der Ansicht: »Niemand produziert zu einem anderen Zweck als zu konsumieren oder zu verkaufen und er verkauft nur in der Absicht, ein andres Gut zu kaufen, das ihm unmittelbar

nützlich sein oder das zu zukünftiger Produktion beitragen kann«
(1817, S. 211f.). Er fährt fort: »Produkte werden stets mit Produkten
oder Diensten gekauft; Geld ist nur das Mittel, welches den Austausch
bewirkt« (S. 213). Say, ein französischer Ökonom in der Nachfolge von
Smith, gründet auf der Überzeugung, »man verkauft immer nur, um
irgendeine andere Sache wieder einzukaufen« (1821, S. 57), sein später
sogenanntes Gesetz von Say. Dieses besagt, dass sich jedes Angebot seine
Nachfrage schafft, und dass Geld nur ein »Umlaufwerkzeug« (S. 53)
ist, das einen Naturalientausch vermittelt. Die grundsätzliche Stabilität
der Geldwirtschaft konnte damit bewiesen und der kritische Gehalt des
Midasmythos widerlegt werden.

Die ökonomische Grenznutzenschule, die um 1870 etwa gleichzeitig
in Österreich (Menger), der Schweiz (Walras) und England (Jevons)
entstand, war ein Versuch, die Geldwirtschaft nicht als eine durch den
Midas'schen Hunger nach Gold angetriebene chrematistische Wirtschaftsform zu verstehen, sondern als eine Naturalwirtschaft, eine Ökonomie,
bei der es bevorzugt um Gebrauchsgüter und letztlich um den Hunger
nach sättigenden Lebensmitteln geht. Für sie gilt das Gesetz des sinkenden
Grenznutzens, nach dem bei der Befriedigung des Hungers zunehmend
eine Sättigung eintritt und eine weitere Nahrungsmittelzufuhr immer
weniger Nutzen bringt. Ob dieses Gesetz auch auf den Hunger nach Gold
oder Geld zutrifft, darüber gingen und gehen die Ansichten auseinander.
Schon Aristoteles sprach von der »Aplestia«, der Unersättlichkeit nach
Reichtum in Form von Geld. Von Schopenhauer stammt der gern zitierte
Spruch: »Der Reichtum gleicht dem Meerwasser: je mehr man davon
trinkt, je durstiger wird man« (1851, S. 44). Keynes war der Meinung,
dass der »vermehrte Goldbestand« (1936, S. 111) nicht die Wirkung hat,
»seinen Grenznutzen zu vermindern«, dass also das Gesetz des sinkenden
Grenznutzens für Gold oder Geld nicht gilt. Schon der Midasmythos
zeigt, dass der Hunger nach Gold unersättlich bis zur Selbstzerstörung
sein kann.

Ökonomische Deutung durch Marx

Marx (1818–1883) kommt in seinem 1858 geschriebenen aber erst 1939
veröffentlichten Werk *Grundrisse der Kritik der politischen Ökonomie*
auf Midas zu sprechen. In dieser Vorarbeit zu seinem ökonomischen

Hauptwerk *Das Kapital* von 1867 taucht Midas als Beispiel für jemanden auf, der das »Aufhäufen von Gold« (1939, S. 144) oder die Schatzbildung als sein Endziel betreibt. Gold oder Geld ist für ihn nicht »Mittel« (S. 129) oder »Maß«, sondern »Selbstzweck«. Marx betont, dass Gold als »Schatz« (S. 130) historisch bereits erscheint, bevor es als Tausch-Mittel oder Wert-Maß und damit als Geld verwendet wird, denn »bei allen alten Völkern erscheint das Aufhäufen von Gold und Silber ursprünglich als priesterliches und königliches Privilegium« (S. 141). Diese aufgehäuften Schätze dienen »zur Schaustellung des Überflusses, d. h. des Reichtums als einer extraordinären sonntäglichen Sache« und »zum Geschenk für Tempel und ihre Götter«, die dadurch zu »ursprünglichen Banken« werden, »worin dies Allerheiligste konserviert wird«. Bevor also das Gold als Geld einen Tauschwert bekam, besaß es schon einen Gebrauchswert, denn es diente als Allerheiligstes zur Befriedigung geistiger, geistlich-religiöser oder »sonntäglicher Bedürfnisse« (1859, S. 130). Die Eigenschaft des Goldes als bevorzugtes Schatzmittel führte dazu, dass es später im »bürgerlichen System« (S. 129) als »Material des Geldes dienen« konnte. Die Schatzbildung bekommt ihren »wahren stimulus« (1939, S. 143) aber erst mit dem Aufhäufen des Goldes und Silbers als Geld als dem »allgemeinen Repräsentanten des Reichtums, [dem] die ganze Welt der wirklichen Reichtümer gegenüber« (S. 144) steht. Das Geld ist nur »die reine Abstraktion derselben – daher so festgehalten bloße Einbildung. Wo der Reichtum in ganz materieller, handgreiflicher Form als solcher zu existieren scheint, hat es seine Existenz bloß in meinem Kopf, ist ein reines Hirngespinst. Midas«.

Marx stellt das Gold oder Geld als reine Abstraktion, als materieller Repräsentant, den wirklichen Reichtümern, den Gütern, gegenüber. Er führt den mythischen Midas als ein auch in der Gegenwart noch gültiges Beispiel für jemanden an, dem sein Gold oder Geld zu einer Einbildung oder gar zu einem Hirngespinst wird, weil er es nicht in Güterreichtum zur Befriedigung der wirklichen Bedürfnisse verwandelt. Ziel des mythischen Midas war nicht, sein Gold als Geld, als Tauschmittel, auszugeben, um mit ihm seine alltäglichen Bedürfnisse zu befriedigen. Er betrachtete seinen Goldreichtum als Zweck, um sich zu vergöttlichen, sich Jupiter gleich zu machen. Marx schwankt in der Einschätzung des Goldwunsches. Einerseits besteht der Wert des Goldes darin, dass es als Tauschwert in alle werktäglichen Güter unmittelbar umsetzbar ist, andererseits besteht seit jeher sein Wert im Gebrauchswert als Allerheiligstes, das als Endzweck zur Befriedigung sonntäglicher, also geistig-religiöser, Bedürfnisse nach Allmacht und Unvergänglichkeit, nach Heiligkeit und Ewigkeit dient. Marx wertet den Goldreichtum, solange er nicht in Güterreichtum umgesetzt ist, als Einbildung und als Hirngespinst ab. Zugleich erkennt er eigenständige Goldbedürfnisse an und spricht vom »Aufhäufen des Goldes« (S. 143) als einem »Geldkultus«.

Er zieht eine historische Verbindung vom mythischen Midas mit seinem Goldkultus zum bürgerlichen Geldkultus, dem Aufhäufen des Goldes und Silbers als Geld: »Der Geldkultus hat seinen Ascetismus, seine Entsagung, seine Selbstaufopferung – Sparsamkeit und Frugalität, das Verachten der weltlichen, zeitlichen und vergänglichen Genüsse, das Nachjagen nach dem ewigen Schatz« (ebd.). Was Marx vom mythischen Midas sagt, sagt er auch vom bürgerlichen »Schatzbildner«: Indem dieser »den Reichtum in seiner metallischen Leiblichkeit festhält, verdunstet er ihn zum bloßen Hirngespinst« (1859, S. 111). Bei diesem Hirngespinst handelt es sich jedoch um eine religiös-goldene Wunschfantasie, wodurch das ewige Gold zum Allerheiligsten wird. Deshalb erscheint der Schatzbildner »als Märtyrer des Tauschwertes, heiliger Asket auf dem Gipfel der Metallsäule [...]. In seiner eingebildeten schrankenlosen Genußsucht entsagt er allem Genusse. Weil er alle gesellschaftlichen Bedürfnisse befriedigen will, befriedigt er kaum die natürliche Notdurft«. Marx lässt die Frage wieder offen, ob der Schatzbildner mit seinen gesammelten Schätzen seine schrankenlose Genußsucht befriedigen will oder ob er einen qualitativ anderen, religiös zu nennenden Endzweck verfolgt.

Wie der mythische Midas muss auch der historische Schatzbildner feststellen, dass sein Projekt der Vergöttlichung mithilfe des heiligen Goldes sich letztlich nicht verwirklichen lässt, es sei denn als Märtyrer. Das Geld »als materieller Repräsentant des allgemeinen Reichtums« kann nur verwirklicht werden, »indem es wieder in die Zirkulation geworfen [wird und] gegen die einzelnen, besondren Weisen des Reichtums verschwindet« (1939, S. 144). Das von Marx als ein »Widerspruch, [der] zu seiner eignen Auflösung treibt«, charakterisierte Geld, hebt sich schließlich dialektisch im Kapital auf, indem das akkumulierte Geld wieder ausgegeben wird, aber nicht für die Konsumtion, sondern für eine fortgesetzte Kapitalakkumulation. Der Schatzbildner verwandelt sich so in einen Kapitalisten.

Schon beim Gold des Midas bestand ein Widerspruch zwischen dem Gold als Hirngespinst, als Fiktion, und dem realen stofflichen Reichtum. Gold als Geld ist zwar nur ein abstraktes goldenes Abbild des Warenreichtums, aber »in seiner gediegenen Metallität enthält es allen stofflichen Reichtum unaufgeschlossen, der in der Welt der Waren entrollt ist« (1859, S. 103). So wie das reale materielle Geld in seiner Möglichkeit zum unmittelbaren Tausch die bedürfnisbefriedigenden Waren ideell repräsentiert oder fiktiv enthält, so sind umgekehrt die Preise der Waren »vorgestelltes Gold« (S. 102) oder »Repräsentanten des Goldes«, also fiktives Gold, das nur durch den Tausch in reales Gold verwandelt werden kann. Der Verkäufer muss seiner Ware »Papierzettel umhängen, um ihre Preise der Außenwelt mitzuteilen« (1867, S. 110). Diese Preisschilder sind dann »papierne Duplikate« (1894, S. 494) von wirklichem Gold oder Geld. Von diesen realen und zugleich fiktiven Eigenschaften der Waren und des Geldes ausgehend, kann in einem historischen Symbolisierungsprozess schließlich auch ein wertloses Ding, wie Papier, als »Wertzeichen« (1859, S. 95) oder »Goldzeichen«, zum Repräsentanten des Goldes als Geld werden.

Der Name Midas taucht zwar in *Das Kapital* nicht auf, aber Marx hat dort die Begriffe der »Umformung des Stoffes« (1867, S. 57), des »Stoffwechsels« und der »Metamorphose« (S. 76) für seine ökonomische Analyse nutzbar gemacht. Durch die biologischen Erkenntnisse seiner Zeit und auf dem Hintergrund seiner klassischen Bildung bringt er seine Grundkategorien »Arbeit« und »Tausch« mit dem »Stoffwechsel« und der »Metamorphose« in Verbindung, wobei der Stoffwechsel im 19. Jahrhundert auch Stoffmetamorphose genannt wurde. Im Abschnitt »Die Metamorphose der Waren« (S. 118) beschreibt und analysiert er die Funktion des Geldes als Zirkulationsmittel, wobei er »Gold als die Geldware« (S. 109) voraussetzt: Beim »unmittelbaren Produktenaustausch« (S. 102) werden zwei verschiedene Güter oder Stoffe getauscht und es findet dadurch ein »Stoffwechsel« (S. 120) statt, ein Austausch von Ware gegen Ware, kurz »W–W« genannt. Durch die Entstehung des Geldes und durch seine Funktion als Zirkulationsmittel wird dieser Stoffwechsel zum »gesellschaftlichen Stoffwechsel« (S. 119) oder zum »Stoffwechsel der gesellschaftlichen Arbeit« (S. 120). Bei jedem Austausch verwandelt sich Ware in Geld und Geld wiederum in Ware. Die Formel dafür lautet: Ware-Geld-Ware oder kurz »W–G–W«.

Der gesellschaftliche Stoffwechsel zweier Waren vollzieht sich nun »in zwei entgegengesetzten und einander ergänzenden Metamorphosen – Verwandlung der Ware in Geld und ihre Rückverwandlung von

Geld in Ware«. Der Verkauf als die »erste Metamorphose einer Ware, ihre Verwandlung aus der Warenform in Geld« (S. 124) beinhaltet zugleich die »zweite entgegengesetzte Metamorphose einer Ware, ihre Rückverwandlung aus der Geldform in Ware«, also ihren Kauf oder ihre »Schlussmetamorphose«. Trotzdem sind Verkauf und Kauf selbstständige Prozesse, denn »keiner kann verkaufen, ohne dass ein anderer kauft. Aber keiner braucht unmittelbar zu kaufen, weil er selbst verkauft hat« (S. 127). Aus diesem Charakteristikum der Geldwirtschaft, der Bevorzugung der ersten gegenüber der zweiten Metamorphose, entwickelt sich die grundsätzliche »Möglichkeit der Krisen« (S. 128).

Die Marx'sche erste Metamorphose einer Ware entspricht der ersten Metamorphose des mythologischen Midas, durch die er die verschiedensten Gegenstände, bis hin zu Nahrungsmitteln, in Gold verwandelte, also »metamorphosierte« (1939, S. 85). Auch die zweite Marx'sche Metamorphose entspricht der zweiten oder Schlussmetamorphose des Midas, durch die er mit seiner Liquidation des Goldes die erste rückgängig machte und das Gold, so kann man schließen, wieder zurück in Lebensmittel verwandelte, die ihm ein Weiterleben ermöglichten. Während die einseitig betriebene erste Warenmetamorphose zur Krise führt, bietet die zweite die Möglichkeit, die Krise wieder zu beheben, indem das einseitig aufgehäufte Geld ausgegeben und damit die Verstopfung, englisch »glut« (1867, S. 457), des Marktes mit unverkäuflichen Waren und zugleich die der Geldbesitzer beendet wird. Nach der Schlussmetamorphose oder der »definitiven Metamorphose« (1885, S. 74) ist der Tausch oder die Zirkulation beendet und die Ware soll konsumiert werden. Mit dem »Herausfallen in die Konsumtion« tritt eine die Nahrungsbedürfnissse befriedigende Ware aus dem »gesellschaftlichen Stoffwechsel« in den »natürlichen Stoffwechsel« (1894, S. 110) oder in die natürliche Stoffmetamorphose ein. Sie wird dabei sowohl in vom Körper assimilierbare Stoffe, als auch in die »Exkremente der Konsumtion« und damit in die »natürlichen Ausscheidungsstoffe des Menschen« verwandelt.

Marx unterscheidet die »gemeine« (1867, S. 119) oder »besondre Ware« (S. 104) von der »Geldware«, der »allgemeinen« oder »absoluten Ware« (S. 152). Da das Geld die absolute Ware ist, die alle anstreben, ist sie für den Geldbesitzer die »absolut veräußerliche Ware« (1859, S. 71). Während das Geld aufgrund seiner »unmittelbaren Austauschbarkeit« (1867, S. 70) sich ohne Schwierigkeit in Ware verwandeln kann, ist das Umgekehrte, die Verwandlung von Ware in Geld, also der Verkauf, wesentlich schwieriger, denn in dieser ersten Metamorphose, der ersten Midasmetamorphose, soll sich die gemeine Ware in den »Gott der Waren« (S. 146), das Gold oder Geld, verwandeln. Marx vergleicht dies mit der »Transsubstantiation« (S. 117) beim christlichen Abendmahl. Bei der heiligen Wandlung verwandeln sich irdische oder menschliche Nahrungsmittel, wie Brot und Wein, in göttliches Fleisch und Blut. Bei der ökonomischen Transsubstantiation muss die gemeine Ware »ihren natürlichen Leib abstreifen« und sich »in wirkliches Gold verwandeln«. Das Gold stellt »die himmlische Existenz der Waren dar, während sie seine irdische darstellen« (1939, S. 133). Ihre Verwandlung in Gold oder Geld ist zugleich die Erfüllung ihres »frommen Wunsches« (S. 70). Marx kann von den profanen oder irdischen Waren sagen, dass sie »in ihren Preisen alle das Gold zugleich als ihr Jenseits anstreben« (1859, S. 73), das aber nur durch das »Mirakel dieser Transsubstantiation« (1885, S. 132) zu erreichen ist.

Im Midasmythos gelang dies Mirakel mithilfe der gottgegebenen magischen Vis aurea, durch die Midas profane Gegenstände in göttliches Gold verwandeln und sich damit selbst wie ein Gott fühlen konnte. Was der mythische Midas mit seinen Goldmetamorphosen anstrebte, strebt der profane Marx'sche Verkäufer mithilfe der Warenmetamorphose, der Transsubstantiation von Waren in Gold oder Geld, an. Der »Prozess der Metamorphosen der Waren«, schreibt Marx, »metamorphosiert auch die Warenbesitzer oder verändert die gesellschaftlichen Charaktere, worin sie einander erscheinen« (1859, S. 115). Indem der Warenbesitzer seine profane Ware in Gold, den »Gott und König« (1939, S. 141) der Waren, verwandelt, wird er zum Geldbesitzer und als solcher zu einem König oder gar zu einem Gott gegenüber den gemeinen oder profanen Warenbesitzern.

Wenn auf dem Markt die Transsubstantiation der Ware in Gold trotz aller Schwierigkeiten vollbracht wurde, die Ware also durch ihre »Attraktionskraft« (1867, S. 147), ihre entmythologisierte Vis aurea, Gold angezogen hat, so sieht man dem Gold oder Geld nicht mehr an, welche Ware in es verwandelt wurde. »Eine sieht in ihrer Geldform grade aus wie die andre. Geld mag daher Dreck sein, obgleich Dreck nicht Geld ist« (S. 124). Den römischen Kaiser Vespasian zitierend schließt Marx: »Non olet, wessen Ursprungs auch immer«. An anderer Stelle ergänzt er im Zusammenhang mit »non olet«: »Ob der Taler, den einer in der Hand hat, den Preis von Mist oder Seide realisiert hat, ist ihm absolut nicht anzumerken« (1939, S. 913). Gerade war das Gold oder Geld noch der Gott der Waren, nun wird es mit Dreck, Geruch und Mist in Verbindung gebracht. Diese widersprüchliche Dreck- und Kotmetaphorik des Geldes, die schon in der Antike und bei Ovid thematisiert wurde, greift Marx auf, kann sie aber nicht erklären. Das liegt auch daran, dass er behauptet, soweit die Ware »Gebrauchswert, ist nichts Mysteriöses an ihr« (1867, S. 85), denn ihr »mystischer Charakter« entspringt nur ihrem Tauschwert. Aber seine Metaphern sprechen eine andere Sprache. Mit ihnen versucht er, sich der mysteriösen oder der unbewussten Bedeutung der Gebrauchswerte zu nähern, wenn er zum Beispiel vom Gold sagt, dass es »aus den Eingeweiden der Erde« (S. 107) herauskommt.

Während sich der Verkauf schwierig gestaltet, trifft dies nicht für den Kauf zu. Auf dem Markt gilt, »die Ware liebt das Geld« (S. 122). In einer Geldwirtschaft, in der normalerweise ein Käufermarkt herrscht, wird das göttliche oder königliche Geld und damit der Geldbesitzer als Käufer von vielen gemeinen Waren oder von »nebenbuhlerischen« (S. 121) Verkäufern umworben, die sich alle in Gold- oder in Geldbesitzer verwandeln möchten. Der Geldbesitzer kann allein entscheiden, in welche gemeine Ware er sein Geld verwandeln will. Er kann sich als »Herrscher und Gott in der Welt der Waren« (1939, S. 133) und damit in der Welt der Warenbesitzer fühlen. Aber durch den Kauf, durch die Ausgabe seines Geldes, verwandelt er sich aus einem König Kunde in einen Besitzer von gemeinen oder profanen Waren. Insofern ist das Geld auf dem Markt auch ein »radikaler Leveller« (1867, S. 146), ein Gleichmacher, der alle Unterschiede auslöscht, indem er im Tausch den gemeinen Warenbesitzer in einen königlichen oder gar göttlichen Geldbesitzer verwandelt und den Geldbesitzer wieder in einen profanen Warenbesitzer zurückverwandelt.

Die Metamorphose der Waren vergleicht Marx mit der Alchimie: Eine Ware wird nutzlos für den Warenverkäufer, »wenn sie, in die alchimistische Retorte der Zirkulation geworfen, nicht als Geld herauskommt, nicht vom Warenbesitzer verkauft, also vom Geldbesitzer gekauft wird« (S. 127). Die Zirkulation »wird die große gesellschaftliche Retorte, worin alles hineinfliegt, um als Geldkristall wieder herauszukommen. Dieser Alchimie widerstehn nicht einmal Heiligenknochen und noch viel weniger minder grobe res sacrosanctae, extra commercium hominum« (S. 146). Die Alchimie, die Goldmacherkunst, hat die magische Vis aurea des Midas, der zuerst Steine und Erde in Gold verwandelte, zum Vorbild.

Marx unterscheidet die »einfache Warenzirkulation« (S. 163), kurz »W–G–W«, von der »Zirkulation des Geldes als Kapital«, kurz »G–W–G« genannt. Der »Endzweck« (S. 164) der einfachen Warenzirkulation ist die Ware oder die Befriedigung von Bedürfnissen, wobei das Geld nur als Tausch- oder Zirkulationsmittel dient. Sie beginnt mit der ersten und endet mit der zweiten Metamorphose. Bei der Zirkulation des Geldes als Kapital dagegen steht das Geld sowohl am Anfang als auch am Ende. Bei ihr hat sich die Folge der Metamorphosen umgekehrt. Sie beginnt mit der zweiten und endet mit der ersten, der Verwandlung von Waren in Geld, der eigentlichen Midasmetamorphose. Ihr Endzweck ist nicht nur das Geld, sondern die Vermehrung des Geldes durch den Tausch mit Waren. Die »allgemeine Formel des Kapitals« (S. 170) lautet daher vollständiger »G–W–G'« (S. 165), wobei G' »mehr Geld« oder Mehrgeld bedeuten soll.

Im zweiten Band des *Kapitals*, der 1885 von Engels herausgegeben wurde, kommt Marx unter der Überschrift »Die Metamorphosen des Kapitals und ihr Kreislauf« (1885, S. 31ff.) ausführlicher auf die allgemeine Formel des Kapitals zu sprechen. Er spezifiziert sie für das industrielle oder produktive Kapital so: »G–W...P...W'–G'«. Der Kapitalist beginnt mit seinem Geldkapital G den Produktionsprozess P, indem er als erste Metamorphose Waren – nicht Lebensmittel, sondern Produktionsmittel – und die diese Produktionsmittel benützende Arbeitskraft kauft. W spaltet sich also auf in Arbeitskraft (A) und Produktionsmittel (Pm). Aus A und Pm entsteht im Produktionsprozess P ein neues Produkt – zugleich ein Mehrprodukt –, das als Ware, als W', in der zweiten Metamorphose, dem Verkauf, in Geld und in mehr Geld G' verwandelt werden soll. An dieser Stelle erweitert Marx seine Verwendung des Metamorphosebegriffs. Die erste und zweite Metamorphose im Austauschprozess nennt er »formelle Metamorphosen« (S. 56). Den dazwischen geschalteten Produktionsprozess P bezeichnet er als »reale Metamorphose« (S. 48), in der die Arbeitskraft A die Produktionsmittel Pm verarbeitet und damit umformt und umwandelt – metamorphosiert.

Bei der Formel des industriellen Kapitalismus G–W...P...W'–G' ist das Geld der Ausgangspunkt und das durch Tausch und Produktion vermehrte oder akkumulierte Geld der Schlusspunkt der Bewegung. Das Geld oder der Tauschwert, nicht die Ware oder der Gebrauchswert, sind der »bestimmende Selbstzweck der Bewegung« (S. 62). Diese Formel beinhaltet, dass »das Geldmachen das treibende Motiv der kapitalistischen

Produktion« ist. Der »Produktionsprozess erscheint nur als unvermeidliches Mittelglied, als notwendiges Übel zum Behuf des Geldmachens«. Engels ergänzt an dieser Stelle: »Alle Nationen kapitalistischer Produktionsweise werden daher periodisch von einem Schwindel ergriffen, worin sie ohne Vermittlung des Produktionsprozesses das Geldmachen vollziehen wollen«. Der Schwindel besteht in einer Verleugnung des notwendigen Übels der realen Metamorphose, um Geld zu machen. Es ist der Versuch, die mythische und magische Midasmetamorphose, die gottgegebene Vis aurea zu erreichen.

Durch die Ergänzung der formellen Metamorphose der Waren im Austauschprozess durch ihre reale Metamorphose im Produktionsprozess entmythologisiert Marx den Midasmythos über Aristoteles hinaus. Die magische Berührung, durch die Midas die Goldmetamorphosen bewirkte, wird von ihm nicht nur als Austausch, als Händewechsel, sondern auch noch als Arbeit, als Handanlegen, konzipiert. Die Vis aurea umfasst sowohl die Fähigkeit als auch das Ergebnis der Vergoldung, so wie das deutsche Wort Arbeit den Arbeitsprozess und das Arbeitsresultat bezeichnet. Während die mythologische Vis aurea unmittelbar, ohne Aufwand an Zeit, wirkte, benötigt die entmythologisierte als Austausch »Zirkulations- oder Umlaufzeit« (S. 124) und als Arbeit »Produktionszeit« oder Arbeitszeit.

Die Vis aurea bedeutet, auf die reale Metamorphose bezogen, die »Arbeitskraft« (1867, S. 181), die in der »Arbeitszeit« (S. 54) Rohstoffe in Waren verwandelt und ihnen als »konkret nützliche Arbeit« (S. 61) Gebrauchswert und als »abstrakt menschliche Arbeit« Tauschwert oder Wert gibt und damit »Wertschöpfung« (S. 181) ist. Aber Wertschöpfung ist noch nicht Goldschöpfung, die Midas unmittelbar bewirkte. Der Wert oder die »Wertform der Ware« (S. 110) ist, wie Marx betont, nur »vorgestelltes oder ideelles Gold« (S. 111), das noch durch die formelle Metamorphose, also durch den Tausch, in wirkliches Gold verwandelt werden muss.

Da die Vis aurea des Midas in der Lage war, unmittelbar ohne Zeitaufwand die Gegenstände in Gold zu verwandeln, bedeutet sie nicht nur Arbeitskraft, sondern auch Produktivkraft: »Je größer diese Produktivkraft der Arbeit ist, desto kleiner ist die zur Herstellung eines Artikels erheischte Arbeitszeit, desto kleiner die in ihm kristallisierte Arbeitsmasse, desto kleiner sein Wert« (S. 55). Eine fast ohne Zeitaufwand wirkende Arbeitskraft würde damit eine maximale Produktivkraft entfalten. Wenn aber die »gesellschaftlich notwendige Arbeitszeit« (S. 54) zur Herstellung eines Produkts gegen Null geht, dann geht, nach der Marx'schen »Werttheorie« (S. 27), auch der Wert des Produkts, der durch die Arbeitszeit bestimmt ist, gegen Null. Das durch die Vis aurea, durch die magische Produktivkraft, in kürzester Zeit und im Übermaß hergestellte Midasgold hat, ökonomisch betrachtet, weder Gebrauchswert für seinen hungrigen Besitzer noch Tauschwert oder Wert. Denn für das auf diese Weise hergestellte Gold gilt, was auch für Diamanten gilt: »Gelingt es, mit wenig Arbeit Kohlen in Diamant zu verwandeln, so kann sein Wert unter den von Ziegelsteinen fallen« (S. 55). Die den Wert schaffende gesellschaftlich notwendige Arbeitszeit hat bei Marx eine doppelte Bedeutung. Sie muss die »zur Herstellung eines Gebrauchswerts« (S. 54) im Durchschnitt notwendige Arbeit sein und sie muss Arbeit sein, die notwendig ist »zur Befriedigung des gesellschaftlichen Bedürfnisses« (1894, S. 649).

Über die konkrete und »nützliche Arbeit« (1867, S. 57) sagt Marx, dass »sie besondere Naturstoffe besondren menschlichen Bedürfnissen assimiliert«, um »den Stoffwechsel zwischen Mensch und Natur, also das menschliche Leben zu vermitteln«. Die die menschlichen Bedürfnisse befriedigenden Gebrauchswerte sind »Verbindungen von zwei Elementen, Naturstoff und Arbeit«. Zieht man die »nützlichen Arbeiten«, die in ihnen stecken, ab, »so bleibt stets ein materielles Substrat zurück, das ohne Zutun des Menschen von Natur vorhanden ist. Der Mensch kann in seiner Produktion nur verfahren, wie die Natur selbst, d. h. nur die Formen der Stoffe ändern«. Der von Natur vorhandene Stoff wird vom Menschen einer realen Metamorphose unterzogen, indem er umgeformt, verwandelt und damit bearbeitet wird. Trotz seiner magischen Vis aurea musste auch der mythische Midas vom Naturstoff ausgehen. Nur ihn konnte er umformen, denn auch für ihn galt der Satz des »Lukretius ›nil posse creari de nihilo‹. Aus nichts wird nichts« (S. 229).

Psychoanalytische Deutung durch Freud

Freud hat Mythen als »Phantasieschöpfungen der Massen und Völker« (1925a, S. 95) bezeichnet und versucht, sie auf die »bekannten unbewussten Kindheitskomplexe« zurückzuführen. Auf den Midasmythos geht er in seinen Werken nicht ein. Aber in dem für die Entstehung der Psychoanalyse wichtigen Briefwechsel mit Wilhelm Fließ, einem eng befreundeten Berliner Arzt, kommt Freud im Zusammenhang mit seinem Gelderwerb und seinem Versuch einer Gelddeutung, auf Midas zu sprechen. So schreibt er 1895: »Ich bin doch eine Art von Midas, kein Goldmidas allerdings« (1985b, S. 133). Freud kam sich wie eine Art Midas vor, weil er durch seine neue Sichtweise die scheinbar organisch bedingten Symptome seiner Patienten in hysterisch oder neurasthenisch bedingte verwandelte. Aber durch diese Fähigkeit war er noch kein Goldmidas geworden, denn seine Heilungserfolge hatten sich für ihn noch nicht in einen Überschuss von Gold oder Geld verwandelt.

Freud eröffnete 1886 seine nervenärztliche Privatpraxis und stand in den ersten Jahren wegen seiner Schulden und seiner größer werdenden Familie unter erheblichem finanziellem Existenzdruck. Noch 1899 schreibt er an Fließ:

> »Vom Erwerb hängt meine Stimmung auch sehr ab. Geld ist Lachgas für mich. Aus meiner Jugend weiß ich, daß die wilden Pferde in den Pampas, die einmal mit dem Lasso gefangen worden sind, ihr Leben über etwas Ängstliches behalten. So habe ich die hilflose Armut kennengelernt und fürchte mich beständig vor ihr« (ebd., S. 411).

Freud begründet seinen Wunsch, ein Goldmidas zu werden, nicht mit der Tauscheigenschaft des Geldes und den damit verbundenen Möglichkeiten der Wunscherfüllung und Lustgewinnung, sondern mit der aus seiner Kindheit stammenden traumatischen Verarmungsangst, der Angst vor hilfloser Armut. Später hat er das Geld als »Mittel zur Selbsterhaltung und Machtgewinnung« (1913a, S. 464) definiert. Das so definierte Geld kann dann die ohnmächtige Verarmungsangst bannen. Das Geld als Lachgas, das auch Lustgas genannt wird, kann narkotisierend und euphorisierend wirken und depressive Minderwertigkeitsgefühle beheben. Das Glück, schreibt er an anderer Stelle an Fließ, ist »die nachträgliche Erfüllung eines prähistorischen Wunsches. Darum macht Reichtum so wenig glücklich; Geld ist kein Kinderwunsch gewesen« (1985b, S. 320). Anscheinend konnte Freud der Vorstellung von Geldreichtum nicht viel Positives abgewinnen außer der Sicherheit, gegen sein Trauma der hilflosen Armut gewappnet zu sein.

Sein Versuch, Gold und Geld auf dem Hintergrund von infantilen Erlebnissen und Wünschen und in Beziehung zum Midasmythos zu deuten, findet sich in einem Brief an Fließ vom 22.12.1897: »Ich kann Dir kaum

ausführen, was sich mir alles (ein neuer Midas!) in – Dreck auflöst [...]
Vor allem das Geld selbst. Ich glaube dies geht über das Wort ›schmutzig‹
für ›geizig‹« (S. 314). Nachdem sich Freud 1895 als eine Art Midas, der
zum Goldmidas werden will, bezeichnet hatte, schreibt er nun, dass er
durch seine Entdeckungen zur Psychogenese des Geldes zu einem neuen
Midas geworden ist. Bevor er sich als Nervenarzt in Wien niederließ,
hatte er ein Stipendium für einen Aufenthalt bei Professor Charcot in
Paris, der damaligen Autorität auf dem Gebiet der Nervenerkrankungen,
bekommen. Dort war Freud vor allem mit dem Krankheitsbild der Hysterie konfrontiert, für das er sich zunehmend praktisch und theoretisch
interessierte. 1896 trug er seine Vorstellungen über die traumatische
sexuelle Verführung im Kindesalter als Ursache der Hysterie der Wiener Ärzteschaft vor, konnte damit aber nicht überzeugen. Von Charcot
hatte er die Idee mitgebracht, die Hexen seien die Hysterikerinnen des
Mittelalters gewesen. So war es nur folgerichtig, die Rolle des Großen
Verführers, des Teufels, in den Hexengeschichten zu untersuchen, um
möglicherweise dadurch eine Bestätigung seiner Verführungstheorie zu
bekommen. Dabei las er eines Tages, wie er in einem Brief vom 24.1.1897
an Fließ schreibt, »daß das Geld, was der Teufel seinen Opfern gibt, sich
regelmäßig in Kot verwandelt« (S. 239). Am nächsten Tag erzählte ihm
ein Patient von »Gelddelirien seiner Kinderfrau« und kam plötzlich »auf
dem Umweg über Cagliostro – Goldmacher – Dukatenscheißer« zu der
Erinnerung, dass das Geld seiner Kinderfrau »immer Kot war«. Freud
schließt daraus: »Es verwandelt sich also in den Hexengeschichten nur
zurück in die Substanz, aus der es entstanden ist«. Während der mythologische Midas oder der Goldmidas als Goldmacher u. a. Steine und Erde,
also Dreck, in Gold verwandelte, verwandelt Freud als neuer Midas das
Gold oder Geld zurück in Dreck oder gar Kot. Er postuliert eine Geldgenese aus diesen Substanzen entsprechend den Goldmetamorphosen des
mythischen Midas. Die Beschäftigung mit der Bedeutung von Dreck und
Kot für das menschliche Seelenleben nennt Freud selbstironisch seine
»Drekkologie« (S. 316) oder seine Wissenschaft vom Dreck, was später
in der Psychoanalyse Analität genannt wurde.

Als Freud 1897 seine Bemerkungen über das Geld und Midas machte,
wurden in Österreich noch Goldmünzen geprägt. Obwohl es zu dieser
Zeit auch schon Papiergeld gab, war für Freud Geld gleich Gold- oder
Silbergeld. Was die Geldsubstanz betraf, war er ein Metallist. 1882
schreibt er seiner Verlobten über den Unterschied von Edelmetallmünzen

und Papiergeld: »Metall hat eine magische Kraft, zieht neues an, Papier verfliegt im Winde« (zit. n. Jones 1953, S. 188). In dieser Bemerkung hat das Gold selbst eine magische Kraft, mit der es neues Gold anzieht und sich dadurch vermehrt. Diese Magie des Goldes übertrifft die Magie des Midas, der mit seiner Vis aurea nur verschiedene Gegenstände durch seine Berührung in Gold verwandeln konnte.

In seiner Anspielung auf Midas verwendet und deutet Freud den Midasmythos traditionell ökonomisch, indem er sich vorstellt, dass der erfolgreiche Verkauf seiner therapeutischen Leistungen ihn zum Goldmidas oder Geldmidas machen würde. Aber Freud gibt noch eine neue Midasdeutung, bei der er von der gottgegebenen Fähigkeit des Midas ausgeht, Steine und Erde, Dreck oder Kot, in Gold zu verwandeln. Er sieht in Midas den Urvater der Alchemisten, der Goldmacher, deren betrügerischer Nachfahre, der Italiener Cagliostro, in der von Freud oben erwähnten Assoziationsreihe Cagliostro – Goldmacher – Dukatenscheißer auftaucht. Das Ziel der Alchemie ist es, durch Sublimieren oder Verdampfen von unedlen oder unreinen Stoffen das reine Edelmetall Gold als Sublimat zu gewinnen. Baudelaire hat Midas in seinen *Les Fleurs du Mal* (1857) den »kläglichsten der Alchimisten« (Alchimie des Schmerzes) genannt, weil er wegen seines alchemistischen Erfolgs zu verhungern drohte.

Das Thema der sexuellen Verführung und der Verwandlung von Gold in teuflisches Gold oder gar Kot und seine Rückverwandlung in ein gottgefälliges Opfer, in heiliges Gold, hätte Freud auch in Goethes *Faust* finden können: Mephisto besorgt im Auftrag von Faust goldenen Schmuck für Gretchen. Diesem Verführungsgeschenk erliegt Gretchen und klagt: »Nach Golde drängt, am Golde hängt doch alles. Ach wir Armen« (Faust I, Abend). Doch der Goldschmuck wird von Gretchens Mutter entdeckt und Mephisto erzählt Faust den Hergang: »Denkt nur: den Schmuck für Gretchen angeschafft, den hat ein Pfaff hinweggerafft! – Die Mutter kriegt das Ding zu schauen, gleich fängts ihr heimlich an zu grauen: Die Frau hat gar einen feinen Geruch, schnuffelt immer im Gebetbuch und riecht einem jeden Möbel an, ob das Ding heilig ist oder profan. Und an dem Schmuck da spürt' sie's klar, daß dabei nicht viel Segen war. ›Mein Kind‹ rief sie, ›ungerechtes Gut befängt die Seele, zehrt auf das Blut. Wollens der Mutter Gottes weihen, wird uns mit Himmelsmanna erfreuen!‹« (Spaziergang). Der Geruch des Goldgeschenks verrät seine Zurückverwandlung in profanen, stinkenden Dreck oder Kot, aus dem es nach Freud entstanden ist, und wird dadurch als Teufelsgeschenk erkennbar. Der Goldschmuck muss deshalb der Mutter Gottes oder der Mutter Kirche geopfert werden, denn »die Kirche hat einen guten Magen«, kann deshalb »ungerechtes Gut verdauen« und es sogar in Himmelsmanna verwandeln.

Freud erwähnt im Zusammenhang mit dem alchemistischen Gold-macher auch noch den Dukatenscheißer. Später schreibt er, »jedermann vertraut ist die Figur des ›Dukatenscheißers‹« (1908b, S. 208), aber er geht nicht weiter auf ihn ein. Es handelt sich dabei um eine zwergenhafte, komische Figur, die statt Kot Golddukaten scheißt. Sie wird auch Gold-männchen genannt, wodurch schon im Begriff der infantile Aspekt betont wird. Der Dukatenscheißer vollzieht eine Stoffmetamorphose, indem er Nahrung in Gold oder Goldkot verwandelt. Das wohl älteste etwa 1500 entstandene Goldmännchen ist in Goslar als Hausverzierung zu sehen. In Italien wird der Dukatenscheißer »cacazecchini«, also Zecchinen-kacker, genannt, wobei die Zecchine eine dem Dukaten vergleichbare venezianische Goldmünze war. Ausgehend von dieser Figur hat sich Hegel in unveröffentlichten Notizen Gedanken über eine mögliche Geldgenese gemacht: »Es ist ein schöner Zug, welche Verachtung man in Deutschland gegen das Geld hat und zeigt. Die Deutschen dichten ihm einen Ursprung an, der nicht verächtlicher und niedriger sein kann. Man stellt ihn fürs Auge in Figuren dar, die Geldsch-r genannt werden. Es soll eine mythologische Beziehung zugrunde liegen« (zit. n. Hörisch 1996, S. 22). Auch Marx dürfte diese Figur bekannt gewesen sein, denn in einem Brief an seinen Sohn Karl schreibt Heinrich Marx 1837: »Als wären wir Goldmännchen, verfügt der Herr Sohn in einem Jahre für beinahe 700 Taler gegen alle Abrede, gegen alle Gebräuche, während die Reichsten keine 500 ausgeben« (Marx 1985, S. 639).

Freud hat den schon 1897 erkannten Zusammenhang zwischen Dreck oder Kot und Geld oder Gold erst elf Jahre später in seinem Artikel *Charakter und Analerotik* veröffentlicht. Dort schreibt er: »In Wahrheit ist überall, wo die archaische Denkweise herrschend war oder geblieben ist, in den alten Kulturen, im Mythos, Märchen, Aber-glauben, im unbewußten Denken, im Traume und in der Neurose das Geld in innigste Beziehung zum Drecke gebracht« (1908b, S. 207). Er erwähnt in dieser Arbeit nicht mehr ausdrücklich die mythologische Gestalt des Midas. Aber der Midasmythos ist der bekannteste Mythos, in dem Gold oder Geld in innigste Beziehung zum Drecke gebracht wird und in dem sich Freuds Vermutung bestätigt, dass sich Gold oder Geld in den Goldmythen zurück in die Substanz Dreck oder gar Kot verwandelt, aus der es entstanden ist: Midas berührt einen Stein und eine Erdscholle, also Dreck, die sich beide durch die Berührung in Gold verwandeln. Zugleich bleibt aber das so verwandelte Gold nach wie vor Dreck. Denn Midas ist nach Ovid durch seine Goldverwandlungen ringsum beschmiert (circumlitus) von dem schließlich verhassten Gold, das immer Dreck war oder sich wieder in Dreck zurückverwandelt hat und das wie Dreck ungenießbar und nicht als Nahrungsmittel verwendbar ist. Um vom Gold-Dreck befreit zu werden, muss Midas ein Sühne- oder Reinigungsbad nehmen und seinen mit Gold beschmierten Körper abwaschen. Die Vis aurea, die Goldverwandlungskraft, geht in den Fluss Paktolus über und verwandelt sein Wasser in Goldwasser, das in befeuchtete Schollen dringt und zum Dreck wird, aus dem es entstanden ist.

In *Charakter und Analerotik* greift Freud die Teufelsgeschichten wieder auf und gibt ihnen eine psychologische Wendung: »Es ist bekannt, daß das Gold, welches der Teufel seinen Buhlen schenkt, sich nach seinem Weggehen in Dreck verwandelt, und der Teufel ist doch gewiss nichts anderes als die Personifikation des verdrängten unbewußten Trieblebens« (S. 207f.). Er ergänzt, »schon in der altbabylonischen Lehre ist Gold der Kot der Hölle, Mammon = ilu manman« (S. 208) und »Mamon (Mammon) ist babylonisch man-man, ein Beiname Nergals, des Gottes der Unterwelt. Das Gold ist nach orientalischem Mythos, der in die Sagen und Märchen der Völker übergegangen ist, Dreck der Hölle«. Freud bevorzugt die Gold- oder Geldgeschichten, in denen das Gold mit Dreck, Hölle, Teufel und mit Mammon als einem Gott der Unterwelt in Verbindung gebracht wird, um seine These von der Entstehung des Geldes aus Dreck und Kot zu belegen. Die gegensätzliche Tatsache, dass das Gold in den antiken Kulturen vor allem mit dem Göttlichen und Heiligen in Verbindung gebracht wird, thematisiert er nicht. Für Freud ist der Teufel die Personifikation des verdrängten und unbewussten analen Trieblebens, der deshalb auch, wo immer er Gelegenheit dazu hat, das Gold in ordinären Kot verwandelt. Dagegen verwandelt Midas umgekehrt Erde und Steine in Gold. Als neuer Midas ist Freud nicht mit dem alten gottgleichen Midas identifiziert, sondern, indem er das Geld in Kot verwandelt oder genetisch auf Kot zurückführt, mit dem Teufel, dem Gegenspieler Gottes.

Als Erklärung für den Zusammenhang von Gold und Kot gibt Freud zuerst an, dass möglicherweise »der Gegensatz zwischen dem Wertvollsten, das der Mensch kennengelernt hat, und dem Wertlosesten, das er als Abfall (›refuse‹) von sich wirft, zu dieser bedingten Identifizierung von Gold und Kot geführt hat«. Aber er verfolgt schon hier eine andere Idee, indem er auf die »Analerotik« oder auf »das ursprüngliche erotische Interesse an der Defäkation« verweist. Dieses Interesse an der Defäkation und damit am eigenen Kot ist zwar »zum Erlöschen in reifen Jahren bestimmt«, aber »in diesen Jahren tritt das Interesse am Gelde als ein neues auf, welches der Kindheit noch gefehlt hat; dadurch wird es möglich, daß die frühere Strebung, die ihr Ziel zu verlieren im Begriffe ist, auf das neu auftauchende Ziel übergeleitet werde«. Den Vorgang, bei dem infantile Sexualerregungen von »sexuellen Zielen abgelenkt und auf andere Ziele gewendet« (S. 205) werden, nennt Freud »Sublimierung«. In diesem Sinne wird das auf die Exkremente gerichtete analerotische und koprophile Interesse auf das Geld übergeleitet und damit, nach dem Vorbild der Alchemisten, sublimiert.

Im Midasmythos wird Dreck in Gold und Gold wieder in Dreck verwandelt, worauf Freud Bezug nimmt. Midas verwandelt aber auch andere Gegenstände in Gold. Er beginnt mit einem grünen Eichenreis, auf Steine und Erdscholle folgen Ähren und Äpfel. Schließlich muss er seine Goldverwandlungen zwangsläufig abbrechen, nachdem er auch die zum Verzehr bestimmten Nahrungsmittel, die Gabe der Ceres und die Gabe des Bacchus, Brot und Wein, in Gold verwandelt hat. Die von Midas nicht bedachte und unerwünschte Verwandlung von Nahrung in Gold hat Freud nicht aufgegriffen und thematisiert. Er hat Gold oder Geld nicht mit der oralen Phase in Zusammenhang gebracht.

Eine psychoanalytische Deutung des Midasmythos oder eine Gelddeutung, die von Freud ausgeht, aber über ihn hinausgeht, stellt die Beziehung des Midas zur Muttergottheit Ceres und ihren Gaben und damit die oral-anale Mutter-Kind-Beziehung ins Zentrum. Sie berücksichtigt außerdem nicht nur die von Freud und seinen Schülern entdeckten unbewussten libidinösen, sondern auch die aggressiven Gold- und Geldbedeutungen, denn im Midasmythos werden auch zerstörerische Wünsche thematisiert. Vor allem in diese Richtung versteht Fromm den »Mythos des Midas« (1973, S. 375). Er deutet die Goldverwandlungen als oral-anale Destruktion, als »Nekrophilie« (S. 373) und Manifestation des »Todestriebs«. Freud bringt den »Todestrieb« (1920, S. 53) einerseits mit den im Körperstoffwechsel ablaufenden »abbauend-dissimilatorischen« Prozessen, deren Endprodukt der Kot ist, in Verbindung. Andererseits illustriert er den »Todes- oder Destruktionstrieb« (1930, S. 478) durch die Aussage von Goethes Mephisto: »So ist denn alles, was ihr Sünde, Zerstörung, kurz das Böse nennt, mein eigentliches Element« (S. 480). Im Teufel sieht Freud die Personifikation des verdrängten und unbewussten analen Trieblebens, das nicht nur libidinös, sondern auch destruktiv ist. Chasseguet-Smirgel hat den analen Sadismus als den Versuch gedeutet, »das Universum in ein Exkrement zu verwandeln« (1981, S. 246). Auch Heim sieht in der »Midaslegende« (2011, S. 104) vor allem »Destruktivität und tödliche Selbstdestruktivität« wirken, die er im Sinne Lacans als Ausdruck eines »Genießens« jenseits des Lustprinzips, der »jouissance«, interpretiert.

3 Ödipuskomplex, Geldkomplex und Midaskomplex

Freud und der Ödipuskomplex

Im selben Jahr, 1897, in dem Freud erstmals versucht im Zusammenhang mit dem mythischen König Midas das Gold und Geld zu deuten, schreibt er am 15. Oktober in einem Brief an Fließ: »Ich habe die Verliebtheit in die Mutter und die Eifersucht gegen den Vater auch bei mir gefunden und halte sie jetzt für ein allgemeines Ereignis früher Kindheit« (1985b, S. 293). Er fährt fort: »wenn das so ist, so versteht man die packende Macht des Königs Ödipus trotz aller Einwendungen, die der Verstand gegen die Fatumsvoraussetzung erhebt«. Freud entdeckt also gleichzeitig den »Elternkomplex« (1910a, S. 76), den er später aufgrund seiner mythischen Assoziation »Ödipuskomplex« (S. 73) nennt, als auch den »Geldkomplex« (1908b, S. 207), den er aufgrund seiner Midas-Assoziation Midaskomplex hätte nennen können. Während der Ödipuskomplex von Freud zum »Schiboleth« (1905, S. 128), zum Erkennungszeichen der Psychoanalyse oder zu einem der »Grundpfeiler der psychoanalytischen Theorie« (1923a, S. 223) erklärt wird, verschwindet der Geldkomplex immer mehr aus seinen Schriften und aus denen seiner Schüler und Nachfolger.

Im Folgenden wird zuerst auf den Begriff Komplex eingegangen und danach der berühmteste Komplex der Psychoanalyse, der Ödipuskomplex, dargestellt. Anschließend wird der weniger bekannte Geldkomplex und der außerhalb der Psychoanalyse entstandene Borneman'sche Midaskomplex und seine Beziehung zum Ödipuskomplex beschrieben, um darauf aufbauend ein psychoanalytisches Konzept des Midaskomplexes zu entwickeln.

Der Begriff Komplex leitet sich von dem lateinischen *complexus* ab, was soviel wie eine Zusammenfassung bedeutet. Diese wird aber nicht als eine Summierung von Einzelelementen verstanden, sondern als deren Verknüpfung nach einem bestimmten Muster zu einer organisierten Gesamtheit. Die Etymologie unterstützt diese Begriffsbestimmung, denn das lateinische Grundwort von *complexus* ist *plectere*, d. h. flechten oder ineinander fügen. So ist ein Gebäudekomplex nicht nur eine Summe von Gebäuden, sondern eine Zusammenfassung oder Verknüpfung von Einzelgebäuden nach einem bestimmten Muster, sei dieses durch funktionelle oder ästhetische Gesichtspunkte bestimmt. Der Begriff Komplex ist kein spezifisch psychologischer oder psychoanalytischer, sondern ein allgemeiner Begriff, der in die Psychoanalyse übernommen wurde. Das Spezifische eines psychoanalytischen Komplexes besteht darin, dass durch ihn sowohl bewusste als auch unbewusste und verdrängte psychische Regungen zu einem komplexen Muster verknüpft sind, das sich wiederum genetisch auf die Kindheit zurückführen lässt.

Schon in seinem 1895 geschriebenen *Entwurf einer Psychologie* spricht Freud von »Komplexen« (1950, S. 468), unter denen er sowohl eine Gesamtheit organischer »Neuronen« als auch psychischer »Vorstellungen« versteht. Trotzdem besteht er später darauf, dass die »Lehre von den Komplexen« (1914a, S. 68) als ein Beitrag Jungs zur Psychoanalyse anzusehen sei. Seit seinem Artikel *Tatsachendiagnostik und Psychoanalyse* (1906), in dem er Jungs Komplexbegriff referiert, verwendet Freud ihn zunächst recht häufig. Aber je mehr er sich im Laufe der Zeit kritisch von Jung distanziert, tut er dasselbe mit dem Jung'schen Beitrag zur Freud'schen Psychoanalyse. Nach vollzogener Trennung von Jung schreibt er über die Lehre von den Komplexen:

Sie »hat weder selbst eine psychoanalytische Theorie ergeben noch eine zwanglose Einfügung in den Zusammenhang der psychoanalytischen Lehren gestattet. Hingegen hat sich das Wort ›Komplex‹ als bequemer, oft unentbehrlicher Terminus zur deskriptiven Zusammenfassung psychologischer Tatbestände Bürgerrecht in der Psychoanalyse erworben. Kein anderer der von dem psychoanalytischen Bedürfnis neugeschaffenen Namen und Bezeichnungen hat eine ähnlich weitgehende Popularität erreicht und so viel missbräuchliche Verwendung zum Schaden schärferer Begriffsbildungen gefunden« (1914a, S. 68f.).

Freud benutzt deshalb den Begriff Komplex nur noch selten in seinem Werk. Aber vor allem in der Zusammensetzung mit Ödipus blieb das Wort Komplex auch für ihn weiter ein unentbehrlicher Terminus. In *Die Traumdeutung* erscheinen seine Gedanken über die »Sage vom König Ödipus« (1900, S. 267) und das »gleichnamige Drama von Sophokles« erstmals in einer Veröffentlichung. Hier betont er, dass die »durchgreifende und allgemeingültige Wirksamkeit« des Sagenstoffs vom König Ödipus nur auf dem Hintergrund einer »Allgemeingültigkeit [der] Voraussetzungen aus der Kinderpsychologie« verständlich wird:

> »Sein Schicksal ergreift uns nur darum, weil es auch das unsrige hätte werden können, weil das Orakel vor unserer Geburt denselben Fluch über uns verhängt hat, wie über ihn. Uns allen vielleicht war es beschieden, die erste sexuelle Regung auf die Mutter, den ersten Hass und gewalttätigen Wunsch gegen den Vater zu richten; unsere Träume überzeugen uns davon. König Ödipus, der seinen Vater Laios erschlagen und seine Mutter Jokaste geheiratet hat, ist nur die Wunscherfüllung unserer Kindheit. Aber glücklicher als er, ist es uns seitdem, insofern wir nicht Psychoneurotiker geworden sind, gelungen, unsere sexuellen Regungen von unseren Müttern abzulösen, unserer Eifersucht gegen unsere Väter zu vergessen« (S. 269).

In seiner Arbeit *Beiträge zur Psychologie des Liebeslebens* spricht Freud erstmals vom »Ödipuskomplex« (1910a, S. 73), vom »Mutterkomplex« (S. 72), vom »Elternkomplex« (S. 76) und etwas später vom »Vaterkomplex« (1911a, S. 108). Durch die Geschwister kann sich der Ödipuskomplex, auch »Inzestkomplex« (1917, S. 350) genannt, zum »Familienkomplex« (S. 346) erweitern. Der Ödipuskomplex oder »das vom Inzestverlangen beherrschte Verhältnis zu den Eltern« (1913b, S. 24) wird von Freud schließlich zum »Kernkomplex der Neurosen« und damit zum Kernkomplex der Psychoanalyse erklärt.

Im Laufe der Zeit gewinnt Freud »die Ahnung, daß staatliche Ordnung, Sittlichkeit, Recht und Religion in der Urzeit der Menschheit miteinander als Reaktionsbildung auf den Ödipus-Komplex entstanden sind« (1923a, S. 229) und dass die »menschliche Geistestätigkeit« (1924c, S. 426), die »die großen Institutionen der Religion und des Rechtes, der Ethik und all der Formen der Staatlichkeit geschaffen hat, im Grunde darauf abzielt, dem Einzelnen die Bewältigung seines Ödipus-Komplexes zu ermöglichen und seine Libido aus ihren infantilen Bindungen in die endgültig erwünschten sozialen überzuleiten«. Freud kommt durch seinen »wissenschaftlichen Mythos vom Vater der Urhorde« (1920, S. 151) zu dem widersprüchlichen Ergebnis, dass sowohl die Ödipuswünsche als auch deren Unterdrückung natürlich sind, dass aber dieser natürliche Zustand durch eine gesellschaftliche Tat überwunden und so als kulturelle Errungenschaft konstituiert wurde. Der Fortschritt wurde möglicherweise sekundär wieder naturalisiert: »Die Inzestschranke gehört wahrscheinlich zu den historischen Erwerbungen der Menschheit und dürfte wie andere Moraltabu[s] bereits bei vielen Individuen durch organische Vererbung fixiert sein« (1905, S. 127).

Freud hat bei seiner Begründung des Ödipuskomplexes biologische und geschichtlich-kulturelle Faktoren unauflöslich miteinander verknüpft. So bemerkt er auch, dass die Familie und damit der Ödipuskomplex eine »Entwicklungsgeschichte« (1919, S. 328) haben und »das Studium der Prähistorie kann dazu führen, diese zu erraten. Die Forschung nimmt an, daß das menschliche Familienleben sich in entlegenen Urzeiten ganz anders gestaltet hatte, als wir es heute kennen, und bestätigt diese Vermutung durch Befunde bei den heute lebenden Primitiven«. Er erwähnt die »Gruppenehe« (1913b, S. 12), bei der »eine gewisse Anzahl von Männern eheliche Rechte über eine gewisse Anzahl von Frauen ausübt« und in der es »Massenbeziehungen der sexuellen Liebe gegeben« (1920, S. 157) habe. Aber er hat sich nicht dazu geäußert, wie unter diesen familiären Verhältnissen der Ödipuskomplex gestaltet war.

Freud spricht von einem »einfachen Ödipuskomplex« (1923b, S. 261), den er auf die inzestuöse Einstellung des Knaben zur Mutter und die Eifersucht auf den Vater bezieht. Diesen nennt er den positiven, seine Umkehrung den negativen Ödipuskomplex. Meist handelt es sich aber um einen »vollständigeren Ödipuskomplex«, der »ein zweifacher ist, ein positiver und ein negativer«. Zwar spricht Freud auch vom »weiblichen Ödipuskomplex« (1920, S. 281), aber später ist sein Eindruck, »daß unsere Aussagen über den Ödipuskomplex in voller Strenge nur für das männliche Kind passen, und daß wir recht daran haben, den Namen Elektrakomplex abzulehnen, der die Analogie im Verhalten beider Geschlechter betonen will« (1931, S. 521).

Bevor Freud den Begriff Ödipuskomplex zum ersten Mal verwendet, hat er bereits den »Kastrationskomplex« (1908a, S. 179) eingeführt, dessen Inhalt die Angst ist, wegen der ödipalen Wünsche mit Kastration gestraft zu werden. Er schreibt: »Sagen und Mythen zeugen von dem

Aufruhr des kindlichen Gefühlslebens, von dem Entsetzen, das sich an den Kastrationskomplex knüpft, der dann später auch entsprechend widerwillig vom Bewusstsein erinnert wird«. Als Beispiel für Mythen, die den Kastrationskomplex oder die »Kastrationsangst« (1913b, S. 184) zum Thema haben, erwähnte er den Mythos von »Attis«, dem Geliebten der Muttergöttin »Kybele«. Diese »jugendlichen Gottheiten, welche die Liebesgunst mütterlicher Gottheiten genießen« (S. 183) und »den Mutterinzest dem Vater zum Trotze durchsetzen«, haben nur »ein kurzes Leben« (S. 184), denn es ist ihnen eine »Bestrafung durch Entmannung oder durch den Zorn des Vatergottes in Tierform« beschieden. Die »in der Urzeit und bei primitiven Völkern so häufige Beschneidung« versteht Freud als »Äquivalent der Kastration«.

Freud kommt auf die »allgemein vorfindlichen tieferen Wurzeln« (1909, S. 246) des »Kastrationskomplexes« beim Kind zu sprechen. Diese bestehen im »Verlust eines bedeutsamen, zu seinem Besitz gerechneten Körperteils«, wobei der Verlust zugleich als Bestrafung und Vergeltung erlebt wird. So gesehen empfinde »der Säugling schon das jedesmalige Zurückziehen der Mutterbrust als Kastration«, ebenso »die regelmäßige Abgabe des Stuhlgangs«. Ja sogar »der Geburtsakt als Trennung von der Mutter, mit der man bis dahin eins war«, kann als »Urbild jeder Kastration« verstanden werden. Freud formuliert an dieser Stelle einen genetischen Zusammenhang zwischen dem genitalen oder phallischen Kastrationskomplex und Ödipuskomplex, dem vorausgehenden »Exkrementalkomplex« (S. 310) und dem oralen »Mutterkomplex« (1910a, S. 72) bis hin zu einem Geburtskomplex. Allen diesen Komplexen ist die Erfahrung eines Verlusts oder einer »narzisstischen Schädigung durch Körperverlust« (1923c, S. 296) gemeinsam: der Verlust der pränatalen Mutter durch die Geburt, darauf folgend der Verlust der Mutterbrust und der Muttermilch durch die Entwöhnung, der Verlust des infantilen Kots durch die Sauberkeitserziehung und schließlich der drohende Verlust des Penis durch Kastrationsdrohung oder der drohende Verlust der inzestuös geliebten Mutter durch die den Untergang des Ödipuskomplexes bewirkende Kastrationsangst.

Bemerkenswert ist, dass der Verlust des Kinderkots hier in eine Reihe gestellt wird mit den Verlusten der pränatalen Mutter, der Mutterbrust, des männlichen Genitalorgans und der ödipalen Mutter. Verluste werden nacheinander folgend und aufeinander aufbauend in der pränatalen, oralen, analen, phallischen und genitalen Phase der Kindheitsentwicklung erlebt. Teils sind diese Verluste biologisch-evolutionär bedingt wie die »Intrauterinexistenz des Menschen« (1926a, S. 186), die gegenüber den Tieren verkürzt ist, teils werden sie kulturell mehr oder weniger früh und mehr oder weniger traumatisch herbeigeführt, so bei der Entwöhnung, der Sauberkeitserziehung und dem Wirksamwerden der Kastrationsangst und dem Inzestverbot. Im Laufe der Entwicklung wird ein Verlust durch das nächste Entwicklungsstadium kompensiert, die Gebärmutter durch die mütterliche Brust, die Milch durch den Kot, der Kot durch den Penis und die orale durch die inzestuöse Mutter. Schließlich sollen in der erwachsenen genitalen Phase diese Verluste progressiv überwunden werden, indem das zur Frau gewordene Mädchen selbst gebären und stillen und der zum Mann gewordene Junge selbst zeugen kann. Die Entwicklung eines Komplexes erscheint als Folge einer zu frühen und zu strengen Trennung oder Verdrängung und der Wiederkehr des Verdrängten im Erwachsenenalter. Freud hat den Vorschlag gemacht, »mit der Strenge der Triebverdrängung nachzulassen und dafür der Wahrhaftigkeit mehr Raum zu geben« (1925b, S. 107), da die Triebe »am ehesten bereit sind loszubrechen«, die »in unzureichender und psychologisch inkorrekter Weise gebändigt sind«. In einem Brief an Ferenczi schreibt er 1911: »Der Mensch soll seine Komplexe nicht ausrotten wollen, sondern sich ins Einvernehmen mit ihnen setzen, sie sind die berechtigten Dirigenten seines Benehmens in der Welt« (zit. n. Jones 1955, S. 203).

Freud und der Geldkomplex

In seiner ersten Arbeit über das Geld und dessen unbewusster Bedeutung führt Freud den »Geldkomplex« (1908b, S. 207) ein und beginnt die Beziehungen zu untersuchen, »welche sich zwischen den anscheinend so disparaten Komplexen des Geldinteresses und der Defäkation ergeben«. Den Komplex der Defäkation nennt Freud auch »Exkrementalkomplex« (1909, S. 310) oder »Exkretionskomplex«. Zeitlich liegt in Freuds Werk die Einführung und Benennung des Geldkomplexes und des Exkrementalkomplexes noch vor der des Ödipuskomplexes. Bei Personen, die an einen infantilen Exkrementalkomplex fixiert sind, schließt Freud »auf eine überdeutliche erogene Betonung der Afterzone in der von ihnen mitgebrachten Sexualkonstitution« (1908b, S. 204). Er unterscheidet die eigentliche »Analerotik« (S. 203) des Kindes von seinen »konstitutionellen koprophilen Neigungen« (1908a, S. 181). Die Analerotik zielt auf eine erotische Lustbefriedigung bei der Defäkation oder überhaupt auf eine Lustempfindung im Bereich der analen erogenen Zone. Dagegen zeigen sich die koprophilen Neigungen in den »unziemlichen Beschäftigungen mit dem zutage geförderten Kote« (1908b, S. 204). Nach Ferenczi verschiebt sich das Interesse »von der intransitiven Sensation gewisser Organempfindungen auf die Materie selbst« (1914, S. 199). Die ursprüngliche Analerotik verwandelt sich dadurch in die »Koprophilie«, in »eine Art Objektliebe«, deren Objekt der eigene Kot ist. Im Laufe der Erziehung werden dann »Reaktionsbildungen« (Freud 1908b, S. 205) und »Gegenmächte geschaffen, wie Scham, Ekel und Moral«, die sich »gleichwie Dämme der späteren Betätigung der Sexualtriebe entgegensetzen«.

Seine Erkenntnisse über den Geldkomplex in Beziehung zum infantilen Exkrementalkomplex fasst Freud so zusammen:

> »In frühesten Kindheitsjahren ist von einem Schämen wegen der exkrementellen Funktionen, von einem Ekel vor den Exkrementen noch keine Spur. Das kleine Kind bringt diesen wie anderen Sekretionen seines Körpers ein großes Interesse entgegen, beschäftigt sich gern mit ihnen und weiß aus diesen Beschäftigungen mannigfache Lust zu ziehen. Als Teile seines Körpers und als Leistungen seines Organismus haben die Exkremente Anteil an der – von uns narzißtisch genannten – Hochschätzung, mit der das Kind alles zu seiner Person gehörige bedenkt. Das Kind ist etwa stolz auf seine Ausscheidungen, verwendet sie im Dienste der Selbstbehauptung gegen die Erwachsenen. Unter dem Einfluß der Erziehung verfallen die koprophilen Triebe und Neigungen des Kindes allmählich der Verdrängung […] Das Interesse, das bisher den Exkrementen galt, wird auf andere Objekte übergeleitet, z.B. vom Kot aufs Geld, welches dem Kind ja erst spät bedeutungsvoll wird« (1913c, S. 454f.).

Freud hat hier die für eine psychoanalytische Gelddeutung grundlegende Idee entwickelt, dass der infantile Kot für das Kind ursprünglich nicht wertlos, sondern »eine wertvolle Substanz« (1917, S. 326) ist. So gesehen war nicht erst das Geld, sondern schon der infantile Kot »das Wertvollste, das der Mensch kennengelernt hat« (1908b, S. 208). Mit dieser Erklärung der unbewussten Gleichsetzung von Gold und Kot hat Freud die Grundlage für eine, wie Brown sie später anerkennend nennt, »psychoanalytische Geldtheorie« (1959, S. 299) gelegt. Zwar ist in dieser Sichtweise Geld kein Kinderwunsch gewesen, aber der Besitz von wertvollem infantilen Kot war ein solcher Kinderwunsch. Deshalb handelt es sich beim Besitz von Geld, als dem unbewussten und sublimen Ersatz des Kinderkotes, doch noch um die nachträgliche Erfüllung eines prähistorischen Wunsches. Freud wird auch durch diese Entdeckung zu einem neuen Midas, indem er wertlosen in wertvollen Kinderkot verwandelt.

Freud und seine Schüler versuchten die Beziehung zwischen dem wertvollen Kot des Kindes als Leistung seines Körpers und dem wertvollen Geld der Erwachsenen weiter aufzuklären. Freud spricht von der »Analtätigkeit und ihren Produkten« (1905, S. 88). Abraham sieht in der »Analfunktion als produktiver Tätigkeit« (1925, S. 194) das »Vorbild« (S. 198) für »Arbeiten aller Art«. Auch er betont besonders die »narzißtische Bewertung der Exkretionsvorgänge« (1920a, S. 241), die »Allmacht der Defäkation« (S. 243) und die »Allmacht der Darmproduktion«. In der kindlichen Phantasie und auch in Träumen werde »den exkretorischen Funktionen eine ungeheure, ja allmächtige Wirkung im schaffenden oder zerstörenden Sinne zugeschrieben« (S. 244). Als mythologisches Beispiel erwähnt er die »Erschaffung des Menschen aus einem Erdenklos« (S. 243) durch den Schöpfergott, den Kreator. Auch Grunberger weist darauf hin, dass der Mensch in der Bibel »aus Lehm (exkrementeller Materie) geschaffen« (1971, S. 168) wird und betont, dass unbewusst »Lehm (=Kot)« (S. 297) ist. Der jüdische ähnelt dem griechischen Schöpfungsmythos, denn auch der Titan Prometheus erschafft und formt die Menschen nach der Gestalt der Götter aus Erde und Wasser. Die Götter, die die Menschen nach ihrem Bild erschaffen, sind selbst wieder nach dem Vorbild der Allmacht der Darmproduktion erschaffen worden. Winnicott bemerkt, wenn das Kind »aus Kot oder irgendeiner anderen ähnlichen Substanz etwas zu formen versucht« (1971, S. 66), handelt es sich dabei »um eine eindeutige Form von Kreativität«.

Aber die »Produkte des Darmes« (Abraham 1920a, S. 242) können auch eine allmächtige Wirkung im zerstörenden Sinne entfalten und so zu »Trägern feindseliger Regungen« werden und in den »Dienst des Sadismus« treten. So kann eine »explosive Darmentleerung« (S. 244) eine explosive »Entladung zorniger Affekte« ausdrücken und die explosiven Darmprodukte scheinen wiederum das unbewusste Vorbild für Explosivstoffe aller Art zu sein. Nach Klein werden überhaupt die kindlichen Exkremente »in der Phantasie in gefährliche Waffen verwandelt« (1930, S. 31).

Ferenczi hat die Analität zu den »autoplastischen Perioden« (1924, S. 338) gezählt, »in denen für das verlorene Objekt am eigenen Körper phantastischer Ersatz gesucht wird«. Das Kind macht sich progressiv durch die eigene Kotproduktion unabhängig von dem verlorenen Objekt der Mutter und ihrer Milchproduktion und auch von den begehrten und beneideten Objekten der Erwachsenen, die es mit seinem fantastischen Kot verkörpern kann, der so zum »ersten Penis« (Freud 1916a, S. 407), zu einem Kotpenis, aber auch zu einem »Kotkind« (1918, S. 134) wird. Dadurch kann es seinen Neid in Form von Brustneid, Penisneid und Gebärneid bewältigen. Das infantile »autoplastische« (1924a, S. 366) Verhalten soll später in ein »alloplastisches« übergehen, denn dieses »zweckmäßige, normale Verhalten führt zu einer äußeren Arbeitsleistung an der Außenwelt« (S. 365).

Zu den analen Allmachtsvorstellungen des Kindes gehört auch die von Freud sogenannte »Kloakentheorie« (1908a, S. 181), nach der ein Kind wie der Kot durch den Darm geboren wird und deshalb auch schon Kinder zum Gebären fähig sind. Die Vorstellungen gipfeln in der Fantasie, sich mithilfe des eigenen Kots sowohl in die ernährende und gebärende Mutter als auch in den zeugenden Vater verwandeln zu können. Zugleich wird dadurch die sexuelle Befriedigung unabhängig von anderen oder vom anderen Geschlecht als Autoerotik und Analerotik ermöglicht. Der kindliche Kot ist also wertvoll, weil er nicht nur anale Triebe befriedigen kann, sondern außerdem zu einem Gefühl der Allmächtigkeit verhilft und damit selbst allmächtig wird.

Wenn das Kind seinen Kot in mütterliche Milch zurückverwandeln könnte, würde es autark und zu einem allmächtigen gottähnlichen Wesen, unabhängig von der materiellen Welt, besonders von der Mutter und ihrer Nahrung, werden. Spitz deutet die kindliche »Koprophagie« (1965, S. 262) als einen versuchten Beweis, dass der Kot so wie die mütterliche Milch essbar ist. Nach Brown ist die Formel »Exkrement wird Aliment« (1959, S. 318) Ausdruck dieses Wunsches. Sie geht aus von dem Vorbild der Mutter, die den kindlichen Kot nimmt und Milch gibt, also scheinbar Kot in Milch verwandeln kann. Abraham dagegen versteht »den Antrieb zum Kotessen als einen kannibalischen Impuls zum Verzehren des getöteten Liebesobjekts« (1924, S. 135).

Der kindliche Kot ist außerdem wertvoll, weil er der Stoff ist, aus dem ursprünglich die Fiktionen geschaffen sind. Diese Bedeutung von Fiktion zeigt sich etymologisch im fictor, dem Bildhauer, der Gebilde, fictiones, aber auch figurae aus analem Stoff, wie Stein oder Ton, herstellt, ganz wie es der Schöpfergott, der zugleich ein Töpfergott war, getan hat. Wenn Goethe im *Faust II* den personifizierten Geiz sagen lässt: »Wie feuchten Ton will ich das Gold behandeln; denn dies Metall lässt sich in alles wandeln« (1. Akt), so gilt dies auch für den kindlichen Kot, der die Grundsubstanz für alle Verwandlungen und Fiktionen darstellt. Nach Segal ist er sogar ein »Symbol der Brust« (1957, S. 212) und damit selbst eine Fiktion, eine durch die Verdauung in Kot geformte mütterliche Brust bzw. Milch. Nach Winnicott kann der kindliche Kot, die »Faeces« (1971, S. 19), auch als »Übergangsobjekt« verstanden werden und als magischer »Fetisch«, der sich in alles wandeln lässt.

Der narzisstischen Allmacht der Darmproduktion geht die Allmacht der oralen Wunschbefriedigung voraus, indem auf Wunsch des Säuglings die mütterliche Brust erscheint. Diese magisch-narzisstische Wunscherfüllung oder die Realisierung des »Lustprinzips« (1911b, S. 232) gelingt aber nur, wenn sich die Mutter bedingungslos auf die oralen Wünsche und Bedürfnisse ihres Kindes einstellt, oder, wie Freud sagt, wenn man »die Mutterpflege hinzunimmt«. Dasselbe gilt für die narzisstische Wertschätzung des kindlichen Kots und die daraus entspringenden Allmachtsgefühle. Sie sind dem Kind nur möglich, wenn es darin von der Mutter bestätigt wird. Nach Freud gründen zwar die kindlichen Allmachtsvorstellungen auf einem »absolut selbstgenügsamen« (1921, S. 146) oder »absolut primären Narzißmus« (1940, S. 72), aber, wie Altmeyer bemerkt, handelt es sich dabei um eine »primärnarzißtische Illusion« (2000, S. 162). Eine absolute Unabhängigkeit von Pflegepersonen, die das materielle »Versorgt-werden« (S. 166) des Kindes mit dem ideellen »Gesehen-werden, Geliebt-werden, Anerkannt-werden« verbinden, ist mit dem Überleben nicht vereinbar.

Freud kommt auf eine weitere Bedeutung des kindlichen Kots zu sprechen, die sich aus seiner narzisstischen Wertschätzung ergibt: »Der Kot ist nämlich das erste Geschenk, ein Teil seines Körpers, von dem sich der Säugling nur durch Zureden der geliebten Person trennt, mit dem er ihr auch unaufgefordert seine Zärtlichkeit bezeigt, da er fremde Personen in der Regel nicht beschmutzt« (1916a, S. 406). Obwohl Freud die Mutter nicht ausdrücklich erwähnt, ist sie normalerweise die geliebte Person, der gegenüber das Kind »eine erste Entscheidung zwischen narzißtischer und objektliebender Einstellung« treffen muss.

»Es gibt entweder den Kot gefügig ab, ›opfert‹ ihn der Liebe, oder hält ihn zur autoerotischen Befriedigung, später zur Behauptung seines eigenen Willens, zurück. Mit letzterer Entscheidung ist der Trotz (Eigensinn) konstituiert, der also einem narzißtischen Beharren bei der Analerotik entspringt« (ebd.).

Die Geschenkbedeutung des Kotes bringt Freud wiederum mit dem Geld in Verbindung, denn »in den Produktionen des Unbewussten« (S. 404) werden »die Begriffe Kot (Geld, Geschenk), Kind und Penis schlecht auseinandergehalten und leicht miteinander vertauscht«. Sie werden häufig so behandelt, »als wären sie einander äquivalent und dürften einander unbedenklich ersetzen«.

Von der Geschenkbedeutung ausgehend entwickelt Abraham die für eine psychoanalytische Gelddeutung wichtige Idee, dass »die Produkte des eigenen Körpers« (1916, S. 54) die »Münze« darstellen, »mit welcher das Kind bezahlt«, denn sie »unterliegen der narzißtischen Überwertung«. Das kindliche Kotprodukt kann als die »materielle Gegengabe« (1920b, S. 73) für die mütterliche Gabe der Milch verstanden werden und wird damit zum ersten Tauschmittel, zum ersten Zahlungsmittel, also zum ersten Münzgeld des Kindes in der Beziehung zur Mutter und ihrem Milchprodukt. Die Gleichsetzung von Milch und Kot in einem Tauschvorgang ist möglich, weil das Kind seinen Kot als sein erstes und eigenes Produkt narzisstisch überbewertet und die Mutter diese kindliche Wunschfantasie unterstützt und den Kot als überwertige oder zumindest gleichwertige Gegengabe und Gegenleistung für ihre Milch akzeptiert.

Melanie Klein wurde durch den von Abraham beschriebenen Milch-Kot-Tausch in ihrer Theoriebildung beeinflusst, ohne allerdings Bezug auf das Geld zu nehmen. Sie unterscheidet zwischen »Identifikation durch Introjektion und Identifikation durch Projektion« (1952, S. 151). Da diesen psychischen die physischen Vorgänge der Introjektion der mütterlichen Milch und der Projektion des kindlichen Kots in die Mutter zugrunde liegen, gibt es nach Klein von Geburt an eine physische und darauf aufbauend eine psychische Austauschbeziehung (interaction) zwischen Mutter und Kind. Auch Bions »Idee eines Behälters (container)« (1962, S. 146) leitet sich über Klein von dem Abraham'schen Milch-Kot-Tausch her. Dabei geht es nicht nur um einen Tausch, sondern auch um eine magische Verwandlung, durch die Exkrement zu Aliment wird: Das Kind projiziert seinen Kot in die Mutter, die diesen, in Milch verwandelt, ihm wieder zurückgibt. Von dieser realen und fantastischen Erfahrung ausgehend, kann es dann auch seine »schlechten Gefühle« in die Mutter oder in ihre Brust projizieren, um sie verwandelt oder »verdaut« (S. 53) wieder zurückzubekommen.

Ein eigentlicher Austausch ist erst zwischen getrennten Individuen möglich, die sich »wechselseitig als Privateigentümer anerkennen« (Marx 1867, S. 99). Das von Mahler (1968) eingeführte postnatale Entwicklungsstadium der »Symbiose«, in dem sich Mutter und Kind psychisch noch in einem Zustand der Vereinigung oder der primären Identifikation befinden, schließt deshalb einen psychischen Austausch aus. Gegen dieses Konzept der Symbiose wird heute unter dem Einfluss der Säuglingsforschung der frühe psychische Austausch, die Interaktion oder die Kommunikation zwischen Mutter und Kind betont, wobei Dornes allerdings »eine relative Vernachlässigung organismischer bzw. körpernaher Bedürfnisse und ihrer Bedeutung in der Entwicklung« (1993, S. 161) einräumt, sodass von einem ursprünglichen Milch-Kot-Austausch nicht mehr die Rede ist. Die von Freud erkannte kulturelle Tendenz zur »Entmaterialisierung« (1939, S. 222) macht sich so auch in der modernen Psychoanalyse bemerkbar.

Roheim geht in seiner 1923 geschriebenen Arbeit *Heiliges Geld in Melanesien* über Abrahams Überlegungen hinaus, indem er versucht, den Handel, den Güteraustausch und den Geldverkehr ontogenetisch aus dem Stoffwechsel zwischen Mutter und Kind abzuleiten. Er postuliert, dass »Nahrungsmittel und andere Güter auf der einen Seite der Muttermilch, das Geld, das man dafür gibt, aber den Fäkalien des Kindes entsprechen« (S. 236). Er unterscheidet damit als erster klar zwischen den Gütern und Waren als einem Symbol der Muttermilch und dem Geld als einem Symbol des kindlichen Kotes. Roheim versucht außerdem, das Geld aus dem Toten- und Opferkult abzuleiten, wobei er sich auf Freuds Bemerkung bezieht, dass das Kind seinen Kot der Mutter opfert, der Kot also das erste Opfer ist. Er meint, »die infantile Wurzel des Tausch- und Geschenkopfers in der analen, die des Identifikationsopfers in der oralen Tätigkeit des Säuglings aufdecken zu können« (S. 240). Diese im Jahr der deutschen Hyperinflation und des Hitler-Putsches veröffentlichte Arbeit stellt den Höhepunkt und zugleich den Endpunkt der durch Freud und seine unmittelbaren Schüler vorangetriebenen psychoanalytischen Geldtheorie dar.

Dieses Ende wird von Freud selbst eingeleitet. In seiner klinischen Arbeit *Aus der Geschichte einer infantilen Neurose* von 1918 schreibt er:

»Wir haben uns gewöhnt, das Interesse am Gelde, soweit es libidinöser und nicht rationeller Natur ist, auf Exkrementallust zurückzuführen und vom normalen Menschen zu verlangen, daß er sein Verhältnis zum Geld durchaus von libidinösen Einflüssen frei halte und es nach realen Rücksichten regle« (S. 103). Freud spricht hier nur noch von den libidinös-analerotischen Einflüssen auf das Geld, ohne die narzisstischen zu erwähnen, und er reduziert die psychoanalytische Geldtheorie auf eine klinische Theorie. Das Geld ist nach dieser Aussage eine rationale, am Realitätsprinzip orientierte gesellschaftliche Einrichtung, die nur sekundär und individuell mit koprophilen Fantasien besetzt wird. Das Therapieziel ist es, den Patienten von der anal-neurotischen Besetzung des Geldes zu befreien und ihm einen rationellen Geldumgang zu ermöglichen. Nach dieser Aussage hat sich Freud nur noch einmal zur unbewussten Bedeutung des Geldes geäußert:

»Es ist unmöglich, sich in den Phantasien, den vom Unbewußten beeinflußten Einfällen und in der Symptomsprache des Menschen zurechtzufinden, wenn man diese tiefliegenden Beziehungen nicht kennt. Kot-Geld-Geschenk-Kind-Penis werden hier wie gleichbedeutend behandelt, auch durch gemeinsame Symbole vertreten« (1933a, S. 107).

Er greift die vorher zitierte Formulierung von 1916 auf, hat sie aber entscheidend verändert. Da Geld und Geschenk nicht mehr in Parenthese hinter Kot erscheinen, lässt sich dies als eine Auflösung der ausschließlichen Symbolbeziehung von Geld und Kot verstehen. Geld kann nach dieser Formulierung unmittelbar auch Kind- oder Penissymbol sein.

Fenichel hat daraus die Konsequenzen gezogen: »Im unbewußten Seelenleben kann das Geld [...] alles was man überhaupt geben oder nehmen kann, repräsentieren« (1938, S. 93) und er zählt als gleichwertig auf: »Milch, Nahrung, die Mutterbrust, Darminhalt, Faeces, Penis, Samen, Kind, Potenz, Liebe« und noch einiges mehr. Dies wird bis heute als die moderne psychoanalytische Auffassung des Geldes verstanden (Viderman 1992; Haubl 2010). Aber Geld kann nur alles repräsentieren oder bedeuten, wenn das Geld und die Waren, in die es getauscht werden kann, unmittelbar gleichgesetzt werden. Damit verliert aber ökonomisch das Geld seine Eigenständigkeit gegenüber den Waren und psychologisch der kindliche Kot seine Besonderheit gegenüber den Objekten der Erwachsenen, Brust/Milch, Penis und Kind.

Freud hat ursprünglich, 1911, angenommen, dass das Geld ein »Symbol des Kotes« (1958, S. 584), ein Symbol für den in der Kindheit wertvollen und hochgeschätzten Kinderkot ist. Damit führte er den erwachsenen Wunsch nach Gold oder Geld auf unbewusste Wünsche der Kindheit zurück und leitete den erwachsenen Geldkomplex aus dem verdrängten oder sublimierten infantilen Exkrementalkomplex ab. Aber diese Gedanken hat er nicht konsequent weiterverfolgt und sie auch nicht auf die Geldkultur und die Geldwirtschaft angewendet. Nach dem Ersten Weltkrieg und den darauf folgenden politischen und ökonomischen Krisen, in denen Freud sein bis dahin in österreichischen Staatspapieren angelegtes Vermögen verliert (vgl. Bertin 1982, S. 287) – Papier verfliegt im Winde – scheint er das Interesse an einer Aufklärung des Geldkomplexes verloren zu haben. Aber gerade die Erscheinungen der Geldentwertung oder Inflation hätten seine Gelderkenntnisse bestätigen können, dass nicht nur im Mythos, sondern auch in der Realität, das Geld dazu tendiert, sich in den analen Stoff zurückzuverwandeln, aus dem es entstanden ist. Die Staatspapiere, die ursprünglich für Geld gekauft und damit Geld wert waren, verwandelten sich in »nichtswürdige Papierlappen« (Marx 1859, S. 98). Sie hatten damit ein ähnliches Schicksal, wie die alten 1.000-RM-Scheine nach der Währungsreform von 1948, von denen erzählt wird, dass sie nur noch demonstrativ als Klopapier benutzt wurden.

Mit diesem Überblick über die psychoanalytische Geldtheorie soll gezeigt werden, dass Freud von kollektiven Geldfantasien ausging und bei der Deutung des Geldes den kindlichen Kot nicht nur als ein Objekt des Selbsterhaltungs- und Sexualtriebes, sondern auch als ein narzisstisches Selbstobjekt und als ein Objekt in der Beziehung zur Mutter verstand. Dadurch wurde schon durch ihn und durch seine unmittelbaren Schüler die psychoanalytische Geldtheorie an die Narzissmus- und Objektbeziehungstheorie und damit an die moderne Psychoanalyse angeschlossen. Je etablierter die Psychoanalyse wurde, desto geringer wurde jedoch ihre Neigung, sich mit der Bedeutung der Exkremente zu beschäftigen und sich durch eine Gleichsetzung von Geld und Kot zu exponieren. Schon Freuds erste Arbeit über das Geld *Charakter und Analerotik* von 1908 wirkte nach Jones »wie eine Bombe und erregte mehr Spott als alles bis dahin Geschriebene« (1955, S. 73). Ein Beispiel für den Spott ist der 1916 erschienene Roman *Der Geldkomplex* von Gräfin zu Reventlow.

Der amerikanische Kulturhistoriker Dundes hat Hitler mit dem Satz zitiert: »Wenn der Jude Schätze in seinen Händen hält, verwandeln sie sich in Schmutz und Mist« (1985, S. 127). Er folgerte, »dann war die eindeutige Lösung die, die Juden selbst in Schmutz und Mist zu verwandeln«. Vielleicht liegt in dieser fatalen antisemitischen Konsequenz der tiefere Grund, dass Freud als Jude und seine fast ausschließlich jüdischen Schüler die weitere Ausarbeitung einer Psychoanalyse des Geldes einstellten. Auch die bevorzugten Exilländer der deutschsprachigen Psychoanalytiker, England und die USA, in denen das Geld unangefochten regierte, waren kein günstiger Boden für die Weiterentwicklung einer psychoanalytischen Geldtheorie, die von ihrem analen Ansatz her kritisch sein muss.

Borneman und der Midaskomplex

Der Begriff Midaskomplex hat in den letzten Jahrzehnten außerhalb der Psychoanalyse eine gewisse Verbreitung gefunden und wird ohne Verweis auf seine Herkunft wie selbstverständlich verwendet. So spricht der Germanist Hörisch von der »Geburt des Midas-Komplexes aus dem Geist des Gebärneides« (2002, S. 37). Dagegen verweist die Philologin Thiel in ihrem Buch *Midas. Mythos und Verwandlung* (2000) auf die Herkunft des »Midaskomplex« (S. 67). Sie nennt Borneman als Autor, der darunter das »psychopathologische Phänomen der Besitzsucht« verstand. In seinem 1973 veröffentlichten Buch *Psychoanalyse des Geldes* überschrieb er das Schlusswort mit »Der Midaskomplex« (S. 421).

Im »Kapitalismus«, führt Borneman dort aus, sind die »natürlichen, sinnlichen Bedürfnisse zum großen Teil verdrängt worden. An ihre Stelle sind Geldverdienen, Arbeitsdisziplin und Verzicht auf Bedürfnisbefriedigung getreten« (S. 446). Dieser Prozess ist »historisch betrachtet« die Verdrängung »des Sinnlichen, Nützlichen und Konkreten durch das Abstrakte und Nutzlose« oder anders ausgedrückt, »die Verdrängung des Gebrauchswert durch den Tauschwert«. Das abstrakte Geld ist

> »maßlos, weil es keinen konkreten sinnlichen Bedarf befriedigt und sich deshalb der natürlichen Begrenzung aller anderen Bedürfnisse entzieht. Wer genug gegessen hat, ist satt. Wer genug getrunken hat, ist nicht mehr durstig. Auch der Befriedigung sexueller Lust sind körperliche Grenzen gesetzt. Nur die Geldgier ist unbegrenzt. Wie beim Essen, beim Trinken, bei pathologischer Entartung der Sexualität die natürlichen Grenzen durch Süchtigkeit überschritten werden können, so geschieht das stets beim Geld« (S. 446).

Nirgends ist in der abendländischen Mythologie

>»die Widersinnigkeit, die zerstörende, alles Vitale negierende Wirkung des Geldes in komprimierterer Form beschrieben [...] der maßlose, neurotische, keiner Befriedigung zugängliche Aspekt des Geldes so eindringlich demonstriert worden [wie im Midasmythos.] Hier hat die Verdrängung des Gebrauchswerts durch den Tauschwert nicht nur den Nutzen der Wesen und Dinge negiert, sondern droht bereits, den Besitzer zu negieren: er stirbt am Geld, er verhungert, verdurstet, erfriert am Geld. In diesem Sinne zerstört der Analcharakter sich selbst, denn auch er ist das Produkt der gleichen Verdrängung« (S. 447).

Borneman nimmt für sich in Anspruch, den »psychischen Niederschlag« des sozialen Phänomens der Geldgier »bereits vor Jahren ›Midaskomplex‹ genannt« zu haben. Er verweist auf die von »Herodot, Hyginus, Cicero, Strabon, Ovid, Valerius Maximus, Plutarch, Pausanias und Maximos von Tyros« überlieferte »Midaslegende«, die er so wiedergibt:

>»Midas, König von Phrygien, erbat sich von Dionysos, den er als Gast gespeist hatte, daß alles, was er anfasse, sich in Gold verwandeln möge, und entdeckte dann zu spät, daß er nun weder essen noch trinken, weder lieben noch sich warm halten konnte, da Speise und Trank, Frauen und Kleidung sich bei seiner Berührung in kaltes, starres Gold verwandelten.«

Nach dieser Version kam für Midas seine Einsicht in die zerstörende Wirkung des Goldes, das Borneman dem Geld gleichsetzt, zu spät, sodass er verhungern, verdursten und lieblos erfrieren musste. Borneman übergeht die Einsicht des Ovid'schen Midas, gesündigt zu haben, die Erfüllung seines zweiten Wunsches durch Bacchus und damit die Rückgängigmachung seines ersten Wunsches durch ein Sühnebad, das zugleich ein Reinigungsbad war.

Borneman geht andererseits über Ovid hinaus, indem er Midas Frauen, die er liebt, und Kleidung, die ihn warm hält, in Gold verwandeln lässt. Die Verwandlung von Frauen in Gold findet sich auch in Dürrenmatts Tragödie *Midas oder die schwarze Leinwand*. Nachdem Midas Speise und Trank in Gold verwandelt hat, ergänzt Dürrenmatt: »Wirft er sich über ein Weib, verwunden ihn die goldenen Brüste, der goldene Schoß, und selbst das Bett wird zu Gold« (1991, S. 24). Schon vor Borneman und Dürrenmatt hatte Richard Strauß in seiner letzten Oper *Die Liebe der Danae* (1944) nach einem Entwurf von Hugo von Hofmannsthal dieses Motiv verwendet. Midas verwandelt dort Danae durch seinen Kuss in eine Goldstatue. Danae muss, darauf besteht Zeus, zwischen Gold und Liebe wählen. Sie entscheidet sich für Midas, der sich schon vorher gegen das Gold entschieden hatte und zum Eselstreiber geworden war. Die menschliche Liebe siegt über das göttliche, aber mit Fluch beladene Gold und, so lautet die Botschaft, die Liebe zum Gold ist mit der Liebe zwischen den Geschlechtern nicht vereinbar. Sowohl Midas als auch Danae müssen sich entweder für Gold oder Liebe entscheiden.

In einer anderen Variante des Midasmythos verwandelt Midas durch seine Berührungen auch seine einzige, geliebte Tochter in eine Goldstatue, wie es Hawthorne in seinem auf dem Höhepunkt des kalifornischen Goldrausches entstandenen Kindermärchen *Golden Touch* (1852) schildert. Da Midas die Verwandlung bereut, kann es zu einem Happy End kommen. Das Märchen sollte wohl schon bei Kindern die Überzeugung fördern, »Gold is not everything« (zit. n. Thiel 2000, S. 74) und dass sie sich darauf verlassen können, mehr als Gold geliebt zu werden. Ohne Hawthorne zu erwähnen, übernimmt Bernstein in seinem Buch *Die Macht des Goldes* diese amerikanische Version des Midasmythos. Er schreibt vom »golden touch« des mythologischen Midas, durch den »seine geliebte Tochter zu einer goldenen Statue wurde« (2000, S. 40).

Es hat psychologisch seinen guten Grund, dass im klassischen Midasmythos des Ovids, abgesehen vom Hinweis auf die Danae, weder die Kinderliebe noch die Liebe zum anderen Geschlecht vorkommen. Ovid war alles andere als prüde. Er wurde schon zu Lebzeiten und später wegen seines Werks *Liebeskunst*, »Ars amatoria«, kritisiert und verurteilt. Seine Verbannung aus Rom durch Augustus und schließlich sein Tod am Schwarzen Meer hängen wohl mit dem Vorwurf der Unsittlichkeit zusammen. Ovid hätte sich sicher nicht die Gelegenheit entgehen lassen, eine von Midas in sexueller Absicht berührte Frau in eine Goldstatue verwandeln zu lassen. Ausführlich und erotisch aufgeladen beschreibt er, wie es »Pygmalion« (X, 243–299) umgekehrt gelingt, seine von ihm geschaffene weibliche Statue mithilfe der Götter in eine lebendige Frau zu verwandeln, um sich ihr in erotischer Absicht zu nähern und sie zu berühren.

Aber der Midaskomplex, als Gold- oder Geldkomplex, ist im Gegensatz zum Ödipuskomplex ein prägenitaler Komplex, bei dem die Goldliebe sowohl die Eltern- und die Kinderliebe als auch die Geschlechtsliebe ersetzt. Dies wird in den beiden Komödien *Volpone* (1607) von Jonson und *Der Geizige* (1668) von Moliere psychologisch richtig dargestellt. Volpone, der Goldfuchs, sagt von seinem Gold, das er anbetend küsst, dass es »alle Freude an Kindern, Eltern und Freunden« (I, 1) weit übertrifft. Der Geizige, der alte Harpagon, ist zum Schluss mit seiner Gold enthaltenden »chère cassette« am Ziel seiner Wünsche, während die jüngeren Paare heiraten. Die Liebe der Danae, die im Midasmythos erwähnt wird, gilt dem Goldregen, in den Zeus seinen Samen verwandeln musste, um Danae zu täuschen, zu verführen und zu schwängern. Da sie anscheinend die Goldliebe über die Geschlechtsliebe stellt, wird sie in den Gemälden der Renaissance als Kurtisane dargestellt. In Wagners Oper *Das Rheingold* (1853) kann Alberich die maßlose Macht des Goldrings nur erringen, indem er der Macht der Liebe entsagt.

Eine andere Auffassung vertritt Kurnitzky, der bei Midas einen »übermächtigen Inzestwunsch« (1994, S. 175) wirken sieht. Dieser verleitet ihn dazu, »auch mit dem Ersatzobjekt eine quasi inzestuöse Beziehung« einzugehen, dadurch »den Geschlechterkonflikt gewissermaßen außer Kraft zu setzen« und »in dieser Weise Subjekt und Objekt verschmelzen zu lassen«. Der Midasmythos weist auf die Folgen hin, »die eine kurzgeschlossene Vereinigung mit dem den Vereinigungswunsch verkörpernden Medium, dem Ersatz des Inzestobjekts, nämlich Geld oder Gold, heraufbeschwört. Das immer ersehnte Goldzeitalter erweist sich ohne Vermittlung als tödliche Falle«. Kurnitzky geht nicht auf die der inzestuös-genitalen Liebe zur Mutter vorausgehende koprophile Neigung des Kindes ein. Diese prägenitale Liebe zum eigenen Kot wird nach Freud auf das Gold und Silber übertragen und lebt als Chrysophilie oder als Philarguria, als Liebe zum Gold- oder Silbergeld, weiter.

Borneman versteht den Midaskomplex als einen psychischen Niederschlag des sozialen Phänomens des Geldes. Er will sich bewusst in einen »Gegensatz« (1973, S. 445) zu »Freud und den großen Pionieren der Psychoanalyse« setzen. So glaubt er nicht, »daß sich der Charakter des Geldes aus der Struktur des Analcharakters folgern lässt«, sondern meint umgekehrt, »daß die Struktur des Analcharakters nur als Spiegelbild jener Gesellschaftsstrukturen verstanden werden kann, die ihn erzeugt haben«. Zwar wird von ihm der Unterschied von Midaskomplex und Analcharakter nicht deutlich herausgearbeitet, aber nach seiner Meinung handelt es sich in beiden Fällen um einen psychischen Niederschlag äußerer ökonomischer Verhältnisse. Beide sind »das Produkt der gleichen Verdrängung« (S. 447) und beide sind selbstzerstörerisch. Psychologisch betrachtet scheinen im Borneman'schen Midaskomplex sowohl der oral-süchtige Trieb nach dem Geld als auch der »analretentive« (S. 448) Geiz des Analcharakters vereint zu sein, die aber beide durch die äußeren Verhältnisse, durch das Vorhandensein des Geldes, bewirkt werden.

Wenn der Midaskomplex von Borneman als Spiegelbild der ökonomischen Verhältnisse verstanden wird, so bleibt seine historische Einordnung unbestimmt.

> »Die tägliche, unabwendbare, unentrinnbare Transformation aller greifbaren Werte in ungreifbare, austauschbare Kategorien wie Ware, Geld, Preis und Lohn hat das Seelenleben des Menschen im Kapitalismus gegenüber der Feudalzeit völlig verändert« (S. 446).

Es bleibt unklar, ob Borneman den Midaskomplex nur auf das Seelenleben der Menschen im modernen Kapitalismus bezieht oder auch auf den Feudalismus, die Antike und die Zeiten des historischen Midas, da in all diesen Zeiten Gold als Geld verwendet wurde. Borneman übergeht die Frage, ob sich der Midaskomplex nur auf das Gold als Geld und als Münze bezieht oder ob seine Entwicklung auch schon historisch früher beim prämonetären Gold möglich war und ob mit der modernen Demonetarisierung des Goldes durch symbolisches Papier- und Buchgeld auch der Midaskomplex, der Gold als Geld voraussetzt, hinfällig wird.

Es ist Bornemans Verdienst, mit seinem Buch die damals schon über 50 Jahre alte Diskussion über die Freud'sche »Analtheorie des Geldes« (S. 85) wieder einem größerem Publikum zugänglich gemacht und kritisch diskutiert zu haben. Aber er kam zu einem – was diese Theorie betrifft – negativen Ergebnis: »Die Analerotik hat ihre spezifischen Gesetze, der Kapitalismus hat andere [...] Jedwede Gleichsetzung von Analität und Geldinteresse ist deshalb sorgfältigst zu vermeiden.« Damit verwirft er die von Freud gemachte Aussage, dass »zwischen den anscheinend so disparaten Komplexen des Geldinteresses und der Defäkation« (1908b, S. 207) ein unbewusster Zusammenhang besteht.

Ein psychoanalytisches Konzept des Midaskomplexes

In meinem Buch *Die psychoanalytische Geldtheorie* (1995) habe ich darauf verwiesen, dass der Kot eines mit Muttermilch ernährten Säuglings, der sogenannte Frauenmilchstuhl, nach einem Lehrbuch der Kinderheilkunde »goldgelb, homogen, angenehm säuerlich riechend und von der Konsistenz einer lockeren Salbe« (Schäfer 1967, S. 730) ist. Durch diese Eigenschaften besteht eine Ähnlichkeitsbeziehung zwischen dem Goldkot des Säuglings und dem in der Natur vorgefundenen Gold. Wird der Säugling mit Kuhmilch gefüttert, so entsteht der »Kalkseifenstuhl«, den man als silberfarben bezeichnen kann. Schließlich, wenn zunehmend auf feste Nahrung übergegangen wird, bekommt der kindliche Kot die bekannte schmutzig-braune Farbe, den kotigen Geruch und ähnelt mehr der Erde, dem Dreck oder unedlen Metallen als dem Gold. Der Grund dafür ist die Keimbesiedlung des Darmes mit Colibakterien, wodurch es zu Fäulnisprozessen kommt. Damit ist das Zeitalter des kindlichen Goldkots für immer beendet.

Ich habe daraus den Schluss gezogen, dass die Sauberkeitserziehung von der Stillpraxis abhängig ist. Der Kot eines mit Muttermilch ernährten Säuglings löst durch seine visuellen und olfaktorischen Eigenschaften bei der Mutter und den Pflegepersonen noch keinen Ekel aus, weshalb bei lang stillenden Völkern keine Notwendigkeit für eine frühe und strenge Sauberkeitserziehung bestand. Wenn Schimpansenjungen etwa fünf Jahre und junge Orang-Utans sogar über sieben Jahre gesäugt werden (Kennedy 2005, S. 124), stellt eine menschliche Stillzeit von drei Jahren (Erikson 1950, S. 132) schon eine deutliche Verkürzung dar. Kennedy hat die These aufgestellt, dass die Verkürzung der Stillzeit beim frühen Menschen einen entscheidenden Schritt in seiner Entwicklung bedeutete, weil sie zwar zu einer erhöhten Sterblichkeit führte, aber durch häufigere Geburten und ein schnelleres Wachstum des kindlichen Gehirns als Folge der Zusatznahrung mehr als ausgeglichen wurde. Sie lässt diese evolutionäre Veränderung von durchschnittlich fünf bis sieben Jahren bei den großen Affen auf durchschnittlich zweieinhalb bis drei Jahren bei traditionellen Völkern schon in einem Zeitraum von vor über zwei Millionen Jahren beginnen. Folglich werden kulturelle oder psycho-soziale Faktoren von ihr nicht berücksichtigt und es findet sich auch kein Hinweis auf eine früher einsetzende Sauberkeitserziehung.

Die Sauberkeitserziehung oder allgemeiner der Umgang mit den kindlichen Exkrementen und der Analität ist ein Thema, das in der anthropologischen und ethnologischen Literatur kaum auftaucht. Aber wenn immer früher abgestillt wird, wird auch der Kinderkot aus physiologischen Gründen immer früher ekelhaft, sodass der Zwang zur Sauberkeit immer früher einsetzt, obwohl das Kind aufgrund seiner Entwicklung und Reifung noch nicht selbstständig dazu in der Lage ist. Die Erziehung »dringt hier besonders energisch auf die Beschleunigung des bevorstehenden Entwicklungsganges, der die Exkremente wertlos, ekelhaft abscheulich und verwerflich machen soll« (Freud 1930, S. 459). Je früher evolutionär oder kulturhistorisch abgestillt wurde und je mehr die Muttermilchernährung und damit auch das Zeitalter des wertvollgoldenen Säuglingskots verkürzt wurden, desto früher kam es zu einem Konflikt in der Mutter-Kind-Beziehung.

Die fortschreitende Reinlichkeitskultur scheint bewirkt zu haben, dass das Stillen einen schmutzigen Charakter bekam und auch aus diesem Grund weiter verkürzt wurde. Dies hatte Einfluss auf die »mit der Kultur fortschreitende Sexualverdrängung« (S. 466), denn an »der Tatsache des ›Inter urinas et faeces nascimur‹ nehmen alle Neurotiker und viele außer ihnen Anstoß«. Freud hat seinen Verdrängungsbegriff nicht nur individuell angewendet, er sprach auch von einem kulturellen und historischen »säkularen Fortschreiten der Verdrängung« (1900, S. 271). Historisch hatte das frühere Abstillen zuerst Auswirkungen auf die Sexualverdrängung, denn bei einer über zwei Jahre andauernden Stillzeit kann es schon zu genitalen Erregungen des Säuglings kommen. So schreibt der Anthropologe Kluckhohn über einen noch mit 26 Monaten gestillten Navaho-Indianerjungen, dass er an der mütterlichen Brust eine »längerdauernde Erektion« (Bischof 1985, S. 135) bekam. »Seine Mutter, die das bemerkte, spielte mit ihm und streichelte seinen Penis, während er saugte«. Erst nach der inzestuös-genitalen Erotik des Kindes verfallen auch »die koprophilen Triebe und Neigungen des Kindes allmählich der Verdrängung« (Freud 1913c, S. 454f.). Freud spricht dabei von einer »›organischen Verdrängung‹, die den Weg zur Kultur gebahnt hat« (1930, S. 459). Man kann schließen, dass historisch die »Inzestschranke« (Freud 1905, S. 136) noch vor der »Ekelschranke« (1917, S. 213) aufgerichtet wurde. Insofern ensteht in der historischen Entwicklung der Ödipuskomplex vor dem Midaskomplex. In der individuellen Entwicklung ist es umgekehrt, hier besteht die Ekelschranke schon vor der Inzestschranke.

Trotz der durch die frühere Sauberkeitserziehung bewirkten Verdrängung wurde aber die Erinnerung an den hochgeschätzten kindlichen Goldkot im Unbewussten erhalten und die »Wiederkehr des Verdrängten« (1939, S. 241) zeigte sich darin, dass die Wertschätzung des Goldkots auf das in der Natur gefundene Gold übertragen wurde. Mit der beschleunigten Verdrängung und ihrem historisch-säkularen Fortschreiten verstärkte sich auch die Wiederkehr des Verdrängten und zeigte sich schließlich in einem »auri sacra fames«, einem gierigen und verfluchten Hunger nach Gold, der ursprünglich ein Hunger nach Muttermilch war. Nach Klein bewirkt eine frühe orale Versagung die Verstärkung von Gier und Neid auf die mütterliche Brust, der vom Kind unterstellt wird, »daß sie über einen unbegrenzten Strom von Milch und Liebe verfügt, den sie für ihre eigene Befriedigung zurückhält« (1957, S. 175). Aber das abgestillte Kind vermisst auch seinen Goldkot und fantasiert ihn im »Inneren der Mutter« (1930, S. 31). Dort sucht es die »Exkremente [...], die es eßbaren Stoffen gleichsetzt, zu finden«, um sie sich in seiner »oral-sadistischen Begierde« anzueignen.

Das Altertum sprach nicht nur vom »auri sacra fames«, sondern auch von der »avaritia sordida«, die beides bedeutet, »schmutzige Habsucht« (Freud 1918, S. 115) und »schmutzigster Geiz« (Marx 1867, S. 620). Dadurch wurde metaphorisch ausgedrückt, dass es sich bei dem Goldhunger um einen Hunger auf ein Kotsubstitut handelt. Auch Freud bezieht sich auf das Altertum, wenn er schreibt, »schon in der altbabylonischen Lehre ist Gold der Kot der Hölle« (1908b, S. 208). Schon im alten Orient wurde eine symbolische Beziehung zwischen Gold und Kot hergestellt, indem, so kann man folgern, eine Erziehung praktiziert wurde, die mit einer Verdrängung der ursprünglichen Hochschätzung des goldenen Kinderkots verbunden war und die zu einer Wiederkehr des Verdrängten in dem Aufhäufen von Goldschätzen führte. Wenn im altorientalischen Mythos der unbewusste Zusammenhang zwischen Gold und Kot intuitiv erkannt wurde, so ist es folgerichtig, den psychischen Komplex, der sich um Gold und Kot dreht, also den Gold- oder Geldkomplex, mit dem Namen des ebenfalls altorientalischen König Midas als Midaskomplex zu bezeichnen.

Midaskomplex und Midasmythos

Die Erkenntnisse über das Gold der Säuglingszeit sollen nun zur Deutung des Midasmythos verwendet werden. In ihm werden sowohl die

unersättliche Goldgier des Midas als auch sein Goldgeiz, der ein unbewusstes Zurückhalten und Festhalten des Goldkots bedeutet, beschrieben. Beide führen zur Vermehrung und zum Wachstum des Goldes,
aber zu einem Wachstum, das sich letztlich zerstörerisch und selbstzerstörerisch auswirkt. Erikson hat auf das kindliche Bedürfnis, »durch
den Stoffwechsel zu wachsen« (1950, S. 75), hingewiesen. Mit jedem
Stoffwechselvorgang zwischen Kind und Mutter, bei dem sich das Kind
die Muttermilch aneignet, gewinnt es einen körperlichen Zuwachs oder
ein Inkrement. Das Bedürfnis des Kindes, körperlich zu wachsen und
damit groß zu werden, kommt mit dem Groß- und Erwachsensein an
seine Grenze und hat damit sein Ziel erreicht, ist also nicht unersättlich
und maßlos. Wenn sich aber das Wachstumsbedürfnis und der Wachstumswunsch regressiv auf den symbolischen Ersatz des Goldkots, das
Gold, verschoben haben, dann geht es unbewusst darum, mit einer
wachsenden Gold- oder Geldmenge einen auf dem Goldkot basieren-
den arbeits-, bedürfnis- und zeitlosen, d. h. einen infantil-allmächtigen
Zustand wiederzugewinnen. Der Wachstumswunsch wird so unersättlich, maßlos und damit grenzenlos.

Freud hat Romain Rolland zitiert, der die eigentliche Quelle der Religiosität in einem »Gefühl wie von etwas Unbegrenztem, Schrankenlosem,
gleichsam ›Ozeanischem‹« (1930, S. 422) oder kurz in der »Empfindung
der ›Ewigkeit‹« sah. Indem sich dieses Gefühl der »Wiederherstellung
des uneingeschränkten Narzißmus« (S. 430) mit dem ewigen Gold
und dessen unendlichem Wachstum verbindet, bekommt der Goldwunsch einen religiösen Charakter. Der Midaskomplex wird dadurch
auch zu einem »Gottmensch-Komplex« (Jones 1913, S. 15f.) oder zu
einem *Gotteskomplex* (Richter 1979), der von ihm auch »narzißtischer
Ohnmacht-Allmacht-Komplex« (S. 32) genannt wird. Wirth thematisiert
in seinem Buch *Narzissmus und Macht*, vom »Gotteskomplex« (2002,
S. 8) ausgehend, individuelle pathologisch-narzisstische »Größen- und
Allmachtphantasien« (S. 77) und ihre »destruktive« (S. 342) Verwirklichung in der Politik. Er ist der Ansicht, dass »die Macht, die in der
Politik ausgeübt wird, ›reine Macht‹ ist« (S. 54) und das »Geld« (S. 26)
zu den »Ressourcen« dieser Macht gehört. Aber er spricht auch von der
»generellen Entwertung der Politik als ›schmutziges Geschäft‹« (S. 11)
und davon, dass auch Politiker »nicht gegen materielle Korruption gefeit«
(S. 12) sind. Das Verhältnis von politischer und finanzieller Macht wird
im Folgenden noch mehrfach thematisiert werden.

Der mythische Midas will durch das Gold Allmacht und Ewigkeit und damit seine Vergöttlichung erreichen. Dies kann so gedeutet werden, dass er mithilfe der »Allmacht der Exkrete« (Freud 1965, S. 279) einen »ursprünglich allumfassenden Narzißmus« (Kohut 1971, S. 130) anstrebt und er zugleich nach elterlicher Allmacht strebt. Nach Grunberger ist die »narzißtische Vervollkommnung« (1971, S. 46) mit einer »Vergöttlichung« gleichzusetzen. Im Besitz des Goldes kann sich Midas wie ein Kind fühlen, das von seiner Mutter wegen seines Goldkots bewundert, umworben und bedient wird. Er kann sich zugleich als Mutter fühlen, die sich den allmächtigen Goldkot ihrer Kinder angeeignet hat. Der Besitz des Goldes bedeutet für ihn eine doppelte Identifizierung: mit der scheinbar allmächtigen Position des Säuglings und mit der real mächtigen Mutter. Das Gold kann zwar auch als Geschenk und später als Tauschmittel oder Geld in Beziehung zu anderen benutzt werden, aber Midas geht es nicht um die lebensnotwendigen körperlichen Befriedigungen. Für ihn ist das Gold Selbstzweck und Endzweck. Er strebt nach einer absoluten Unabhängigkeit von anderen Menschen und von der Natur. Allerdings wird Midas, als ihm beim Waschen seiner Hände der Danaemythos einfällt, damit konfrontiert, dass gerade der allmächtige und goldene Zeus, Jupiter omnipotens, gar nicht narzisstisch am Gold festhält, sondern es weggibt, um die Liebe einer menschlichen Frau zu gewinnen und mit ihr einen Sohn zu zeugen, dass er als Gott die Freuden eines beziehungsreichen, aber vergänglichen Lebens dem Besitz des ewigen, aber beziehungslosen und toten Goldes vorzieht.

Freud hat in seiner Arbeit *Eine Kindheitserinnerung des Leonardo da Vinci* erstmals den »Narzißmus« eingeführt und schreibt, dieser werde so bezeichnet, weil »die griechische Sage einen Jüngling Narzissus nennt, dem nichts so wohl gefiel wie das eigene Spiegelbild, und der in die schöne Blume dieses Names verwandelt wurde« (1910b, S. 170). Ebenso wie den Midasmythos hat Ovid in seinen *Metamorphosen* auch den griechischen Mythos von »Echo und Narcissus« (III, 340ff.) in eine klassische Form gebracht. Zwischen beiden Mythen gibt es eine gewisse Übereinstimmung, aber während sich Midas schließlich mithilfe der Götter von seinem narzisstisch geliebten Gold lösen kann, bleibt Narziss durch die Strafe der Rachegöttin an sein Spiegelbild fixiert. Er ist von ihm so fasziniert, dass er seine körperlichen Bedürfnisse vergisst und buchstäblich an Entmaterialisierung stirbt. Wenn Freud statt des Narzissmus einen vom mythischen Narziss ausgehenden Narzissus-Komplex eingeführt hätte, wären möglicherweise der Psychoanalyse viele Diskussionen erspart geblieben, die sich um den »absolut primären Narzißmus« (1940, S. 72) drehen. Dieses Konzept wird heute durch die Erkenntnisse der Objektbeziehungstheorie und der Säuglingsforschung als überholt betrachtet. Freud bezog aber den primären oder »primitiven Narzißmus« (1916b, S. 413) zuerst auf den »Schlafzustand«, den er als »eine Reaktivierung des Aufenthalts im Mutterleib« (S. 412) verstand. In ihm konnte sich der Säugling – umgeben von der Mutter – bedürfnislos, zeitlos, grenzenlos und damit absolut und allmächtig fühlen.

Die Handlungen des mythischen Midas, durch die er sich seinen Goldwunsch erfüllt, geben Hinweise auf seine unbewussten und infantilen Wünsche. Zuerst verwandelt er mit eigenen Händen Erde, Steine oder Dreck in Gold. Er will damit unbewusst seinen schmutzig-braunen Kot nach dem Abstillen wieder in den Goldkot der Stillzeit zurückverwandeln. Seine verwandelnden Handlungen gipfeln schließlich darin, dass er, schon ohne oder gegen seinen Willen, auch noch die Göttergaben der Ceres und des Bacchus, Brot und Wein, in Gold verwandelt, indem er sie in den Mund und Schlund nimmt. Dieser letzte Verwandlungsakt kann so interpretiert werden, dass er mit der Muttergöttin Ceres wieder die frühkindliche Situation herstellen möchte, in der er als Säugling die Muttermilch als Nahrung durch seinen magischen Verdauungsakt in hochgeschätzten Goldkot verwandeln konnte. Er will damit zur vergangenen und verlorenen infantilen Stoffmetamorphose zurückkehren, die das eigentliche unbewusste Vorbild für die magische, gottgegebene Vis aurea des mythischen Midas ist.

Die Bestrebungen eines Kindes oder des infantil fixierten Midas nach eigener Allmacht und Unabhängigkeit von der Mutter oder von der Muttergöttin Ceres auf der Grundlage seines magischen Goldkots oder des heiligen Goldes enden zwangsläufig in einer lebensbedrohlichen Sackgasse. Den Goldkot ebenso wie das Gold kann man nicht essen. Exkrement wird nur in der Phantasie, nicht in der Wirklichkeit zum Aliment. Nur für die Götter oder unbewusst die Eltern ist das Gold oder der Goldkot nicht schädlich, deshalb sollte man es ihnen abgeben und überlassen, lautet die Moral des Mythos. So wie Midas schließlich aus Leidensdruck und aus Einsicht sein Gold abgibt, so soll sich, nach Freud, auch das Kind gegen eine »narzißtische« (1916a, S. 406) und für eine »objektliebende Einstellung« entscheiden und seinen Kot der Mutter abgeben.

Als Midas feststellen muss, dass er mit seiner Goldgier und seiner Goldkraft dabei ist, sowohl sich selbst als auch die Gaben der Muttergöttin Ceres zu zerstören, gesteht er, gesündigt zu haben und schuldig geworden zu sein, und nimmt Abschied von seiner ersehnten goldenen Allmacht. Indem er seine gottgegebene Goldkraft und das Gold selbst, das sich in sündig-schmutzigen Kot verwandelt hat, durch ein Bad im Fluss Paktolus abwäscht, unterwirft er sich dem religiösen Gesetz des Opfers und des Gabentausches, unbewusst aber der mütterlichen Sauberkeitserziehung. Dadurch ist Midas von seinem Gold oder Goldkot gesäubert und erlöst. Aber das abgegebene Gold wird in anderen Begehrlichkeiten wecken, den verlorenen Goldkot wiederzugewinnen.

Der Midasmythos und der davon hergeleitete Midaskomplex können zeigen, wie das erwachsene Verhalten der Menschen zum Gold oder Geld unbewusst durch die infantilen Wünsche und Erlebnisse des Kindes mit seinem Goldkot bestimmt wird. Obwohl dieser hochgeschätzt wurde, blieb er letztlich nur wertloser Dreck. Diese seine doppelte und widersprüchliche Bedeutung kann das Gold- oder Geldrätsel verständlicher machen, das darin besteht, dass ein für die physische Selbsterhaltung nutzloser Stoff wie das Gold oder später das Geld bis hin zum Papiergeld, einen so hohen und göttlichen Wert gewinnen kann und zugleich als schmutziger Dreck oder gar Kot abgewertet und verteufelt wird. Im Gold oder Geld ist, um Freuds Aussage zu variieren, »der Gegensatz zwischen dem Wertvollsten, das der Mensch kennengelernt hat, und dem Wertlosesten, das er als Abfall (›refuse‹) von sich wirft« (1908b, S. 208) verkörpert, weil dieser Gegensatz schon im kindlichen Goldkot verkörpert ist. Auch er wird idealisiert oder gar vergöttlicht und zugleich bleibt er Kot oder Abfall und damit nicht essbar, nutzlos und schmutzig. Seine Wertschätzung ist nicht nur vom Kind, sondern auch von der Mutter, der Nahrungsmittelproduzentin, abhängig. Ohne ihre Milchzufuhr, die zugleich eine »narzißtische Zufuhr« (Fenichel 1938, S. 89) ist, verwandelt sich der göttliche Goldkot aus physiologischen Gründen in dreckigen Normalkot. Dadurch bricht seine Allmacht schnell in sich zusammen und hinterlässt Scham- und Schuldgefühle. Dies geschieht später mit der Allmacht des Goldes und des Geldes, wenn die bedürfnisbefriedigende Warenzufuhr ausbleibt oder verweigert wird und es dadurch zum nutzlosen Dreck wird.

Midaskomplex und Ödipuskomplex

Der Midaskomplex soll nun dem Ödipuskomplex gegenübergestellt werden. Beim Ödipuskomplex eines Erwachsenen handelt es sich um eine Wiederkehr der in der Latenzzeit verdrängten infantilen Ödipuswünsche. Entsprechendes gilt für den Midaskomplex, der sich in einer Goldliebe zeigt, die unbewusst auf eine während der Sauberkeitserziehung verdrängte narzisstische Goldkotliebe zurückgeht. Im Gegensatz zum Midaskomplex ist der Ödipuskomplex entwicklungsmäßig weiter fortgeschritten. Während der mythische Midas oral-anal fixiert ist und sich auf der Suche nach seinem kindlichen Goldkot befindet, hat der mythische Ödipus die genitale Entwicklungsstufe erreicht. Aber sein phallisch-genitales Objekt ist noch die inzestuös geliebte Mutter, nach der er als Erwachsener unbewusst auf der Suche ist und die er wiederfinden und gewinnen will. Midas und Ödipus sind beide an Liebesobjekte der Kindheit fixiert und ihre Unfähigkeit, sich davon zu lösen, wird zu ihrem Schicksal. Obwohl Ödipuskomplex und Midaskomplex beide männliche Namensgeber haben, entsteht die Midaskonstellation, im Gegensatz zur Ödipuskonstellation, unabhängig vom Geschlecht, denn Ernährung und Ausscheidung, auf denen der Midaskomplex beruht, sind nicht geschlechtsspezifisch. Chasseguet-Smirgel bemerkt über die »Fäzes« (1981, S. 246): Sie sind »gemeinsamer Besitz von Mann und Frau, Erwachsenen und Kind« und sie stellen nicht nur »die mögliche Negierung des Geschlechts-«, sondern auch des »Generationenunterschieds« dar.

Bei der Bewältigung des infantilen Ödipuskomplexes muss nach Freud die »sexuelle Neigung des Kindes zu seinen Eltern und Pflegepersonen« (1905, S. 136) durch eine »aufgerichtete Inzestschranke« von »diesen Personen weg auf ihnen ähnliche gelenkt« werden. Entsprechend wird bei der Überwindung des infantilen Exkrementalkomplexes eine »Ekelschranke« (1917, S. 213) aufgerichtet, die die koprophile Neigung zum eigenen Kot von diesem weg auf ähnliche Gegenstände, wie später Gold· und Geld, lenken soll. Aber hier hört die Analogie auf. Denn während die Überwindung des Ödipuskomplexes das endgültige psychosexuelle Entwicklungsziel ist, gilt dies nicht für den Midaskomplex. Zwar wird der wertvolle Goldkot durch Gold oder Geld ersetzt, aber seine eigentliche Überwindung soll über diese Ersatzbildung hinausgehen und ebenfalls im Ödipuskomplex und dessen Aufhebung münden.

Der Midasmythos und der Ödipusmythos handeln von »extremen Wünschen« (S. 211). Der Ödipuswunsch, der Mord am Vater und die sexuelle Vereinigung mit der Mutter, und der Midaswunsch, alles in Gold zu verwandeln, sind zwar unbewusste Wunschvorstellungen, aber ihrer Realisierung stehen äußere und innere Hemmungen entgegen, nicht zuletzt die bewusste Erkenntnis, dass dies, so wie bei Ödipus und Midas geschehen, mit Zerstörung und Untergang enden würde. So kommt es eher zu einem Untergang des Ödipuskomplexes und des Midaskomplexes statt zum Untergang des den Ödipuskomplex oder Midaskomplex realisierenden Menschen. Trotzdem gab und gibt es den Vatermord und den Mutterinzest, während das Verhungern am eigenen Gold heute eher unwahrscheinlich ist. Aber der Schatzbildner, der in seiner eigenen Schatzkammer zusammen mit seinen Schätzen als Skelett gefunden wurde, war durchaus ein geläufiges historisches und moralisches Bild.

Im Ödipusdrama des Sophokles wird die unbewusste Ebene des Komplexes, der mörderische Hass gegen den Vater und die inzestuöse Liebe zur Mutter, direkt ausagiert, zur Sprache gebracht und damit bewusst gemacht. In dem von Ovid verfassten Midasmythos ist die unbewusste Ebene nur angedeutet. Die gierige Verwandlung von Muttermilch in den allmächtigen Goldkot durch das Kind und sein schmutzig-geiziges Festhalten daran können nur erschlossen werden. Hinweise sind die Verwandlung der Gaben der Muttergöttin Ceres in Gold im Schlund des Midas, die Verwandlung des Bacchus in einen Vater und entsprechend des Midas in ein Kind und schließlich die Notwendigkeit einer sühnenden Reinigung vom schmutzigen Gold, von dem Midas ringsum beschmiert war.

Für den Ödipuskomplex gilt, dass er nicht nur durch Triebwünsche charakterisiert ist, sondern als Folge der Wunscherfüllung auch durch Schuld-, Straf- und Todesängste. Dies gilt ebenso für den Midaskomplex. Dem unbewussten Ödipuswunsch, den Vater zu vernichten und sich mit der Mutter genital zu vereinigen, entspricht der unbewusste Midaswunsch, die Mutter und ihre Milch oral einzuverleiben und anal in beherrschbaren Goldkot zu verwandeln. Die Vergeltungsstrafe für die Ödipuswunscherfüllung besteht im Tod der Mutter, in der eigenen Blendung oder Kastration, also im Kastrationskomplex, und in der Vertreibung aus dem Mutter- und Vaterland. Die befürchtete Vergeltungsstrafe für die Midaswunscherfüllung besteht unbewusst im Verhungern im eigenen Goldkot ohne Aussicht auf elterliche Hilfe.

Die Überwindung des Ödipuskomplexes zeigt sich in der Abwendung von der inzestuös geliebten Mutter und in der Hinwendung zum Vater, also in der Umkehrung des positiven in den negativen Ödipuskomplex, in der Identifikation mit dem Vater. Den *Untergang des Ödipuskomplexes* (1924b) hat Freud mit »einer Zerstörung und Aufhebung des Komplexes« (S. 399) gleichgesetzt. Eine Aufhebung im Hegel'schen Sinn besteht aber nicht nur in einer Zerstörung oder Negation des positiven Ödipuskomplexes, sondern auch in einer weiteren Negation der Negation, also in seiner Beendigung, seiner Bewahrung und seiner Höherhebung. Eine solche progressive Überwindung beinhaltet zugleich ein positives Verhältnis zu einem Mutterersatz. Dasselbe dialektische Schema kann auch auf den Midaskomplex und seine Aufhebung angewendet werden. Allerdings kommt es weder im Ödipus- noch im Midasmythos zu einer Aufhebung. Während Ödipus selbst untergeht, statt dass sein Ödipuskomplex untergeht und aufgehoben wird, verfällt Midas unmittelbar vom positiven in den negativen Midaskomplex, von der Goldliebe in den Goldhass, sodass es auch bei ihm zu keiner Aufhebung oder Überwindung seines Midaskomplexes kommt.

Im positiven Ödipuskomplex und im positiven Midaskomplex ist bereits eine Aufhebung enthalten: im Midaskomplex die Aufhebung eines oralen »Mutterkomplexes« (1910a, S. 72) und im Ödipuskomplex die Aufhebung des Midaskomplexes. Insofern stellen diese Komplexe eine genetische Entwicklungsreihe dar. Der orale Mutterkomplex wird durch den analen Midaskomplex überwunden, indem das Kind vom passiven Konsum der mütterlichen Milch zur aktiven Produktion des eigenen Goldkots fortschreitet. Nach erfolgter Abstillung verzichtet es auf die Brust und auf seine Goldkotproduktion. Im Verlauf der folgenden Sauberkeitserziehung kooperiert das Kind mit der Mutter und gibt seinen nicht mehr goldenen, sondern schmutzigen Kot freiwillig ab. Das Ziel der Sauberkeitserziehung ist, die Selbstständigkeit und die Selbstverantwortung des Kindes in Bezug auf seinen Kot zu erreichen, also selbstständig sauber zu werden, den Kot als Abfall zu betrachten und von dem magisch-goldenen Kot der Säuglingsperiode und von den damit verbundenen kindlichen Allmachtsfantasien durch Trauerarbeit Abschied zu nehmen. In diesem Fall tritt das Kind, vorbereitet durch die Überwindung der präödipalen Entwicklungsphasen, in die Phase des inzestuösen Mutterkomplexes ein. Es hat dann gute Aussichten, auch den Ödipuskomplex erfolgreich zu überwinden, um schließlich das Freud'sche Entwicklungsziel der »definitiven Genitalphase« (1923b, S. 270) zu erreichen. Gleichzeitig gilt es, den narzisstisch genannten Konflikt zwischen Selbst- und Objektliebe zu überwinden. Bei oralen, analen oder ödipalen Fehlentwicklungen und Fixierungen kann es zu Regressionen kommen, vom Ödipuskomplex zum Midaskomplex und zum oralen Mutterkomplex. Der kindliche anale Midaskomplex steht sowohl regressiv in Beziehung zur Muttermilch und zum oralen Mutterkomplex als auch progressiv über die unbewusste Gleichung Kot-Penis-Kind in Beziehung zum Ödipuskomplex und dessen Aufhebung in der Genitalität. Erikson hat über das Entwicklungskonzept der Psychoanalyse die Bemerkung gemacht: »Ein System bedarf einer Utopie. Für die Psychoanalyse liegt die Utopie in der ›Genitalität‹« (1950, S. 86).

Der überindividuelle und kulturelle Midaskomplex

Freud betrachtet den Goldkomplex nicht nur als Folge einer individuellen, sondern auch einer kulturhistorischen Entwicklung, die nun das weitere Thema sein wird. Dabei soll gezeigt werden, wie der Midaskomplex individuell und gesellschaftlich als Goldkomplex entsteht, wie sich der Goldkomplex weiter zu einem Geldkomplex und schließlich, indem er sich verallgemeinert, zu einem Kapitalkomplex entwickelt. Hörisch weist darauf hin, dass am »Midas-Komplex« (2002, S. 29) nicht nur »Individuen leiden und scheitern« können, »sondern auch gesellschaftliche Systeme überhaupt«. Deshalb können durch einen verallgemeinerten Midaskomplex auch ganze »Volkswirtschaften in eine Krise geraten«. Im Midasmythos ist das Individuum Midas zugleich ein überindividuelles Individuum, als eine Verdichtung aus vielen historischen Individuen, und damit auch ein exemplarisch-zeitloses Individuum. Insofern kann das Konzept des Midaskomplexes auch auf »Völkerindividuen« (Freud 1915, S. 340) übertragen werden, auch sie können sich wie ein mythischer Midas verhalten und dadurch, wie Keynes bemerkte, als »Gemeinwesen« (1936, S. 183) das »Schicksal des Midas erleiden« (S. 184).

Der Midaskomplex ist ein psychischer Komplex. Es handelt sich bei ihm zuerst um fiktive Wünsche und Vorstellungen, so wie sich auch der mythologische Midas zuerst wünschte, alles in Gold zu verwandeln, und sich alles in Gold verwandelt vorstellte. Aber Midas beginnt seine innere »psychische Realität« (Freud 1900, S. 625) mithilfe seiner gottgegebenen Vis aurea in äußere »materielle Realität« umzusetzen, er beginnt seinen psychischen oder fiktiven Midaskomplex zu verwirklichen und alles in Gold zu verwandeln. Die von Midas hergestellte Realität wirkt nun wieder zurück auf seine Psyche. Indem er seinen Wunsch und die Verwirklichung seines Wunsches bereut und mithilfe des Gottes rückgängig macht, wird auch die materielle Realität wieder verändert. Der Midaskomplex und seine Verwirklichungsformen sind sowohl im Mythos als auch in der historischen Wirklichkeit untrennbar miteinander verbunden und stehen in einem sich gegenseitig beinflussenden Verhältnis.

Wenn im Folgenden historisch das Verhältnis des Midaskomplex zur ökonomischen Realität behandelt wird, soll die Psychogenese des Midaskomplexes durch eine Genese der Ökonomie ergänzt werden. Damit die ökonomisch Handelnden ihren psychischen Midaskomplex in der materiellen, natürlichen und gesellschaftlichen Umwelt realisieren können, müssen sie in ihrer Kindheit die psychologischen Grundlagen dafür entwickelt haben. Aber dieselben Handelnden müssen auch die realen ökonomischen Verhältnisse in Form von Gold, Geld und Kapital entwickeln, damit sie die ursprünglich in der Kindheit auf den Goldkot gerichteten Wünsche darauf unbewusst übertragen und damit realisieren können.

Bei der Darstellung und Interpretation der kapitalistischen Realität werde ich mich weitgehend auf Marx stützen, der die ökonomische Wissenschaft, angefangen bei Aristoteles über die alten Monetaristen und Merkantilisten bis hin zu den ökonomischen Klassikern wie Smith und Ricardo, aufgearbeitet und verarbeitet hat. Sein ökonomisches Hauptwerk *Das Kapital* von 1867 ist nach wie vor grundlegend zum Verständnis der kapitalistischen Produktionsweise. Dazu kommt sein ausgeprägtes Gespür für das von Freud später sogenannte Unbewusste. Für das Marx'sche Verständnis der unbewussten Bedeutung des Geldes gilt dasselbe, was er über den »berühmten Franklin« (1867, S. 65) bemerkt: »Was er nicht weiß, sagt er jedoch«. Marx wusste noch nichts über die von Freud 40 Jahre nach dem Erscheinen des *Kapitals* veröffentlichen Erkenntnisse über die Kotsymbolik des Geldes. Unbewusst und intuitiv hat er sich diesen Erkenntnissen durch seine sprachlichen Formulierungen, seine Metaphern und seine »licentia poetica« (S. 599), seine dichterische Freiheit, die er sich in seinem wissenschaftlichen Werk herausnimmt, angenähert. Zur historischen Darstellung des Midaskomplexes und seiner Verwirklichungen werden für die Zeit nach Marx noch weitere politisch-ökonomische Schriftsteller exemplarisch herangezogen: Lenin (1870–1924), Keynes (1883–1946) und abschließend der amerikanische Nobelpreisträger Friedman (1912–2006).

4 Der Midaskomplex als Goldkomplex

Das goldene Zeitalter und das goldene Geschlecht

Ovid bringt in seinen *Metamorphosen* nicht nur den Mythos von Midas und Narziss in eine klassische Form, sondern auch den von den »Vier Zeitaltern« (I, 89f.), der von dem goldenen, silbernen, bronzenen und eisernen Zeitalter und von den entsprechenden Geschlechtern handelt. Da die »verruchte Besitzgier« (131) nach Gold erst beim eisernen Geschlecht erscheint, lässt sich die mythologische Entwicklung vom goldenen zum eisernen Zeitalter auch als eine Entwicklung des Midaskomplexes verstehen. Hesiod ist der erste, der etwa 800 v. Chr. in *Werke und Tage* das goldene Zeitalter poetisch beschreibt. Danach schufen, als noch Kronos den Himmel beherrschte, die unsterblichen Götter ein goldenes Geschlecht von Menschen. Sie

> »führten ihr Leben wie Götter, hatten leidlosen Sinn und blieben frei von Not und Jammer; nicht drückte sie schlimmes Alter, sie [...] lebten heiter in Freuden und frei von jeglichem Übel und starben wie von Schlaf übermannt. Herrlich war ihnen alles, von selbst trug ihnen die kornspendende Erde Frucht in Hülle und Fülle. Sie [...] waren mit Gütern gesegnet, reich an Herden und lieb den seeligen Göttern« (112–120).

Nach Ovid vergingen die Tage des »goldenen Geschlechts« (I, 88) in behaglicher Muße, in Sicherheit und ohne Furcht vor Herrschern, Richtern oder Feinden. Es war »ewiger Lenz« (107) und die »gesegnete Erde« (102) oder die »Tellus«, die römische Erdgöttin, »unbebaut und von der Harke verschont und von schneidender Pflugschar nimmer verletzt, gab alles von selbst« (101f.). Ebenso wie »die Luft und das Licht der Sonne« (135) waren auch noch die Fluren »gemeinsam«. Die Menschen begnügten sich mit Früchten, die »ohne ihr Zutun gediehen« (103) und »Ströme von Milch nun wallten daher und Ströme von Nektar und von der grünenden Eiche troff endlos der gelbliche Honig« (111f.). So wurden die Menschen ohne eigene Arbeit von der Muttergöttin Tellus und vom »knorrigen Baum des Jupiters« (106), der Eiche, wie von Eltern beschenkt. Der einzige Hinweis auf Gold in der poetischen Beschreibung des goldenen Zeitalters besteht in dem »flava mella« (112), dem »goldgelben Honig«.

Marx hat über die griechische Mythologie gesagt, dass in ihr »die Natur und die gesellschaftlichen Formen« in einer »unbewußt künstlerischen Weise« durch die »Volksphantasie« (1939, S. 31) verarbeitet sind. Er nennt die im Mythos des goldenen Zeitalters beschriebene gesellschaftliche Form, bei der das Land noch gemeinsam, lateinisch »communus«, genutzt und besessen wurde, »naturwüchsiges Gemeineigentum« (1867, S. 92) oder »naturwüchsigen Kommunismus« (1894, S. 839). Als Beispiel für eine Naturumgebung, die dem Menschen fast alles von selbst gibt, erwähnt er die »Einwohner der östlichen Inseln des asiatischen Archipelagus, wo der Sago wild im Walde wächst« (1867, S. 538). Hier gibt ein Baum bis zu 600 Pfund »vollkommen brauchbares Sagomehl«. Man »geht dort also in den Wald und schneidet sich sein Brot, wie man bei uns sein Brennholz schlägt«. Das Brot wird »von der Natur gratis geschenkt« (S. 630) und die »Gunst der Natur« (S. 538) erspart dem Menschen Arbeit und gibt ihm »viel Mußezeit«. Die »Naturgaben« (S. 221), die den Menschen keine eigene Arbeit kosten, sind »Gratisgaben«, für die vom Menschen als Gegengabe nur »gratia«, d. h. Dank, erwartet wird.

Aber Marx bezeichnet den naturwüchsigen Kommunismus nicht als ein goldenes Zeitalter. Er ist für ihn ein historisches Stadium, das »durch eine niedrige Entwicklungsstufe der Produktivkräfte der Arbeit und entsprechend befangene Verhältnisse der Menschen innerhalb ihres materiellen Lebenserzeugungsprozesses, daher zueinander und zur Natur« (S. 93) charakterisiert war, wiedergespiegelt »in den alten Natur- und Volksreligionen« (S. 94). Er beruhte »auf der Unreife des individuellen Menschen, der sich von der Nabelschnur des natürlichen Gattungszusammenhangs mit andren noch nicht losgerissen« hatte. Das Nabelschnur-Verhältnis der noch unreifen Individuen zu den »alten gesellschaftlichen Produktionsorganismen« entspricht dem pränatalen

Verhältnis des Fötus zum mütterlichen Organismus. Aber der Mensch existierte auch in den frühen »Gemeinwesen« schon physisch als Einzelner, da seine Nabelschnur bei der Geburt zerrissen oder zerschnitten wurde. Trotzdem bestand weiter eine soziale Nabelschnur oder, wie Abraham es ausdrückte, eine »psychologische Nabelschnur« (1914, S. 355), von der sich der Mensch noch nicht losgerissen hatte. Das von Marx geprägte Bild kann so interpretiert werden, dass die Menschen im Stadium des naturwüchsigen Kommunismus psychisch noch auf einer frühen Stufe der Kindheitsentwicklung, ohne deutliche Subjekt-Objekt-Grenzen und vor der Individuation, befangen waren.

Es gehört zu den Besonderheiten der mythologischen Darstellung, dass in ihr Naturgeschichte, Kulturgeschichte und Individualgeschichte zu einer Geschichte verdichtet werden. So beinhaltet das menschliche Verhältnis zur Natur zugleich auch das Verhältnis eines Kindes zu seiner Mutter. Im mythologischen goldenen Zeitalter des Ovids ist die »Erde, die beste der Mütter« (XV, 91), lateinisch »terra optima matrum«, die dem goldenen Geschlecht alles in Fülle schenkt. Freud bezeichnet die mythische Vorstellung vom »Paradies« (1900, S. 250) als »die Massenphantasie von der Kindheit des einzelnen«. Grunberger ist der Ansicht, dass die »narzißtische Ökonomie« (1971, S. 35) des Fetus und des Säuglings später als »Schlaraffenland, Paradies, Goldenes Zeitalter« (S. 32) erinnert wird und er macht darauf aufmerksam, »dass der Fötus als Parasit lebt« (S. 31). Abgesehen von der negativen Bedeutung des Begriffs ist auch der Säugling ein *para-sitos*, d. h. ein Mitesser, am Körper der Mutter.

Wenn das mythische goldene Zeitalter die fantastische Erinnerung an die frühe Säuglingsperiode darstellt, so kann diese als goldenes Zeitalter der Kindheit bezeichnet werden. In ihm wird im idealen und zeitlich begrenzten Fall der Säugling durch die Milch seiner Mutter ernährt und als goldiges Goldkind angebetet, als ein goldenes Geschlecht, das die mütterliche Milch in Goldkot verwandeln und diesen wiederum der Mutter schenken kann. Die Ovid'schen Ströme von Milch können als die ununterbrochen reichlich fließende Gabe der Muttermilch gedeutet werden und der, im Zusammenhang mit der Milch genannte, endlos tropfende goldgelbe Honig als der kindliche Goldkot oder als die kindliche Gegengabe für die Milch. Vermutlich stellt die physiologische kindliche Kotentwicklung vom goldenen Muttermilchkot über den silbernen Tiermilchkot zum schmutzig-braunen und stinkenden Normalkot das unbewusste Vorbild für die Mythologie des goldenen, silbernen, bronzenen und eisernen Zeitalters dar. Es ist anzunehmen, dass sich in dieser Mythologie die kulturelle Verkürzung der Stillzeit und damit auch das unwiderruflich vergehende goldene Zeitalter des kindlichen Goldkots spiegeln.

Der irische Dichter und Satiriker Swift, der Autor von *Gullivers Reisen*, bringt das mythologische goldene Zeitalter mit dem goldenen menschlichen Kot in Verbindung. In seinem Gedicht *A Panegyric on the Dean* (1730) kommt er auf eine von ihm erfundene Göttin zu sprechen: »Warum großmütige Göttin Cloacine, musst du auf Tempel verwiesen sein? [...] Als Saturn allein im Himmel regierte, im Goldenen Zeitalter, das Gold nicht kannte, empfing der Erdball, dir geweiht, Gaben von aller Menschheit [...] Gaben, in goldenen Reihen gelegt, des kristallenen Flusses Ufer schmückten« (zit. n. Brown 1959, S. 250). Die Göttin Cloacine stellt eine freigebige und großzügige Muttergöttin dar, die die in goldenen Reihen gelegten Kotgaben der Menschheit öffentlich und wohlwollend als Gabenopfer und als Schmuck in Empfang nimmt, so wie die Mutter des infantilen goldenen Zeitalters ihr Kind mit Milch beschenkt und dafür seinen Goldkot in Empfang nimmt. Das Opfern des Kotes war noch nicht auf tabuisierte Tempel, die Kloaken oder die abgeschlossenen Toiletten, beschränkt, weil der Goldkot durch sein Aussehen und seinen Geruch noch keinen Ekel auslöste. Die so charakterisierte Cloacine ist die ergänzende Kehrseite der Ceres oder Tellus, der mythologischen Nährmutter. Aber sie soll auch die Ops, die Frau des Saturn, darstellen, der der Gott des goldenen Zeitalters war. Saturn und Ops waren Erntegötter, wurden aber »auch als Gottheiten der Ehe und der Kindererziehung verehrt« (Hunger 1953, S. 291).

In Rom wurden nach dem jährlichen Ende der bäuerlichen Arbeiten die Saturnalien, das Vorbild des späteren Karnevals, gefeiert. Sie begannen damit, dass die Statue des Saturns entfesselt wurde. Danach gab es freie und gemeinschaftliche Speisungen, reichlich Wein und es wurden die »sozialen Unterschiede« (S. 370) aufgehoben, indem »Herren und Sklaven Kleidung und Rollen vertauschten«. Nach dem Essen und Trinken wurde dann auch die Sexualität entfesselt. Nach Engels zeichnen sich die auch anderswo gefeierten »periodischen Saturnalienfeste« (1884, S. 55) dadurch aus, dass »der alte freie Geschlechtsverkehr wieder auf kurze Zeit in Kraft trat«. Freud bemerkt dazu:

> »Bei allen Verzichten und Einschränkungen, die dem Ich auferlegt werden, ist der periodische Durchbruch der Verbote Regel, wie ja die Institution

der Feste zeigt, die ursprünglich nichts anderes sind als vom Gesetz gebotene Exzesse und dieser Befreiung auch ihren heiteren Charakter verdanken. Die Saturnalien der Römer und unser heutiger Karneval treffen in diesem wesentlichen Zug mit den Festen der Primitiven zusammen, die in Ausschweifungen jeder Art mit Übertretung der sonst heiligsten Gebote auszugehen pflegen« (1921, S. 147).

In den Saturnalien lebte, als eine Wiederkehr des Verdrängten, das vergangene goldene Zeitalter wieder auf, in dem nicht nur die Triebe befriedigt werden konnten, sondern auch die Herrschaftsverhältnisse aufgehoben waren.

Vom Mythos des goldenen Geschlechts lässt sich auch eine Beziehung zu einem Mythos herstellen, den Platon in seiner *Politeia* zur Begründung der Hierarchie der Stände in der von ihm konzipierten Polis erzählt: Die »Hesiodischen Geschlechter« (547) werden darin nicht zeitlich aufeinander folgend, sondern gleichzeitig bestehend und hierarchisch geschichtet dargestellt. »Der bildende Gott aber hat denen von euch, welche geschickt sind zu herrschen, Gold bei ihrer Geburt beigemischt, weshalb sie denn die köstlichsten sind, den Gehilfen aber Silber, Eisen hingegen und Erz den Ackerbauern und den übrigen Arbeitern« (415). Platon fordert vom goldenen Geschlecht der Herrscher und vom silbernen Geschlecht ihrer Gehilfen: »Gold und Silber aber, muß man ihnen sagen, haben sie von den Göttern göttliches immer in der Seele und bedürfen gar nicht auch noch des menschlichen. Es sei ihnen auch nicht verstattet, jenen Besitz durch Vermischung mit des sterblichen Goldes Besitz zu verunreinigen, da gar vieles Unheilige mit dieser gemeinen Münze vorgegangen, die ihrige aber ganz unverfälscht sei; sondern ihnen allein von allen in der Stadt sei es verboten, mit Gold und Silber zu schaffen zu haben und es zu berühren und auch unter demselben Dach damit zu sein oder es an der Kleidung zu haben oder daraus zu trinken. So würden sie selbst wohlbehalten bleiben und auch die Stadt im Wohlstande erhalten« (416f.). Platon will damit sagen, dass die Herrschenden schon Gold, d. h. Göttliches, in ihrer Seele haben, also ein goldenes Geschlecht sind, und sie deshalb wirklichen Goldes, das unrein und gemein ist, gar nicht bedürfen, sondern es im Gegenteil meiden sollten. Platon propagiert eine »Aristokratie« (545f.), eine Herrschaft des goldenen Geschlechts, die eine Herrschaft der Besten ist, im Gegensatz zur »Demokratie« (555f.), in der das eiserne Geschlecht herrscht.

Platon, der Sokrates zitiert, geht es nicht nur um den Besitz von Gold und Geld, sondern um den materiellen Besitz überhaupt. Von den Mitgliedern des herrschenden goldenen Geschlechts fordert er, »daß keiner irgend eigenes Vermögen besitze [...], daß sie aber das Notwendige, dessen besonnene und tapfere Männer, die im Kriege kämpfen sollen, bedürfen, in bestimmter Ordnung von den anderen Bürgern als Lohn für ihren Schutz in solchem Maß empfangen, daß ihnen weder etwas übrig bleibe auf das nächste Jahr, noch sie auch Mangel haben, indem sie nämlich, gemeinsame Speisungen besuchend, wie im Feld Stehende zusammenleben« (416). Der angestrebte Kommunismus der herrschenden Aristokratie war aber noch radikaler, indem er auch eine »Weiber- und Kindergemeinschaft« (457) propagierte. Diese Einrichtung sah vor, »daß diese Weiber alle allen diesen Männern gemeinsam seien, keine aber irgendeinem eigentümlich beiwohne, und so auch die Kinder gemeinsam, so daß weder ein Vater sein Kind kenne, noch auch ein Kind seinen Vater«.

Auch die »Pflege in ihrer ersten Kindheit, während der Zeit zwischen der Geburt und der eigentlichen Erziehung, welche ja die mühevollste zu sein scheint« (450), sollte gemeinschaftlich betrieben werden. Die eigentliche Erziehung begann im klassischen Griechenland etwa mit dem vierten Lebensjahr. Ganz im Sinne der Psychoanalyse wird der Zeit zwischen Geburt und dem Beginn der Erziehung eine besondere Wichtigkeit zugeschrieben und ein Zusammenhang zwischen den frühkindlichen und den erwachsenen Verhältnissen erkannt. In dem von Platon entworfenen Staat werden die Neugeborenen »in das Säugehaus zu Wärterinnen, die in einem besonderen Teil der Stadt wohnen« (460), getragen. Die dazu bestellten Obrigkeiten sorgen für Nahrung, indem sie auch

> »die Mütter, wenn sie von Milch strotzen, in das Säugehaus führen [...] und indem sie, wenn jene nicht hinreichen, noch andere Säugende herbeischaffen. Und auch dafür werden sie sorgen, daß die Mütter nur angemessene Zeit lang stillen, die Nachtwachen aber und die übrige beschwerliche Pflege werden sie Wärterinnen und Kinderfrauen auftragen«.

Es gebührt sich, den Müttern beim Gebären und Säugen eine »gar große Bequemlichkeit« zu bereiten.

Die aristokratischen Goldkinder, denen ein langes und ausgiebiges goldenes Zeitalter der frühen Kindheit von den vereinigten Müttern ermöglicht wurde, sollen das Goldgeld und damit den Midaskomplex nicht mehr als narzisstische Kompensation nötig haben, und sie sollen die anderen, die weniger infantil beschenkt wurden, führen und leiten. Nicht das göttliche Kotgold der infantilen Vergangenheit, sondern das materielle Gold der Gegenwart als Ersatz dafür und als Geld ist nach Auffassung Platons unrein, schmutzig und gemein und damit Kot. Historisch nachgewirkt hat Platon mit seiner Gold- oder Geldmoral beim Heiligen Franziskus, der 1221 in seiner nicht bullierten Ordensregel von der Mönchselite der Franziskaner verlangt: »Wenn wir irgendwo Münzen finden sollten, wollen wir uns um sie nicht anders kümmern als um den Staub, den wir mit unseren Füßen treten«.

Auch die politisch-sozialen Utopien der Neuzeit, beginnend mit Thomas Morus *Utopia* von 1516, haben von Platon die Gold- und Geldverachtung übernommen und versucht, sie nicht auf eine herrschende Elite zu beschränken, sondern zu verallgemeinern. Morus war englischer Lordkanzler und wurde wegen seiner Treue zum Katholizismus von Heinrich VIII. hingerichtet. Später wurde er sowohl von der katholischen Kirche heilig gesprochen, als auch von der sozialistischen Bewegung zum Vater des utopischen Sozialismus erklärt. Seine Schrift, im Stil der Zeit als Reisebericht abgefasst, handelt nicht von der Entdeckung eines neuen Eldorados, eines Goldlandes, sondern von der Entdeckung der Insel Utopia, auf der das Gold als Geld im Binnenverkehr abgeschafft ist. Der Besucher wundert sich über die dort übliche Verwendung des Goldes: »Während sie nämlich aus tönernem und gläsernem Geschirr essen und trinken […] lassen sie aus Gold und Silber für die öffentlichen Hallen wie für die Privathäuser allerorten Nachtgeschirre und lauter für schmutzigste Zwecke bestimmte Gefäße anfertigen« (S. 83). Vielleicht wurde Morus durch Herodot angeregt, der berichtet, wie der ägyptische »König Amasis« (II, 172) umgekehrt, »ein goldenes Becken«, in das er und seine Gäste »früher gespieen und gepisst und in dem sie sich die Füße gewaschen hätten«, einschmelzen »und ein Götzenbild daraus machen« ließ.

Auch die Utopie von Morus legt ihr besonderes Augenmerk auf die frühe Kindheit und versucht, diese Zeit zu einem goldenen Zeitalter sowohl für die Kinder als auch für die Mütter zu gestalten. Wie bei Platon sind auf der Insel Utopia die »stillenden Mütter« (1516, S. 77) in einem »Ammensaal« mit ihren bis zu fünf Jahre alten Kindern untergebracht. Dabei sind auch noch andere Frauen anwesend, die die Frauen beim Säugen unterstützen oder ersetzen und für diese Tätigkeit »allgemeines

Lob ernten«. Indem die säugenden Frauen gesellschaftlich aufgewertet werden, können sie auch ihre Säuglinge aufwerten. Das Erleben eines goldenen Zeitalters in der Kindheit, so ist der unausgesprochene Gedanke, soll es den Erwachsenen ermöglichen, die Versagungen des späteren Lebens besser zu bewältigen. Es soll Strebungen von Einzelnen oder von Gesellschaftsklassen verhindern, unter dem Zwang des Midaskomplexes und mithilfe des Goldes das verlorene infantile goldene Zeitalter unter narzisstischen und allmächtigen Vorzeichen individuell und gesellschaftlich wiederherstellen zu wollen. Denn dieses so hergestellte goldene Zeitalter könne nur ein verkehrtes oder pervertiertes sein, in dem mithilfe des schmutzigen Goldes oder Geldes gesellschaftliche Herrschaft von Menschen über Menschen ausgeübt wird oder in dem ökonomische Ausbeutung von Menschen durch Menschen stattfindet.

So gesehen haben die Utopien, die, wie der von Morus erfundene Begriff besagt, ohne Ort sind, durchaus ihren Ort, ihren »topos«. Er liegt in der frühen Kindheit eines jeden Menschen. Was von den Utopien angestrebt wird und auf einer späteren Entwicklungsstufe in der Zukunft verwirklicht werden soll, ist einerseits ein langes goldenes Zeitalter in der frühen individuellen Entwicklung und andererseits ein Zustand in der historischen Entwicklung der Menschheit, in dem den Kindern dies ermöglicht wurde. Dazu bemerkt Stern, »daß während der längsten Zeit der Menschheitsgeschichte die Säuglinge sehr häufig, auf das leiseste Signal hin, gestillt wurden [...] da die Mutter den Säugling zumeist am Körper mit sich herumtrug« (1985, S. 330). Die ausgeprägte orale, anale und auch beginnende genitale körperliche und seelische Kommunion oder Gemeinschaft von Mutter und Kind in den frühen Kulturen basierte auf langen, intensiven Stillzeiten und damit auf einem Zustand, der als annähernd zeitlos, arbeitslos, bedürfnislos und wunschlos erlebt wurde.

Bei Melanie Klein finden sich in ihrem Spätwerk *Neid und Dankbarkeit* ähnliche utopische Gedanken, wenn sie ein befriedigendes infantiles Zeitalter und seine Auswirkungen auf die Erwachsenen beschreibt:

> »Eine volle Befriedigung an der Brust bedeutet, daß das Kind das Gefühl hat, von seinem geliebten Objekt ein einzigartiges Geschenk bekommen zu haben, [...] Je öfters das empfangene Geschenk voll akzeptiert wird, desto öfters wird das Gefühl des Genusses und der Dankbarkeit erlebt. Was den Wunsch einschließt, Lust zurückzugeben. Dankbarkeit ist mit

Großzügigkeit nahe verbunden. Denn innerer Reichtum entsteht durch frühere Assimilation des guten Objekts und befähigt das Individuum, seine Gaben mit anderen zu teilen« (1957, S. 177f.).

Das Kind kann unter diesen Umständen das Geschenk der Muttermilch in »gute Exkremente« (1946, S. 109) verwandeln, die dann »die Bedeutung von Geschenken haben können«. Hier soll nicht einer unkritischen Idealisierung der geschichtlichen oder der individuellen Vergangenheit in Form eines goldenen Zeitalters das Wort geredet werden. Freud äußert sich skeptisch gegenüber solchen, in andere Zeiten oder an andere Orte verlegte Zustände:

> »Es soll in glücklichen Gegenden der Erde, wo die Natur alles, was der Mensch braucht, überreichlich zur Verfügung stellt, Völkerstämme geben, deren Leben in Sanftmut verläuft, bei denen Zwang und Aggression unbekannt sind. Ich kann es kaum glauben, möchte gern mehr über diese Glücklichen erfahren« (1933b, S. 23).

Die Entstehung von Herrschaft, Arbeit und Eigentum

Auf das goldene Geschlecht, das mit den Göttern befreundet war, folgte nach Hesiod ein zweites, »ein weit geringeres, silbernes« (127) Geschlecht, das »weder Unsterbliche ehren noch am heiligen Herd der Seligen opfern« (136f.) wollte. Aber nicht nur die Menschen rebellierten gegen die Götter, auch die Göttersöhne rebellierten gegen ihre Väter. Nach Ovid lenkte, nachdem »gestürzt in des Tartarus Dunkel Saturnus« (I, 113), sein Sohn Jupiter die Welt. Es folgte das »silberne Alter« (114) und mit ihm das »silberne Geschlecht«. Der Gott des goldenen Zeitalters, Saturnus, war der griechische Gott Kronos, über den Freud sagt: »Derselbe Kronos, der seine Kinder verschlingt, hatte auch seinen Vater Uranos entmannt und ist dann zur Vergeltung von seinem durch die List der Mutter geretteten Sohn Zeus entmannt worden« (1926b, S. 240). Freud nennt die in seinem »wissenschaftlichen Mythos« (1920, S. 151) postulierte Ermordung eines Urvaters durch seine rebellierenden Söhne eine »denkwürdige, verbrecherische Tat, mit welcher sovieles seinen Anfang nahm« (1913b, S. 172). Auch beim Sturz des Kronos/Saturn durch seinen Sohn Zeus/Jupiter handelt

es sich um ein ödipales Verbrechen, mit dem im Mythos die Kulturgeschichte beginnt, die vor allem durch ihre zunehmend zerstörerischen
Seiten charakterisiert wird. Der Mythos von den Vier Zeitaltern scheint
davon auszugehen, dass das irdische goldene Zeitalter durch familiäre
Konflikte und Kämpfe in der Götterwelt, im religiösen Überbau, beendet wurde. Auf das kindliche goldene Zeitalter übertragen heißt das,
dass es durch Konflikte zwischen den Eltern wegen des Kindes und
durch die ödipale Vater-Sohn-Rivalität um die Mutter beendet wird.

Als erste Tat, nachdem er seinen Vater Saturn gestürzt hatte und zum
Weltenlenker geworden war, kürzte Jupiter »die Dauer des einstigen
ewigen Frühlings« (I, 116) und beendete damit die Zeitlosigkeit des
goldenen Zeitalters. Das Klima umfasste nun die »trockene Hitze« (119)
des Sommers und das »Eis« (120) des Winters, weshalb die Menschen
»Wohnungen« (121) benötigten, beginnend mit »Höhlen« (122). Tellus,
die Mutter Erde, gab nun nicht mehr alles von selbst, mit der Zeitlosigkeit verschwand auch die Arbeitslosigkeit, und es »wurde zuerst in
gezogenen Furchen der Ceres Samen verscharrt, und es ächzten, vom
Joche geschunden, die Rinder« (123f.). Zusammen mit der Arbeit, die eine
Herrschaft des Menschen über die Natur war und ist, entwickelte sich
die Herrschaft des Menschen über den Menschen. Auch das kindliche
goldene Zeitalter endet, wenn die Mutter nicht mehr alles freiwillig gibt
und ihrem Säugling die Milchbrust entzieht. Damit beendet sie das zeitlose
und arbeitslose Dasein. Für das Kind beginnt die Entwicklungsarbeit der
Loslösung und Individuation.

Als Folge dieser durch natürliche und gesellschaftliche Ursachen in
Gang gesetzten Entwicklung musste historisch das Erlebnis der sexuell-
inzestuösen, der analen und schließlich der oralen Kommunion mit der
Mutter, also das paradiesische Stadium der infantilen Sexualität und der
»infantilen Ökonomie« (Harsch 1995, S. 135) immer früher aufgegeben
und verdrängt werden. Das Kind erlebte die Beziehung zu seiner Mutter zunehmend als Abhängigkeits- und Ohnmachtsverhältnis, reagierte
trotzig-eigensinnig und mit narzisstischer Wut. Auf das silberne Geschlecht folgte das bronzene Geschlecht, das war zwar »wilder im Sinn
und derb und den schrecklichen Waffen geneigter, aber verbrecherisch
nicht« (I, 126f.). Im letzten Zeitalter, dem von Eisen, »entflohen die
Scham und die Treue und Wahrheit, Einzug hielten stattdessen Betrug
und tückische Falschheit, Hinterlist auch und Gewalttätigkeit und verruchte Besitzgier« (129ff.).

Es besteht ein enger Zusammenhang zwischen dem Natur-Mensch-Verhältnis und dem Mutter-Kind-Verhältnis, denn wenn die Natur nicht unbegrenzt und bedingungslos schenkt, kann dies auch die menschliche Mutter ihrem Kind gegenüber nicht tun. Allerdings macht das Kind aufgrund seiner physiologischen Frühgeburt und der damit verbundenen langen Abhängigkeit zuerst, relativ unabhängig von der äußeren Natur, Erfahrungen mit seiner Mutter oder anderen Pflegepersonen, durch die es geprägt wird. Dadurch wird seine frühe Beziehung zur Mutter und zu ihrem Körper das unbewusste, »infantile Vorbild« (Freud 1927, S. 344) für seine spätere Beziehung zur Natur oder zur Erde. Der Mensch überträgt sein Verhältnis zur Mutter auf die Erde und erlebt und verehrt sie als Mutter Erde oder als Muttergöttin, personifiziert in der griechisch-römischen Antike in den Göttinnen Gaia, Demeter, Ceres und Tellus. Aber die Griechen kannten und verehrten auch die Göttin »Ananke« (Freud 1917, S. 368), in der die »Not des Lebens« personifiziert war. Von ihr sagt Freud: »Sie ist eine strenge Erzieherin gewesen und hat viel aus uns gemacht«, denn als »Lebensnot« war sie »der Motor der Entwicklung«. Die Mutter wiederum wird von der sie umgebenden Natur geprägt, die sie dem Kind vermitteln muss.

Freud hat die Überzeugung vertreten, dass Klimaveränderungen, also Veränderungen der äußeren Natur zu Veränderungen der inneren Natur des Menschen und zur Entwicklung von Arbeit und Herrschaft führen. In einem 1915 geschriebenen, aber erst posthum veröffentlichten Manuskript geht er von der Idee aus, »daß das Urmenschentier seine Existenz in einem überaus reichen, alle Bedürfnisse befriedigenden Milieu hingebracht, dessen Nachhall wir im Mythos vom uranfänglichen Paradies erhalten haben« (1985a, S. 643). Er fährt fort, »daß die weitere Entwicklung dieses Urmenschen unter dem Einfluß der geologischen Erdschicksale erfolgt ist und daß insbesondere die Not der Eiszeiten ihm Anregung zur Kulturentwicklung gebracht hat«, denn sie führte zu einem Konflikt »zwischen Selbsterhaltung und Fortpflanzungslust« (S. 645). Nachdem der Mann gelernt hatte, »an der Libido zu sparen und die Sexualtätigkeit durch Regression auf eine frühere Phase zu erniedrigen, gewann die Betätigung der Intelligenz für ihn die Hauptrolle« (S. 645f.). Als »Lohn für seine Kraft, soviel anderen Hilflosen Lebenssicherung zu schaffen, maßte er sich die uneingeschränkte Herrschaft« über die Horde an, die auch »die Verfügung über die Frauen« beinhaltete. Freud kommt zu dem Ergebnis, dass möglicherweise die »egoistisch eifersüchtige und rücksichtslose Natur«, die er dem Urvater der Menschhorde zuschreibt, »nicht von Anfang an vorhanden war, sondern sich im Laufe der schweren Eiszeiten als Resultat der Anpassung an die Not herausgebildet hat«. Auch bei Marx findet sich die Genese von Arbeit und Herrschaft in Abhängigkeit von den »äußeren Naturbedingungen« (1867, S. 535). Auf die Frage, wie diese beschaffen sein müssen, um die Entwicklung der »Produktivkraft der Arbeit« in Gang zu setzen, antwortet er: Der »fruchtbarste Boden« (S. 536) ist keineswegs »der geeignetste zum Wachstum der kapitalistischen Produktionsweise«, denn diese

> »unterstellt Herrschaft des Menschen über die Natur. Eine zu verschwenderische Natur ›hält ihn an ihrer Hand wie ein Kind am Gängelband‹. Sie macht seine eigene Entwicklung nicht zu einer Naturnotwendigkeit. Nicht das tropische Klima mit seiner überwuchernden Vegetation, sondern die gemäßigte Zone ist das Mutterland des Kapitals« (ebd.).

Sie ist es, die den Menschen »zur Vermannigfachung seiner eignen Bedürfnisse, Fähigkeiten, Arbeitsmittel und Arbeitsweisen spornt«. Durch das Bild einer verschwenderischen Natur als Mutterland, die den Menschen wie ein Kind am Gängelband hält, und durch das vorher erwähnte Bild der gesellschaftlichen Nabelschnur stellt Marx einen Zusammenhang von Naturverhältnis und gesellschaftlichem Verhältnis mit dem Mutter-Kind-Verhältnis her und vergleicht die phylogenetische und die kulturhistorische Entwicklung des Menschen mit seiner ontogenetischen Entwicklung.

Im Verlauf der Geschichte haben sich die Erwachsenen von dem Gängelband der Natur und von der gesellschaftlichen Nabelschnur aktiv losgerissen, sich aus den befangenen Verhältnissen befreit, progressive Tendenzen in Richtung Unabhängigkeit, Eigenständigkeit und Arbeitsfähigkeit oder in Richtung Autonomie, Individuation und analer Produktivität entwickelt und schließlich die erlebte Abhängigkeit und Ohnmacht in Herrschaft und Macht umgekehrt. Der historische Fortschritt bestand darin, dass sich der Mensch zu einem von der Mutter, von der Natur und von der Gesellschaft getrennten Individuum entwickelte und zugleich die Fähigkeit zu Arbeit und Herrschaft ausbildete. Die sich auf diese Weise entwickelnden patriarchalischen Herrschaftsverhältnisse, Freud spricht von der »patriarchalischen Kulturstufe« (1985a, S. 649), können als Reaktionsbildungen gegenüber einer zunehmend versagenden,

Zwang ausübenden und damit auch herrschenden Mutter, Natur und Gesellschaft, aber auch als Identifizierung mit ihr verstanden werden. Die männlichen Kinder scheinen aufgrund ihres Geschlechtsunterschieds, der eine psychische Verschmelzung auf Dauer nicht zuließ, als erste auf die zunehmende mütterliche Versagung reagiert zu haben. Den späteren Herrschern war es damit gelungen, von der Passivität des Erlebens zur Aktivität überzugehen und die Versagung und den äußeren Zwang, die sie selbst erfahren hatten, anderen zuzufügen. Sie rächten sich stellvertretend für die Mutter an den Frauen, der Gesellschaft und der Natur. Die so entstandene gesellschaftliche Macht und Herrschaft wurde von erwachsenen Männern, die sich zugleich als Väter oder Patriarchen erkannten und verstanden, repräsentiert und ausgeübt.

Obwohl sich Marx zur Entwicklung der frühen Gesellschaftsformen nicht systematisch äußert, lässt sich in seinem Werk eine Entwicklung rekonstruieren, die von kommunistischen Urgemeinschaften zu »patriarchalischen Familien« (1867, S. 102), Stämmen oder Gemeinwesen verläuft, die durch »unmittelbare Herrschafts- und Knechtsschaftsverhältnisse« (S. 93) charakterisiert waren. Der Mehrheit der Stammesmitglieder gelang es folglich nicht, sich aktiv und damit auch progressiv loszureißen und individuelle Herren zu werden. Die Mehrheit wurde, wie Marx über die sogenannten freien Arbeiter sagt, »gewaltsam von ihren Subsistenzmitteln losgerissen« (S. 744) und durch dieses passiv und ohnmächtig erlebte Trauma zu eigentumslosen und machtlosen Knechten gemacht. Die Herren übten ihre Macht dadurch aus, dass sie sich in den Besitz der Subsistenzmittel versetzten, von dem sie die Knechte ausschlossen. Bei ihnen wiederholte sich das kindliche Trauma, von den der Mutter gehörenden Subsistenzmitteln ausgeschlossen zu werden. Auf diese Weise entwickelte sich eine zunehmende »Scheidung« (S. 742) oder Spaltung der Gesellschaft in Herren und Knechte.

Das durch Versagung und Verdrängung und, daraus folgend, durch Entwicklung seiner Arbeitskraft und seiner Wehrkraft reaktiv zum Herrscher gewordene männliche Individuum nahm nicht nur das »Grundeigentum« (S. 161) oder das »Mutterland« (S. 536) in Besitz und in seine Verfügungsgewalt, sondern legte auch das als mütterlich erlebte Gemeinwesen an ein beherrschendes und erziehendes Gängelband. Diese Progression ging einher mit einer gesellschaftlichen und historischen Wiederkehr der verdrängten Nabelschnurbeziehung, indem sich das beherrschende und erziehende Gängelband in eine Nabelschnur zurückverwandelte, durch die der Herrscher oder Despot sich als Individuum vom Gemeinwesen versorgen, ernähren und bedienen ließ, so wie er früher von der Mutter versorgt, ernährt und bedient wurde. Auf diese Weise gelang es den Herren, auf Kosten der Knechte die verdrängte infantile Ökonomie als parasitäre Herrschaftsbeziehung wieder herzustellen.

Das in den ursprünglichen Gemeinwesen bestehende Gemeineigentum am Boden wurde im Laufe der Entwicklung, wie Ovid sagt, durch den »begrenzenden Strich« (I, 136) des Vermessers aufgeteilt. Erst die Abgrenzung gegen die Anderen und die Fremden und damit die Individuation mit deutlichen Subjekt-Objekt-Grenzen oder Schranken führten zum individuellen Eigentum, dem Privateigentum. In *Das Unbehagen in der Kultur* bezeichnet Freud den Kot der »Kinderstube« (1930, S. 473) als die »anale Urform« des »Eigentums«. Roheim nennt dagegen »als erstes Eigentum des Säuglings die Muttermilch, als sein erster extrauteriner Besitz die mütterliche Brust« (1927, S. 178). Ihm zufolge gibt es zwei Anschauungen über die »Handlung, aus der sich der Begriff des Eigentums ableiten lässt« (S. 167): einerseits die »Produktion, die Arbeit«, andererseits die »Okkupation, die Besitznahme«. Für das angeeignete, in Besitz genommene oder okkupierte Grundeigentum ist die Mutter, die Brust, die Milch die ontogenetische Urform. Für das produzierte und selbst erarbeitete Eigentum ist die Urform der kindliche Kot oder der Goldkot, von dem eine Entwicklungslinie zum Goldgeld geht.

Gold als Bedeutungsträger für Reinheit, Unvergänglichkeit und Allmacht

Wenn im Mythos von den Vier Zeitaltern die Gier nach Gold erst im eisernen Zeitalter auftaucht, so sind erst dann entwicklungspsychologisch die Bedingungen für den Midaskomplex erreicht. Möglicherweise hat sich durch die Veränderungen der äußeren Naturbedingungen der biologisch-evolutionäre Trend zur Verkürzung der Intrauterinexistenz des Menschen und damit zur physiologischen Frühgeburt kulturhistorisch in einem Trend zur Verkürzung der Stillzeit fortgesetzt. Freud weist darauf hin, dass in unseren kulturellen Verhältnissen die Kinder nach »sechs bis neun Monaten der Mutterbrust entwöhnt werden, während die primitive Mutter sich zwei bis drei Jahre ausschließlich ihrem

Kinde widmet« (1931, S. 527). Er hält es für möglich, dass deshalb »unsere Kinder auf immer ungesättigt geblieben [sind,] als hätten sie nie lang genug an der Mutterbrust gesogen«.

Der früh verlorene magische Goldkot wird im Körper der Mutter zurückgehalten fantasiert und seine Eigenschaften werden auf das in der Natur gefundene Gold übertragen. Der Mensch beginnt, nach Ovid, Gold in den »viscera terrae« (I, 138), den Eingeweiden der Mutter Erde, zu suchen, um sich mit ihm die magische Allmacht seines verlorenen Goldkots wieder anzueignen. Im eisernen Zeitalter wurden nicht nur »Saat und geschuldete Nahrung den Feldern abgefordert, man drang auch ein in das Innre der Erde. Schätze, die jene versteckt und stygischen Schatten genähert, werden, zutage gefördert, Verlockung zu bösen Gelüsten. Heillos Eisen bereits und Gold, heilloser als Eisen, stiegen herauf: auf steiget der Krieg, der streitet mit beidem und schlägt klirrende Waffen mit blutiger Faust aufeinander« (137–143). Die Entwicklung des Midaskomplexes führte zum Krieg und ging einher mit einer Zerrüttung der menschlichen Beziehungen, schließlich einer Zerrüttung der engsten Verwandtschaftsverhältnisse: »Nur selten sind Brüder in Eintracht; Tod gar sinnet der Mann dem Weib, wie diese dem Gatten; grauenvoll brauen den Trank Stiefmütter [...] lang vor der Zeit schon forschet der Sohn nach den Jahren des Vaters« (145–148).

Nach Marx war das Gold wahrscheinlich »das erste Metall« (1859, S. 131), das der Mensch entdeckt und gewonnen hat, denn »einerseits stellt die Natur selbst es in gediegener kristallinischer Form dar [...]; andererseits übernimmt die Natur selbst in den großen Goldwäschereien der Flüsse das Werk der Technologie«. Das ursprünglich meist im Granitgestein eingeschlossene Berggold fand sich auf diese Weise als Flussgold wieder, das dann im Flusssand ohne besondere Arbeit oder gar Technologie als Goldklumpen, Goldkörner oder Goldstaub gefunden werden konnte. Solange Gold noch nicht gesucht wurde, hat es der Mensch als Sammler und Jäger auf seinen Streifzügen zufällig entdeckt, weil es seine Aufmerksamkeit auf sich zog. Da nach Marx der »Farbensinn« (S. 130) die »populärste Form des ästhetischen Sinnes überhaupt« ist, habe das goldgelbe Gold schon früh durch seine »metallische Masse« (1939, S. 93) und durch seine die »Neugierde erregende gelbe Farbe« das Auge »of the most uneducated man« auf sich gezogen.

Das Gold kann also auch ein Geschenk, eine Gratisgabe der Natur, sein, die sich der Mensch in einem durch seine Seltenheit begrenzten

Ausmaß ohne Arbeit aneignen kann. Aus diesem Grund wäre der Besitz von Gold schon in dem mythischen goldenen Zeitalter möglich gewesen, in dem die Erde alles von selbst gab. Derjenige, der Gold fand, konnte sich damit schmücken, sich durch die Mutter Natur oder die Muttergöttin Fortuna beschenkt fühlen und es weiter verschenken. Zwar war das Gold schon immer ein sehr seltenes Metall, aber in goldreichen Gegenden war es möglich, das Gold als einfachen Schmuck zu verwenden, ohne dass dadurch schon ein Herrschaftsverhältnis ausgedrückt wurde. Im Gegensatz zum goldgelben Gold ist das Edelmetall Silber von silberweißer Farbe. Es kommt zwar häufiger vor als Gold, aber nur selten gediegen. Deshalb setzte in der Vergangenheit die Gewinnung des Silbers »Minenarbeit und überhaupt eine relativ hohe Entwicklung der Technik« (1859, S. 131) voraus.

Gold ist ein gelb glänzendes, ziemlich weiches und sehr dehnbares chemisches Element, das zur Gruppe der Edelmetalle gehört. Als Edelmetalle werden Metalle wie Gold und Silber bezeichnet, die an der Luft nicht oder nur wenig oxidieren, also nur schwer chemische Verbindungen mit anderen Stoffen eingehen. Nach der zunehmenden chemischen Affinität zu Sauerstoff unterscheidet man Edelmetalle, Halbedelmetalle wie Kupfer und Zinn und unedle Metalle wie Eisen und Zink. Aufgrund seiner chemischen Eigenschaft, sich nicht mit unedlen Metallen oder Stoffen zu verbinden und damit rein zu sein, wurde dem seltenen Gold nachgesagt, selbst ein reines und damit edles Metall zu sein und von den Edelmetallen wiederum das Edelste. Schon der Name Edelmetall zeigt, dass der physikalische Goldstoff aufgrund seiner natürlichen Beschaffenheit mit sozialen Bedeutungen behaftet wurde. Da das Gold auch resistent gegenüber Rost und damit gegenüber der Vergänglichkeit war, wurde es zum Sinnbild für die unvergängliche Schönheit. Selbst wenn Gold jahrhundertelang in der Erde oder im Meerwasser lag und als Schatz ausgegraben oder aus einem Schiffswrack geborgen wurde, hat es nichts von seiner ursprünglichen Substanz, seiner Form und seinem Glanz verloren.

Aufgrund seines hohen Schmelzpunktes kann normales Feuer dem Gold nichts anhaben, im Gegenteil, durch Erhitzung wird es geläutert und damit reiner. Die christlich-mittelalterliche Vorstellung des Fegefeuers oder Purgatoriums soll darauf zurückgehen. Statt Gold waren es die Seelen, die durch das Fegefeuer geläutert und rein wurden. Das Edelmetall Gold ist also ein ganz besonderer physikalisch-chemischer Stoff und aus diesen seinen besonderen stofflichen Eigenschaften oder Eigenarten sind die Gebrauchsweisen des Goldes, die ihm zugeschriebenen Bedeutungen und damit seine besondere Rolle unter den dinglichen Gegenständen erwachsen. Durch die im Verlauf der Geschichte vollzogenen Bedeutungsübertragungen wurde der Goldstoff zum religiösen, herrschaftlichen, ökonomischen und psychologischen Bedeutungsträger.

Zwar kommt das Gold in der Natur meist in gediegenem Zustand vor, aber die natürliche Vermischung oder Legierung der beiden Edelmetalle Gold und Silber ist auch zu finden. Sie wurde von den Griechen *Elektron*, d. h. Bernstein, genannt. Obwohl der in der Natur vorkommende Bernstein als fossiles Kiefernharz stofflich von der natürlichen Gold-Silber-Legierung grundverschieden ist, wurden beide wegen ihrer äußerlichen Ähnlichkeit der weißlich-gelben Farbe und der Klumpenform dem Namen nach gleichgesetzt. Gold wurde, um seinen Härtegrad zu erhöhen, schon früh verfahrenstechnisch mit anderen Metallen wie Silber, Kupfer oder Nickel legiert. Der Feingehalt des Goldes bedeutete dann seinen Gewichtsanteil an der Legierung.

Sowohl seine Seltenheit als auch seine Weichheit machen das Gold ungeeignet als Material für Gegenstände des alltäglichen Gebrauchs, für Werkzeuge und Waffen. Dagegen fand Gold schon früh als Schmuck Verwendung. Man schätzt, dass noch heute über 50% des vorhandenen Goldes zu Schmuck verarbeitet sind. Simmel schreibt über die narzisstische Aufwertung durch den Goldschmuck:

>»Der Schmuck ist ein soziales Bedürfnis, und die Edelmetalle eignen sich eben durch ihren Glanz ganz besonders dazu, die Augen auf sich zu ziehen. Darum sind bestimmte Schmuckarten auch bestimmten sozialen Positionen vorbehalten; so war im mittelalterlichen Frankreich das Tragen von Goldschmuck allen unter einem gewissen Range Stehenden verboten« (1900, S. 162).

Das glänzende Gold ist, nach Marx, das »prachtvollste aller Metalle, und daher schon von den Alten die Sonne oder der König der Metalle genannt worden« (1939, S. 91). Durch seine Seltenheit, Schönheit und Unvergänglichkeit und durch seine Bedeutung, edel und rein zu sein, wurde das Gold als Edelmetall traditionellerweise für die Edlen, den Adel, also die herrschende Schicht reserviert und seine Verwendung im Altertum auf die politische Repräsentation und auf den religiösen Kult beschränkt. Indem das natürliche Material Gold den allmächtigen Göttern und den mächtigen Königen zugeordnet wurde, bekam es selbst die Bedeutung von göttlicher Allmacht und weltlicher Herrschaft. Im alten Ägypten war die Verwendung von Gold den Pharaonen, die zugleich Gottkönige waren, vorbehalten. Diese Beschränkung erleichterte es ihnen, »gottgleiche Rollen einzunehmen und bescheinigte die Echtheit ihres himmlischen Charakters: Die Herrscher umgaben sich mit derselben Substanz, die ihre Götter schmückte« (Bernstein 2000, S. 24).

In Homers *Ilias*, einem Heldenepos, das etwa 800 v. Chr. aufgeschrieben wurde und in dem das Münzgeld noch nicht vorkommt, wird Gold, ähnlich wie später bei Ovid, sowohl als Metall der Götter als auch als Mittel zur aristokratischen Repräsentation erwähnt. Die Götter sitzen in der Götterrunde auf »goldenen Sesseln« (VIII, 436), die Rüstung des Achilles wurde von Hephaistos mit »gepriesenem Gold« (XVIII, 475) verziert, Odysseus schlägt Thersites mit des »Zepters Gold« (II, 268) und Agamemnon verwendet »goldene Becher« (III, 295) für den Wein. Hesiod erwähnt in seiner *Theogonie*, etwa zur selben Zeit wie die *Ilias* verfasst, die »goldbeschuhte Hera« (454) und die »goldene Aphrodite« (822). Der Goldcharakter der Göttin Athene wurde in ihrem Bildnis dargestellt: »Für die Verkleidung der Athena Parthenos wurde ca. 1 Tonne Gold verwendet« (Gebhard 2001, S. 19). Da die Goldplatten aber »demontierbar« angebracht waren, dienten sie zugleich als »eine Art Staatsschatz« für Athen.

Der vom jüdisch-biblischen Gott auserwählte und gesegnete Abraham war nach seiner Rückkehr aus Ägypten »sehr reich an Vieh, Silber und Gold« (1. Mos. 13, 2). Reichtum wurde bei Viehzüchtern in Vieh gemessen, so auch bei den frühen Römern, bei denen *pecunia* Vieh oder Reichtum oder überhaupt Vermögen bedeutete. Erst später wurde das Wort pecunia auch zur Bezeichnung für Reichtum in Metall oder Metallgeld verwendet, bis es schließlich die lateinische Bezeichnung für Geld wurde. So wird auch in der *Ilias* der Wert der Rüstung des »Glaukos« (VI, 234) noch in Vieh gemessen. Seine »goldene« Rüstung ist »hundert Farren« oder Jungstiere wert im Gegensatz zu der »ehrnen« des »Diomedes«, die nur »neun Farren« wert ist. Vieh, vor allem Rinder, waren also vor Gold und Metallgeld das allgemeine Wertmaß, ohne damit auch allgemeines Tauschmittel sein zu müssen.

Aron ließ in Abwesenheit des Moses aus den goldenen Ohrringen der Israeliten ein »goldenes Kalb« gießen, das dann von ihnen als Gott oder als Goldgötze angebetet wurde (2. Mos. 32). Moses in seinem Zorn »zermalmte« das goldene Kalb »zu Pulver und stäubte es aufs Wasser und gab's den Kindern Israel zu trinken« (32, 20). An anderer Stelle heißt es, dass Moses das zu Staub zermalmte goldene Kalb, ähnlich wie Midas, in einen Bach warf (5. Mos. 9, 21). Nicht auf das Gold selbst richtete sich der Zorn Moses', sondern auf das daraus gemachte Götzenbild, denn auch für die heiligen Geräte des jüdischen Kultes, wie die »Bundeslade« (2. Mos. 25), wurde nach der Weisung Gottes reichlich Gold verwendet, das von den Israeliten in Form eines »Hebopfers« (meist in Form von Schmuck) Gott oder dem ihn vertretenden Hohen Priester gegeben wurde. Das Christentum übernahm bei der bildhaften Darstellung seiner Gottheiten, Gottvater, Christus als Gottessohn und der Gottesmutter Maria, die schon in der Antike bekannte »Aureole«, von *aurum*: Gold. Die Aureole war der goldene Heiligenschein, der die ganze Person umhüllte und sie als goldene und damit als ewige und heiligste Gottheit kennzeichnete.

Wegen seiner Eigenschaft, unveränderlich, unzerstörbar und damit unvergänglich zu sein, erlangte das Gold schon früh Bedeutung für den Totenkult. So wurde es im alten Ägypten zu »einem Sinnbild für das Weiterleben nach dem Tode« (Lurker 1974, S. 74) und das reichlich vorhandene Gold spielte im ägyptischen Totenkult eine zentrale Rolle. Die Werkstätten für die Särge und die königliche Grabkammer hießen »Goldhaus« und die Mumienmasken der Könige, der Pharaonen, waren aus Gold. Besonders eindrucksvoll ist die erhaltene Totenmaske von Tut-Anch-Amun, 1361–1342 v. Chr. Sie ist aus reinem Gold getrieben, mit Halbedelsteinen besetzt und wiegt rund elf Kilo. Die Bedeckung des Gesichts des Pharaos mit Gold bedeutete »die Bewahrung seines Anlitzes für die Ewigkeit« (Gebhard 2001, S. 10) und gehörte zu dem »Ritual, die Umwandlung des irdischen Körpers in ein göttliches Wesen zu vollziehen« (S. 12). Goldene Totenmasken wurden auch in anderen Kulturen verwendet, so in der mykenischen Kultur – berühmt ist die Totenmaske Agamemnons – und in der südamerikanischen Inkakultur. Gold war ein »Zeichen der Ewigkeit« (S. 10) und »Ewigkeit ist ein Zustand ohne Zeit und wird in vielen Religionen als der ersehnte Endzustand gesehen«.

Durch seine gelb-rote Farbe wurde das Gold in den frühen Kulturen auch noch mit der goldenen Sonne in Verbindung gebracht, das Silber dagegen mit dem silbernen Mond. Gold bekam so die Bedeutung eines Sonnen-, Silber die Bedeutung eines Mondmetalls. Durch die

Berechnungen des Jahreszyklus' der Sonne und des Monatszyklus des
Mondes sollen babylonische Priester zu dem Schluss gekommen sein,
»daß Gold 13,5 mal soviel wert sei wie Silber« (Sedillot 1989, S.
83), also 13,5 Gewichtseinheiten Silber entsprachen oder waren gleichwertig
einer Gewichtseinheit Gold. In der ägyptischen Mythologie galt Gold
als »das Fleisch Res, des Sonnengottes« (Lurker 1974, S. 92). Horus
war der Sohn von Re und damit selbst ein Sonnengott. Die Himmels-
göttin Hathor galt als die Mutter des Horus und hatte den Beinamen
»die Goldene« (S. 74). Auch der Pharao wurde als ein Sohn des Res
betrachtet und war damit sein »lebendes Bild auf Erden« (S. 100). Das
Gold stellte eine Inkarnation, d. h. eine Fleischwerdung, Gottes dar. Der
Besitzer des Goldes, vor allem der Pharao selbst, hatte dadurch Anteil
an der göttlichen Substanz und ihrer Ewigkeit und dies bewirkte seine
»Vergöttlichung« (Gebhard 2001, S. 11).

Gold als Bedeutungsträger für Schmutz, Kot und Unterwelt

Bisher wurde das Gold als Bedeutungsträger oder Symbol für Sonne,
Licht und Schönheit und für das Göttliche, Herrschaftliche, Edle,
Unvergängliche und Reine beschrieben. Aber Gold war auch Bedeutungsträger für das Gegenteil. Eine Merkwürdigkeit der ägyptischen
Sonnen- und damit auch der Goldmythologie ist der Skarabäus, der
heilige Mistkäfer. Unter dem Namen »Chepre, d. h. der aus der Erde
Entstandene« (Lurker 1974, S. 156), stellte er eine Form des Sonnen-
gottes dar, der, »wie der Käfer eine Mistkugel«, die goldene »Sonnen-
kugel über den Himmel hinwegrollt«. Er wurde verehrt als »Bild für
die Selbstschöpfung«, weil man glaubte, er entstehe aus seinem eige-
nen Kot, seiner eigenen Mistkugel, die aber »in Wirklichkeit nur dem
Schutz der Eier und Larven diente«. Auf diese Weise wurde die goldene
Sonnenkugel mit der Kotkugel des Skarabäus in Verbindung gebracht.
Auch in der Kultur der Azteken wurden assoziative Verbindungen vom
Gold sowohl zur Sonne als auch zum Kot hergestellt. So wurde das
Gold »teocuitlatl« (Biedermann 1989, S. 165) genannt, was zu Deutsch
Götterkot oder Ausscheidung des Sonnengottes bedeutet. Entspre-
chend hieß das Silber »weißer Götterkot«.
　　Diese widersprüchliche und sich scheinbar ausschließende Bedeutung
des Goldes als Zeichen für Reinheit und Schönheit und zugleich für irdi-

schen Schmutz oder gar Kot lässt sich zuerst mit seiner Herkunft erklären. Gold fällt nicht wie im Märchen als Sterntaler oder gar als Sonnentaler vom Himmel, sondern wird meist aus der Erde gewonnen und dies ist, je mehr man in sie eindringt, ein schmutziges Geschäft. So ruft der Dichter Heine den goldsuchenden »Gnomen«, den »Metallariis« zu:

> »Steigt nur immer hinab in eure Gruben, haltet euch nur fest an der Leiter, und kümmert euch nicht darum, daß die Sprossen immer schmutziger werden, je tiefer ihr hinabsteigt zu den kostbarsten Stollen des Reichtums« (1832, S. 131).

Gold erscheint zwar als »gediegenes Licht« (Marx 1859, S. 130), das aber »aus der Unterwelt hervorgegraben wird«. So wie das Gold als Licht aus der Unterwelt der Erde kommt und oft in Form von Grabbeigaben oder vergrabenen Schätzen dorthin wieder zurückkehrt, so steigt auch die Sonne als Sonnenlicht gemäß ägyptischer Mythologie nach ihrer nächtlichen Reise durch die Unterwelt jeden Morgen aus ihr hervor und versinkt abends wieder in ihr. Indem das reine Edelmetall Gold als ein aus der Unterwelt stammendes und »in den Eingeweiden der Erde steckendes und aus ihr ausgrabbares Metall« (S. 131) angesehen wurde, bekam es auch eine Kotbedeutung. Ein Aspekt des Totenkultes war es, der Unterwelt, der Mutter Erde oder dem Totengott das eigentlich von ihnen stammende und damit ihnen gehörende Gold wieder als Opfer zurückzugeben. Auf denjenigen, die den Toten und damit auch dem Totengott das Gold entreißen, den Grabräubern, lastete nach altägyptischer Vorstellung ein tödlicher Fluch.

In der griechischen Mythologie wurde ab dem 5. Jahrhundert v. Chr. der Gott der Unterwelt, Hades, mit dem Gott des Reichtums, Plutos oder Pluto, gleichgesetzt. Als man den Reichtum nicht mehr in Form von Lebensmitteln, den Gaben der Demeter oder der Ceres, sondern in Form von Gold und Silber schätzte, wurde Pluto zugleich zum Totengott. In Aristophanes' Komödie *Plutos* wird er als »voll Schmutz, triefäugig, krumm, zerlumpt, verrunzelt, zahnlos, glatzköpfig und, beim Uranos, ich glaub gar ohne Vorhaut« (266f.) charakterisiert. Pluto, ursprünglich als Knabe mit einem Füllhorn dargestellt, wird hier mit Schmutz, Alter, also bevorstehendem Tod, und sogar mit Beschneidung, die Freud als symbolische Kastration gedeutet hat, assoziiert. Auf die Frage der Athener Bürger, woher er komme und warum er so schmutzig sei, antwortet

Pluto: »Aus Patrokles' Haus, der nie, seit er geboren, sich gewaschen hat« (85f.). Dieses sich nicht Waschen seit der Geburt könnte man als eine unbewusste Fixierung an die kindliche Analität deuten.

Nach Freud ist schon im »orientalischen Mythus« (1908b, S. 208) Mammon ein Gott der Unterwelt und er verweist auf die Teufels- und Hexengeschichten der beginnenden Neuzeit. In ihnen tritt der Teufel als Herr der Hölle die christliche Nachfolge des heidnischen Unterweltgottes Pluto oder Hades an. Hörisch hat darauf aufmerksam gemacht, dass »das Gold und der Kot« (1996, S. 116) gemeinsam »ihren Ort in unterirdischen Bezirken« haben. »Plutonische Höhlen« seien in Gold- oder Geldgeschichten offenbar unverzichtbar. Er erwähnt unter anderem »Wagners Alberich« und damit die nach Schwefel stinkende unterirdische Kluft im *Rheingold*, wo der Goldring des Nibelungen Alberich geschmiedet wurde. Ursprünglich war das auf dem Grund des Rheins befindliche und von ihm umflossene Rheingold ein reines Gold. Erst die Gold- oder Machtgier der von Wagner vermenschlichten Halbgötter und Götter macht es zum unreinen, mit Fluch und Schuld beladenen Gold, das zugleich maßloses Machtmittel ist.

Das Gold als Bedeutungsträger nicht nur für Sonne, Schönheit und Reinheit, sondern auch für Unterwelt, Schmutz und sogar Kot ist ein zutiefst widersprüchlicher und zwiespältiger Gegenstand, der sowohl vergöttlicht, verherrlicht und idealisiert, als auch verteufelt, in den Schmutz gezogen und kritisiert wird. Das edle, reine und göttliche Sonnengold soll nach der traditionellen religiösen Vostellung den Göttern vorbehalten bleiben, weil es in der Hand des Menschen nur seine Kehrseite, sein aus seiner niedrigen, schmutzig-irdischen oder unterirdischen Herkunft resultierendes zerstörerisches Potenzial entfaltet.

Gold als Bedeutungsträger für den goldenen Kinderkot

Gold bekam nicht nur durch seine Herkunft aus der irdischen Unterwelt die Bedeutung von Dreck und Kot, durch seine Farbe und Form hat es auch Ähnlichkeit mit dem Kot eines mit Muttermilch ernährten Säuglings, der aus physiologischen Gründen goldgelb ist. Nach Muensterberger gab es bei den lange stillenden Chinesen für den produzierten Säuglingskot die »Umschreibung ›zehntausend Unzen gelben Goldes‹« (1951, S. 178). Es ist anzunehmen, dass aufgrund der Ähnlichkeit von

Farbe und Form das Gold schon seit prähistorischen Zeiten als symbolischer Ersatz für den verlorenen goldenen Muttermilchkot angesehen wurde. Durch das unvergängliche Gold wurde und wird der Erwachsene unbewusst an die vergangene und vergängliche Zeit seiner frühen Kindheit erinnert, in der er die Muttermilch als Geschenk genoss und die Mutter dafür mit seinem goldenen und angenehm riechenden Milchkot beschenken konnte. Diese vergangene Zeit möchte er mit dem ewigen Gold unvergänglich machen.

Der kindliche Kot ist nach Freud das »erste Geschenk« (1916a, S. 406), das das Kind geben kann. Das erste Geschenk, das das Kind bekommt, ist die Muttermilch. *Schenken* bedeutete ursprünglich zu trinken geben. Abraham hat darauf hingewiesen, dass in verschiedenen Gegenden Deutschlands »das Säugen des Kindes als ›Schenken‹ bezeichnet wird« (1920b, S. 73), die Mutterbrust also die erste Schenke ist. Im Alten Testament wird Rebekka, die den durstigen Brautwerber Abrahams für seinen Sohn Isaak mit Wasser beschenkt, im Gegenzug von ihm mit Gold beschenkt, »einem goldenen Reif, ein halbes Lot schwer« (1. Mos. 24, 22) und »zwei Armringe, zehn Lot Goldes schwer«. Der kindliche Goldkot ist das natürliche Gegengeschenk für das Geschenk der Mutter, ihre Milch und im weiteren ihre Liebe. Er zeigt der Mutter, dass ihre Milch gut war, gut verdaut wurde und Wachstum fördert. Trotz seiner goldenen Farbe und seines nicht unangenehmen Geruchs bleibt aber der kindliche Goldkot letztlich doch Kot und wird von der Mutter entsorgt, so wie im Midasmythos das Gold im Fluss Paktolus abgewaschen und entsorgt wird.

Nach dem infantilen Vorbild des Säuglings, der seiner ihn säugenden Mutter den Goldkot schenkt, haben Erwachsene im Altertum ihren Mutter- oder Vatergöttern Gold oder goldene Gegenstände geschenkt oder geopfert. Diese wurden allerdings nicht nach dem infantilen Vorbild der Mutter von den Göttern oder ihren menschlichen Stellvertretern, den Priestern, im Wasser oder in der Erde entsorgt, sondern in den Schatzkammern der Tempel aufbewahrt und sogar ausgestellt. Den griechischen Göttern wurde im Verlauf der Zeit zunehmend eine Goldliebe unterstellt, die dazu führte, dass sie Gold anderen Formen des Opfers, wie Menschen- und Tieropfern, vorzogen. Herodot (484–425 v. Chr.) beschreibt die goldenen »Weihgeschenke« (I, 14) von den lydischen Königen Gyges und Kroisos an Apollo und seine Orakelpriesterin Pythia, die in Delphi zu seinen Lebenszeiten noch zu sehen waren, so: sechs »dreißig

Talente schwere goldene Mischkrüge« und einen »Löwen aus lauterem Gold« (50), der »zehn Talente« wog. Er erwähnt auch ein Weihegeschenk des Midas an Delphi: einen »Stuhl« (14), auf dem er als König »zu Gericht gesessen« habe. Es ist wahrscheinlich, dass dieser Stuhl, wenn nicht aus Gold, so mindestens vergoldet oder mit Gold verziert war.

Auch die liebende und geliebte Frau wird bis heute vom Mann mit Goldschmuck beschenkt, so wie er in der Kindheit seine ihn nährende und liebende Mutter mit seinem Goldkot beschenkte. Der Goldschmuck kann nicht nur ein Dankgeschenk, sondern auch ein Bittgeschenk oder gar ein Verführungsgeschenk sein. Wie im Fall von Faust und Gretchen soll das männliche Goldgeschenk die weibliche sexuelle Hingabe als Gegengeschenk nach sich ziehen. Gretchen beklagt ihre eigene und allgemein die weibliche Verführbarkeit durch das von Männern geschenkte Gold. Auch der der Mutter geschenkte kindliche Goldkot kann die Bedeutung eines Verführungsgeschenkes haben, um die Mutter zur gewünschten Hingabe an das Kind zu bewegen. So wie nach Simmel der »Glanz« (1900, S. 162) des Goldschmuckes »die Augen auf sich zieht«, so löst der glänzende kindliche Goldkot den »Glanz im Auge der Mutter« (Kohut 1971, S. 141) aus und bewirkt dadurch seine narzisstische Aufwertung.

Nietzsche betont in *Also sprach Zarathustra* die Geschenkbedeutung des Goldes:

> »Wie kam Gold zum höchsten Werte? Darum, daß es ungemein ist und unnützlich und leuchtend und mild im Glanze; es schenkt sich immer. Nur als Abbild der höchsten Tugend kam Gold zum höchsten Werte« (1883, S. 62).

Aber Nietzsche kannte auch die schmutzige Kehrseite des Goldes. Er spricht von einem »Ekel vor unseren Reichsten« (S. 219), vor diesem »vergüldeten, verfälschten Pöbel« und vom Ekel »vor den Sträflingen des Reichtums, welche sich ihren Vorteil aus jedem Kehricht auflesen, mit kalten Augen, geilen Gedanken vor diesem Gesindel, das gen Himmel stinkt«. Gold wurde in der historischen Wirklichkeit nicht nur geschenkt, es wurde auch geraubt, gehortet, mit schmutzigen Hintergedanken als Verführungs- oder Bestechungsgeschenk benutzt oder in Form von Geld als »Brecheisen der Macht« (S. 42) benutzt. Dadurch verwandelt sich das Gold aus dem höchsten Wert in den niedrigsten Wert, es wird gemein und schließlich teuflisch-schmutzig. So bekommt das von Mephisto für Gretchen beschaffte goldene Verführungsgeschenk einen profanen Geruch und verrät dadurch seine Verwandlung in Dreck oder Kot. Das Teufelsgeschenk kann nur entsühnt werden, indem es als Weihegeschenk an die Mutter Gottes gegeben wird, von der dann als Gegengabe Himmelsmanna erwartet wird, ganz nach dem infantilen Vorbild, bei dem der Säugling seinen Goldkot der Mutter weiht und dafür mit Muttermilch belohnt wird.

Gold als Arbeitsprodukt

Der Bedarf an Gold als Gebrauchsgegenstand und als edler Bedeutungsträger nahm im Verlauf der Kulturgeschichte stetig zu. Er entwickelte sich schließlich zu einem Hunger nach Gold, der nicht mehr mit dem zufällig gefundenen Gold als freiwilligem Geschenk der Natur befriedigt werden konnte. Man begann das Gold zu suchen und verschiedene Arten der Goldgewinnung zu entwickeln. Die einfachste ist, den goldhaltigen Flusssand zu waschen, englisch *washing*. Dabei wird das schwere Schwemmgold vom Sand getrennt. Die dafür entwickelten Geräte nannten sich Goldwaschpfanne und Goldwiege oder *cradle*. Das »Goldene Vlies« der griechischen Mythologie verweist auf eine im Kaukasus schon in der Antike übliche Methode der Goldgewinnung. Ein Schaffell wurde in den goldhaltigen Fluss gelegt, in dem sich dann die verhältnismäßig schweren Goldsedimente verfingen. Wenn der Goldsand ausgegraben werden muss, wird dies im Englischen *digging* genannt.

Um an Berggold zu kommen, wird Goldbergbau, englisch *mining*, betrieben, bei dem das Gold aus dem geförderten goldhaltigen Gestein gewonnen wird. Diese Gewinnungsart, die mit Bergbautechnologie und chemischen Verfahren, früher mit dem Amalgierungsverfahren, heute mit der Cyanidlaugerei, verbunden ist, wurde inzwischen zur quantitativ wichtigsten, aber mit ökologischen Problemen behafteten Methode. Die seit über 100 Jahren bis noch vor Kurzem weltweit ergiebigsten Goldlager in Südafrika werden untertage abgebaut. Gebhard schätzt die Weltgoldmenge auf »etwas über 100.000 Tonnen, das entspricht einem Würfel von etwa 18m Kantenlänge. Das jährlich hinzukommende neu geförderte Gold beträgt etwa 2000 Tonnen« (2001, S. 26). Von der Goldgesamtmenge wurden »über 80 Prozent« erst »nach Beginn des 20. Jahrhundert gefördert«.

Plinius der Ältere erwähnt um 70 n. Chr. in seiner *Metallurgie*, dass Gold »auf dreierlei Weise gefunden« (XXI, 66) werden kann, so »im Geröll der Flüsse« wie im »Pactolus in Asien«, der im Midasmythos eine Rolle spielt. »Auf andere Weise gräbt man es aus Schächten oder sucht es in eingestürzten Bergen« (67) wie in den »spanischen Provinzen«. Spanien war in der Antike als Gold- und Silberland berühmt. Nachdem die Goldvorkommen erschöpft waren, suchten die Spanier ein neues Goldland, von ihnen »Eldorado« genannt, und fanden es in Amerika. Aber Plinius schreibt auch, ähnlich wie vor ihm Ovid, vom »Unwillen der heiligen Mutter Erde« (I, 2), der entsteht, weil die Menschen »in ihre Eingeweide«, ihre »viscera«, eindringen, um »am Sitz der Schatten nach Schätzen«, nach Gold und anderen Metallen, zu suchen, gleichsam als wäre sie »an ihrer Oberfläche« nicht »genügend gütig und fruchtbar«. Aber gerade das, was sie »verborgen und versenkt« (3) hat, treibt die Menschen in ihrer »Habgier« zur »Unterwelt« und »vernichtet« sie. Jones verweist auf eine Passage in Miltons »Paradise Lost« (1918, S. 134), in der »die Menschen vom Mammon geführt: ›with impious hands rifl'd the bowels of their mother Earth […] op'n'd into the Hill a spacious wound and dig'd out ribs of Gold‹«. In dieser poetischen Beschreibung werden die Menschen von Mammon, der einem Teufel gleichgesetzt wird, geführt und verführt, mit gottlosen Händen die Eingeweide ihrer Mutter Erde zu berauben, indem sie ihr große Wunden schlagen und das Gold ausgraben.

Der Goldbergbau wurde im alten Ägypten als Zwangsarbeit betrieben. Ohne Zwang waren die Menschen nicht zu bewegen, diese schwere, schmutzige, gefährliche und außerdem schuldbeladene Arbeit zu leisten, außer sie hätten sich das Gold selbst aneignen können oder wären zumindest an der Goldgewinnung beteiligt gewesen, wie das später im Mittelalter und teilweise auch schon in der Antike unter Geldverhältnissen üblich wurde. Der Historiker Diodorus Siculus beschreibt im ersten Jahrhundert v. Chr. die Lage der Arbeiter in den Goldbergwerken zwischen Ägypten, Äthiopien und Arabien:

> »Man kann diese Unglücklichen, die nicht einmal ihren Körper reinlich halten noch ihre Blöße decken können, nicht ansehen, ohne ihr jammervolles Schicksal zu beklagen. Denn da findet keine Nachsicht und keine Schonung statt für Kranke, Gebrechliche, für Greise, für weibliche Schwachheit. Alle müssen, durch Schläge gezwungen, fortarbeiten, bis der Tod ihren Qualen und ihrer Not ein Ende macht« (zit. n. Marx 1867, S. 250).

In Rom bedeutete *damnare in metallum* die Verurteilung zur Arbeit in Bergwerken und dies war meist mit einer *damnare ad mortem*, einer Verurteilung zum Tode, gleichzusetzen. Die Beschreibung der verfluchten Goldarbeiter im alten Ägypten erinnert an die ewige Höllenstrafe der Gold- und Geldgierigen in Dantes *Göttlicher Komödie* vom Anfang des 14. Jahrhunderts: »Vom schmutzigen Fehl, der wahres Gut verkannt, besudelt, sind sie kenntlich hier für keinen« (Hölle, 7, 53). Bernstein sagt über den Goldabbau in der Antike: »Es ist also kein Wunder, dass die Sklaverei so weitverbreitet war – und die Kriege so wichtig –, da militärische Erfolge frische Vorräte an Sklaven für die Minenarbeit brachten« (2000, S. 26). In dem für Athens Macht wesentlichen Silberbergbau auf ihrem Staatsgebiet in den Minen von Laurion waren »im 5. Jh. vielleicht etwa 20.000 Bergwerkssklaven« (Kreissig 1991, S. 150) beschäftigt. Sie »lebten wohl in der Nähe der Gruben mit ihren Familien, da Frauen und Kinder als Arbeiter nachgewiesen sind. Auch in den benachbarten Verhüttungsbetrieben, die meist vom Grubenpächter geleitet wurden, arbeiteten überwiegend Sklaven«. Insgesamt arbeiteten sie in den Silbergruben unter »äußerst gesundheitsschädigenden Bedingungen« (S. 192).

Die antiken Zustände bei der Gold- und Silberförderung haben sich dann im spanischen Amerika wiederholt und fortgesetzt. Die Indianer der Karibik wurden vor allem durch den versuchten Goldbergbau ausgerottet. Die Indios der Anden konnten die Arbeit im Silberberg von Potosi nur kurze Zeit und durch die Einnahme von Koka bewältigen. Sedillot schreibt über das spanische Amerika: »Zur Ausbeutung der amerikanischen Metallvorkommen holten die Spanier aus Afrika Schwarze ins Land, die sich als körperlich widerstandsfähiger als die einheimischen Indios erwiesen« (1989, S. 131) und so war »der Abbau von Gold und Silber« verantwortlich für die »erzwungene Migration, die einen ganzen Kontinent betraf«. Mandel sagt über die »Goldindustrie in Südafrika« (1982, S. 109) während der Apartheid, dass es sich bei ihr »um an Sklaverei grenzende Arbeitsbedingungen« (S. 110) handelte. Es wurde erreicht, »die Löhne der schwarzen Arbeiter fast ein dreiviertel Jahrhundert lang auf dem gleichen Stand zu halten, ja sie sogar nach unten schwanken zu lassen« (S. 109). Die Löhne haben sich wohl seitdem gebessert, da aber das Gold inzwischen in einer Tiefe von bis zu 4.000 Metern gefördert wird, fordert der aus diesem Grunde technologisch aufwendige und riskante Goldbergbau dort jährlich etwa 200 Todesopfer.

Der beschriebene Widerspruch und Zwiespalt in der Bedeutung des Goldes, heilig und rein und zugleich verflucht und schmutzig zu sein, erscheint auch in der Form seiner Aneignung: Das Gold ist entweder ein heiliges und rein gewaschenes Geschenk der Götter oder der Natur, das man als Geschenk weiter verschenken sollte, oder das Gold stellt einen unter schmutzigen und mörderischen Arbeitsbedingungen gewonnenen Naturstoff dar, dessen Gewinnung eine Beraubung der Natur und der Götter bedeutet, die verflucht ist und für die Vergeltung erwartet werden muss. Daran hat sich nach einem Spiegel-Artikel vom 17.3.2008 mit dem Titel »Schmutziges Gold. Das möderische Schuften für den Luxus der Reichen« bis heute wenig geändert. Der mythische Midas, der sich das Gold mithilfe seiner gottgegebenen Vis aurea, seiner magischen Goldkraft, aneignete, umging scheinbar die mörderische Schmutzarbeit und die damit verbundene Schuld. Aber auch er fühlte sich am Ende seiner Goldmetamorphosen sowohl verschmiert als auch schuldig und sündig und konnte erst durch eine Reinigung von seinem *crimen*, seinem Verbrechen, erlöst werden.

Arbeit als Wert- und Goldschöpfung

Das deutsche Wort »Arbeit« hat dieselbe Wortwurzel wie lateinisch *orbus*, verwaist. Dieser etymologische Hinweis kann so verstanden werden, dass der Mensch und das Kind als Folge ihres Verwaistseins selbst arbeiten müssen, weil die Mutter Natur oder die menschliche Mutter sie nicht mehr mit Gratisgaben beschenken und die notwendige Arbeit für sie übernehmen. Beim Kind beginnt die Arbeit nach dem Abstillen und dem Beginn der Sauberkeitserziehung oder mythologisch ausgedrückt mit der Vertreibung aus dem frühkindlichen Paradies. Wenn man von trinkfaulen Säuglingen spricht, wird dagegen unterstellt, dass die Arbeit unmittelbar nach der Geburt beginnt. Arbeit ist die Folge eines Verwaistseins, eines zunehmenden Getrenntseins. Arbeit ist deshalb auch »Trauerarbeit« (Freud 1916c, S. 430), die die psychische Bewältigung eines Verlustes bedeutet. Sie kann scheitern und zur Depression führen oder in eine »Manie« (S. 440) umschlagen, verbunden mit einer Verleugnung des Verlusts und mit einem Allmachtsgefühl, es ohne das Verlorene zu schaffen. Arbeit beinhaltet die Ablösung von den Eltern, ihre Verinnerlichung als Arbeitende und die Erschaffung eines Ersatzes für die Gaben der Eltern. Sie soll zur tendenziellen Überwindung des Verwaistseins und zum Fortschritt in Richtung Selbstständigkeit führen.

Abraham hat die schöpferische Tätigkeit als eine unbewusste infantile »Allmacht der Darmproduktion« (1920a, S. 243) gedeutet, die die Fähigkeit beinhaltet, den allmächtigen Goldkot zu produzieren, der sich in der Phantasie in alles verwandeln lässt. Er bezog sich auf den biblischen Schöpfergott, der nicht nur das »Gold« (1. Mos. 2, 11) erschuf, sondern auch den »Garten in Eden« (2, 8) mit seine essbaren Früchten, also die ernährende Mutter, und schließlich noch »den Menschen aus einem Erdenklos« (2, 7) und damit Kotkinder ohne Beteiligung eines weiblichen Wesens. Dieses göttliche schöpferische Schaffen wird dann in der Bibel der menschlichen Arbeit nach der Vertreibung aus dem Paradies gegenübergestellt, von der es heißt: »Im Schweiße deines Angesichts sollst du dein Brot essen« (3, 19). Das eine ist eine freie und schöpferische, aber auch eine narzisstisch und manisch anmutende Tätigkeit, würdig eines Gottes. Das andere ist eine mühevolle und depressiv gefärbte Tätigkeit, kurz Arbeit genannt, die notwendig ist, weil der Mensch nach seiner Vertreibung aus dem mythologischen, aber auch kindlichen Paradies verwaist ist. Das Wort Arbeit taucht in der Luther-Bibel erst im 2. Buch Moses auf, wo es im Zusammenhang mit den zehn Geboten heißt: »Sechs Tage sollst du arbeiten und alle deine Dinge beschicken« (20, 9). Die Arbeit wird hier auf die Werktage beschränkt, während der Sonntag dem Gottesdienst vorbehalten sein soll. Die an den sechs Werktagen betriebene Arbeit ermöglicht einen arbeitslosen siebten Tag, in dem es zu einer fantastischen Wiedervereinigung mit den Göttern, den verlorenen Eltern, zu einer Aufhebung des Verwaistseins kommen kann.

Marx bezeichnet »Gold und Silber, wie sie aus den Eingeweiden der Erde herauskommen« (1867, S. 107), als »die unmittelbare Inkarnation aller menschlichen Arbeit« und erklärt so die »Magie des Geldes«. Da das Gold als Inkarnation die Fleischwerdung oder Materialisierung von etwas Göttlichem bedeutet, kann das magische Gold, über Marx hinaus, als symbolischer Ersatz für die Inkarnation der infantilen Allmacht der Darmproduktion und damit für den magischen Goldkot verstanden werden. Die Annahme der unbewussten Identität von Gold und Goldkot ermöglicht es, die von Marx entdeckte »abstrakt menschliche Arbeit« (S. 61), die »Quelle von Wert« (S. 181) oder »Wertschöpfung« ist, ebenfalls auf die Allmacht der Darmproduktion zurückzuführen. Dadurch lässt sich die Marx'sche »Werttheorie« (S. 27), nach der die Werte aus einer »gesellschaftlichen Substanz« (S. 52) bestehen, konkretisieren: die abstrakte »Wertsubstanz« (S. 49) ist ursprünglich eine ganz irdische Substanz, nämlich der kindliche Kot, der durch die abstrahierende Verdauungsarbeit produziert wird und der als goldener Milchkot ein erster »Goldfetisch« (S. 147) wird. Grunberger bemerkt, dass die »Abstraktion« (1971, S. 179) tief »in der Analität« wurzelt.

Die zwei verschiedenen biblischen Arbeitsarten, die göttliche und die menschliche, können mit der Marx'schen Entdeckung des »Doppelcharakters der in den Waren dargestellten Arbeit« (1867, S. 56) in Verbindung gebracht werden, die er als den »Springpunkt« betrachtet, »um den sich das Verständnis der politischen Ökonomie dreht«. Marx unterscheidet bei der die Waren produzierenden Arbeit die abstrakt menschliche Arbeit, die Wert, also vorgestelltes Gold und Geld, schafft, das durch Tausch in wirkliches Gold oder Geld verwandelt werden soll, von der »konkret-nützlichen Arbeit« (S. 61), die notwendige Gebrauchswerte zur Befriedigung von menschlichen Bedürfnissen schafft. Während die konkret-nützliche Arbeit konkrete schweißtreibende Arbeit ist, handelt sich es bei der abstrakt-menschlichen Arbeit um »Wertschöpfung« (S. 229), die sich als magische Vis aurea schließlich im Gold inkarniert und die unbewusst auf die infantile Goldkotproduktion zurückgeht. Marx scheint diese psychoanalytische oder ontogenetische Deutung der menschlichen Arbeit zu bestätigen, wenn er sie als »produktive Konsumtion« (S. 198) mit oraler und analer Metaphorik in Verbindung bringt: »Die Arbeit verbraucht ihre stofflichen Elemente, ihren Gegenstand und ihr Mittel, verspeist dieselben«, sodass das Resultat der produktiven Konsumtion der »Kot« (S. 603) ist, der selbst eine materielle Abstraktion darstellt.

In der Arbeitswertlehre der klassischen Ökonomie und bei Marx selbst wird die menschliche Arbeit als Wertschöpfung idealisiert und vergöttlicht. Diese narzisstische Überbewertung geht in der kapitalistischen Realität einher mit einer Tendenz zur Abwertung der Arbeit in ihrer konkret-nützlichen Form und mit einer Verelendung oder gar Fäkalisierung des Arbeiters. Darin zeigt sich die unbewusste zwiespältige Einstellung gegenüber der Arbeit, die sich genetisch sowohl auf die idealisierte infantile Allmacht der Darmproduktion als auch auf die verachtete Produktion und Bearbeitung des ordinären Kots nach dem Abstillen zurückführen lässt, die aber letztlich beides Schmutzarbeiten bleiben. Deshalb ist auch die abstrakte Arbeit als anal fixierte Arbeit nicht eigentlich schöpferisch.

Wirklich schöpferisch oder kreativ ist nur die genitale Tätigkeit in Form von Zeugung und Geburt und die mütterliche und väterliche Tätigkeit, die die Ernährung und das Wachstum des Kindes bewirkt.

Die Kotproduktion des Kindes stellt nicht nur das Vorbild für Arbeiten aller Art dar, sondern die Substanz des Kinderkots ist auch das erste Arbeitsmaterial, an dem das Kind seine weitere Arbeitsfähigkeit entwickelt. Ferenczi hat darauf hingewiesen, dass Kinder in ihrem »Kot- und Sandzeitalter« (1914, S. 201) aus diesen »Materialien« gerne Gegenstände fabrizieren, so »Eßwaren« (S. 202) und »Kuchen«. Der Kot kann damit zum fantastischen oder symbolischen Ersatz für das verlorene Material der Brust und der Muttermilch werden, die das unbewusste Vorbild für die konkret-nützlichen Arbeitsprodukte bleiben. Die Umformung, am eigenen Kot begonnen, setzt der Mensch in Bezug auf andere Materialien fort. Jones hat das »Bestreben, das Produkt umzuformen und zu etwas Neuem zu gestalten« (1918, S. 137), als »Sublimierung« dieser ursprünglichen kindlichen Bestrebung gedeutet und als Beispiel die »Metallgießerei« (S. 138) als eine Sublimierung der Kotformung erwähnt. Auch die Formung des Goldes, seine Bearbeitung, sein Schmelzen und Gießen lässt sich unbewusst auf die Formung des kindlichen Goldkots zurückführen.

Um das Gold, das zufällig gefunden oder durch Arbeit gefördert wurde, weiter zu verarbeiten, war aufgrund seiner Weichheit Feuer nicht unbedingt erforderlich. Gold lässt sich auch kalt hämmern und formen und auf diese Weise in einfache Schmuckstücke verwandeln. Archäologisch und damit historisch fassbar tauchte es erst in Form von gehorteten Schätzen oder Grabbeigaben auf: Der älteste Fund von bearbeitetem Gold, etwa 4500 v. Chr., wurde im Gräberfeld von Warna/Bulgarien gemacht. »Kleinode aus Gold wurden in neolithischen Gräbern gefunden, Goldschmuck in den Gräbern von Ur, in Mykene und in Ägypten« (Sedillot 1989, S. 59). Das alte Ägypten war reich an Goldvorkommen, denn »die Schwemmsände in den Wüstengebieten des Sudan waren mit Goldstaub durchsetzt und zwischen dem Nil und dem Roten Meer erstreckten sich goldhaltige Quartzvorkommen« (S. 51). Die Ägypter begnügten sich

»bald nicht mehr mit dem Golderz, das sie mancherorts zufällig entdeckten. Ebenso wenig gaben sie sich noch damit zufrieden, das Gold mehr oder weniger grob durch Hämmern zu bearbeiten – eine Methode, [...] mit deren Hilfe sie Feuersteinmesser mit goldenen Griffen versahen, Stein und Holz mit Gold plattierten, Armreifen gravierten und Ringe und

Ohrringe herstellten. Sie sorgten vielmehr für einen regelmäßigen Abbau des Minerals, organisierten die systematische Ausbeutung der Minen und gewannen und bearbeiteten das Metall durch Erhitzen« (ebd.).

In Ägypten entwickelte sich wahrscheinlich die Goldverarbeitung noch vor der Kupferverarbeitung, die den Beginn der Bronzezeit einleitete. Bronze war eine Legierung aus Kupfer und Zinn. In diesem Fall hätte der Mensch zuerst am Gold metallurgische Kenntnisse, u. a. Schmelzen und Gießen, entwickelt, die ihm bei der späteren Bearbeitung von Bronze und Eisen nützlich waren.

In den frühen Gesellschaften und Kulturen, die, wie die Gräber und die Grabbeigaben zeigen, schon hierarchisch geschichtet waren, war auch das seltene Edelmetall Gold schon als Schmuck, als Herrschaftszeichen und als Grabbeigabe für den kleinen Kreis der Edlen reserviert. Obwohl Gold eigentlich unvergänglich ist, überdauerten Gegenstände aus Gold in der Regel nur in Verstecken als Schatz oder Grabbeigabe, denn die Goldsubstanz war in Form goldener Gegenstände einer dauernden Verwandlung oder Metamorphose unterworfen. So wurden im Laufe der Geschichte goldener Schmuck, gefundene Schätze und geraubte Grabbeigaben immer wieder eingeschmolzen und neu verarbeitet. Mit der Entstehung der Goldmünzen wurde es dann üblich, Schätze in Goldgeld zu verwandeln und umgekehrt Goldmünzen in Schmuck.

Wenn nach Marx das Gold die »positive Form des Überflusses und Reichtums« (1859, S. 130) darstellt, dann ist auch die Arbeit der Goldförderung und Goldverarbeitung, gesellschaftlich gesehen, überflüssige oder überschüssige Arbeit, also »Mehrarbeit« (1867, S. 231), die über die zum Lebenserhalt »notwendige Arbeit« hinausgeht und ein »Mehrprodukt« (S. 243) schafft. Nach Smith ist in einem kultivierten Land der »Überfluss an Nahrung« (1776, S. 151) die ökonomische Voraussetzung dafür, dass überhaupt das für das Überleben überflüssige Gold beschafft werden und eine Nachfrage danach entstehen konnte. Um diese durch die Goldproduktion befriedigen zu können, müssen die Goldarbeiter, die selbst nichts zur Ernährung beitragen, aus dem Überfluss oder dem Mehrprodukt an Nahrung ernährt werden, außer die Arbeiter werden wie in den antiken Goldbergwerken kaum ernährt und erhalten, sondern zu Tode geschunden. Das Überflüssige einer ursprünglichen Gesellschaft ist zugleich das, was getauscht werden kann, und mit ihm beginnt der ökonomische Austausch.

Gold als Tauschzweck und Tauschmittel

Über das Gold, das als Grabbeigabe in den Megalithgräbern der Jungsteinzeit ca. 3000 v. Chr. gefunden wurde, schreibt Sedillot:

> »Die Edelsteine und das Gold, das unter den Dolmen in Frankreich und
> Portugal zu finden ist, stammten nicht etwa aus dem Orient, ja nicht einmal
> aus dem Nahen Osten, sondern aus lokalen Vorkommen« (1989, S. 14).

Dieses Gold war also nicht durch Tauschhandlungen oder Handels-
beziehungen an seinen Fundort gelangt und kann deshalb nicht als
Tauschmittel oder Tauschzweck betrachtet werden. Möglicherweise
diente es aber als Grabbeigabe und als Gabe oder Opfer an die toten
Ahnen und Götter, um im Austausch mit ihnen deren Wohlwollen zu
bekommen.

In ägyptischen Grabmalereien aus dem 14. Jahrhundert v. Chr. bringen Nubier aus dem heutigen Sudan dem Pharao Goldringe als Tribut
(Williams 1997, S. 20). Zeitlich früher wurden von den ägyptischen Pharaonen »Expeditionen« (Renger 1995, S. 290) nach Nubien organisiert
und unternommen, »um von dort Gold nach Ägypten zu bringen«. Der
Name Nubien bedeutet übersetzt Goldland. In einem ebenfalls im 14.
Jahrhundert v. Chr. nach Ägypten geschriebenen Brief heißt es, dass in
Ägypten »gold was more common than dust« (Williams 1997, S. 19),
es also Gold wie Staub gab. Das war jedenfalls die Vorstellung der
Herrscher Babylons, die in dem in Amarna gefundenen Briefwechsel
mit den Pharaonen »immer wieder um beachtliche Mengen Gold aus
Ägypten nachsuchten, ja sogar regelrecht darum bettelten, das sie für die
Ausstattung von prunkvollen Bauten benötigten« (Renger 1995, S. 297).
Um ohne Krieg, Raub oder Tribut dauerhaft in den Besitz der begehr-
ten Edelmetalle Gold und Silber zu kommen, mussten die Babylonier
ebenfalls Gaben oder Geschenke anbieten. »Dies waren in der Regel
hochwertige Textilien, für deren Herstellung Mesopotamien berühmt
war« (S. 291). Es fand auf diese Weise zwischen den aristokratischen
Herrschern schon ein Tausch statt, wenn er auch wohl vorwiegend als
Austausch von Geschenken aufgefasst wurde. Dabei war für die Herrscher
Babylons das Gold der Tauschzweck und die Textilien das Tauschmittel.
Nach den Briefen zu schließen, ging von ihnen die Initiative zum Tausch
aus, weil sie Gold begehrten, das sie selbst nicht hatten. Die ägyptischen

Pharaonen scheinen in diesem Fall die Umworbenen gewesen zu sein, die schließlich die Textilien als Gegengabe für das Gold akzeptierten, wodurch ihr Gold für sie ein Tauschmittel wurde, um dafür hochwertige Textilien einzutauschen.

Schon Smith führt die »natürliche Neigung des Menschen, zu handeln und Dinge gegeneinander zu tauschen« (1776, S. 16), auf ein ungleiches Verhältnis zurück:

> »Will ein Tier von einem Menschen oder einem anderen Tier irgend etwas haben, so kennt es kein anderes Mittel, als die Gunst dessen zu gewinnen, von dem es etwas möchte. So umschmeichelt ein junger Hund seine Mutter und ein Spaniel versucht alles, um die Aufmerksamkeit seines Herrn, der beim Essen ist, auf sich zu ziehen, damit für ihn ein Bissen abfällt« (ebd.).

Was Smith mit einer Tierbeobachtung illustriert, gilt auch für den Menschen. Nach den Erkenntnissen der Psychoanalyse liegt der unbewusste Ursprung der erwachsenen Tauschhandlungen in der Beziehung des oral bedürftigen Kindes zu seiner Mutter.

Auch Marx scheint die infantile Tauschentstehung zu bestätigen, denn er beginnt seine Geldgenese mit der Tausch- oder Wertgleichung »20 Ellen Leinwand = 1 Rock« (1867, S. 63), d. h. 20 Ellen Leinwand tauschen sich mit einem Rock oder »20 Ellen Leinwand sind 1 Rock wert«. Da er weiter behauptet, dass schon diese »einfache Wertform«, ein »unter dinglicher Hülle verstecktes Verhältnis zwischen Personen« (S. 88) ist, stellt sich die Frage, welche Personen er als durch Leinwand und Rock »sachlich verschleiert« (S. 90) oder »verkleidet« (S. 92) sieht. Dazu gibt Marx selbst einen Hinweis:

> »In gewisser Art geht's dem Menschen wie der Ware. Da er weder mit einem Spiegel auf die Welt kommt noch als Fichtescher Philosoph: Ich bin ich, bespiegelt sich der Mensch zuerst in einem anderen Menschen. Erst durch die Beziehung auf den Menschen Paul als seinesgleichen bezieht sich der Mensch Peter auf sich selbst als Mensch. Damit gilt ihm aber auch der Paul mit Haut und Haaren, in seiner paulinischen Leiblichkeit, als Erscheinungsform des Genus Mensch« (S. 67).

Da der andere Mensch, in dem das Neugeborene zuerst seinen Selbstwert spiegelt, in der Regel die Mutter ist, kann dies als ein Hinweis auf die Genese des Tausches und des Geldes aus der frühen Mutter-Kind-Beziehung verstanden werden. So interpretiert wäre unter der dinglichen Hülle der Leinwand das Wickel- oder Windelkind und unter dem Rock seine Mutter versteckt, die mit ihren Körperprodukten Kot und Milch eine Austauschbeziehung beginnen.

In Analogie zum Menschen kommen die Waren »zur Welt in Form von Gebrauchswerten oder Warenkörpern« (S. 62). Aber außer ihrem Warenkörper besitzen die Waren auch noch eine »Warenseele« (S. 97) oder »Wertseele« (S. 66), die »nur im gesellschaftlichen Verhältnis von Ware zu Ware erscheinen« (S. 62) kann, indem eine Ware der anderen als »Wertspiegel« (S. 67) dient. Gebrauchswert und Wert entstehen zwar durch die Arbeit, aber der produzierte Wert muss erst noch durch Wertspiegelung als Tauschwert anerkannt werden. Die Psychologie des Menschen erscheint bei Marx in verkehrter Form als Psychologie der Waren, des Geldes und des Kapitals. Als solche nimmt sie, darauf hat schon Dahmer (1973, S. 115) hingewiesen, moderne, von Mead beeinflusste Konzepte des Intersubjektivismus vorweg. Wie die Ware kommt auch der Mensch weder mit einem Spiegel als primärer Narziss noch mit einem fertigen Ich zur Welt. Seine Ich-Identität und sein Selbstwert entwickeln sich zuerst in Beziehung zu einem anderen Menschen. Da für das Kind »das Gesicht der Mutter der Vorläufer des Spiegels« (Winnicott 1971, S. 128) ist, spiegelt es seinen Wert zuerst durch den »Glanz im Auge der Mutter« (Kohut 1971, S. 141).

Wenn sich das Kind zunehmend als getrennte Person erlebt, entsteht sein Wunsch, sich mit der Mutter sekundär zu identifizieren, um sich wenigstens psychisch mit ihr wieder zu vereinigen. Die Identifizierung des kindlichen Kots mit der mütterlichen Milch kann nach Brown (1959) den formelhaften Inhalt, »Exkrement wird Aliment« (S. 318), annehmen. So wie das Produkt der Mutter, ihre Milch, das Kind nährt, so soll das Produkt des Kindes, sein Exkrement, ein Aliment für die Mutter sein und damit auch die Mutter nähren. Geht die Mutter auf diese Wunsch- und Größenfantasie ihres Kindes ein, so kann sich der objektiv nicht essbare und damit nutzlose und wertlose Kot in ein magisches Geschenk und damit in eine materielle Gegengabe für die Milch verwandeln, mit der ein Gabentausch zwischen Mutter und Kind beginnen kann.

Bei der Mutter-Kind-Beziehung handelt es sich um zwei physisch und zunehmend auch psychisch getrennte Personen, von denen nur die Mutter die für das Kind lebensnotwendige Milch besitzt. Deshalb gilt nach Mahler: »[D]as Bedürfnis des Kindes nach der Mutter ist absolut, während das der Mutter nach dem Kind relativ ist« (1968, S. 14). Es besteht eine ungleiche Situation, in der das Kind der bedürftige und abhängige Teil ist, passiv an die Mutter ausgeliefert. Wenn allerdings davon ausgegangen wird, dass die Mutter sich ihrem Kind in der ersten Zeit ganz zur Verfügung stellt, kann sie ihm das gegenteilige Erlebnis ermöglichen, das Erlebnis, dass das Bedürfnis der Mutter nach dem Kind absolut ist. Die Mutter bewirkt oder unterstützt dann bei ihrem Kind ein Gefühl der absolut-narzisstischen Allmacht, bei dem sie nur noch als tätiger Teil des grandiosen kindlichen Selbst erscheint und sie ihr Kind und seinen goldenen Kinderkot zu bewundern und zu begehren scheint. Sie ermöglicht ihm dadurch das Erlebnis eines narzisstischen goldenen Zeitalters, das ein die Mutter umfassendes und auf den goldenen Kot gegründetes magisches Allmachtsgefühl des Kindes beinhaltet. Tendenziell soll sich aber, vermittelt durch den kindlichen Kot als Übergangsobjekt, eine erwachsene Tauschbeziehung zwischen Gleichen entwickeln.

Mauss hat in seinem Buch *Die Gabe* (1925) vermutet, dass historisch der Tausch als Geschenke- oder Gabentausch beginnt. Dies korrespondiert mit dem von Abraham vermuteten anfänglichen Geschenketausch zwischen Mutter und Kind. Der Austausch von Geschenk und Gegengeschenk konnte zu regulärem Tausch führen. Der Tausch, der sich zum Handel weiterentwickelte, wurde von Simmel als eine »vermittelnde Erscheinung« (1900, S. 56) zwischen »Raub« und »Geschenk« betrachtet. Nach Lévi-Strauss *Die elementaren Strukturen der Verwandtschaft* (1949) führt das Inzestverbot zum Austausch von Schwestern und Töchtern zwischen Familien. So wie die Inzestschranke bewirkt, das inzestuöse Liebesobjekt auf- und abzugeben, so bewirkt die Ekelschranke dasselbe in Bezug auf den narzisstisch besetzten kindlichen Kot und förderte damit die Neigung zum Tausch.

Der Eintausch von Metallen, die wie Gold, Silber, Kupfer, Zinn und Eisen nur an bestimmten geografischen Orten als Naturprodukte vorkamen, gegen andere Naturprodukte, die zunehmend auch schon bearbeitet wurden, stand historisch am Anfang eines regelmäßigen Handels. In der Bronzezeit, die auf die Jungsteinzeit folgte und in Mesopotamien schon etwa 3000 v. Chr. begann, wurde Kupfer durch Zugabe von Zinn zu Bronze verarbeitet. Zur Beschaffung der notwendigen Metalle entwickelten sich regelrechte Handelsstraßen, wie die »Zinnstraßen« (Sedillot 1989, S. 18), auf denen das »in Afghanistan, im hohen Norden und auf den England vorgelagerten Scilly-Inseln« abgebaute Zinn herbeigeschafft wurde. Berühmte Handelsstraßen waren auch die Bernsteinstraßen, auf denen der Bernstein von der Ostseeküste in den Mittelmeerraum transportiert wurde. Obwohl Bernstein kein Metall ist, war er doch als Schmuck, vielleicht wegen seiner äußerlichen Ähnlichkeit mit Gold, sehr begehrt. Homer in seiner *Odyssee* erzählt von »Phönikern« (XV, 414), die mit ihren Schiffen über das Meer Handel trieben und der Frau eines griechischen Herrschers »ein goldenes Geschmeide, besetzt mit köstlichem Bernstein« (459) zum Tausch anboten.

Herodot wiederum erwähnt in seinem Geschichtswerk Tauschhandlungen der »Karthager« (IV, 196) mit Menschen, die jenseits der Säulen des Herkules in einem »zu Libyen gehörigen Land« lebten, um deren Gold zu bekommen. Wahrscheinlich handelte es sich dabei um ein Land an der Küste von Westafrika, vielleicht um die später sogenannte Goldküste, in deren Umgebung es Goldvorkommen gab. Wenn die Karthager zu diesen Menschen kämen, schreibt Herodot,

> »brächten sie ihre Waren ans Land und legten sie Stück für Stück am Strande aus; darauf gingen sie wieder auf ihre Schiffe und machten Rauch. Wenn die Einwohner den Rauch sähen, kämen sie an den Strand, legten dort Gold hin für die Waren und gingen dann wieder weg. Alsdann kämen die Karthager wieder von ihren Schiffen, um nachzusehen, und wenn sie das Gold für einen angemessenen Preis hielten, nähmen sie es mit und führen nach Hause. Wäre es ihnen aber nicht genug, so gingen sie wieder an Bord und warteten die Sache ab. Dann kämen die anderen wieder und legten immer noch mehr Gold hin, bis sie, die Karthager, zufrieden wären. Auf beiden Seiten ginge es dabei ehrlich zu; denn sie nähmen das Gold nicht mit, bevor sie die Waren damit beglichen, und jene die Waren nicht, bis sie das Gold an sich genommen hätten« (ebd.).

Diese Tauschpraxis wurde später »stummer Handel« (Sedillot 1989, S. 22) oder stiller Tausch genannt und wurde auch bei anderen Völkern bestätigt. So wie es dem mythischen Midas durch seine magische Goldkraft gelang, alles in Gold zu verwandeln, so gelang es den tauschenden Karthagern, ihre Waren nur durch deren Attraktionskraft, ohne göttliche Magie, in Gold zu verwandeln, was später in der entwickelten Geldwirtschaft verkaufen genannt wurde.

Der zunehmend kommerzielle Austausch ging mit dem Zwang einher, die erste Gabe mit einer Gegengabe begleichen zu müssen, was wiederum zum »Austausch von Äquivalenten« (Marx 1867, S. 174) und zum Anspruch führte, nur Gleichwertiges zu tauschen und nicht zu täuschen. Im genannten Beispiel des Herodot sollte das Gold ein angemessener oder gerechter Preis für die Waren und umgekehrt die Waren ein angemessener und gerechter Preis für das Gold sein. Jedenfalls waren ein subjektives Gefühl und eine objektive Einschätzung für Gleichwertigkeit und für Gerechtigkeit, die eine Wertidentität der Waren und abstraktes Denken bei den Menschen voraussetzte, vorhanden oder entwickelte sich im Laufe der Tauschpraxis. Smith meint, auf der untersten Entwicklungsstufe eines Landes sei »das Verhältnis zwischen den Mengen Arbeit, die man einsetzen muß, um einzelne Gegenstände zu erlangen, offenbar der einzige Anhaltspunkt, um eine Regel für den gegenseitigen Austausch ableiten zu können« (1776, S. 42). Diese Regel bestand im Austausch von gleichen Arbeitsmengen, die durch die »Zeit« (S. 29) gemessen wurden. Über die Bestimmung des Werts einer Ware, genauer ihres Tauschwerts im Gegensatz zu ihrem Gebrauchswert, besteht bis heute kein wissenschaftlicher Konsens, denn es geht dabei um die Grundlagen der Gerechtigkeit. Das Spektrum der Wertbestimmung reicht von der objektiven Arbeitswertlehre bis hin zu der subjektiven Grenznutzenwertlehre, wobei der Wert durch die Arbeit, den Nutzen oder durch beide zusammen bestimmt wird.

Nach Marx lebte der Mensch ursprünglich in »Familien« (1867, S. 372), weiter entwickelt zu »Stämmen«, die ökonomisch weitgehend »selbstgenügend« (S. 379) waren. Innerhalb dieser Gemeinwesen gab es noch keinen nennenswerten Austausch und die gemeinsam erarbeiteten Güter wurden verteilt. Aber

> »verschiedene Gemeinwesen finden verschiedene Produktionsmittel und verschiedene Lebensmittel in ihrer Naturumgebung vor. Ihre Produktionsweise, Lebensweise und Produkte sind daher verschieden. Es ist diese naturwüchsige Verschiedenheit, die bei dem Kontakt der Gemeinwesen den Austausch der wechselseitigen Produkte und daher die allmähliche Verwandlung dieser Produkte in Waren hervorruft« (S. 372).

Der Warentausch beginnt, »wo die Gemeinwesen enden, an den Punkten ihres Kontakts mit fremden Gemeinwesen« (S. 102). Durch diesen Kontakt »setzt sich das Bedürfnis für fremde Gebrauchsgegenstände allmählich fest« (S. 103), so auch das Bedürfnis nach Gold oder überhaupt nach Metallen. Auf den meist kollektiven Tausch mit Fremden, dem späteren Außenhandel, folgte historisch der Austausch innerhalb des Gemeinwesens, wobei Individualisierung und Privateigentum Ursache und Folge waren.

König Midas und das prämonetäre Gold

Bevor das Gold im siebten Jahrhundert v. Chr. in Lydien zu Goldmünzen verarbeitet wurde und damit das eigentliche monetäre Zeitalter begann, war es schon Jahrtausende vorher in den frühen Hochkulturen begehrter Tauschgegenstand. Zuerst entwickelten Könige und hohe Priester, also der herrschende weltliche und religiöse Adel, den Drang, möglichst viel von dem seltenen Edelmetall aufzuhäufen und zu horten. Nach Renger (1995) wurde das Gold im alten Mesopotamien zu Gegenständen verarbeitet, die zum einen »dem Prunk des Hofes« (S. 304) dienten, zum anderen »mehrten sie das Prestige des Herrschers oder anderer Personen«, besonders, wenn sie »als Weihgaben oder in anderer Form dem Götterkult« dienten. Schließlich fand ein Teil des in königlichen Schatzkammern gehorteten Edelmetalls noch »im Totenkult in Form von wertvollen Grabbeigaben Verwendung« (S. 305). In Notlagen wurden die »angehäuften Schätze den Schatzhäusern entnommen«, wenn es zum Beispiel galt, »fremde Mächte als Bundesgenossen zu gewinnen«. Im Krieg und bei Eroberungen wurden die Schätze »den Unterlegenen als Tribut abgepresst oder schlichtweg als Kriegsbeute abtransportiert«. In Homers *Odyssee* wird sowohl die Schatzkammer des Odysseus, das »hohe, weite Gewölbe [...] wo Gold und Kupfer gehäuft lag« (II, 338f.), als auch die ägyptische Stadt Theben »voll schätzereicher Paläste« (IV, 127) erwähnt. Außerdem erzählt Odysseus, wie er und seine Gefährten die »Stadt der Kikonen« (IX, 39) verwüsteten, die Männer töteten und »die jungen Weiber und Schätze« (41) untereinander aufteilten. Nach Fellmeth war es das »Ziel jeder wirtschaftlichen Tätigkeit« (2008, S. 22) der archaisch-griechischen Herrscher, »die Überschüsse und die Beute zu thesaurieren« und damit »den Schatz im Palast des Herren zu mehren«.

Die altorientalischen Herrscher, ebenso wie die altägyptischen Pharaonen, entwickelten also schon 2.000 Jahre vor dem historischen König Midas einen Midaskomplex. Es ist bekannt, dass in den aristokratischen

Kreisen schon früher als bei der Allgemeinheit das goldene Zeitalter der Mutter-Kind-Beziehung quantitativ verkürzt und qualitativ verändert wurde, indem das Kind von Ammen und Kinderfrauen gestillt und betreut wurde, nicht mehr von der eigenen Mutter, die sich zunehmend entzog. Nach Seibert sind Ammenverträge schon durch den babylonischen Codes Hammurabi, etwa 1700 v. Chr., belegt (vgl. H. Harsch 2001). Die Amme des mythischen Orest in der *Orestie* des Aischylos, erstmals aufgeführt 458 v. Chr., beschreibt ihre Tätigkeit als »doppelt Handwerk« (Totenspende, 761), als »Wäscherin und Amme« (760). Sie will damit sagen, dass sie nicht nur für das Stillen des Kindes, sondern auch für die Reinlichkeit der »Windeln« (759) und damit für eine frühe Form der Sauberkeitserziehung zuständig war. Die Ammen konnten aus aristokratischen Kreisen stammen, die es als Ehre ansahen, das Königskind zu stillen und zu versorgen, sodass sich die Stillzeiten auch wieder verlängerten. Sie konnten aber auch erbeutete oder gekaufte Sklavinnen sein, die weniger motiviert waren. Mit der Verallgemeinerung der Geldwirtschaft wurden die Ammen für ihre Säuge- und Reinigungsarbeit bezahlt und eine Verkürzung der Stillzeiten bedeutete Geldeinsparung.

Ich gehe davon aus, dass aus der historisch entstandenen Konstellation der Verkürzung und Veränderung des infantilen goldenen Zeitalters der Wunsch entsprang, sich den zu früh verlorenen Goldkot wieder anzueignen. Dies führte dazu, dass die so geprägten Kinder der Aristokratie als Erwachsene versuchten, mithilfe ihrer Untergebenen in den Besitz des unvergänglichen Goldes zu kommen, um das zu früh verdrängte Zeitalter des goldenen Kinderkots unter narzisstischen Vorzeichen auf Dauer individuell und gesellschaftlich wieder herzustellen. Die Hinwendung zum Gold als dem Repräsentanten des kindlichen Goldkots bedeutete eine Abwendung von den Mutter- und Vaterrepräsentanten. Diese Änderung der Einstellung ging einher mit einer Förderung der kindlichen Selbstständigkeit in der Erziehung, die zur Aufwertung der Kotsymbole und Abwertung der Elternsymbole führte.

Der historische König Midas besaß, wie die durch die Archäologie bestätigte »Kostbarkeit der gordischen Funde« (Thiel 2000, S. 28), vor allem der »Grabbeigaben«, zeigte, Schätze und Reichtümer, die die Griechen beeindruckten. Im Midasmythos sollte die Herkunft dieses Reichtums erklärt und zugleich gezeigt werden, dass Midas seinen schon bestehenden Goldschatz, der zur Entfaltung von Prestige und Macht diente, so maßlos vergrößern wollte, dass dies zu seinem Unglück führte. Seinen Goldreichtum hatte der historische Midas weder durch die mythologische gottgegebene Vis aurea noch durch eigene Arbeit oder eigenen Handel erworben, sondern er kam ihm als »königliches Privilegium« (Marx 1939, S. 141) zu. Sombart spricht in einem solchen Fall von »Machtreichtum« (1916, S. 586), wenn auf die Macht als Herrscher und König der (Gold-)Reichtum folgt. Den Gegensatz dazu nennt er die »Reichtumsmacht«, bei der auf den Reichtum die politische Macht folgt.

Das Gold des Midas war entweder eine Gabe eines anderen Königs, sei es als Geschenk oder als Tribut, oder seine Untertanen haben das Gold für ihn erbeutet, erarbeitet oder eingetauscht und an den König abgegeben. Die *ruricolae*, die Bauern des Midas, mussten die produzierten Nahrungsmittel abgeben, damit sie redistributiv, nach Maßgabe des Königs, wieder verteilt werden konnten oder sie mussten von vornherein nur einen Teil an König und Hof abliefern, nämlich das durch die Mehrarbeit produzierte Mehrprodukt, das den Überschuss über die zur Selbsterhaltung der Bauern notwendigen Nahrungsmitteln darstellte. Da die *ruricolae* und *ministri* des Midas als Vertreter der die Menschen mit Nahrung versorgenden Erd- und Muttergottheit Ceres gedeutet wurden, lässt sich ihre Mehrarbeit und ihr Mehrprodukt auch als die ursprüngliche Arbeit einer Mutter für ihr Kind verstehen. Die Mutter muss zuerst für ihre eigene Subsistenz oder Selbsterhaltung arbeiten, also notwendige Arbeit leisten. Es sei denn, diese notwendige Arbeit wird ihr für einen gewissen Zeitraum von anderen Gesellschaftsmitgliedern abgenommen, damit sie ihre Arbeitszeit ganz ihrem Kind widmen und ihm das infantile goldene Zeitalter ermöglichen kann. Die Milch, die sie für das Kind produziert, kann als ihr natürliches Mehrprodukt und ihre Arbeit des Nährens kann als Mehrarbeit, wofür sie Mehrarbeitszeit benötigt, interpretiert werden. Muss die Mutter aufgrund der Umstände alle Kraft und Zeit verausgaben, um die für ihre eigene Selbsterhaltung notwendige Arbeit zu leisten, so bliebe ihr keine Mehrarbeitszeit für das Kind. Der Fortbestand der Menschen wäre gefährdet.

Das Kind, das sich die Muttermilch oral einverleibt, eignet sich zugleich das Mehrprodukt der Mutter oder ihre Mehrarbeit an. Diese einseitige Aneignung ist ein wesentlicher Bestandteil der infantilen Ökonomie und die Einsaugung der Milch ist die erste Tätigkeit des Kindes in der Beziehung zur Mutter. Daraus erwächst der Wunsch des größer werdenden Kindes, selbst zu geben und zu arbeiten in Identifikation mit der gebenden und arbeitenden Mutter. Das Kind lässt als Erwachsener, als Mutter, wiederum ihr Kind das Mehrprodukt aneignen. Werden die Mutter oder die anderen Erwachsenen aus Altersgründen arbeitsunfähig, so eignen sie sich schließlich das Mehrprodukt der Arbeitsfähigen an. Es macht allerdings einen Unterschied, ob die Eltern im Alter in etwa das zurückbekommen, was sie einst an die Kinder gegeben haben, oder ob sich Einzelne oder Klassen gesellschaftlich festsetzen, die auf Dauer das Mehrprodukt anderer verzehren und nach den Worten von Smith, »dort ernten, wo sie niemals gesät haben« (1776, S. 44). Sie möchten auch als Erwachsene, nach dem unbewussten Vorbild der infantilen Ökonomie, sich weiter einseitig ein Mehrprodukt aneignen.

Der mythische König Midas wünschte sich mehr als eine Herrschaft, die nur auf der Versorgung mit Nahrung begründet war. Er wünschte sich einen alles umfassenden Goldschatz, der zu Allmacht und Unsterblichkeit und damit zu seiner Vergöttlichung führen sollte. Auch der historische König Midas erfüllte sich seinen Ewigkeitswunsch durch die Kostbarkeiten seiner Grabbeigaben. Indem er das ihm zugängliche Gold horten wollte, zeigte sich sein Midaskomplex. Unbewusst strebte er mithilfe des Goldes die Wiederherstellung eines infantilen goldenen Zeitalter an, aber nicht eines, das auf einem Geschenke- oder Gabentausch beruhte, sondern eines unter absolut narzisstischen Vorzeichen, das ihm ein auf dem Besitz des Goldkots beruhendes Gefühl der Allmacht, der Zeitlosigkeit und der Grenzenlosigkeit ermöglichen, ihn von allen und allem unabhängig machen und damit vergöttlichen sollte.

Abgesehen davon konnte sich ein traditioneller antiker König, dem alles Gold abgegeben wurde, auch noch im Machtglanz und Prestige des Goldes und in der Anerkennung und Bewunderung seiner Untergebenen sonnen oder spiegeln. Dabei spielte er unbewußt die Doppelrolle von »His Majesty the Baby« (Freud 1914b, S. 157). Einerseits wurde er im Glanze seines Gold so geliebt und verehrt, dass ihm seine Untertanen als Mütter und Väter ihre Gaben wie Nahrung, Arbeitszeit und Liebe wie einem Baby darbrachten oder opferten, andererseits spielte er aber auch die Rolle einer Majestät, einer allmächtigen Mutter oder im weiteren eines allmächtigen Vaters, der oder dem alle Untergebenen als Kinder ihr Gold oder ihren Goldkot als Geschenk, Gabe oder Tribut abgaben und auf ihn übertrugen.

Antike Fürsten konnten sich nicht nur einseitig Gold als Opfer, Abgabe oder Tribut aneignen. Sie mussten zur Herrschaftserhaltung auch distributiv, d. h. verteilend und austeilend, oder besser redistributiv, d. h. wiederausteilend, sein. Bei den »klassischen redistributiven Wirtschaften der alten Kulturen des Nahen Orients« (Howgego 1995, S. 19) handelte es sich meist um »Palastwirtschaften« (Polanyi 1979, S. 387) oder auch um »Tempelwirtschaften« mit einem Herrscher und/oder einem Oberpriester an der Spitze. Das Gold oder Silber wurde als Geschenk oder als Auszeichnung für Verdienste, als Honorar, Sold oder Lohn teilweise wieder an die Untertanen abgegeben und ausgeteilt, um damit auch dem innergesellschaftlichen Gabentausch Genüge zu tun. Ansonsten drohte den Herrschern ein dem mythischen Midas vergleichbares Schicksal, indem sie sich von ihren Untertanen isolierten und den Kontakt zur politischen Realität, die auf einer gewissen Gegenseitigkeit zwischen Herrscher und Beherrschten beruhte, verloren.

Renger schreibt über die »redistributive Palastwirtschaft« (1995, S. 271) im alten Mesopotamien, dass »sicher beachtliche Mengen an Silber in Form von Ringen als Geschenke des Herrschers an Angehörige der Oberschicht und patrimoniale Amtsträger gelangt« (S. 293) sind. Möglicherweise hat das an sie geschenkte Silber »dann seinen Weg in andere Segmente der Gesellschaft gefunden«. Gold oder auch Silber wurde in Form von auszeichnendem Schmuck, besonderen Gegenständen, Herrschaftszeichen und später als Medaillen oder als Barrengold nach gezählten Gewichtseinheiten für Leistungen und Verdienste der Untertanen verteilt. Es funktionierte schon teilweise als Münze und als Zahlungsmittel, also als Geld, da mit ihm einzelne, später sogenannte Geldfunktionen ausgeübt werden konnten. Trotzdem bestand nach Renger im alten Mesopotamien, obwohl es dort schon Geld gab, noch keine Geldwirtschaft im eigentlichen Sinn, die auf den Markt und den Verkauf von Waren gegen Geld ausgerichtet war, weil wesentliche Bereiche der Wirtschaft noch ohne Geld auskamen (vgl. S. 271). Die Wirtschaft als redistributive Palastwirtschaft war durch vorwiegende »Subsistenzproduktion« (S. 318) charakterisiert, woraus sich nur ein »beschränkter Austauschbedarf« ergab.

Ein anderer Aspekt dieser Palastwirtschaft waren die militärischen Ausgaben des Königs zur Herrschaftssicherung und Herrschaftsvermehrung und damit auch zur Sicherung und Vermehrung seines Schatzes. Je größer dieser wurde, umso größere Begehrlichkeiten zog er auf sich und umso größere Ausgaben zu seiner Sicherung wurden benötigt. Diese militärischen Ausgaben waren schließlich ein Hauptgrund für die Emission der Schätze als Zahlungsmittel oder Geld. So schreibt Howgego in Bezug auf die Münzgeldentstehung:

> »Theorien, daß die Münzen zuerst dazu benutzt wurden, um Söldner zu bezahlen, oder daß sie in einem weiteren Umfang für normierte Zahlungen durch und an den Staat dienten, sind mit dem Charakter und dem Erscheinungsbild der Münzprägung in Einklang zu bringen« (1995, S. 3).

Der Midasmythos ist persönlich, historisch und geografisch auf einer Grenze angesiedelt. In der mythologischen Person des Midas verdichten sich, wie gezeigt wurde, ein kleinasiatischer König mit seiner Bestrebung, aus Macht- und Prestigegründen Edelmetallschätze vor allem in Gold, Goldgeräten und goldenen Herrschaftsinsignien anzusammeln, und zugleich, wie im Folgenden gezeigt wird, ein lydisch-griechischer Tyrann oder gar erster Polis-Bürger, der mit dem Sturz der aristokratischen Geschlechter zum Wegbereiter sowohl der griechischen Polis-Demokratie als auch der Münz- und Geldwirtschaft wurde. Die beiden durch den Mythos verdichteten exemplarischen Herrschergestalten und ihr Verhältnis zum Gold werden also getrennt voneinander und historisch aufeinander folgend dargestellt. Historisch spielt der Mythos in der Zeitenwende zwischen der griechischen Archaik und Klassik und geografisch zwischen dem alten Orient und dem sich entwickelnden griechischen Okzident.

5 Der Midaskomplex als Geldkomplex

Midas, Gyges und die Entstehung des Münzgeldes

Nach Herodot, und die moderne Forschung bestätigt dies, wurden die ersten Gold- und Silbermünzen von den Lydern im westlichen Kleinasien geprägt und verwendet, die in enger politischer und kultureller Verbindung zu den griechischen Küstenstädten standen. Sowohl der Mythos des phrygischen König Midas als auch der des lydischen König Gyges, die beide zu Beginn des siebten Jahrhunderts v. Chr. gelebt haben sollen, werden mit der Entstehung des Münzgeldes in Verbindung gebracht und unter diesem Aspekt interpretiert. Nach Thomson wurde die

> »Erfindung der Münzprägung [...] in der] Volkserinnerung bewahrt durch die Erzählungen von Midas dem phrygischen König, der alles, was er berührte, in Gold verwandelte, und von Gyges von Lydien, der mithilfe seines goldenen Rings, der ein magisches Siegel trug, sich unsichtbar machte, sich in den Königspalast stahl, den König tötete und selbst König wurde« (1955, S. 160).

Die Deutung des Midasmythos als Gründungsmythos des Münzgeldes wird auch von Merkelbach vertreten. Nach ihm soll der »Phrygerkönig Midas« (1992, S. 17) das erste gemünzte Geld etwa 700 v. Chr. in Sardes geprägt haben. Polanyi hat die Midaslegende mit der Entstehung des ersten Marktes in der lydischen Hauptstadt Sardes in Verbindung gebracht (1957, S. 172). Aber nach seiner Meinung war es Gyges, der »die Prägung von Münzen aus Elektron eingeführt haben dürfte« (S. 173).

Dieselbe Meinung vertritt Sedillot, der »das erste Münzgeld der Welt« (1989, S. 62) auf den Goldring des Gyges zurückführt und den Gyges-mythos als Gründungsmythos des Münzgeldes betrachtet.

Das germanisch-deutsche Wort »gelt« oder Geld bedeutete ursprüng-lich Opfer an die Götter. Aber zum eigentlichen Geld wurde Gold als zukünftiger Geldstoff erst, nachdem es von den Priestern der Götter und von den weltlichen Herrschern aus ihren Tempeln und Schatzkammern, in die es durch Opfer oder Tribut gelangt war, wieder durch einen redis-tributiven Akt herausgegeben, also emittiert, in Umlauf gesetzt und damit freiwillig oder unter Zwang säkularisiert und demokratisiert wurde. Das berühmteste Beispiel für einen solchen Akt, allerdings schon lange nach dem ersten Münzgeld, war die Emission des persischen Staatsschatzes, davon 50.000 Talente an Gold, in Form von Gold- und Silbermünzen durch Alexander den Großen 330 v. Chr (Howgego 1995, S. 57). Auch im Midasmythos wird zweimal eine Redistribution dargestellt. Das erste Mal geht sie vom Gott Bacchus aus, der durch seine Gabe der Goldmeta-morphose den menschlichen König Midas am göttlichen Gold teilhaben lässt. Das zweite Mal ist es König Midas selbst, der seine Goldkraft oder sein Gold auf Rat des Dionysos wieder abwäscht und damit abgibt. In der altorientalischen Tradition, in der Gold für die herrschaftliche Re-präsentation und für den sakralen Kult reserviert war, hätte König Midas zuerst alles für sich beansprucht und gehortet, dann aber, nachdem er in eine lebensbedrohliche existenzielle oder politisch-ökonomische Krise geraten war, diese Tradition aufgegeben und das Kult- und Hortmetall Gold, vielleicht unter dem Einfluss von griechischen Beratern, an seine Untertanen herausgegeben.

Nun konnte sich jeder freie Bürger das privilegierte königliche Gold durch Arbeit und durch Tausch, als Tauschzweck, selbst aneignen. Da alle das Gold begehrten und es eintauschen wollten, verwandelte es sich für die Goldbesitzer in ein allgemeines Tauschmittel und damit in Geld, mit dem alle zum Tausch angebotenen Waren und Dienstleistungen eingetauscht werden konnten. Auf diese Weise wurde das von Midas gehortete Gold in potenzielles Geld, in Tauschmittel und in Zahlungsmittel verwandelt. Durch die Überwindung seines Midaskomplexes oder durch die Aus-oder Abgabe seines Goldes wäre so das Goldgeld oder die Goldmünze entstanden und zugleich hätte er die Verallgemeinerung des Midaskom-plexes gefördert. Das Gold wurde aber durch den redistributiven Akt nicht vermehrt, sondern nur anders verteilt. Deshalb kamen nur wenige, trotz seiner prinzipiellen Verallgemeinerung oder Demokratisierung, in den Besitz eines Teils des königlichen Goldschatzes. Die auf diese Weise entstandenen Emporkömmlinge konnten sich dann aber als neue Könige oder als neuer Geldadel fühlen.

In der Herodot'schen Darstellung der lydischen Geldentstehung wird nicht nur erwähnt, dass die Lyder »sich zuerst geprägter Gold- und Silbermünzen bedient und [sich] zuerst mit Kramhandel abgegeben« (I, 94) haben, sondern auch, »daß sie die jungen Mädchen Hurerei treiben lassen«. Das tun die Mädchen, »um sich damit eine Aussteuer zu verdienen [...] bis sie heiraten und sich selbst einen Mann aussuchen« (93). Anscheinend konnten in Lydien nicht nur alle Bürger, sondern auch alle Bürgerinnen alles, was sie wollten, ihre Waren und ihre Arbeit, aber auch ihre Körper und ihre Liebesdienste in Gold verwandeln, um sich mit ihm wie eine Königin zu fühlen, die ihren Ehemann selbst aussucht.

Wenn das Gold zuerst allgemeiner Tauschzweck war und sich dann zum allgemeinen Tauschmittel entwickelte, so unterscheidet sich diese Geldgenese von der schon von Aristoteles vertretenen Auffassung, dass das Geld »für den Warenaustausch entstand« (Marx 1867, S. 179). Nach Aristoteles wurde das Geld als Mittel erfunden, um damit bedürfnisbefriedigende Waren einzutauschen. Durch diese Eigenschaft als allgemeines und gültiges Tauschmittel wurde es schließlich auch um seiner selbst willen begehrt und wurde so, entgegen seiner Natur, selbst zum Tauschzweck. Auch Smith geht davon aus, dass nachdem »sich die Arbeitsteilung einmal weithin durchgesetzt« (1776, S. 22) hatte, der Naturaltausch den Erfordernissen einer entwickelten »kommerziellen Gesellschaft« (S. 23) nicht mehr gerecht wurde. Auf der Suche nach geeigneten Tauschmitteln kamen »die Menschen in allen Ländern aus vernünftigen Gründen« schließlich auf die Edelmetalle. »Metall lässt sich, da es haltbarer als jede andere Ware ist, nicht nur ohne nennenswerte Verluste aufbewahren, es kann auch ohne Schaden beliebig geteilt und leicht wieder eingeschmolzen werden, eine Eigenschaft, die kein gleich dauerhafter Stoff besitzt und die es vor allen anderen auszeichnet als Zahlungs- und Umlaufmittel zu dienen« (S. 23f.). Außer dieser funktionellen gibt es bei Smith noch eine andere Anforderung an das zukünftige Geld. Es sollte eine Ware sein, von der der Tauschwillige »annehmen konnte, daß andere sie im Tausch gegen eigene Erzeugnisse annehmen werden« (S. 23). Für diese von jedermann angenommene, weil begehrte, Ware eigneten sich besonders Gold und Silber. Durch ihre »Nützlichkeit, Schönheit und Seltenheit« (S. 150) besaßen sie,

»lange bevor sie als Münzen verwendet wurden und unabhängig davon«, schon einen »Wert« und ihre Wertschätzung als Gebrauchswert »gab den Edelmetallen die Eigenschaft, als Geld zu fungieren«. Nach Marx prädestinieren die »Natureigenschaften« (1867, S. 104) von Gold und Silber sie für die Geldfunktionen. So sind ihre »Gleichförmigkeit der Qualität« (1859, S. 129) und »die Möglichkeit ihrer Zerschneidung in beliebige Teile und deren Wiederzusammensetzbarkeit« die Bedingungen für ihre Funktion als Wertmaß. Ihr hoher Wert und ihre »materielle Beweglichkeit« gewährleisten, dass sie als Zirkulationsmittel dienen können, und ihre »Dauerbarkeit« und »relative Unzerstörbarkeit« machen sie zum »natürlichen Material der Schatzbildung«. Zugleich machen ihre »Seltenheit« (S. 130) und ihre »ästhetischen Eigenschaften« sie zum »naturwüchsigen Material von Pracht, Schmuck, Glanz, sonntäglichen Bedürfnissen, kurz zur positiven Form des Überflusses und Reichtums«. Deshalb werden sie von allen begehrt und können so zum allgemeinen Äquivalent oder Tauschmittel werden. Betrachtet man die klassischen Theorien über die Genese des Geldes genauer, so können auch sie als Beleg für seine Genese als Tauschzweck gelten. Gold als das spätere Geldmaterial war ursprünglich eine »res sacrosanctae, extra commercium hominum« (S. 145), also »eine heilige Sache außerhalb des menschlichen Austausches«. Nachdem es durch einen politischen Akt im Prinzip für alle Bürger und damit für den Kommerz freigegeben wurde, konnte es von allen eingetauscht werden und wurde so als die allgemein begehrteste Sache zum allgemeinen Tauschmittel.

Im Midasmythos wird die ökonomische Seite der Münzentstehung thematisiert. Im Gygesmythos geht es mehr um die politische Seite, um die Verwandlung der aristokratisch-patriarchalischen in demokratisch orientierte Verhältnisse als gesellschaftliche Bedingung der Münzentstehung. In Griechenland wurde nach Will die erste Ausgabe von Hort- und Kultmetall in Form von Gold- und Silbermünzen Tyrannen zugeschrieben, die den »Willen des Kollektivs verkörperten« (1955, S. 218) und im siebten Jahrhundert v. Chr. begannen, die alten adligen Geschlechter zu stürzen, um deren Schätze dem Volk zugänglich zu machen. Dadurch wurden sie die Wegbereiter für weitergehende demokratische Bestrebungen. Tyrann war aber der lydische Begriff für König und wahrscheinlich war der lydische König Gyges das Vorbild für die griechischen Tyrannen.

Der Gygesmythos liegt in zwei verschiedenen Versionen vor. Die ältere stammt von Herodot (I, 8–13) und wurde etwa 440 v. Chr. geschrieben, die zweite von Platon, der sie in seiner *Politeia* etwa 50 Jahre später wiedergibt. Bei Herodot ist Gyges ein Vertrauter des lydischen Königs Kandaules. Dieser will Gyges unbedingt seine Frau, die Königin, nackt zeigen, um mit ihrer Schönheit zu prahlen. Die durch diese Bloßstellung in ihrer Würde und Scham verletzte Königin stellt Gyges vor die Wahl, den König zu töten und sie zu heiraten oder selbst zu sterben. Gyges entscheidet sich für das Erste und wird auf diese Weise lydischer König (359f.). In dieser Version ist Geld oder Gold als Motiv nicht erkennbar, sondern es handelt sich um eine ödipale Thematik. In der Platon'schen Version ist Gyges dagegen ein einfacher Hirte ohne direkte Beziehung zum König. Er findet in einer durch ein Erdbeben entstandenen Kluft einen Leichnam mit einem goldenen Siegelring, den er sich ansteckt. Der Emporkömmling Gyges beginnt als furchtloser Grabräuber und Usurpator von goldenen Herrschaftszeichen seinen gesellschaftlichen Aufstieg. Er bemerkt, dass er, indem er den Siegelring einwärts dreht, unsichtbar wird. Durch die Magie des goldenen Ringes gelingt es ihm, die Königin für sich zu gewinnen, den König zu töten und damit selbst lydischer König oder Tyrann zu werden. Gyges wurde nicht wie Ödipus durch seine körperlichen und geistigen Kräfte König, indem er Laios und die Sphinx besiegte, sondern er stellt einen neuen Typ des Emporkömmlings dar, der durch die Magie des Goldes oder des Geldes, vielleicht für andere unsichtbar durch Bestechung, ebenfalls sein Ziel erreicht. Der einwärts gedrehte Siegelring wird von Sedillot als ein Hinweis auf das Münzgeld interpretiert. Der Aufsatz des Siegelrings könnte, losgelöst und in die Hand genommen, eine Vorform der Münze gewesen sein.

Während der älteren Version des Gygesmythos ein Ödipusmotiv zugrunde liegt und ein Gold- und Geldmotiv noch nicht vorkommt, ist in der dramatischen Bearbeitung des Ödipusmythos, in Sophokles *Oedipus Tyrannos*, außer dem Ödipusmotiv auch schon ein Geldmotiv enthalten. Bevor Ödipus erkennt, dass er selbst, ohne es zu wissen, der Mörder seines Vaters geworden ist, vermutet er als Täter bezahlte Raubmörder und fragt: »Wie wär der Räuber, hätt man's nicht mit Geld von hier ins Werk gesetzt, zu solcher Tollkühnheit geschritten?« (123ff.). Da das Geld als Handlungsmotiv im fünften Jahrhundert v. Chr. allgemein bekannt war, stimmt Kreon Ödipus mit den Worten zu: »So dachte jeder« (126). Aber wie es sich im weiteren Verlauf des Dramas herausstellt, gab es keinen durch Geld gekauften Raubmörder, sondern der Mörder war Ödipus selbst. Sein ihm nicht bewusstes Motiv war nicht das Geld, sondern seine Aggression gegen den Vater als Rivale und seine inzestuösen Wünsche gegenüber der Mutter. Die Wiedergabe und Interpretation des Ödipus- und des Gygesmythos durch Sophokles und Platon sind Beispiele dafür, wie das Ödipusmotiv durch das Geldmotiv im Laufe der Geschichte ergänzt oder gar ersetzt wurde.

Möglicherweise war Gyges in der Realität durch Goldfunde, die er sich wie den Ring mutig, aber widerrechtlich aneignete, an die Macht gekommen. Er hätte dann die private Aneignung des Flussgoldes auch durch andere legalisiert, indem er zwar sein Siegel auf die gefundenen und noch wenig bearbeiteten Goldklumpen drücken ließ, sie aber nicht mehr grundsätzlich und ausschließlich für den königlichen Staatsschatz beanspruchte. Auf diese Weise hätte er das im Fluss Paktolus gefundene Gold zum ersten Münzgeld gemacht, das nun wieder privat als Tauschmittel, als Geld, weiter verwendet werden konnte.

Auch bei Bernstein findet sich der Gedanke, dass das Gold durch seine Verwendung als Geld »demokratischer gemacht« (2000, S. 54) wurde, indem es als Goldmünzen in »die Hände der Volksmassen« (S. 22) gelangen konnte und dadurch die Nachfrage nach Gold stark erhöht wurde. »Münzwährungen demokratisierten« (S. 194) deshalb »das Gold, weil sie in der Öffentlichkeit in Umlauf waren«. Bernstein geht aber nicht auf die politischen Umwälzungen ein, die diese Demokratisierung des Goldes erst ermöglichten. Andererseits bemerkt er über die italienischen Goldmünzen des Mittelalters, »dass diese Münzen nie für den Gebrauch durch das gemeine Volk gedacht waren; sie zirkulierten nur in der Oberschicht und unter den aktivsten Händlern« (S. 112).

Da das objektive Wissen über die Geldentstehung immer noch gering und das Geld selbst nicht eindeutig definiert ist, gibt es viele verschiedene Theorien über die Geldentstehung, so auch eine kultische Theorie. Roheim, der sich auf Curtius bezieht, äußert die Meinung, das Geld stamme aus dem Kultus der »Großen Mutter« (1923, S. 240) des alten Orients, aus den Tempeln der Ischtar/Astarte/Kybele und im weiteren der griechischen Göttin Aphrodite, weil die frühen Münzbilder häufig diese Göttinnen symbolisierten. Diesen religiösen Mutter-Geld-Kult deutet er so: »Wie das Kind an der Mutterbrust saugt und dafür mit Exkrementen ›bezahlt‹«, so hätten die Gläubigen begonnen, der Muttergöttin Goldstücke und damit schließlich Geld zu opfern, um ihre Zuwendung zu bekommen.

Beim Opfer handelt es sich einerseits um ein »Identifikationsopfer«, ursprünglich um eine »Totemmahlzeit«. Diese lebt noch im christlichen

Abendmahl fort, in dem durch die heilige Wandlung von Brot und Wein in das Fleisch und Blut Christi, durch die Transsubstantiation, eine Vereinigung mit dem Göttlichen angestrebt wird. Andererseits ist das Opfer auch ein »Tausch- und Geschenkopfer«, durch das die Menschen den Göttern Gold als Opfer darbringen, um sie auf diese Weise für sich zu gewinnen – »do, ut des«. Roheim weist darauf hin, »daß die Bedeutung des Geldes in dem Kult der Aphrodite-Ischtar eng mit der Erotik verknüpft war; Mädchen werden im Heiligtum der Muttergöttin von Fremden entjungfert und das Geld, welches sie dafür erhalten, wird der Aphrodite geheiligt« (1923, S. 240). Auch Marx weist auf diesen Kult hin, wenn er über das Geld schreibt: »Den Phöniziern, einem Handelsvolke par excellence, galt Geld als die entäußerte Gestalt aller Dinge. Es war in der Ordnung, daß die Jungfrauen, die sich an den Festen der Liebesgöttin den Fremden hin gaben, das zum Lohn empfangene Geldstück der Göttin opferten« (1867, S. 146).

Kurnitzky vertritt wie Roheim die These, dass die Münzen im Opferkult der Muttergöttinnen entstanden sind (1974, S. 24). Er verweist auf die römische Münzstätte, die beim Tempel der Göttin Juno Moneta angesiedelt war und von deren Beiname Moneta sich sprachlich bis heute alles »Monetäre«, einschließlich des englischen money und der deutschen Münze, ableitet. Da die frühesten lydischen Münzen meist ein Löwenbild zeigten, schloss er daraus, dass diese »Flußgoldmünzen mit dem der ›Großen Mutter‹ (Kybele-Artemis) zugehörigen Löwenbild« (S. 29) wahrscheinlich »in ihrem Tempel über dem Gold führenden Fluß Paktolos ausgegeben wurden«. Howgego bemerkt, dass »der früheste archäologische Kontext für Elektrongeld« (1995, S. 1), und damit der bisher größte und älteste Münzschatz, am Tempel der Artemis von Ephesos gefunden wurde. Er beinhaltete 93 verschiedene Elektronmünzen, meist mit einem Löwenbild. Ob es sich dabei um Weihegaben an den Tempel und damit um einen Tempelschatz oder um im Tempel geprägtes Geld, das ausgegeben werden sollte, handelt, ist ungeklärt.

Da der mythologische Midas der Sohn der Kybele war, hatte wohl auch der historische Midas eine besondere Beziehung zu den Tempeln der Kybele, sodass möglicherweise das königliche Gold als Tempelschatz dort aufbewahrt und auch von dort mit dem Symbol der Kybele, dem Löwen, geprägt wieder herausgegeben wurde. Andererseits waren die Tempel der Muttergottheiten vielleicht auch ein Ort der Opposition gegen die patriarchalischen Herrscher. So wie Gyges als Emporkömmling sich im

Mythos mit der Königin gegen den König verbündete, so wäre es auch denkbar, dass Gyges in einem revolutionären Akt aus dem Tempel der Kybele das mit dem Kybelesymbol geprägte königliche Gold an die Bürger verteilte. Marx bemerkt über die Tempel: »Dem Gott der Waren dienten bei den Alten bekanntlich die Tempel zum Wohnsitz. Sie waren ›heilige Banken‹« (1867, S. 146). In welcher Form die Emission des Goldgeldes als dem Gott der Waren erfolgte, ob in Form von Schenkungen, in Form von Zahlungen für Leistungen oder als Darlehen, ist nicht geklärt. Wenn Tempel Banken waren, so ist es möglich, dass sie ihr Gold oder Silber auch schon als Geldkapital gegen Zins verliehen haben. Heinsohn hat die Genese des Geldes aus »Gläubiger-Schuldnerkontrakten« (1984, S. 120) entwickelt. Aber um Gold zinstragend verleihen zu können, muss es schon als Geld im Sinne eines allgemeinen Tauschmittels funktionieren.

Drei sich ergänzende Faktoren haben bei der Entstehung der Münzen in Lydien Ende des siebten Jahrhunderts v. Chr. und bei seiner schnellen Verbreitung in Griechenland eine wichtige Rolle gespielt: Es gab in Lydien reiche, natürliche Goldvorkommen, die in Form einer Gold-Silberlegierung aus dem Paktolusfluss gewonnen werden konnten. Das Land wurde von einer neuen Art von Herrschern regiert, die freiwillig oder gezwungenermaßen sowohl die königliche Schatzbildung einschränkten als auch die individuelle Aneignung des Flussgoldes durch Arbeit oder Tausch ermöglichten, weil sie als Emporkömmlinge schon selbst davon profitiert hatten. Schließlich bestand in Lydien eine von Griechenland beeinflusste Kultur mit sich entwickelnden Marktverhältnissen auf der Basis von frühkindlichen Tauschbeziehungen.

In der antiken griechischen Zivilisation waren die Stillzeiten nach Rühfel (1988) durchschnittlich schon auf zwei Jahre verkürzt. Ich gehe davon aus, dass im siebten Jahrhundert v. Chr., das als der Wendepunkt in der kulturellen Entwicklung des antiken Griechenlands betrachtet wird und in dessen Verlauf auch die ersten Münzen und städtische Märkte entstanden sind, die früher einsetzende Entwöhnung und Sauberkeitserziehung eine die Gesellschaft verändernde Wirkung zeigte. Die bürgerliche Mutter-Kind-Beziehung verwandelte sich zunehmend in eine Tauschbeziehung, in der vom Kind schon früher und verstärkt Gegenleistungen in Form von Mitarbeit bei Nahrungsaufnahme, Sauberkeit und Selbstständigkeit gefordert wurden. Die Einübung dieser Leistungen in der frühkindlichen Entwicklung war eine wesentliche Voraussetzung für die neu entstehenden Marktverhältnisse und zugleich für die progressive Entwicklung der Produktivität in der griechischen Antike. Umgekehrt werden sich aber auch die neuen gesellschaftlichen Tauschbeziehungen zwischen Privatproduzenten auf die frühkindliche Mutter-Kind-Beziehung ausgewirkt haben.

Eine immer früher erzwungene Entwöhnung und Sauberkeitserziehung kann durch eine zu frühe Verdrängung auch traumatisch und regressiv wirken. Die entzogene Muttermilch und den damit entschwundenen Goldkot fantasiert das Kind dann, wie oben dargestellt, im Körper der Mutter zurückgehalten oder es fantasiert, dass sie beides dem Vater oder den geschwisterlichen Rivalen zukommen lässt. Unter diesen Umständen entwickelt das ohnmächtige ehemalige Goldkind als Folge des Verlustes depressive Gefühle, aber auch verstärkt Gier, Neid und Eifersucht und den manischen und aggressiven Wunsch und Drang, seinen scheinbar allmächtigen und zu früh verlorenen Goldkot wieder zurückzugewinnen, um durch seinen Besitz die Machtverhältnisse umkehren zu können. Das zu früh verlorene und verdrängte Erlebnis des goldenen Zeitalters der infantilen Ökonomie wurde so unbewusst das Vorbild für die erwachsene Ökonomie. Der infantile Exkrementalkomplex konnte nicht überwunden werden, sondern trat als erwachsener Midaskomplex geschichtsmächtig in Erscheinung.

Der lydische Gebrauch des Münzgeldes ist schnell von den ionischen Küstenstädten übernommen worden und verbreitete sich rasch über ganz Griechenland, wodurch sich die sakrale Tempel- und die aristokratische Palastwirtschaft tendenziell in eine bürgerlich-demokratische und städtische Markt- und Geldwirtschaft verwandelten. Die mit dem Besitz der Gold- und Silbermünzen verbundene gesellschaftliche Macht ermöglichte es nun jedem Bürger, sich selbst partiell wie ein Herrscher, König oder gar Gott zu fühlen. Durch diesen Anreiz expandierte die antike Marktwirtschaft, was die sachliche Macht des Geldes und damit auch die gesellschaftliche Macht der bürgerlichen Geldbesitzer weiter stärkte. Zugleich wurde die Förderung von Gold und Silber intensiviert, das sich insgesamt vermehrte. Die Geldmünze oder überhaupt die Geldwirtschaft wirkte zwiespältig: Sie ermöglichte einen bis dahin nicht gesehenen ökonomischen, technologischen und kulturellen manischen Aufschwung einer vorher depressiven oder niedergedrückten Klasse und wurde zur Grundlage der antiken Zivilisation. Andererseits erlebte die patriarchalische Aristokratie diesen Aufschwung als Bedrohung und Zerstörung.

Nach Marx verwandelte sich im neu entstandenen Geld die »gesell-schaftliche Macht« (1867, S. 146) zur »Privatmacht der Privatperson«. Deshalb denunzierte die aristokratische griechische Gesellschaft das Geld als den »radikalen Leveller«, d.h. Gleichmacher, und »als die Scheidemünze ihrer ökonomischen und sittlichen Ordnung«. Sopho-kles lässt in seiner *Antigone* 442 v.Chr. das Geld durch den Herrscher Kreon verurteilen, weil es die traditionelle Herrschaft unterhöhlt und schließlich zerstört:

> »Kein ärgrer Brauch erwuchs den Menschen als das Geld! Es äschert ganze Städte ein, es treibt die Männer weg von Haus und Hof, Ja, es verführt auch unverdorbne Herzen, sich schändlichen Geschäften hinzugeben, Es weist den Sterblichen zur Schurkerei den Weg, zu jeder gottvergeßnen Tat! Doch alle die um Gold sich so vergingen, was sie zuletzt erwirkten, war die Strafe« (295–303).

Der aristokratische Sinn der Männer, so kann man deuten, war nicht mehr auf die progressive Aufhebung des Ödipuskomplexes gerichtet und damit auf die Identifizierung mit den Göttern, mit der Stadt und mit Hof und Herd, also mit den Elternrepräsentanten, mit den Eltern-aufgaben und den Elternpflichten. Ihr Sinn hatte sich verkehrt und war nun auf das infantile Goldkotsubstitut Geld, das den Privatpersonen Privatmacht und damit die Verwirklichung des Midaskomplexes ver-sprach, gerichtet. Die Rede endet mit der Mahnung: »Verdienen darf man nicht um jeden Preis, denn schmutzige Gewinnsucht führt be-kanntlich ins Unheil öfter als in Sicherheit« (312f.), eine Mahnung, die auch Ovid 450 Jahre später im Midasmythos ausspricht.

Die Entwicklung des Marktes

Mit der Entstehung des Münzgeldes entwickelte sich ein Markt, auf dem sowohl das neue Geld in Waren als auch Waren in Geld getauscht werden konnten. Herodot erwähnt die lydische Hauptstadt »Sardes« (V, 101) und den »Paktolos«, den »Goldsand vom Timolos führenden Flusse, der mitten über den Markt fließt«. Polanyi schließt daraus, dass der von dem »goldhaltigen Fluß, dem Pactolus« (1957, S. 172) durchflossene Platz in Sardes der erste »Marktplatz« gewesen sei, weil

»das Vorhandensein von Goldstaub den Verkauf von Lebensmitteln auf dem Markt hervorgerufen habe« (S. 173). Vielleicht herrschten in Lydien schon ähnliche Verhältnisse wie über 2.500 Jahre später in Kalifornien zur Zeit des »goldrush« von 1849. Das aus dem American River ausgewaschene Gold in Form von Goldklumpen (nuggets) und Goldstaub wurde von den Goldgräbern gegen Lebensmittel, aber auch gegen Liebesdienste eingetauscht. Auf diese Weise entwickelte sich das nahe gelegene San Francisco als Markt- und Umschlagplatz, wo alle bemüht waren, den Goldgräbern ihr Gold wieder abzunehmen. Es ist eine geschichtliche Ironie, dass gerade die nach dem Heiligen Franziskus benannte kleine Missionsniederlassung zur bedeutenden Goldstadt wurde, denn er hatte seinen Anhängern den Besitz von Gold und Geld verboten. Vielleicht waren die mit dem vorgestellten Goldbesitz, mit dem Goldrausch und dem Goldfieber verbundenen Wunschfantasien in Lydien schon ähnlich, wie die von einem kalifornischen Goldsucher beschriebenen:

> »Ein Taumel ergriff meine Seele; Berge von Gold erhoben sich bei jedem Schritt vor mir; Tausende Sklaven gehorchten meinem Wink und Ruf; Myriaden schöner Jungfrauen warben um meine Liebe. Kurz, ich hatte einen heftigen Anfall von Goldfieber« (Johnson 1979, S. 33).

In seiner Fantasie hatte er sich in einen orientalischen Despoten verwandelt, der Berge von Gold besaß und dem deshalb Sklaven alle Arbeit abnahmen und unzählige Jungfrauen ihre Liebe anboten.

Polanyi vermutet, dass der Kleinhandelsmarkt von Sardes zum Vorbild der griechischen städtischen Märkte geworden ist, die sich in jeder Polis entwickelten. Auf ihnen konnten nun anstelle des im Fluss Paktolus gefundenen Goldstaubs die von der Polis herausgegebenen geprägten Münzen gegen Güter eingetauscht werden. Das griechische Wort »agora« bezeichnete zuerst den Platz der Volksversammlung als dem politischen Mittelpunkt des städtischen Lebens. Davon abgeleitet wurde es auch zur Bezeichnung des Marktplatzes als dem wirtschaftlichen Mittelpunkt verwendet. Diese Bedeutungsverschiebung kann als Beleg dafür betrachtet werden, dass der Institution des Marktes die Institution der Volksversammlung vorausging. Im Laufe der Geschichte wurden die Münzen zunehmend Repräsentanten der sich von der politischen Macht emanzipierenden ökonomischen Macht. Bis heute trägt der Kopf der

Münze ein Wappen und verweist damit auf die das Geld ausgebende politische Institution und seinen gesellschaftlichen Charakter, wobei schon lange vermutet wird, dass die Tierzeichen »totemistischen Ursprungs« (Desmonde 1957, S. 147) sind. Die Zahl der Münze dagegen repräsentiert den Betrag des Reichtums und damit den individuellen Anteil an der ökonomischen Macht. Zum Verhältnis von politischer und ökonomischer Macht bemerkt Smith:

> »Reichtum ist Macht, wie Hobbes meint, doch jemand, der ein großes Vermögen erwirbt oder erbt, erlangt oder erbt damit nicht unbedingt auch irgendwelche politische Macht, sei es zivile, sei es militärische [...] Was er an Macht sofort und unmittelbar erhält, ist eine gewisse Macht kaufen zu können oder eine gewissen Verfügung (command) über alle Arbeit oder alle Produkte aus Arbeit, die zu dieser Zeit auf dem Markte sind« (1776, S. 28).

Ist in einer Gesellschaft alles käuflich, auch die politische Macht, so wird das Geld allmächtig.

Unter einem Markt versteht man ganz allgemein jede örtlich und zeitlich bestimmte Zusammenkunft von Tauschwilligen. Nach Einführung des Geldes haben sich diese in Verkäufer und Käufer oder in Warenbesitzer und Geldbesitzer aufgespalten. Eine engere Definition des Marktes setzt deshalb historisch das Geld voraus. Das deutsche Wort »Markt« leitet sich etymologisch vom lateinischen »mercatus«, dem Kaufhandel, und von »merx«, der Ware, ab. Mercurius war der römische Gott des Handels, dem wiederum der griechische Gott Hermes entsprach. Merkur war sowohl der Gott des Marktes als auch das göttliche Vorbild der Markthändler, der »mercatores«, wie sie in Rom hießen.

Hermes, so berichtet ein Mythos, stahl schon als Kleinkind eine Kuhherde seines Bruders Apollo. Als er von diesem entdeckt und zur Rede gestellt wurde, war er »noch in seine Windel gewickelt« (Ranke-Graves 1955, I, S. 53) und stellte sich schlafend. Durch ein Musikinstrument, eine Leier, die er selbst aus »dem Darme eine Kuh gebaut« hatte, konnte er den wütenden Apollo schließlich besänftigen und zu einem Tausch oder Handel bewegen: »›Laß uns tauschen!‹ rief Apollo aus. ›Du behältst die Kühe, und ich nehme die Leier‹« (S. 54). In diesem Mythos von der Entstehung des Tausches und damit des Marktes sind die tauschenden Personen, Hermes und Apollo, Brüder. Aber hinter dem Tausch zwischen ebenbürtigen Brüdern lässt sich noch die infantile Urszene des Tausches zwischen Kind und Mutter erkennen. Hermes, das Wickelkind, beraubt in seiner oralen Gier, die wohl durch die Entwöhnung von der Brust hervorgerufen wurde, Apollo, der als Besitzer der Milchkühe unbewusst für eine Mutter steht. Hermes gelingt es aber durch seine anale Kunstfertigkeit oder durch seine die Bedürfnisse und Wünsche des empörten Apollos befriedigende Arbeit, ihn für sich zu gewinnen und versteht dadurch die Situation umzukehren. Nun ist es Apollo, von dem der dringende Wunsch ausgeht, die Leier zu bekommen und die Milchkühe im Tausch dafür zu geben.

Der Mythos veranschaulicht, wie es schon einem Kind gelingen kann, durch seine analen Entwicklungsleistungen, durch eigene Arbeit und durch deren Tausch die durch Entwöhnung, Trennung und Individuation entstandene Situation zu überwinden und sogar umzukehren. Durch die saubere und pünktliche Bearbeitung des eigenen Kots, die der Mutter Arbeit erspart, kann es die frühkindliche Konstellation des goldenen Zeitalters teilweise wiederherstellen. In ihr erschien nicht das Kind, sondern die Mutter als die Abhängige und Begehrende, die sich den glänzenden kindlichen Goldkot wünschte und dafür bereit war, ihre Milch, ihre Liebe und ihre Arbeit zu geben.

Im Gegensatz zu Lydien wurde das Gold in der griechischen Polis eher selten als Geldstoff oder Münzmetall verwendet. Ausnahmen davon waren nur die kleinasiatischen griechischen Städte, die direkt an Lydien grenzten. An die Stelle von Gold als allgemeines Tauschmittel trat das Silber. Dieses hatte den praktischen Vorteil, dass es im Fall von Athen auf dem eigenen Staatsgebiet gefördert werden konnte und sich für kleinere Tauschwertbeträge auf dem Markt besser als Münze eignete. Dasselbe galt auch noch für das republikanische Rom. Aber Howgego schreibt, »daß sowohl Athen als auch Rom Gold für Katastrophenfälle horteten, auf der Akropolis bzw. im aerarium sanctius« (1995, S. 10). In Rom war der geheime Staatsschatz im Saturntempel untergebracht. Gold war also für mögliche Goldmünzenprägungen vorhanden, aber »es bleibt ungeklärt, warum es nicht mehr reguläre Goldprägungen gab«. Howgego vermutet »ein Tabu, das die generelle Verwendung von Gold zur Münzprägung unterband und nur in absoluten Ausnahmefällen zuließ«.

Wahrscheinlich kam das Gold-Tabu daher, dass auch in der griechischen demokratischen Polis und später in der römischen Republik das Gold traditionellerweise für staatliche und sakrale Zwecke reserviert blieb. So war der goldene Staatsschatz Athens, wie erwähnt, buchstäblich in der »Verkleidung der Athena Parthenos« (Gebhard 2001, S. 19) investiert. *Investire* bedeutet im Lateinischen bekleiden oder einkleiden. Auf diese Weise sollte verhindert werden, dass sich ein einzelner Bürger mithilfe des Goldes wirklich zu einem Tyrannen, zu einem König oder gar zu einem Gott machen, sich über das Volk erheben und es beherrschen konnte. Der Konflikt zwischen der Agora des Marktes und der Agora der Volksversammlung, zwischen dem Primat des Ökonomischen und dem Primat des Politischen bestimmt bis heute die Demokratien. Offiziell geht die Macht vom Volke und von der Volksversammlung aus, inoffiziell vom Geld und vom Markt.

Trotz dieses Goldtabus war aber der Wunsch, ein reicher Goldmidas zu werden, bei den griechischen Polisbürgern allgemein verbreitet. Das belegt eine Stelle aus der Komödie *Plutos* des Aristophanes, in der den Athener Bürgern Reichtum mit den Worten versprochen wird:»Ein Midas jeder, lasst euch nur die Eselsohren wachsen« (286). Der Midaskomplex war inzwischen allgemein geworden, gleichzeitig wurde er als törichte Eselei lächerlich gemacht und verachtet. Das Lustspiel endet mit einer Lösung für den inzwischen nicht mehr blinden, sondern sehenden Gott Pluto. Er soll nicht Einzelne reich machen, sondern im Tempel thronen und »Athenes Schatzkammer wohl behüten allezeit« (1192). Der die Polis sprengende und zerstörende individuelle Reichtum wurde damit wieder bewusst-sehend in einen die Polis vereinenden, gemeinsamen Goldreichtum verwandelt.

Ein anderer Grund für das Goldtabu waren wahrscheinlich Erwägungen der Nützlichkeit, denn das seltene Gold ist eigentlich zu wertvoll, um auf dem Markt als allgemeines Tauschmittel zu fungieren. Durch den Umlauf gehen nicht nur Münzen verloren, sondern die Münze verliert auch an Goldsubstanz und damit an Wertsubstanz. Marx bemerkt dazu:

> »In der Friktion mit allen Sorten von Händen, Beuteln, Taschen, Börsen, Katzen, Säckeln, Kisten und Kasten reibt sich die Münze auf, läßt hier ein Goldatom hängen, dort ein anderes und verliert so durch die Abschleifung im Weltlauf mehr und mehr von ihrem inneren Gehalt. Indem sie benutzt wird, wird sie abgenutzt« (1859, S. 88).

Er zitiert eine Untersuchung, nach der innerhalb von 20 Jahren von ursprünglich 380 Millionen Pfd. St. in Goldmünzen, »19 Millionen

Pfd. St. durch Abschleifen völlig verschwunden waren« (S. 89). Aus diesem Grund verwandelte sich schon in der Antike die vollwertige Goldmünze von selbst in »Schein-Gold« und so war es nur folgerichtig, dass an die Stelle von Gold als allgemeines Tauschmittel symbolischer Ersatz in Form von Silber, Kupfer und Eisen trat, der sich heute in »Scheidemünzen« (S. 93) ohne Selbstwert verwandelt hat. Papiergeld als »Symbol des Goldgeldes« ist eine Erfindung der Neuzeit.

Das Tabu für Goldmünzen bestand zwar für die griechische Polis und die römische Republik, aber nicht für das goldreiche Lydien. Die ersten Münzen aus Lydien bestanden aus einer natürlichen Gold-Silber-Legierung, Elektron genannt, etwa zu 70% aus Gold und zu 30% aus Silber und unterlagen einem Gewichtsstandard. Etwa 150 Jahre später um 550 v. Chr. wurden die ersten reinen Goldmünzen vom lydischen König Krösus geprägt. Sie wurden »Kroiseii« (Sedillot 1989, S. 70) oder auch »Stater« genannt und von dem persischen Eroberer Kyros übernommen. In Griechenland gab es die ersten regulären Goldmünzen durch den mazedonischen König Philipp, den Vater Alexanders des Großen, der am Ende der Blütezeit der griechischen Polis steht. Er war in der Lage, auf eigene, neu entdeckte mazedonische Goldvorkommen zurückzugreifen. Im Laufe der Geschichte konnte schließlich das Silbergeld in Gold getauscht werden, ebenso das wertlose Kupfer vermittelt über Silber, nach dem Vorbild des mythischen Midas, der alle minderwertigen Gegenstände in Gold konvertierte, »vertatur in aurum«, und damit ihre »praktische Konvertibilität« (Marx 1859, S. 66) in Gold bewies. Das lateinische Wort *vertere* hat eine etymologische Verwandtschaft mit dem deutschen Wort Wert, das eigentlich gegen etwas gedreht und damit einen Gegenwert habend bedeutet.

Der Münzname Stater war »von dem griechischen Verb stao, ›ich stehe fest‹, abgeleitet« (Sedillot 1989, S. 70) und »sollte den Anspruch dieser Münze auf Wertstabilität bekräftigen«. Der prägende König oder die Münzstätte konnte jedoch nicht den Wert der Goldmünzen festlegen. Der Wert oder der Tauschwert des Goldes gegenüber den Waren war entsprechend den Marktverhältnissen von Angebot und Nachfrage einer dauernden Veränderung unterworfen, die, nach der Arbeitswerttheorie, letztlich auf eine Veränderung der gesellschaftlich notwendigen Arbeitszeit zurückging, die für die Goldproduktion und die Warenproduktion benötigt wurde. Jedoch konnte die prägende Instanz das Gewicht und den Feingehalt der Münzen festlegen, egal ob

sie aus Gold, Silber oder aus anderen Metallen waren. Die festgesetz-
ten Metallgewichte bei gleichzeitig festgesetztem Feingehalt wurden
zu einem festen Standard, der dann zum »Maßstab der Preise« (Marx
1867, S. 113) wurde. Das Metallgewicht und der Feingehalt einer Münze
wurden später »Schrot« und »Korn« genannt. Sie mussten trotz des
Prägestempels, der beides garantieren sollte, oft noch geprüft werden,
denn mit der Münzprägung begann auch die Münzfälschung. Darüber
berichtet Herodot: Polykrates, der Tyrann von Samos, konnte die ihn
erfolglos belagernden Spartaner zum Abzug bewegen, nachdem er
ihnen eine Menge Goldgeld gegeben hatte. Nach einer unverbürgten
Überlieferung hatte er aber dieses »Geld aus Blei prägen und vergolden
lassen« (III, 56).

Wichtiger als die spektakulären Münzfälschungen waren die lang-
samen Münzveränderungen, was ihr Gewicht und ihren Feingehalt
an Edelmetall betraf. Während der Goldstater des Krösos »knapp
11 Gramm« (Sedillot 1989, S. 70) wog, wurden auf Sizilien 150 Jahre
später Stater mit nur 1,32 Gramm Gold geprägt. Dies war in der
griechischen Antike meist die Folge von Krisen und Kriegen, die mit
einem Mangel an Edelmetall einhergingen. Im kaiserlichen Rom kam
es durch systematische Geldmanipulationen zu langsam fortschreitenden Münzverschlechterungen und zu entsprechenden Versuchen, die
Münzen wieder zu reformieren. So verlor seit der Herrschaft Neros,
wie Howgego schreibt, »der Silberdenar durch Reduktion von Gewicht
oder Feingehalt« (1995, S. 132) kontinuierlich. Schließlich war »der
Zusammenbruch des Systems der Reichsprägung im 3. Jh. n. Chr. mit
den Händen greifbar. Die Goldmünzen wurden mit niedrigeren und
schwankenderen Gewichten sowie in kleinen Mengen geprägt und
nach 253 n. Chr. verschlechtert« (S. 133). Der Feingehalt des Silbers
beim römischen Silberdenar fiel sogar bis unter 2%. Diese Manipulationen wurden dadurch gerechtfertigt, dass der Geldwert vom Staat
bestimmt werden konnte, unabhängig vom Edelmetallgewicht und
-gehalt des Geldes. Die Römer betrachteten deshalb »ihre Münzprägung als feststehendes Wertmaß (pretium), nicht als eine Ware (merx)«
(S. 148) mit veränderlichem Wert oder Tauschwert. In den Münzen
aus unedlem Metall und ohne Wert machte sich schließlich eine Art
Wiederkehr des Verdrängten bemerkbar, indem sich das Geld in den
Stoff zurückverwandelte, aus dem es entstanden war, in wertloses
Metall, Dreck oder gar Kot.

Der Markt als Ort unbewusster Inszenierungen

In der Marx'schen metaphorischen Sprache ist der Markt die »Bühne« (1867, S. 161) oder die »Szene des Austauschprozesses« (S. 119). Die »personae dramatis« (S. 125) oder die handelnden Personen auf dieser Bühne sind die Warenbesitzer als »Repräsentanten von Waren« (S. 100) und die Geldbesitzer als »Repräsentanten von Geld« (S. 149). Dadurch, dass Marx die in dem Markt-Drama agierenden Personen »ökonomische Charaktermasken« (S. 100) nennt, stellt er einen Bezug zum griechischen Drama her, in dem die Schauspieler Masken trugen, wodurch ihr Charakter oder ihre Rolle festgelegt war und wenig individuellen Spielraum zuließ. Aber wenn der Warenbesitzer auf dem Markt seine Ware verkauft und damit Geldbesitzer oder möglicher Käufer wird, »wechselt derselbe Warenbesitzer die Rollen von Verkäufer und Käufer. Es sind also keine festen, sondern innerhalb der Warenzirkulation beständig die Personen wechselnde Charaktere« (S. 125).

Auch in der Psychoanalyse wird der Begriff der Rolle als eine Übertragung aus der Welt des Theaters verwendet. Vom Spiel eines Kindes sagt Freud, dass es das Verschwinden und Wiederkommen seiner Mutter »als Spiel inszenierte« (1920, S. 13). Es »war dabei passiv, wurde vom Erlebnis betroffen und bringt sich nun in eine aktive Rolle, indem es dasselbe als Spiel wiederholt«. Das Spielen der Kinder steht unter dem Einfluss »des Wunsches: groß zu sein und so tun zu können wie die Großen« (S. 15). Das kleine und hilflose Kind möchte eine erwachsene, aktive und große Rolle spielen, dies ist seine Wunschrolle. Indem es diese spielt, identifiziert es sich zugleich mit den Eltern oder den Erwachsenen. Unter dem Einfluss des »Wiederholungszwanges« (S. 17) werden nicht nur lustvolle, sondern auch unlustvolle Szenen gespielt, um diese zu bewältigen. Auch Erwachsene können Rollen oder gar Doppelrollen spielen, in denen sie sich unbewusst mit sich selbst als Kind und mit den eigenen Eltern identifizieren. Sie können auch einen Rollentausch praktizieren, wie Abraham von einem Patienten sagt: »Er spielte in seinen Phantasien die Rolle der stillenden Mutter, vertauschte sie aber zu anderen Zeiten gegen die des saugenden Kindes« (1924, S. 139).

Im Folgenden sollen die Rollen, die die ökonomischen Charaktermasken auf dem Markt spielen, als bewusst-unbewusste Rollen gedeutet werden, durch welche infantile Wünsche und Identifizierungen gesellschaftlich in Szene gesetzt werden. Das Verhalten von Käufer und

Verkäufer auf dem Markt kann überhaupt als unbewusste Reinszenierung von frühkindlichen Verhältnissen verstanden werden. Wenn nach Roheim eine Ware unbewusst der »Muttermilch« (1923, S. 235) entspricht, dann repräsentiert ein Warenbesitzer, dessen ökonomischer Charakter durch die Ware bestimmt wird, dem Käufer gegenüber eine Mutter. Das Geld dagegen entspricht unbewusst den »Fäkalien des Kindes« (S. 236) und ihr Besitzer repräsentiert dem Verkäufer gegenüber ein Kind. Bei diesen Fäkalien handelt es sich aber nicht um den wertlosen Kot nach dem Abstillen, sondern um den wertvollen, magisch-allmächtigen Goldkot der Säuglingszeit, der durch die Mutter narzisstisch aufgewertet wurde und von dem die Mutter abhängig zu sein schien. Durch seinen Besitz kann das Kind eine Umkehrung der wirklichen Macht- und Abhängigkeitsverhältnisse gegenüber der Mutter und ihrer Milch bewirken und durch diesen Rollentausch eine bevorzugte Rolle spielen. So wie nach Marx das Gold oder Geld den Waren gegenüber das »allgemeine Äquivalent« (1867, S. 84) wird und dadurch die Funktion und das »Monopol« der »unmittelbaren allgemeinen Austauschbarkeit« bekommt, so ist nach Freud der wertvolle infantile Kot den vom Kind gewünschten erwachsenen Partialobjekten, wie Brust, Penis und Kind, »äquivalent« (1916a, S. 404) und kann leicht in sie »vertauscht werden«.

Die Ware lässt sich als Muttermilch deuten, die auf die benachteiligte Position des gemeinen kindlichen Kots herabgesetzt und abgewertet wurde. Als solche ist sie im Gegensatz zum Goldkot gerade nicht unmittelbar austauschbar. Durch die gesellschaftliche Realisierung dieses kindlichen Größenwunsches im Geld als Institution kann der Geldbesitzer, der König Kunde, auf der Bühne des Marktes unbewusst die Rolle eines allmächtigen Kindes im Besitz des magischen Milchkots spielen. Der Warenbesitzer dagegen muss die komplementäre Rolle einer abhängigen Mutter spielen, die nur eine gemeine Ware, ihre Milch, besitzt. Damit ist nur für den Geldbesitzer, nicht für den Warenbesitzer, das golden-narzisstische Zeitalter der infantilen Ökonomie gesellschaftlich wiederhergestellt, in dem sich alles um den majestätischen Säugling und seinen Goldkot zu drehen schien.

Die Edelmetalle Gold und Silber waren aus der sakral-kultischen und aristokratischen Sphäre durch einen revolutionären Akt auf den sich bildenden Markt gelangt. Sie entwickelten sich dort zu einem allgemeinen Tauschmittel und zugleich zu einem Maß, einem Wertmaß, an dem die Marktteilnehmer begannen, den Tauschwert ihrer Waren zu messen, der dann in Gold, Silber oder Geld ausgedrückt wurde. Indem sich die Gewichtseinheit von Gold oder Silber zum Maßstab der Warenpreise entwickelte, wurde auf der Bühne des Marktes der infantile Wunsch gesellschaftlich inszeniert und realisiert, den vom Gold unbewusst repräsentierten kindlichen Goldkot als Wertmaß an die Stelle der mütterlichen Milch zu setzen. Zugleich wurden dadurch andere frühere Wertmaße oder Geldformen wie Muscheln, Getreide oder Vieh (pecunia) als mütterliches oder väterliches Symbol von dem bevorzugten Platz des Geldes und des Wertmaßes verdrängt. Wobei die Muschel ein »weibliches Symbol« (Abraham 1924, S. 137) und als »Auswurf des Meeres« (Roheim 1923, S. 238) auch ein Kotsymbol ist. Das Geld als Wertmaß der Waren erlaubte wiederum die rationale wirtschaftliche Rechnung: »Als man den Anacharsis fragte, wozu die Hellenen das Geld brauchen, antwortet er: zum Rechnen« (Marx 1867, S. 115). Nietzsche bemerkt: »Preise machen, Werte abmessen, Äquivalente ausdenken, tauschen – das hat in einem solchen Maße das allererste Denken des Menschen präokupiert, daß es in einem gewissen Sinne *das* Denken ist« (1887, S. 57).

Marx spricht vom »Marktmagen« (1867, S. 122), letztlich vom Magen der Käufer oder Geldbesitzer, und von den Bemühungen der »nebenbuhlerischen« (S. 121) Verkäufer oder Warenbesitzer, damit dieser »gesättigt« wird. Für den Geldbesitzer hat sich, im Sinne einer Verkehrung ins Gegenteil, folgende infantile Wunschfantasie realisiert: Nicht das Kind muss sich um die Mutter bemühen, um die sich auch noch geschwisterliche Nebenbuhler bemühen, um seinen Magen gesättigt zu bekommen, sondern umgekehrt, verschiedene mütterliche Nebenbuhler konkurrieren um die Gunst des Kindes, seinen Magen zu sättigen oder seine oralen Bedürfnisse befriedigen zu dürfen, weil es im Besitz des magischen Goldkots ist, dem allgemeinen Äquivalent oder dem allgemeinen Objekt der Begierde. Der Verkäufer und Warenbesitzer repräsentiert zwar unbewusst zuerst eine Mutter, die den Magen des Kindes befriedigen soll, aber eine Mutter, die an die benachteiligte Stelle des Kindes gesetzt und mit ihm identifiziert wurde. Sie wird deshalb mit ihrer Milchproduktion ebenso behandelt wie das Kind im Rahmen der Sauberkeitserziehung mit seiner Kotproduktion behandelt wurde.

Die Zeit, die es für sie brauchte, war nicht in sein Belieben gestellt. Von Tag zu Tag oder von Zeit zu Zeit wurde der Durchschnittsmaßstab, den die Mutter an das Kind anlegte, verändert. Im Warentausch ist es der das Kind repräsentierende Geldbesitzer, der den die Mutter repräsentierenden Warenproduzenten dauernd unter Druck setzt, seine Produktivität progressiv zu entwickeln, um damit als Mutter immer mehr Milch in kürzerer Zeit für das Kind zu produzieren. Derjenige Warenproduzent, der mit seiner Arbeitszeit unter dem Durchschnitt liegt, wird mit dem Preis belohnt, mehr an Geldwert zu bekommen, als er selbst an wertbildender Arbeit aufgewendet hat. Wenn der Marktmagen aber schon gesättigt ist und keine weiteren Waren als Gebrauchswerte mehr aufnehmen kann, ist die produzierte Ware oder die auf sie verausgabte Arbeitzeit nicht mehr gesellschaftlich notwendig. Sie ist dann entweder nicht verkäuflich und damit wertlos, ohne Preis, oder sie muss zu einem Preis unter ihrem Wert verkauft werden. Das Umgekehrte gilt, wenn es die Umstände erlauben, die produzierte Ware über ihrem Wert zu verkaufen. In seiner Funktion der Warenbewertung spielt der Geldbesitzer eine progressive Rolle. Durch seinen Kauf steuert er die Produktion, indem er den erfolgreichen Warenproduzenten und Warenverkäufer, der in Bezug auf die Bedürfnisbefriedigung und sein Produktionsverfahren innovativ ist, belohnt und durch die Gewährung eines besonderen Geldpreises auszeichnet. Die weniger erfolgreichen Warenproduzenten können dagegen nur einen schlechteren oder gar keinen Preis realisieren und sind gezwungen, ihre Produktion einzustellen und von der Bühne des Marktes abzutreten.

Wie dem Kind sein Goldkot als Garant und Ursache erschien, durch den die Zufuhr mütterlicher Nahrung, Pflegearbeit und Liebe bewirkt wurde, so erscheint dem Geldbesitzer sein Geld der Garant und das Mittel zu sein, um auf dem Markt alle seine Bedürfnisse und Wünsche zu befriedigen. In Wirklichkeit wurde dem Kind ein Allmachtserlebnis nur durch die Arbeitsleistung der Mutter, des Vaters und weiterer Bezugspersonen, letztlich der Gesellschaft, ermöglicht. Ebenso wie in der Kindheit können auch in einer Markt- oder Geldwirtschaft nicht alle zugleich die bevorzugte Rolle des Gold- oder Geldbesitzers und damit unbewußt die infantil-narzisstische Rolle des Goldkotbesitzers spielen. Nur solange Produzenten und Verkäufer die arbeitsreiche Mutter-, aber auch Vaterrolle übernehmen, kann das Geld seine Eigenschaft als Tausch- und Wunscherfüllungsmittel entfalten. Wenn auf dem Markt das Angebot an Waren und Dienstleistungen größer ist als die Nachfrage, befindet sich der Geldbesitzer, der Käufer oder der Kunde in einer bevorzugten Position und wird wirklich wie ein König hofiert und umworben. Dies ist auf einem für die Geldwirtschaft typischen Käufermarkt mit seinem reichlichen Warenangebot die Regel.

Da auf einem Markt von selbstständigen Warenproduzenten ein dauernder Rollentausch von Warenbesitzer und Geldbesitzer stattfindet, kann und muss jeder abwechselnd die bevorzugte und die benachteiligte Rolle spielen. Ein Geldbesitzer, der sein Geld ausgegeben hat, muss nun Warenproduzent und Warenverkäufer werden, um wieder in den Besitz des bevorzugten Geldes zu gelangen. Auf diese Weise herrscht auf dem Warenmarkt im Prinzip eine dauernd sich ausgleichende Gerechtigkeit. Da aber nur die Rolle des Geldbesitzers die narzisstische Allmacht oder die Allmacht der Wunscherfüllung durch andere bietet, versucht jeder diese bevorzugte Rolle auf Dauer zu spielen. Der Verkäufer möchte Geldbesitzer werden und der Käufer zögert, ob er seine bevorzugte Position mit der benachteiligten eines Warenbesitzers vertauschen soll, selbst wenn diese dann mit Bedürfnisbefriedigung verbunden ist.

Wie schon das Beispiel des mythologischen Midas zeigt, kann der Geldbesitzer nicht auf Dauer am Geld festhalten. Um nicht zu verhungern, ist er gezwungen, sein Geld wenigstens teilweise im Tausch mit Lebensmitteln wegzugeben. Damit wird das Tauschungleichgewicht, das durch die nur einseitigen Gold- oder Geldmetamorphosen bewirkt wurde, wieder in ein Tauschgleichgewicht, ein Gleichgewicht von Kauf und Verkauf zurückgeführt. Da aber die Tauschenden durch den Wunsch des Midaskomplexes getrieben in erster Linie alles in Gold verwandeln wollen und nicht umgekehrt, tendiert das vorübergehende Gleichgewicht schnell wieder zu einem Ungleichgewicht und damit zur Möglichkeit der Krise. Der traditionelle König Midas, so wurde gedeutet, hat durch Einsicht oder Zwang sein Gold oder Geld ausgegeben und damit seinen Untertanen die Möglichkeit geboten, sich auf dem neu entstehenden Markt aus gemeinen Warenbesitzern in königliche Geldbesitzer zu verwandeln. Auf dem Markt, der als Überwindung des Midaskomplexes begann, kehrte dieser im Lauf der Geschichte verallgemeinert wieder und führte dazu, dass Marktteilnehmer versuchten, das Geld sich gierig anzueignen und geizig daran festzuhalten. An die Stelle der sakralen und aristokratischen Schatzbildner traten schon in der Antike die bürgerlichen Schatzbildner, die sich individuelle Schätze aufhäufen, thesaurieren oder akkumulieren wollten und ihr Geld nicht ausgaben.

Der Markt und der Schatzbildner

Marx zitiert antike Schriftsteller, die sich zu Sinn und Unsinn der Schatzbildung geäußert haben. So schreibt der Grieche Xenophon (430–355 v. Chr.):

> »Wenn man für die Wirtschaft genügend Hausgerät erworben hat, wird man wenig mehr kaufen; Silber jedoch besitzt niemand so viel, daß er nicht noch mehr zu haben wünscht, und wenn es bei jemand in Fülle, dann vergräbt er das Überflüssige und freut sich daran nicht weniger, als wenn er es gebrauchte. Wenn nämlich die Städte aufblühn, dann brauchen die Leute das Silber besonders. Denn die Männer wollen außer schönen Waffen auch gute Pferde, prächtige Häuser und Einrichtungen kaufen, die Frauen aber begehren allerlei Gewänder und goldenen Schmuck. Wenn aber die Städte Not leiden durch Mißernte oder Krieg, dann braucht man Geld infolge Unfruchtbarkeit des Bodens zum Kauf von Lebensmitteln oder zur Anwerbung von Hilfstruppen« (zit. n. Marx 1859, S. 114).

Xenophon thematisiert hier den später sogenannten sinkenden Grenznutzen sowohl bezogen auf Güter und Waren als auch bezogen auf das Geld in Form von Silber. Dieser besteht darin, dass wenn man genügend Hausgerät oder überhaupt genügend bedürfnisbefriedigende Güter gekauft hat, eine Sättigung eintritt und man nur noch wenig mehr kaufen wird. Beim Geld, so lautet die schon von Xenophon aufgestellte These, gibt es keinen sinkenden Grenznutzen, denn Silber oder Geld besitzt niemand so viel, dass er nicht noch mehr zu haben wünscht. Xenophon sieht die Unersättlichkeit gegenüber dem Geld, verurteilt sie aber im Gegensatz zu dem späteren Aristoteles nicht. Er anerkennt eine eigene Befriedigung bei der Schatzbildung und damit auch die auf das Gold und das Geld gerichteten Midaswünsche als eigenständige Wünsche. Der Schatzbildner, der sein Geld vergräbt, freut sich daran nicht weniger, als wenn er es gebrauchte. Aber letztlich sieht auch Xenophon das gehortete Geld nicht als Selbstzweck, sondern als Mittel zum Zweck.

Im Gegensatz zu Xenophon verurteilt der Römer Horaz (65–8 v. Chr.), ein Zeitgenosse Ovids, die Schatzbildung:

> »Kaufte sich jemand Lauten und häufte den Kram aufeinander, während er weder der Laute, noch einer der Musen sich hingab. Ahlen und Leist, wer nicht Schuhmacher, und Segel zur Schiffahrt, wer nicht hold dem

Verkehre zur See: Wahnwitzig und hirnlos nannte mit Recht ihn jeder. In was ist von diesen verschieden, wer sein Silber und Gold einscharrt, nicht weiß zu gebrauchen, und das Gesammelte nicht, gleich Heiligem, wagt zu berühren?« (zit. n. Marx 1859, S. 111).

Horaz anerkennt das Gold und Silber nur als Geld im Sinne eines Tauschmittels, als Mittel zum Zweck. So wie der Gebrauch der Laute darin besteht, sie als Musikinstrument zu spielen, so besteht der Gebrauch des Geldes darin, es als Tauschmittel auszugeben und gegen Gebrauchsgüter einzutauschen. Gold und Silber als Selbstzweck zu betrachten oder es sogar als Schatz zu vergraben, hält er für wahnwitzig und hirnlos. Trotz dieser klaren Aussage wird aber auch bei ihm noch eine andere mögliche Einstellung zum Gold deutlich. Für den Schatzbildner wird das Gold zu etwas Heiligem, das er als solches anstrebt und von dem er selbst Heiligkeit und Göttlichkeit erwartet. In diesem Sinne wäre Berühren oder Austauschen des heiligen Goldes für profane Waren ein Sakrileg.

Marx entwickelt die bürgerliche Schatzbildung aus der Warenzirkulation, denn mit ihr entsteht einerseits »die Notwendigkeit« (1867, S. 144) andererseits »die Leidenschaft, das Produkt der ersten Metamorphose, die verwandelte Gestalt der Ware oder ihre Goldpuppe festzuhalten«. Die Notwendigkeit erwächst aus der gesellschaftlichen Teilung der Arbeit, die die Arbeit des einzelnen Warenproduzenten »ebenso einseitig als seine Bedürfnisse vielseitig« (S. 120) macht. Da er sein eingenommenes Geld für viele verschiedene Käufe benötigt, muss er sich das Geld, »den nervus rerum, das ›gesellschaftliche Faustpfand‹, sichern« (S. 145). Das Festhalten von Geld in einer Gesellschaft mit entwickelter Warenproduktion ist also ein notwendiger Akt der Sicherung und der Vorsorge und dient der Lebenserhaltung durch »Vorratsbildung« (S. 615). Wie in prämonetären Gesellschaften ein Vorrat an Gütern als Vorsorge angelegt wurde, so muss in Geldgesellschaften zusätzlich dazu noch ein Vorrat an Geld angelegt werden, um bei Bedarf dieses Geld in die benötigten Güter tauschen zu können.

Aber diese Vorratsbildung des Geldes ist nicht die Schatzbildung im eigentlichen Sinn, denn mit der ersten Form entwickelt sich gleichzeitig eine zweite Form, nämlich eine genuine Leidenschaft, Geld als Geld festzuhalten: »Ware wird verkauft, nicht um Ware zu kaufen, sondern um Warenform durch Geldform zu ersetzen. Aus bloßer Vermittlung des Stoffwechsels wird dieser Formwechsel zum Selbstzweck« (S. 144). Das Geld »versteinert damit zum Schatz, und der Warenverkäufer wird Schatzbildner«. Bei ihm erwachen »Goldgier« (S. 145) und »Geiz« (S. 147). Seiner Leidenschaft für den »Goldfetisch« ist er sogar bereit, »seine Fleischeslust« zu opfern. Indem die Goldgierigen und die Geizigen schon in der Antike hofften, »Pluton selbst aus dem Inneren der Erde zu ziehen«, um dadurch den Gott des Reichtums zu bezwingen und zu beherrschen, wollten sie sich selbst in einen Gott verwandeln und näherten sich in dieser Absicht dem mythischen König Midas. Durch ihren leidenschaftlichen Midaskomplex getrieben, hielten sie an der »ersten Metamorphose« (S. 120) fest und kamen nicht oder nur ungenügend zur »zweiten Metamorphose«, dem Kauf. Wie dies bei Midas zu einer individuellen Krise führte, so führt die bürgerliche Schatzbildnerei zur ökonomischen Krise.

In einer vorwiegend oral orientierten Gesellschaft richtete sich die Gier auf bedürfnisbefriedigende Gebrauchsgegenstände, vor allem auf Nahrungsmittel. So ist es nach Marx »kein Wunder, daß der Bauch im Süden als Organ des akkumulierten Eigentums gilt und der Kaffer den Reichtum eines Mannes nach dem Fettwanst schätzt« (S. 110). Die orale Gier findet ihre Grenze an dem begrenzten menschlichen Körper. Smith weist darauf hin, dass der Wunsch nach Nahrung bei jedem Menschen »durch die Kapazität des Magens auf natürliche Weise begrenzt« (1776, S. 143) wird. Aber nicht nur der Magen, sondern auch die Fähigkeit des menschlichen Körpers, Körperfett als Vorratsbildung anzusetzen, ist begrenzt. In der verstärkt anal orientierten antiken Gesellschaft, in der sich die Gier zunehmend auf das Gold selbst richtete, war nicht mehr das Fett des Körpers als akkumulierte oder aufgespeicherte Nahrung die Erscheinungsform und der Maßstab des Reichtums, sondern das akkumulierte oder aufgehäufte Gold selbst. In einer entwickelten Geldgesellschaft erscheint der Geldbesitzer als »rico hombre« (Marx 1859, S. 112) und er »vergoldet sich und sein Haus«, was allerdings auch schon der mythische Midas tat. Diese Schaustellung des Reichtums geschieht aber nur, »wo es mit Sicherheit geschehen kann«. Dagegen findet »in Zeiten der Erschütterung des gesellschaftlichen Stoffwechsels« (S. 108), z. B. in Kriegszeiten, »das Vergraben des Geldes als Schatz statt« (S. 109). Die Schatzbildung versucht, das Geld vor der Vergänglichkeit zu retten. Marx weist darauf hin, dass im Englischen »›to save‹ zugleich retten und sparen« (1867, S. 168) bedeutet, was auch für das griechische Wort für Schatzbilden gilt.

Das Vergraben von Schätzen brachte eine neue Charaktermaske hervor, den Schatzgräber, der gezielt nach den von anderen vergrabenen Schätzen suchte und der in seiner Goldgier oft sich selbst sein Grab grub.

Die orale Gier, die ursprünglich auf die Mutterbrust gerichtet ist, wird, wenn sie sich auf das Gold als den symbolischen Ersatz des Goldkots richtet, zur »schmutzigen Habsucht« (Freud 1918, S. 115) oder zum verfluchten Hunger nach Gold oder Geld, der destruktiv und wie bei Midas selbstdestruktiv ist. Im Gegensatz zur Gier ist der Geiz primär schmutzig, denn er leitet sich, wie Freud in seiner Arbeit *Charakter und Analerotik* ausführt, von dem analen Zurückhalten des Kots ab. Freud folgt, wie erwähnt, »nur einem Winke des Sprachgebrauchs«, der »eine Person, die das Geld allzuängstlich zurückhält, ›schmutzig‹ oder ›filzig‹ (englisch: filthy=schmutzig) nennt« (1908b, S. 207). Der von ihm beschriebene anale Charakter mit den Eigenschaften »ordentlich, sparsam und eigensinnig« (S. 203), wobei die Sparsamkeit »bis zum Geize gesteigert erscheinen« (S. 208) kann, hat Ähnlichkeit mit der ökonomischen Charaktermaske des Schatzbildners.

Schon in der Antike wurde der Zusammenhang von Kotzurückhaltung und Geiz thematisiert, so in der *Aulularia*, der Goldtopf-Komödie des römischen Dichters Plautus (bis 184 v. Chr.), in der der »senex avarus Euclio«, der »geizige alte Euklio«, die Hauptrolle spielt. »Euklio«, der »gut Verschlossene«, ist sogar so geizig und damit so gut verschlossen, dass er auch die »untere Gurgel« (304) verstopft, »damit ihm dort im Schlaf kein Hauch verloren geht« (305). Diese Anspielung wurde vom Publikum, auch ohne Deutung der Psychoanalyse, als witzige Pointe verstanden. Marx bemerkt, dass der Schatzbildner oder der »Hüter des Schatzes« (1859, S. 117) historisch eher »eine komische Figur« spielt und deshalb als Charakter bevorzugt in den Komödien auftritt. Nach Freud zeigt sich im Witz, genauer in den anal-schmutzigen Witzen, »wie viel von der einstigen Schätzung des Menschen für seinen Kot im Unbewussten noch erhalten geblieben« (1958, S. 584) ist. Euklio fand seine Nachfolger in dem geizigen »Shylock«, dem ängstlich Verschlossenen (shy-lock), der von »Geldsäcken träumt« (II, 5,17), aus Shakespeares *Der Kaufmann von Venedig* (1598) und in der Figur des »Harpagon« aus Molieres *L'Avare* (1668), dem alten Habgierigen und Geizigen, der am Ende mit seiner wieder gefundenen Geldkassette als Liebesobjekt abgeht, während die jugendlichen Paare heiraten. Der Name Harpagon leitet sich von den griechischen Fabelwesen der Harpyien ab, Vögeln mit

Frauenköpfen, die immer gierig Nahrung raubten und sie zugleich mit ihrem Kot beschmutzten. Auch die drei Erbschleicher in Ben Jonsons *Volpone* (1607) wurden nach ihnen »harpies« (I, 2) genannt. Der »Trieb der Schatzbildung« (Marx 1867, S. 147) ist nach Marx von Natur maßlos. Damit sind auch die Goldgier und der Geiz, als die beiden auf das Geld gerichteten Leidenschaften oder Triebe, maßlos.

> »Qualitativ oder seiner Form nach ist das Geld schrankenlos, d. h. allgemeiner Repräsentant des stofflichen Reichtums, weil in jede Ware unmittelbar umsetzbar. Aber zugleich ist jede wirkliche Geldsumme quantitativ beschränkt, daher auch nur Kaufmittel von beschränkter Wirkung. Dieser Widerspruch zwischen der quantitativen Schranke und der qualitativen Schrankenlosigkeit des Geldes treibt den Schatzbildner stets zurück zur Sisyphusarbeit der Akkumulation. Es geht ihm wie dem Welteroberer, der mit jedem neuen Land nur eine neue Grenze erobert« (ebd.).

Beim Welteroberer richtet sich die unersättliche Gier auf das Land, das ein Muttersubstitut darstellt, beim Schatzbildner dagegen auf das Gold oder Geld. Aber schon die antiken Welteroberer, wie Alexander und Cäsar, wollten nicht nur Land erobern, sondern mit dem Land auch Gold. Der Midaskomplex und seine Goldgier beinhaltet auch die Expansion im Raum, beginnend mit der griechischen Kolonisation, über die Kolonisierung Amerikas bis zur modernen Globalisierung.

Geldakkumulation bedeutet »Gewicht zu Gewicht zu häufen, eine ganz inhaltlose Tätigkeit, die auf alle anderen Waren angewandt, sie entwerten würde« (Marx 1859, S. 111). Akkumulation als rein quantitative Tätigkeit kann als Versuch verstanden werden, mithilfe der Geldquantität die grenzenlose und allmächtige infantile Ökonomie wiederzugewinnen, wie sie durch den Besitz des magischen Milchkotes erlebt und von der Mutter ermöglicht wurde. Die grenzenlose Allmacht, die unbewusst durch die Aufhäufung und zugleich Zurückhaltung von infantilem Goldkot erreicht werden soll, beinhaltet einerseits die Macht über alle Befriedigungen und über alle Menschen, andererseits soll sie auch die Macht über Zeit und Tod ermöglichen, indem sie die infantile Zeitlosigkeit wieder erreichen will, die zugleich Unsterblichkeit verspricht. Aber früher oder später müssen der zurückgehaltene Kot des Kindes und seine daran gehefteten Wunschfantasien aufgegeben werden. Der magische Milchkot muss ausgeschieden und der Mutter und damit dem natürlichen Stoffwechsel überantwortet werden. Das Kind braucht wieder Nahrungszufuhr durch die Mutter, denn seine orale und anale Autarkie ist nur eine Wunschfantasie. Auch die akkumulierten Geldsummen des Schatzbildners müssen irgendwann wieder in die Zirkulation oder in den gesellschaftlichen Stoffwechsel zurückfließen, um bedürfnisbefriedigende Waren zu kaufen. Geschieht dies nicht oder nur ungenügend, dann kommt es, wie bereits ausgeführt, zu einer Stockung des Stoffwechsels oder zu einer »glut« (1867, S. 457), d. h. zu einer Übersättigung und Verstopfung des Marktes und damit zu einer ökonomischen Krise. Heute spricht man von einem »savings glut« und meint damit eine durch übermäßiges Sparen verursachte Überfüllung des Marktes mit unverkäuflichen Waren. Die Akkumulation des Schatzbildners erweist sich so als »Sisyphusarbeit« (S. 147), denn auch der Stein des Sisyphus musste immer wieder ins Tal rollen, nachdem er auf den Berg geschafft war.

Nach Fellmeth war das Ziel einer antiken »Oikoswirtschaft« (2008, S. 26) oder Hauswirtschaft die Selbstversorgung und die Ansammlung von thesauriertem Reichtum. Einen Teil seiner Arbeit musste der selbstständige Produzent für die Selbsterhaltung verwenden, mit dem anderen Teil, der über die notwendige Arbeit hinausging, mit der Mehrarbeit, konnte er dann noch einen Überschuss, ein Mehrprodukt, erarbeiten, das den potenziellen Schatz darstellte. Während der mythische Midas unmittelbar durch seine gottgegebene Vis aura die verschiedensten Gegenstände oder Stoffe in Gold verwandelte, bestand die nicht gottgegebene Vis aurea des Oikosbauern in irdischer Arbeit und im Tausch. Mit seiner eigenen Arbeitskraft bewirkte er zuerst eine »reale Metamorphose« (Marx 1885, S. 56), die in der Verwandlung der Rohstoffe in Arbeitsprodukte bestand, die als Waren Wert, also vorgestelltes Gold, haben mussten. Erst in einem zweiten Schritt konnte er dann durch eine »formale Metamorphose«, also durch Austausch oder Verkauf, versuchen, sein Produkt in wirkliches Geld zu verwandeln. Gelang es ihm, seine Waren durch ihre Attraktionskraft auf dem Markt zu vergolden, so war es ihm möglich, das eingenommene Gold oder Geld zu thesaurieren oder aufzuschatzen, aber nur »im Verhältnis seiner persönlichen Arbeit und seines persönlichen Nichtkonsums« (1867, S. 620).

Schon die Römer wussten, wie sie über den Markt Gold und Geldschätze ansammeln und damit akkumulieren konnten, indem sie viel verkauften und möglichst wenig kauften. Sie praktizierten also vor allem die erste Midasmetamorphose, die Verwandlung von Waren in Geld, und beschränkten die zweite Metamorphose, die Rückverwandlung von Geld in Ware, auf ein Minimum. Cato empfiehlt in seiner Schrift *Über den Ackerbau*, etwa 150 v. Chr. veröffentlicht, dem Besitzer eines Landgutes: »Patrem familias vendacem, non emacem esse oportet« (III, 7). Danach sollte der Hausvater »verkaufslustig«, aber nicht »kauflustig« sein. Cato besaß Landgüter, die mit Sklavenarbeit betrieben wurden und auf Geldgewinn ausgerichtet waren. Nicht nur die kleinen Oikosbauern, sondern die schon in der Antike existierenden größeren Unternehmer, die in der Manufaktur oder Agrikultur tätig waren, gehörten zu dem Typ des Schatzbildners. Sie produzierten in größerem Umfang Gebrauchsgüter oder Nahrungsmittel für den städtischen Markt, für den Staat oder für das Heer und übertrugen die Produktionsarbeit auf gekaufte Sklaven. Erst ihre Mehrarbeit, die über die zur Selbsterhaltung und zur Erhaltung des Herrn hinausging, konnte der Sklavenhalter im Verkauf wieder in thesauriertes Geld verwandeln oder es als Alternative in Grundeigentum anlegen. Das unproduktive Horten von Geld und das brachliegende Land waren in der Antike ein Problem. Dies zeigt die zitierte Verordnung von Cäsar gegen die Schatzbildung, aber auch die staatlichen Bestimmungen gegen nicht bearbeitetes Land.

Der auf dem Markt seinen Midaskomplex verwirklichende oder ausagierende Schatzbildner, als historische Wiederkehr des aristokratischen oder gar mythischen Schatzbildners, wurde zunehmend zu einem Hindernis der weiteren Marktentwicklung. Ein Ausweg bestand schon in der Antike darin, den Geldschatz in Erwerbsvermögen und damit in Kapital zu verwandeln, indem das gehortete Geld nicht für den Verbrauch, sondern für eine fortgesetzte Kapitalakkumulation ausgegeben wurde. Der Schatzbildner verwandelte sich so in einen Kapitalisten und der Midaskomplex als Gold- und Geldkomplex in einen Kapitalkomplex. Dadurch konnte die Krise überwunden werden, wenn auch nicht ihre letztliche Ursache, die Bevorzugung des sakralen Geldes gegenüber den profanen Waren.

Antike Formen des Kapitals

Das sich schon in der Antike entwickelnde kaufmännische Kapital, auch Handelskapital genannt, gab den Geldschatz wieder aus, aber nicht um die die eigenen Bedürfnisse befriedigenden Waren zu kaufen, sondern um Geld in Warenkapital zu verwandeln. Da die Waren vom Käufer nicht konsumiert, sondern mit Gewinn wieder verkauft wurden, verwandelte sich das vorgeschossene Geld in Geldkapital. Der ruhende

Schatz wurde dadurch in Bewegung gesetzt und vermehrt. »Wohlfeil kaufen, um teuer zu verkaufen« ist nach Marx »das Gesetz des Handels« (1894, S. 342), das sich zunehmend durchsetzte. Der Handelskapitalist hat ebenso wie der Schatzbildner einen Midaskomplex. Aber die Verwandlung von Waren in Geld, die der Schatzbildner betreibt, ist beim Handelskapitalisten erst der zweite Schritt. Er beginnt mit der zweiten Metamorphose, indem er Waren kauft und dafür sein Gold oder Geld ausgibt oder liquidiert. Dadurch überwindet er zwar im ersten Schritt seinen Midaskomplex, aber nur, um ihn im zweiten Schritt, der eigentlichen Midasmetamorphose, umso intensiver wieder verwirklichen zu können. Auf diese Weise wächst sein Gold oder sein Geldschatz schneller als beim einseitigen Schatzbildner. Während der Schatzbildner seine entmythologisierte Vis aurea, die Attraktionskraft seiner Waren, einsetzt, um sie alle in Gold zu verwandeln, lässt der Handelskapitalist sein Gold oder Geld als Kaufkraft wirken, indem er sein Gold zurück in Waren verwandelt. Während der Schatzbildner unbewusst wie ein Kind seinen Goldkot zurückhält, um ihn dadurch zu sichern und auch zu vermehren, übergibt der neue Kapitalist unbewusst seinen Goldkot immer wieder von neuem der Mutter, bekommt dafür neue und mehr Milch. Das unbewusste Vorbild für das Kapitalwachstum ist das Wachstum des Kindes und seines Goldkotes mithilfe und auf Kosten der Mutter und ihrer wachsenden Milchzufuhr und Arbeitsleistung.

Das Gesetz des Handels, nämlich billig zu kaufen und teuer zu verkaufen, ist auch die Grundlage der Spekulation. Eine Spekulation im ökonomischen Sinne ist der Versuch, ein kommendes Ereignis vorherzusehen, um Reichtum zu gewinnen, denn der *speculator* ist der Späher. Sie bezieht sich auf Fakten, die man wirklich voraussehen kann, aber vor allem auf eine eingebildete oder gewünschte Fähigkeit zur göttlichen Vorsehung. In diesem Fall besteht das spekulative Spiel darin, den allwissenden Gott oder die göttliche Vorsehung zu spielen. Wenn das Spiel gelingt, scheint dies ein Beweis, dass man göttliche Fähigkeiten hat oder ein von göttlicher Seite bevorzugtes Glückskind ist.

Auch die Antike kannte Spekulationen, wie Aristoteles in seiner *Politik* berichtet: Als man den Thales von Milet (625–547 v. Chr.)

>»wegen seiner Armut schmähte, weil eben die Philosophie zu nichts nutze sei, heißt es, er habe unter Zuhilfenahme der Gestirnskunde vorausgesehen, daß es eine reiche Olivenernte geben werde, und habe, als es noch Winter

war, ausgestattet mit ein wenig Geld ein Handgeld auf alle Ölpressen in Milet und Chios geleistet und sie um einen geringen Betrag gemietet, weil niemand noch höher ging. Als aber die Erntezeit gekommen war und viele Ölpressen zugleich und plötzlich gesucht wurden, habe er sie vermietet, so hoch er nur wollte, viel Geld eingeheimst und so gezeigt, daß es leicht ist für die Philosophen, reich zu werden, wenn sie nur wollten, daß es aber eben nicht das ist, womit sie sich ernstlich beschäftigen« (1259a).

Aristoteles erklärt den Erfolg des Thales dadurch, dass er sich durch seine wissenschaftliche Voraussehung einer reichen Ölernte ein Monopol oder einen Alleinhandel auf Ölpressen verschaffte und so bei starker Nachfrage die Preise diktieren konnte. Aber Spekulation im wirtschaftlichen Sinn war und ist auch heute nur begrenzt auf Wissenschaft begründet und begründbar. Diese Geschichte wird als Beleg verwendet, dass es schon in der Antike Derivate in Form von Optionsscheinen und auch Termingeschäfte gab. Wobei die finanzielle Absicherung einer ungewissen zukünftigen Ernte und die Spekulation auf Geldgewinn ineinandergehen.

Schon in der Antike entwickelte sich aus dem Handelskapital das zinstragende Kapital, das in seiner altertümlichen Form auch Wucherkapital genannt wurde. Beide waren mit einer Wirtschaftsweise zu vereinbaren, die noch vorwiegend für den Selbstbedarf produzierte, aber schon Geld und Markt entwickelt hatte. Wucher ist ursprünglich ein Begriff aus der Naturalwirtschaft und bedeutet Frucht und Nachwuchs. Er wurde in der sich entwickelnden Geldwirtschaft auf zinstragendes Geld übertragen. Der naturalwirtschaftliche Ausgangspunkt von Verleihen und Borgen ist das Verhältnis zwischen zwei Bauern oder Grundherren, die als Privateigentümer Nahrungsmittel und Produktionsmittel, z. B. Vieh, verleihen oder borgen. Vieh wird ausgeliehen und nach einer Frist wieder zurückgegeben, eventuell mit dem inzwischen geborenen Nachwuchs. Dieser kann als die historische Urform des Zinses verstanden werden.

Aristoteles, den Marx zitiert, verurteilt in Kenntnis des antiken Wucherkapitals die scheinbar »okkulte Qualität« (1867, S. 169) des Geldes, sich selbst zu vermehren:

»So ist der Wucher mit vollstem Recht verhaßt, weil das Geld selbst hier die Quelle des Erwerbs und nicht dazu gebraucht wird, wozu es erfunden ward. Denn für den Warentausch entstand es, der Zins aber macht aus Geld mehr Geld. Daher auch sein Name (tokos – Zins und Geborenes). Denn die Geborenen sind den Erzeugern ähnlich. Der Zins aber ist Geld von Geld, so daß von allen Erwerbszweigen dieser der naturwidrigste« (S. 179).

Die von den Tieren auf das Gold oder Geld übertragene Vorstellung eines »geldheckenden Geldes« (S. 170), oder »money which begets money«, kommt in dem von Ovid wiedergegebenen Midasmythos nicht vor. Es ist die Wunschvorstellung vom Gold, das sich von selbst vermehren kann. Wenn der Wucherer Shylock in Shakespeares *Der Kaufmann von Venedig* gefragt wird: »Ist euer Gold und Silber Schaf und Widder?« (I, 3), antwortet er: »Weiß nicht. Bei mir vermehrt sich's grad so schnell«.

Pecunia, das lateinische Wort für Geld, verweist auf das Vieh als ursprüngliches Geldmaterial, wobei Viehgeld kein Kotsymbol, sondern ein Elternsymbol war. Ebenso bezieht sich das Wort »Kapital« ursprünglich auf die Kopfzahl des Viehbestands im Gegensatz zum Zuwachs, Census oder Zins, frisch geworfener Tiere. Über die Etymologie von Kapital schreibt Laum:

> »Kapital stammt von lat. ›capita‹ (=Häupter), nach denen die Viehherden gezählt wurden. Vieh ist also die älteste Form dessen, was wir heute als Kapital bezeichnen, nämlich eine Sache, der eine zeugende Kraft innewohnt. Und da sie einen Zuwachs erbringt, wird beim Verleihen ein Zins gezahlt« (1968, S. 18).

Bei der Viehleihe ist außer dem Nachwuchs bei entsprechender Fütterung auch noch mit einem Zuwachs oder Inkrement an Körpersubstanz der Tiere zu rechnen. Wurde aber das geliehene Vieh, statt es als Arbeitsmittel oder als Produktionsmittel von Nachwuchs einzusetzen, als Lebensmittel verzehrt, so konnte weder das geliehene Vieh noch ein zusätzlicher Naturalzins in Form frisch geworfener Tiere zurückgegeben werden. Als sich aus der selbstversorgenden Naturalwirtschaft mit Viehleihe und gelegentlichem Produktetausch eine Markt- und Geldwirtschaft entwickelte, wurde anstelle der Naturalgüter Gold- oder Silbergeld verliehen, das als Geld und mit Geldzins wieder zurückgezahlt werden musste.

In einer Naturalwirtschaft spielt beim Verleihen und Borgen von Gütern der Verleiher oder Gläubiger unbewusst die Rolle der die Lebensmittel besitzenden Mutter, der Borger und Schuldner dagegen die

Rolle des bedürftigen und abhängigen Kindes, das sich bei der Mutter verschuldet. Die Mutter-Kind-Beziehung kann unter dem Aspekt eines Gläubiger-Schuldner-Verhältnisses betrachtet werden: Wenn die Mutter das Kind noch nicht als Individuum, sondern in Einheit mit sich selbst erlebt und betrachtet, überträgt sie die Milch von einem Teil ihres Selbst, der Brust, auf einen anderen Teil, ihr Kind. Diese Phase wird abgelöst durch die Geschenkübertragung. Schenken setzt eine Trennung von Mutter und Kind in individuelle Personen oder Privateigentümer voraus. Die Milch als Geschenk der Mutter geht ohne Gegenleistung in den Besitz des Kindes über.

Als nächster Schritt kann die Übertragung der Milch auf das Kind als eine Form des Leihens, als ein Kredit verstanden werden. Das Kind wird hierbei schon als selbstständige Person betrachtet, aber es ist unfähig, in der Gegenwart eine der Milch entsprechende Gegenleistung für die Mutter, die Gläubigerin, zu erbringen. Die Mutter gibt ihm trotzdem, im Glauben oder im Vertrauen, dass diese Gaben zu einem späteren Zeitpunkt in anderer Form zurückgegeben werden. Somit entsteht auf der Seite des Kindes eine Schuld gegenüber der Mutter, die sich akkumuliert. Sein Körper und seine Seele, die durch physische und psychische Einverleibungen der Mutter aufgebaut werden, können in diesem Sinn als akkumulierte Schuld verstanden werden. Es entsteht die Verpflichtung, als Erwachsener die Schuld zurückzuzahlen oder Wiedergutmachung zu leisten, entweder in Form der Altersversorgung der Eltern oder in einer auf das eigene Kind verschobenen Form: Was das Kind von der Mutter bekommen hat, gibt es selbst, Mutter geworden, an das eigene Kind weiter.

Die Begriffe des Gläubigers und des Schuldners kommen primär ohne Geld und damit unbewusst auch ohne Kot aus, weil sich historisch der Mensch zuerst in Naturalien und ontogenetisch das Kind zuerst in Muttermilch verschuldet hat. Freud bemerkt über Dostojewski: »Das Schuldgefühl hatte sich, wie nicht selten bei Neurotikern, eine greifbare Vertretung durch eine Schuldenlast geschaffen« (1928, S. 414). Ursprünglich gilt das Umgekehrte: Der Körper des Kindes stellt eine greifbare Schuld gegenüber der Mutter dar, auf dessen Basis dann das ungreifbare Schuldgefühl erwächst. Als weiterer Entwicklungsschritt kann der kindliche Kot als Teil des kindlichen Körpers, als Gegengeschenk, Gegengabe und schließlich als Tauschmittel und Zahlungsmittel oder als Geld von der Mutter anerkannt werden. Dadurch wird eine Verschuldung des Kindes gegenüber der Mutter vermieden, denn es ist nun in der Lage, für jede neue Milchgabe der Mutter seinen Kot als Wertäquivalent zu geben.

Nach Freud findet beim Opfer im Laufe der historischen Entwicklung eine »Ersetzung des lebenden Menschen durch eine leblose Nachahmung (Puppe)« (1913b, S. 182) statt. Unter diesem Aspekt betrachtet, ist auch der Kot eine Puppe oder ein »Kotkind« (1918, S. 134), das vom Kind anstelle seiner selbst geopfert wird, um seine kannibalischen Akte wiedergutzumachen und ohne selbst Opfer von kannibalischen Akten gemäß dem Talionsprinzip zu werden. Die in der römischen Gesetzgebung wirksame »Vergeltung durch Gleiches« (1915, S. 346), bezog sich ursprünglich auf die Vergeltung eines Körperschadens. Der Körperschaden, den das Kind der Mutter durch Geburt und Säugen zugefügt hat, verlangt ebenfalls Vergeltung, die schließlich in der Form der Kotgabe von der Mutter akzeptiert wird. Marx nennt das zinstragende Kapital einen »Moloch« (1894, S. 410), d.h. eine Gottheit, die Kinderopfer fordert. Der Moloch kann als eine zum Gott gemachte Mutter interpretiert werden, die als Gläubigerin das Opfer des Kindes selbst fordert und sich nicht mit einem Ersatzopfer, dem Kotkind oder dem Kotgeld, begnügt.

Damit der Geldbesitzer dauerhaft seine bevorzugte Position behält, muss er sich über den Schatzbildner hinaus in einen Gläubiger verwandeln. Denn die Schatzbildung »erfüllt ihren Traum im Wucher« (S. 612). Dadurch ist die ursprüngliche infantile Ausgangssituation umgekehrt und es wird eine kindliche Wunschfantasie in Szene gesetzt, ausagiert und gesellschaftlich realisiert: Das Kind verleiht der Mutter seinen Goldkot, die sich dadurch beim Kind verschuldet. Nun spielt der Verleiher oder Gläubiger, indem er das Gold oder Geld gibt, die Rolle des den magischen Goldkot besitzenden Kindes, von dem jetzt wiederum die Mutter, um zu überleben, abhängig ist. Der Gläubiger kann auf diese Weise gesellschaftlich dem Schuldner gegenüber die Rolle eines allmächtigen Kindes spielen und mithilfe des Zinses groß werden und wachsen.

Nach Marx war es in der Vergangenheit das Wucherkapital, das die noch in »überlieferter, urväterlicher Betriebsweise« (1867, S. 533) arbeitenden Bauern und Handwerker »parasitenmäßig aussaugte«. Die Metapher des Saugens kann so verstanden werden, dass der Gläubiger unbewusst die Rolle eines Säuglings spielt. Die Geldvorschüsse, die unbewusst Kotvorschüsse bedeuten, werden nur gemacht, um sich dadurch das Saugerecht auf die Brust und damit das Recht auf eine Wiederherstellung der infantilen oralen Ökonomie zu sichern. Diese Deutung der ursprünglich oralen Fixierung des Gläubigers kann durch Shylock bestätigt werden, den Marx mit den Worten zitiert: »Mein Recht verlang ich! Die Buße und Verpfändung meines Scheins!« (S. 304) und weiter, »Ja, die Brust, so sagt der Schein«. Das Verhalten des Shylock kann auch als »projektive Identifikation« (Klein 1946, S. 108) gedeutet werden. Denn dieser lag ursprünglich die Vorstellung zugrunde, dass die kindlichen »Exkremente« in »die mütterliche Brust« hineinprojiziert werden, um sie zu »kontrollieren und in Besitz« zu nehmen, sie »auszusaugen« und »zu berauben«.

Die römische »Regel der Talion« (Freud 1915, S. 346) oder das »Gesetz der 10 Tafeln« (Marx 1867, S. 304) bedeuten unbewusst: Ich habe dir mein Geld, d. h. meinen Kot oder einen Teil meines Körpers, zur freien Verfügung gegeben. Ich verlange als Vergeltung einen Teil deines Körpers, die Brust, ebenfalls zur freien Verfügung. Eine andere Art, das »Shylock'sche Gesetz« auf Schuldner anzuwenden, erwähnt Marx von den römischen Patriziern: »Das Geld, das sie dem plebejischen Schuldner vorgeschossen, hatte sich vermittelst seiner Lebensmittel in Fleisch und Blut des Schuldners verwandelt. Dies ›Fleisch und Blut‹ war daher ›ihr Geld‹«. Assoziativ, eine Verbindung zum kannibalischen Fest und zum Abendmahl ziehend, fährt er fort: »Linguets Hypothese, daß die patrizischen Gläubiger von Zeit zu Zeit jenseits der Tiber Festschmäuse in gekochtem Schuldnerfleisch veranstalteten, bleibe ebenso dahingestellt wie Daumers Hypothese über das christliche Abendmahl«.

Die antike Sklavenhaltergesellschaft und ihr Untergang

Beim Verleihen handelt es sich nicht um eine »Metamorphose« (Marx 1894, S. 353), sondern um eine »Übertragung« des zu verleihenden Geldes vom Verleiher auf den Borger oder vom Gläubiger auf den Schuldner. Diese Übertragung pflegt unter »gewissen juristischen Formen und Vorbehalten zu geschehn«, die festlegen, dass der Schuldner das Geld, einschließlich eines Zinses, zu einem bestimmten Termin zurückzahlen muss. Der Verleiher wird auch Gläubiger genannt, weil er an die Rückzahlung glaubt und dem Schuldner deshalb Kredit oder Glauben und Vertrauen gibt. Allerdings hat sich historisch der Gläubiger nicht allein auf seinen Glauben verlassen, er verlangte zusätzlich Sicherheiten, mit denen der Schuldner haften musste einschließlich seiner

selbst als Person. In der Antike konnte der Schuldner bei Zahlungsun-
fähigkeit zum Schuldsklaven gemacht werden.

Wie bei der Viehleihe konnte auch bei der Geldleihe das Geliehene
nur zurückgezahlt werden, wenn es nicht konsumiert, sondern vermehrt
wurde. Nur dann konnte der Schuldner den Zins zahlen und verschuldete
sich nicht weiter. Die Übertragung des Geldes auf den Schuldner bedeutet zugleich die Übertragung der Geldvermehrung auf ihn. Sie kann als
eine unbewusste Mutterübertragung verstanden werden. Während der
selbstständige Schatzbildner seine Arbeitskraft betätigen und sein Arbeitsprodukt in Geld verwandeln musste, verwandelte sich der Gläubiger
in eine neue Art von Midas. Sein auf den Schuldner übertragenes Geld
vermehrte sich ohne Arbeit und Tausch, sodass für ihn »der fromme
Wunsch des Schatzbildners« (S. 406) Wirklichkeit wurde.

In der Antike war nicht der produktiv verwendete Kredit, sondern der
Konsumentenkredit die Regel, weil die Großen das geliehene Geld meist
auf großem Fuß verschwendeten und die Kleinen es zum Lebensunterhalt
verbrauchten. Die Folge waren hohe Zinsen wegen des Risikozuschlags
und Verpfändungen, sei es von mobilem Hab und Gut, von Grundbesitz
und schließlich auch von der Person des Schuldners selbst. Nach Marx
ändert der Wucher die Produktionsweise nicht,

> »sondern saugt sich an sie als Parasit fest und macht sie miserabel. Er saugt
> sie aus, entnervt sie und zwingt die Reproduktion, unter immer erbärm-
> licheren Bedingungen vorzugehen. Daher der populäre Haß gegen den
> Wucher, am höchsten in der antiken Welt, wo das Eigentum des Produ-
> zenten an seinen Produktionsbedingungen zugleich Basis der politischen
> Verhältnisse, der Selbständigkeit des Staatsbürgers« (S. 610)

war. Auch wenn der Sklavenbesitzer selbst dem Wucher verfällt, »bleibt
die Produktionsweise dieselbe, nur wird sie härter für die Arbeiter«, die
Sklaven. Der

> »verschuldete Sklavenhalter saugt mehr aus, weil er selbst mehr ausgesaugt
> wird. Oder schließlich macht er, wie der Ritter im alten Rom, dem Wuche-
> rer Platz, der selbst Grundeigentümer oder Sklavenbesitzer wird. An die
> Stelle der alten Ausbeuter, deren Exploitation mehr oder minder patri-
> archalisch, weil großenteils politisches Machtmittel war, tritt ein harter
> geldsüchtiger Emporkömmling« (ebd.).

Nicht selten war der Emporkömmling ein ehemaliger Sklave und der »römische Freigelassene« (1867, S. 743) machte sich auf diese Weise »zum Herrn seines Patronus«.

Der geldsüchtige Emporkömmling spielte unbewusst die Rolle eines Kindes, das mithilfe des Kotsubstituts Geld groß und mächtig werden will. Indem sich die patriarchalischen alten Ausbeuter durch sein als Kredit angebotenes Geld verführen ließen, wie die Mutter sich durch den infantilen magischen Goldkot hatte verführen lassen, konnte der Wucherer die Situation eines die Mutter aussaugenden Kindes gesellschaftlich realisieren und mithilfe des Mehrprodukts, mit dem Zins, selbst groß werden. Je mehr sich die Geldwirtschaft gesellschaftlich durchsetzte, desto mehr war die orale Gier auf das Geld gerichtet. Der Wucherer wurde hart und geldsüchtig. Da seine Gier oder Sucht auf einen toten Stoff gerichtet war, wurde er selbst zum »steinherzigen Aussauger« (1894, S. 625). Aber er saugte sich nicht nur an den Großen, den Elternersatzfiguren fest, sondern auch an den Kleinen, deren infantile Abhängigkeit und Schuldgefühle er ausbeutete. Dabei spielte er auch die Rolle einer aussaugenden Mutter, die gemäß dem Talionsprinzip alles Gegebene vom Kind zurückfordert.

Sowohl der »Ruin der reichen Grundeigentümer durch den Wucher, wie die Aussaugung der kleinen Produzenten führt zur Bildung und Konzentration großer Geldkapitalien« (S. 608). Der Wucher »zentralisiert Geldvermögen, wo die Produktionsmittel zersplittert sind« (S. 610), nur deshalb wirkt er »revolutionär, indem er die Eigentumsformen zerstört und auflöst«. Dieselben Kriege,

> »wodurch die römischen Patrizier die Plebejer ruinierten, sie zu Kriegsdiensten zwangen, die sie an der Reproduktion ihrer Arbeitsbedingungen hinderten, sie daher verarmen [ließen,] füllten jenen die Speicher und Keller mit erbeutetem Kupfer, dem damaligen Geld. Statt den Plebejern direkt die benötigten Waren zu geben, Korn, Pferde, Hornvieh, liehen sie ihnen dies für sie selbst nutzlose Kupfer, und benutzten diese Lage zur Erpressung enormer Wucherzinsen, wodurch sie die Plebejer zu ihren Schuldsklaven machten« (S. 612).

Im »römischen Reich geschah es bekanntlich häufig, daß Hungersnot den Verkauf der Kinder und Selbstverkauf von Freien als Sklaven an die Reicheren herbeiführte«. Durch die Überschuldung verwandelte sich die ursprüngliche Wirtschaftsform von selbstständigen Bauern und

Handwerkern zunehmend in eine »reine Sklavenwirtschaft« (S. 609). Die Juden des Alten Testaments versuchten dieser Entwicklung entgegen zu wirken, indem sie alle 49 Jahre ein »Freijahr« (3. Mos. 25, 10), auch Jubeljahr genannt, bestimmten: »Da soll ein jeglicher bei euch wieder zu seiner Habe und zu seinem Geschlecht kommen«: Schulden wurden erlassen, verpfändete Habe zurückgegeben und Sklaven freigelassen, sodass sie wieder zu ihren Herkunftsfamilien konnten.

Die Sklaverei wurde auch durch die römischen Raub- und Eroberungskriege gefördert, weil dauernd Kriegsgefangene als Sklaven zur Verfügung standen. Es wurden nicht nur Sklaven, sondern auch Reichtümer erbeutet, die vorwiegend der herrschenden Schicht der Optimaten, der Senatoren und Ritter zugute kamen. Diese wurden in großen Landgütern, aber auch Manufakturen angelegt, die mithilfe der Sklaven betrieben wurden, und die wiederum die selbstständigen Bauern und Handwerker verdrängten. Während die Optimaten, durch ihren Midaskomplex angetrieben, allen Reichtum an sich zogen, wurden die Popularen zunehmend arm und waren nicht mehr fähig, ihren Midaskomplex zu realisiseren. Diese Entwicklung führte zu einer extremen Umverteilung des Reichtums, sie wurde zur Ursache der Bürgerkriege und führte zum römischen Kaisertum. Marx unterscheidet bei der Sklaverei eine mit einem »gemäßigt patriarchalischen Charakter« (1867, S. 250), die noch auf den Selbstbedarf ausgerichtet war, und eine moderne, auf den Markt ausgerichtete Sklavenwirtschaft. Diese moderne Form wurde auch schon von Cato praktiziert und propagiert, der empfahl, alte und kranke Sklaven, die nicht mehr produktiv waren und deshalb kein Geld mehr einbrachten, zu verkaufen, ihnen also nicht nach traditioneller patriarchalischer Art ein Gnadenbrot zu gewähren.

Nach Ansicht der klassischen Ökonomie ließ die Sklavenwirtschaft nur eine begrenzte Entwicklung der Produktivkraft der Arbeit zu. Smith begründet dies damit, dass Sklaven »höchst selten erfinderisch« (1776, S. 579) waren und deshalb die »wichtigsten Erfindungen und Verbesserungen entweder im Bau von Maschinen oder in der Anordnung oder Aufteilung der einzelnen Verrichtung, welche die Arbeit erleichtern und abkürzen« von »Freien« gemacht wurden. Eine psychologische Begründung, die dem von Freud sogenannten »Narzißmus der kleinen Differenzen« (1930, S. 474) entspricht, stammt von Marx: Der Sklave oder

»der Arbeiter soll sich nach dem treffenden Ausdruck der Alten, nur als instrumentum vocale vom Tier als instrumentum semivocale und dem

toten Arbeitszeug als instrumentum mutum unterscheiden. Er selbst
aber läßt Tier und Arbeitszeug fühlen, daß er nicht ihresgleichen, sondern ein Mensch ist. Er verschafft sich das Selbstgefühl seines Unter-
schieds von ihnen, indem er sie mißhandelt und con amore verwüstet.
Es gilt daher als ökonomisches Prinzip in dieser Produktionsweise, nur
die rohesten, schwerfälligsten, aber gerade wegen ihrer unbehilflichen
Plumpheit schwer zu ruinierenden Arbeitsinstrumente anzuwenden«
(1867, S. 210f.).

Sklavenwirtschaft bedeutete unbewusst die Abwälzung der notwendigen Arbeit auf abgewertete, entindividualisierte, infantil abhängige und
damit völlig beherrschbare Elternersatzfiguren, die als ganze Personen dem Kotsymbol Geld gleichgesetzt und damit auch ganz besessen
werden konnten. War dieses System gesamtgesellschaftlich installiert,
so schloss es eine Entwicklung der Produktivkräfte der Arbeit weitgehend aus. Die herrschende Klasse war nur interessiert, dass die Arbeit
von den Sklaven übernommen wurde. Solange reichlich Sklaven durch
Eroberungen zur Verfügung standen, war es nicht wichtig, wie ökonomisch diese Arbeit vonstatten ging. Für die Sklaven selbst fehlte, im
Gegensatz zum späteren Lohnarbeiter, das Geldmotiv, ökonomisch zu
arbeiten, um besser zu verdienen.

Nach Jay gibt es über die Zahl der Sklaven in der Antike nur ungesi-
cherte Angaben, trotzdem sagt er:

> »In Mittelitalien und dem damaligen Gallia cisalpina (Norditalien) lebten
> in der späten Republik und dem frühen Imperium Romanum schätzungs-
> weise drei Millionen Sklaven, während die übrige Bevölkerung nicht mehr
> als viereinhalb Millionen betrug« (2000, S. 77).

Jay schließt sich der schon vor ihm vertretenen Ansicht an,

> »die Sklaverei sei der eigentliche Grund für das Fehlen technischer Neu-
> erungen im alten Rom, und dieser Stillstand sei wiederum die Ursache
> seines wirtschaftlichen Untergangs gewesen, allenfalls noch verstärkt
> durch Barbareneinfälle, Seuchen und schlechte Regierung« (S. 111).

Er sieht im Untergang Roms eine historische Ironie oder »eine späte
Rache der Sklaven, auch wenn sie selbst nichts mehr davon hatten«.

Auch Sklaven konnten einen Midaskomplex als Geldkomplex entwickeln, aber sie konnten ihn nicht realisieren. Zwar waren sie für Geld kauf- und verkaufbar, aber sie selbst konnten nicht Geldbesitzer werden. Andererseits gab es im antiken Griechenland und später in Rom eine große Zahl von freigelassenen Sklaven, die besonders intensiv einen Midaskomplex entwickelten und ihn auch mit allen Mitteln realisierten. Bekannt sind zwei reiche Athener Geldverleiher oder frühe Bankiers, Pasion und sein Nachfolger Phormio. Buchan sagt von ihnen, dass ihre gewaltigen Vermögen zwar Anlaß zu Neid und allerlei Kommentaren gaben, »aber ihnen haftete auch ein Paria-Geruch an« (1997, S. 48).

Das Geld wurde im antiken Griechenland von den traditionellen Autoritäten nicht nur kritisiert, weil es »den edlen Sinn rechtschaff'ner Männer verkehrt« (Marx 1867, S. 146), sondern weil es alles und alle gleichmacht. Es konnte Sklaven zu Herren und Herren zu Sklaven machen. Wie im Geld »aller qualitative Unterschied der Waren ausgelöscht ist, löscht es seinerseits als radikaler Leveller alle Unterschiede aus« und wird zu einem radikal-demokratischen Gleichmacher. Was für das Kotsymbol Geld mit seinem Paria-Geruch gilt, gilt erst recht für den Kot. Er löscht allen qualitativen Unterschied der Esswaren aus und in seiner Produktion, in der sich alle gleich sind, sind auch die Geschlechts- und Altersunterschiede, mit Ausnahme der kindlichen Goldkotproduktion, ausgelöscht. Jones hat Lawrence mit der Bemerkung zitiert: »I hate equality on a money basis. It is the equality of dirt« (1918, S. 129). Aber vor dem Geld, als dem kleinsten gemeinsamen Nenner, sind alle nur gleich, sofern auch alle Geld besitzen können. Das traf in der Antike zwar auf die Aristokraten und Polisbürger, aber nicht auf die Sklaven zu, es sei denn sie waren Freigelassene. Da die Sklaven aber einen erheblichen Bevölkerungsanteil darstellten, konnten sich in der Antike die Geldwirtschaft und damit der Midaskomplex nie wirklich verallgemeinern.

Christentum und Midaskomplex

Man kann den von Ovid auf dem Höhepunkt der römischen Macht verfassten Midasmythos auch als eine poetische Vorhersage der Geldgeschichte verstehen. Im Mythos zeigte König Midas, nachdem er mit seinem Goldhunger, seinem Midaskomplex, gescheitert war, Einsicht, verzichtete auf das Gold und zog sich in die Wälder oder in die Barbarei zurück. Auf die antike Entfaltung der Geldwirtschaft und auf den damit einhergehenden verfluchten Hunger nach Gold, der sich gewaltsam in Eroberungskriegen, Raub und Versklavungen, aber auch friedlicher auf dem Markt zeigte, folgte der Untergang der antiken Geldwirtschaft und damit auch der Untergang oder die Verdrängung des Midaskomplexes. Auch die Gesellschaft zog sich im frühen Mittelalter wieder in die Barbarei zurück.

Dafür war nicht zuletzt die neue Religion, das Christentum, verantwortlich, die das Sündenbewusstsein für einen ausgelebten Midaskomplex schärfte. Jesus Christus hatte die Vergöttlichung des Goldes und Geldes, des Mammons, wie er es nannte, verurteilt. Aber er predigte nicht nur dagegen, er schritt am Ende seines Lebens auch zur revolutionären Tat: Er »fing an und trieb aus die Verkäufer und Käufer in dem Tempel; und die Tische der Wechsler und die Stühle der Taubenkrämer stieß er um« (Mark. 11, 15). Türcke bemerkt, dass die Hohenpriester darin nur »eine Entweihung des Tempels zu sehen vermochten, keine Reinigung« (2009, S. 151). Er hält deshalb diese gegen den schmutzigen Mammon gerichtete revolutionäre Tat für den eigentlichen Grund, der zur Festnahme Jesu und zu seinem Todesurteil führte.

Die christliche Urgemeinde begann als kommunistische Gemeinde, von der gesagt wird: »Die Menge aber der Gläubigen war ein Herz und eine Seele; auch keiner sagte von seinen Gütern, daß sie sein wären, sondern es war ihnen alles gemein« (Apg. 4, 32). Da sie auf die baldige Wiederkehr Christi und damit auf den unmittelbaren Beginn des jenseitigen Lebens hofften, kümmerten sie sich nicht mehr um das weltliche Gold und Geld, sondern strebten nur noch nach dem himmlischen Schatz. Dagegen hielt die Mehrheit der Juden an ihrer Religion fest, die nicht so wie das neue Christentum den Mammon und den daraus erwachsenden Zins verdammte. Zwar gilt für die Juden das Gottesgebot: »Du sollst von deinem Bruder nicht Zinsen nehmen« (5. Mos. 23, 20), aber gleichzeitig gilt auch: »Von dem Fremden magst du Zinsen nehmen« (21). Diese doppelte Moral ermöglichte es ihnen, die Tradition der antiken Geldwirtschaft auch noch im christlichen Mittelalter weiter zu führen.

Die das römische Reich erobernden germanischen Barbaren waren noch vorwiegend an einen auf Schätze ausgerichteten aristokratischen Midaskomplex fixiert. Nach dem Untergang des Weströmischen Reiches war »eine gut gefüllte Schatzkammer eine der wichtigsten Voraussetzungen für eine erfolgreiche Königs- und Fürstenherrschaft« (Hardt 2004,

S. 300). Die Erinnerung an dieses frühmittelalterliche »heroische Goldzeitalter« (S. 303) lebte in den »Dichtungen vom Hort der Könige der Franken und Burgunder«, fort, die an den Höfen des Hochmittelalters vorgetragen wurden, »wo man anlässlich von Krönungszeremonien und Herrschertreffen nur noch eine annährende Vorstellung von dem erhielt, was den Glanz eines frühmittelalterlichen Königsschatzes ausmachte«.

Aber nicht nur in den fürstlichen Schatzkammern sammelten sich die Schätze, die teilweise noch aus der Antike stammten, auch die Kirchen, wie früher die Tempel, wurden wieder zu gottgeweihten Schatzkammern und das geschah trotz eines im Prinzip bestehenden Armutsgebots der Kirche. Je mehr sich im Mittelalter die Geldwirtschaft erneut entwickelte, desto mehr wurde für die Kirche die sogenannte Simonie zum Problem. Die Simonie ist nach dem in der Apostelgeschichte erwähnten »Simon« (8, 9) genannt, der den Aposteln Geld anbietet, aber von Petrus mit den Worten zurückgewiesen wird: »Daß du verdammt werdest mit deinem Gelde, darum daß du meinst, Gottes Gabe werde durch Geld erlangt« (20). Alle Geldgeschäfte der Kirche von Ämterverkauf bis zum Ablass wurden unter diesem Begriff zusammengefasst. Die Simonie war ein wesentlicher Grund für die Entstehung der Bettelorden und später für die Reformation.

Einen Einblick in die widersprüchlichen Geldverhältnisse zu Beginn des 13. Jahrhunderts, also im Zeitalter der Kreuzzüge und des Hochmittelalters, gibt die Dichtung *Gregorius* von Hartmann von Aue. Gregorius, der aus Aquitanien stammende adlige, aber illegitime Spross einer inzestuösen Geschwisterliebe, wird als Neugeborener von seiner Mutter in einem Kästchen im Meer ausgesetzt. Das Kind wird »mit feiner Seide umwickelt, gewirkt in Alexandrien«, (1052) und dazu werden »zwanzig Goldmark« (715) gelegt, mit denen es aufgezogen werden soll. Außerdem wird der Finder schriftlich aufgefordert, er möge »ihm den Schatz vermehren« (745). Einem Abt, der das Kästchen an sich nimmt, gelingt es, mit 3 Mark Gold den Knaben großzuziehen und ihm nach 15 Jahren seinen von 17 auf 150 Goldmark vergrößerten Schatz als Geld für eine ritterliche Lebensführung zu übergeben, »indem er es auf Gewinn anlegte und dadurch reichlich vermehrte« (1105f.). Wie der Abt diesen beachtlichen jährlichen Zuwachs trotz des Zinsverbots und »obgleich wir uns darauf schlecht verstehen« (1767), bewerkstelligt hat, wird nicht weiter ausgeführt. In der Nachdichtung von Thomas Mann, *Der Erwählte* (1951), wird der Goldschatz als Kapital einem Juden, Timon von Damaskus, zur Vermehrung übertragen.

In der mittelalterlichen Geschichte des Gregorius wird das Gold über die seidenen Windeln unbewusst mit dem Goldkot des Säuglings in Verbindung gebracht. Das Gold ermöglicht dem Kind sein Überleben und sein Wachstum, so wie dies in der Kindheit der Goldkot in Bezug auf die Mutter zu ermöglichen schien. Aber das zum Schatz vermehrte Gold ist für Gregorius nur Mittel zum Zweck, um mit seiner Hilfe ein ritterliches Leben im Dienste der Frauenverehrung, letztlich der inzestuösen Mutterverehrung, führen zu können. Sein Konflikt ist nicht der zwischen Geld und Gott, sondern der zwischen ritterlichem Minnedienst und priesterlichem Gottesdienst. Nachdem Gregorius diesen Konflikt durchlitten und durchbüßt hat, wird er am Ende zum Pabst berufen, ganz ohne Simonie.

6 Der Midaskomplex als Kapitalkomplex

Die historische Wiederkehr und Verallgemeinerung des Midaskomplexes

Der Midasmythos des Ovid zeigt den Konflikt zwischen einem ent-fesselten positiven Midaskomplex, der zum Scheitern führt, und einem folgenden negativen Midaskomplex, der in die Barbarei führt. Eine Lö-sungsmöglichkeit ist nicht erkennbar und Midas als König und Person scheitert insgesamt. Aber in der wirklichen Geschichte kehrte zu Beginn der Neuzeit ein neuer lernfähiger Midas aus den barbarischen Wäldern oder aus dem finsteren Mittelalter zurück. Er unternahm einen neuen Anlauf, den Midaskomplex nun endgültig allgemein zu verwirklichen. Die Befreiungskämpfe der Bauern und Bürger im 14. Jahrhundert gegen die Bindungen des Feudalismus und für eine städtische Demokratie waren der Auftakt dazu. In Ländern, in denen dieser Kampf weitge-hend erfolgreich war, entstand die soziale und wirtschaftliche Grund-lage für den sich entwickelnden Kapitalismus.

Weitere Voraussetzungen waren die Entdeckung neuer Gold- und Silbervorkommen. Technologisch hatte das Mittelalter, entgegen sei-nem Ruf als Zeitalter der Stagnation, Bedingungen geschaffen, die sowohl vermehrten Edelmetallabbau als auch erweiterte Schifffahrt ermöglichten. Gold und Silber waren wieder zunehmend verfügbar, zuerst durch den Zustrom aus dem Orient nach Italien, dann durch die Förderung im Deutschen Reich, das zeitenweise der größte Produzent in Europa war. Eine neue bürgerliche Schicht stieg in Norditalien auf, repräsentiert durch die Medici in Florenz, dann in Süddeutschland, repräsentiert durch die Fugger in Augsburg. Sie entwickelten eine neue

Form des Midaskomplexes, indem sie durch Produktion, Handel und Verleih alles in Geld und in mehr Geld verwandelten und als Folge ihrer Reichtumsmacht selbst die politische Macht übernahmen wie die Medici oder die politische Macht von Herrschern finanzierten und dafür geadelt wurden wie die Fugger. Sebastian Frank, ein Zeitgenosse der Fugger, hat in seinen *Sprüchwörter* von 1541 erstmals den Spruch »Geld regiert die Welt« aufgezeichnet und ihn so kommentiert: »Um Geld ist alles feil: Adel, Geschlecht, Weib, Morgengab, Treu und Glauben und ein Haufen Freund« (Kap. XXVIII).

Genauso wichtig wie die sozialen und technischen waren die psychologischen Bedingungen, die zur gesellschaftlichen und ökonomischen Veränderung vom feudalen Mittelalter zur kapitalistischen Neuzeit führten. Der entwicklungspsychologische Hintergrund war eine erneute Verkürzung der Stillzeiten und eine daraus resultierende frühere Erziehung zu Sauberkeit, Ordentlichkeit, Sparsamkeit und Arbeitsamkeit, zur Sublimierung des Analen, von dem auch Handwerker, Arbeiter und Bauern, also zunehmend die gesamte Bevölkerung, betroffen waren. Fortschritte in der Kultur werden nach Freud durch einen Fortschritt der Verdrängung und zugleich durch eine Wiederkehr des Verdrängten bewirkt, denn die Kultur ist insgesamt auf Triebverzicht aufgebaut, auf der »Verdrängung von mächtigen Trieben« (1930, S. 457).

DeMause vermutet aufgrund ihm vorliegender Daten über das Entwöhnungsalter, »daß seit dem Beginn der Neuzeit [...] das sehr lange Stillen unüblicher wurde« (1974, S. 60). Dies kann möglicherweise mit der großen Pest ab 1346 in Verbindung gebracht werden, die die Bevölkerung dezimierte und zur Verlängerung der Arbeitszeit führte (vgl. Marx 1867, S. 287). Wegen der zusätzlichen Beanspruchung der Mütter dürfte sich das wiederum verkürzend auf das goldene Zeitalter der frühen Kindheit ausgewirkt haben. Die große Pest am Ausgang des Mittelalters war eine der großen Katastrophen, die nach Ferenczi die Menschheit »zur Verdrängung liebgewordener Gewohnheiten und zur Entwicklung gezwungen haben« (1913, S. 162). Nach Klapisch-Zuber entwickelte sich um 1350 in den oberitalienischen Städten erstmals seit der Antike wieder ein Ammenwesen und auch Handwerkerfamilien begannen, ihre Kinder von Ammen auf dem Land stillen zu lassen (vgl. H. Harsch 2001).

Nach Marx kann man zwar »die Anfänge der kapitalistischen Produktionsweise« (1867, S. 743) schon im 14. und 15. Jahrhundert in einigen

Städten am Mittelmeer beobachten, aber er lässt die »moderne Lebensgeschichte des Kapitals« (S. 161) erst im 16. Jahrhundert beginnen, als sich die lokalen Märkte durch die weltweiten Entdeckungen in einen »Weltmarkt« verwandelten. Marx betont, dass mit der »Entdeckung der Gold- und Silberländer in Amerika« (S. 779) eine »allgemeine Goldgier« (1859, S. 133) entstand, die »Völker und Fürsten im 16. und 17. Jahrhundert, der Kindheitsperiode der modernen bürgerlichen Gesellschaft, in überseeische Kreuzzüge nach dem goldenen Gral jagte«. Die Goldgier und damit der wiedererstandene Midaskomplex waren nicht nur auf die Fürsten beschränkt, sondern erfassten alle und waren deshalb allgemein. Voraus gingen die christlichen Kreuzzüge des Mittelalters, durch die laut Sage der christliche Gral vom Heiligen Land ins Abendland gebracht wurde. Der Gral war das Gefäß, in dem das Blut Christi aufgefangen worden war und das deshalb magische Fähigkeiten, wie unerschöpfliche Nähr- und Verjüngungskraft, besaß. Der Gral, als christlich-mittelalterlicher Fetisch, kann als ein mütterliches Symbol, im Weiteren aber auch als ein Symbol der vereinigten Eltern gedeutet werden.

Durch die Kreuzzüge war die westliche Welt wieder in Kontakt mit dem Orient gekommen. Dieser Kontakt bestand zuerst in Krieg, Eroberung und Plünderung, führte aber auch zum Handel mit Orientwaren. Sowohl das Bedürfnis nach fremden, orientalischen Gütern als auch das Bedürfnis nach Geld, um diese zu kaufen, erwachte wieder und beendete die ökonomische Selbstgenügsamkeit des europäischen Mittelalters. Venedig, das an der Organisation der Kreuzzüge und am neuen Handel verdiente, wurde zur ersten ökonomischen Macht Europas und begann in der zweiten Hälfte des 13. Jahrhunderts Goldmünzen, die Dukaten oder Zecchinen, zu prägen. Vorausgegangen waren Goldprägungen in Sizilien durch den Stauferkaiser Friedrich II. und durch die Stadt Florenz, die den Florin, eine mit dem Wappenzeichen der Lilie geprägte Goldmünze, herausgab.

Das Gold als »Goldgral« (Marx 1867, S. 147) oder als »Goldfetisch« wurde zunehmend das Objekt der Begierde, das als Kotsymbol noch mehr magische Eigenschaften als der heilige Gral entwickelte. Columbus feiert in einem Brief aus Jamaika 1503 die wunscherfüllenden Eigenschaften des Goldes, indem er schreibt: »Gold ist ein wunderbares Ding! Wer dasselbe besitzt, ist Herr von allem, was er wünscht. Durch Gold kann man sogar Seelen in das Paradies gelangen lassen« (zit. n. Marx 1867, S. 145). Letzteres war eine Anspielung auf den florierenden

Ablasshandel, der in Deutschland zu einem Auslöser der Reformation wurde. Da Gold in alle wunscherfüllenden Gebrauchswerte unmittelbar umgetauscht werden konnte, ließen sich mit seiner Hilfe alle irdischen Wünsche und durch den Kauf eines Ablasses sogar die Wünsche nach dem himmlischen Paradies erfüllen.

Montanari, ein Italiener des 17. Jahrhunderts, den Marx zitiert, preist das Gold nicht aus überseeischer, sondern aus häuslicher Perspektive:

> »Die Verbindung zwischen allen Völkern ist derart über den ganzen Erdball ausgedehnt, daß man beinahe sagen kann, die ganze Welt sei eine einzige Stadt geworden, in der ständiger Jahrmarkt aller Waren herrscht und jedermann in seinem Hause sitzend, vermittels des Geldes sich verschaffen und genießen kann von all dem was die Erde, die Tiere und der menschliche Fleiß anderswo hervorgebracht haben. Eine wunderbare Erfindung« (1859, S. 128).

Diese wunderbare Erfindung kann als die Realisierung eines infantilen Wunsches gedeutet werden, der in der heute sogenannten Globalisierung seine Erfüllung finden möchte: Dem Kind, im Besitz des magischen Milchkots, soll die frühe allumfassende Mutter und damit die ganze Welt, der ganze Globus, zu Diensten sein.

Columbus und sein italienischer Landsmann Montanari waren vom Gold vor allem wegen seiner Fähigkeit zur Wunscherfüllung fasziniert. Martyr, ein Geograf ebenfalls italienischer Abstammung, der Anfang des 16. Jahrhunderts im Dienste der spanischen Krone stand, beurteilte die Rolle des Goldes in seiner Funktion als Schatz, als Midasgold, sehr viel skeptischer. Statt Gold und Silber als Geldmaterial lobt er die

> »Kakaosäcke, die eine der mexikanischen Geldsorten bildeten: ›O glückliches Geld, das dem Menschengeschlecht ein süßes und nahrhaftes Getränk bietet und seine unschuldigen Besitzer vor der höllischen Seuche der Habgier bewahrt, weil es nicht vergraben noch lange aufbewahrt werden kann‹« (zit. n. Marx 1859, S. 130).

Das mexikanische Kakaogeld, aus Kakaobohnen bestehend, war sowohl Kotsymbol als auch wirkliches Nahrungsmittel, das die Bedürfnisse des Magens befriedigen konnte und zugleich dem Stoffwechsel der Vergänglichkeit unterworfen war. Es wurde deshalb nicht zum unvergänglichen

Objekt eines unstillbaren Hungers, den das ausgehende christliche Mittelalter als höllische Seuche der Habgier verurteilte.

Nach Marx führte die Entdeckung der Gold- und Silberländer in Amerika und die damit verbundene Jagd nach dem goldenen Gral zur »Ausrottung, Versklavung und Vergrabung der eingeborenen Bevölkerung in die Bergwerke« (1867, S. 779). Das Gold wurde aus den Eingeweiden der Erde hervorgegraben, dafür wurden die Eingeborenen darin vergraben. Sie mussten stellvertretend für die schmutzige Habgier der europäischen Eroberer Höllenstrafen erleiden, indem sie fäkalisiert und ausgerottet wurden, wie schon für die Goldbergwerke der Antike beschrieben. Das durch die neuen Entdeckungen und die allgemeine Goldgier eingeführte »Kolonialsystem« beruhte »zum Teil auf brutalster Gewalt«. Die »beginnende Eroberung und Ausplünderung von Ostindien« und die »Verwandlung von Afrika in ein Geheg zur Handelsjagd auf Schwarzhäute bezeichnen die Morgenröte der kapitalistischen Produktionsära«. Die Entstehung von Welthandel und Weltmarkt im 16. Jahrhundert führte zum

> »Handelskrieg der europäischen Nationen, mit dem Erdrund als Schauplatz. Er wird eröffnet durch den Abfall der Niederlande von Spanien, nimmt Riesenumfang an in Englands Antijakobinerkrieg, spielt noch fort in den Opiumkriegen gegen China usw« (ebd.).

Der außerhalb Europas »direkt durch Plünderung, Versklavung und Raubmord erbeutete Schatz floß ins Mutterland zurück und verwandelte sich hier in Kapital« (S. 781). Es war »der fremde Gott‹, der sich neben die alten Götzen Europas auf den Altar stellte und sie eines schönen Tages mit einem Schub und Bautz sämtlich über den Haufen warf. Er proklamierte die Plusmacherei als letzten und einzigen Zweck der Menschheit« (S. 782). Der Goldgral als Goldfetisch verwandelte sich so in den »Kapitalfetisch« (1894, S. 405), der als zusätzliche magische Eigenschaft noch eine immanente Vermehrungsfähigkeit, die Plusmacherei, besaß. Der Kapitalfetisch setzte sich zunehmend an die Stelle des persönlichen, christlichen Gottes, verdrängte diesen und wurde an seiner Stelle angebetet.

Der Midaskomplex als Geldkomplex war damit, nach langer historischer Latenzzeit und verwandelt in die Form eines Kapitalkomplexes, wieder etabliert. Er führte zum Sturz der alten Götter und der alten

Moral, die durch Gold und eine neue Geld- oder Kapitalmoral ersetzt wurde. Sie war nicht mehr von Gott und seinen Geboten, sondern vom Kapital und seinem Profitgebot, der Plusmacherei, abhängig. Diese Moral illustriert Marx durch folgendes Zitat: Das Kapital

> »flieht Tumult und Streit und ist ängstlicher Natur. Das ist sehr wahr, aber doch nicht die ganze Wahrheit. Das Kapital hat einen horror vor Abwesenheit von Profit oder sehr kleinem Profit, wie die Natur vor der Leere. Mit entsprechendem Profit wird Kapital kühn. Zehn Prozent sicher, und man kann es überall anwenden; 20 Prozent, es wird lebhaft; 50 Prozent, positiv waghalsig; für 100 Prozent stampft es alle menschlichen Gesetze unter seinen Fuß; 300 Prozent und es existiert kein Verbrechen, das es nicht riskiert, selbst auf die Gefahr des Galgens. Wenn Tumult und Streit Profit bringen, wird es sie beide encouragieren. Beweis: Schmuggel und Sklavenhandel« (1867, S. 788).

Die »sozusagen antediluvianischen Gestalten, Handelskapital und Wucherkapital« (S. 178) gab es schon in der Antike. Aber das moderne, das »industrielle Kapital« (S. 170) entwickelte sich nur dort, »wo die Bedingungen dafür sich innerhalb des Mittelalters erzeugt hatten. Man vergleiche z. B. Holland mit Portugal« (1894, S. 345). Während in Holland sowohl Ackerbau und Handwerk als auch die Emanzipation von den feudalen Bindungen schon weit fortgeschritten waren, war dies in Portugal nicht der Fall. Dasselbe galt auch für Spanien, das in der Jagd nach dem Gold am erfolgreichsten gewesen war und deshalb am meisten davon besaß. Aber hier »verarmte die Nation, während die Nationen, die arbeiten müssen, um das Gold den Spaniern abzunehmen, die Quellen des Reichtums entwickeln und sich wirklich bereichern« (1939, S. 136). Anders ausgedrückt:

> »Wie hinter dem Rücken der Alchimisten, indem sie Gold machen wollten, die Chemie erwuchs, so springen hinter dem Rücken der Warenbesitzer, indem sie der Ware in ihrer verzauberten Gestalt nachjagen, die Quellen der Weltindustrie und des Welthandels auf« (1859, S. 127f.).

Deshalb hing die Beurteilung und Verurteilung der Gier nach Gold auch von bestimmten historischen Umständen ab. Während der Engländer Petty (1623–1687) »in der Goldgier den tatkräftigen Trieb feiert, der ein Volk zur industriellen Entwicklung und zur Eroberung des Weltmarkts stachelt«, hat der Franzose Boisguillebert (1646–1714) »die blindzerstörende Goldgier des Hofes eines Ludwig XIV., seiner Finanzpächter und seines Adels befehdet« (Marx 1859, S. 40). De Sade machte zwei Adlige und zwei Bürgerliche, die sich in der Zeit Ludwigs XIV. unermesslich bereicherten, zu den Hauptpersonen seines Romans *Die hundertzwanzig Tage von Sodom* (1785). Die ursprüngliche Geldgier verwandelt sich bei ihnen in entsublimierte, sexuell-perverse Koprophagie, die im zerstörerischen Sadismus endet, in dem nach Chasseguet-Smirgel »das Objekt zum Exkrement reduziert« (1981, S. 244) wird.

Die orale Gier nach dem analen Goldfetisch, aber auch die hinter dem Rücken lokalisierte progressive Entwicklung der analen Produktivität als Mittel, diese Gier durch Arbeit und Tausch, durch Produktion und Handel zu befriedigen, kennzeichnen den modernen Kapitalismus. Sie sind zugleich für seine beiden Seiten verantwortlich, die anale Produktivität für seine viel gelobte Vorderseite, nämlich für die kapitalistische Steigerung der Produktivkraft der Arbeit und damit für seine Innovation und Effizienz, die orale Geldgier dagegen für seine oft geleugnete Kehrseite, die »kapitalistische Ausbeutung« (1867, S. 464).

Die Genese von industriellem Kapitalist und freiem Arbeiter

In der griechisch-römischen Antike war dem Honoratior, dem ehrbaren Bürger, »eine öffentliche Tätigkeit gestattet, Handel, zumal Großhandel, war als Ergänzung der Erträge aus dem Landbesitz, dem Patrimonium, zulässig. Eine Tätigkeit als Arzt, Architekt oder Redner war noch ehrbar, jedwede Handarbeit aber galt als schmutzig und erniedrigend, der ›Homo faber‹ erfuhr gesellschaftliche Ächtung« (Hägermann 1990, S. 323). Eine ähnliche Einstellung zur Arbeit hatten die das römische Reich erobernden germanischen Aristokraten, die »Jagd, Beutezüge und Kampf als ihr eigentliches Betätigungsfeld erachteten«. Dagegen vertrat das Christentum, das neben der Antike und dem Germanentum die dritte Wurzel des Abendlandes darstellt, eine gegenteilige Arbeitsauffassung. Die Christen, »deren frühe Protagonisten selbst ›kleine Leute‹, Handwerker oder Fischer, waren, konnten sich eine arbeitsfeindliche Attitude gar nicht leisten, wollten sie nicht vorab auf Breitenwirkung verzichten«. Ihr klassisches Diktum zur Arbeitsmoral stammt vom Apostel Paulus und findet sich in seinem 2. Brief an die Thessaloniker: »So jemand nicht will arbeiten, der soll auch nicht essen« (3, 10). Diese paulinische Einstellung fand ihren Niederschlag in den Mönchsregeln des heiligen Benedikts, die in der Formel »ora et labora«, bete und arbeite, für das abendländische Mönchswesen und damit auch für die abendländische Kultur wegweisend wurde.

Auf dem Hintergrund dieser Arbeitseinstellung entwickelten sich zu Beginn der Neuzeit zwei neue Sozialcharaktere, die es in dieser Form in der Antike noch nicht gab, der »industrielle Kapitalist« (Marx 1867, S. 777) und der »freie Arbeiter« (S. 742), der spätere Industriearbeiter. *Industrius* bedeutete tätig, betriebsam und fleißig. In der Neuzeit steht der Begriff Industrie oder industrieller Kapitalismus für die Betonung und die Aufwertung der Arbeit und Produktion. Beide Sozialcharaktere sind aber nicht nur auf Arbeit und Produktion, sondern auch auf Geld und Markt ausgerichtet. Beide sind juristisch freie Personen, die als Privateigentümer als Käufer und Verkäufer auftreten, und beide können deshalb auch einen Midaskomplex entwickeln. Die Gold- oder Geldgier zeigte sich nicht nur in den kolonialen Unternehmungen, sondern auch auf dem Markt und in der Produktion selbst, indem der auf das Geld gerichtete Midaskomplex nun alle an der Produktion Beteiligten erfasste und so sich weiter verallgemeinerte. Marx hat die historische Entwicklung der beiden Sozialcharaktere exemplarisch für England beschrieben. Seine Darstellung umfasst sowohl eine Soziogenese als auch, durch seine metaphorische Sprache nahe gelegt, eine Psychogenese. Überhaupt kann die Marx'sche Analyse des Kapitals zugleich als eine Psychoanalyse des Kapitals gelesen und verstanden werden, was im Folgenden bei der Darstellung des Kapitalkomplexes gezeigt werden soll.

In England begann die Entwicklung mit der »Genesis des kapitalistischen Pächters« (S. 770). Die Bauern, zu denen sowohl Leibeigene als auch »freie kleine Landeigner« gehörten, wurden »unter sehr verschiedenen ökonomischen Bedingungen emanzipiert«. Auf den großen Gütern wurde »der früher selbst leibeigne bailiff (Vogt) durch den freien Pächter verdrängt« (S. 745), der sein eigenes Kapital durch »Anwendung von Lohnarbeitern verwertete und einen Teil des Mehrprodukts, in Geld oder natura, dem Landlord als Grundrente zahlte« (S. 771). Die freien Pächter wurden so zu kapitalistischen Pächtern. Marx vergleicht die neu entstandene »Grundaristokratie« (S. 777) mit »Kain« und die verschwundenen »freeholders« oder Freisassen, mit »Abel«. Die ursprünglich gleichgestellten Brüder wurden zu feindlichen Brüdern. Die »Agrikulturrevolution im letzten Dritteil des 15. Jahrhunderts, die fast während des ganzen 16. Jahrhunderts fortwährte, bereichert den Pächter ebenso rasch, als sie das Landvolk verarmt« (S. 771). Dazu kam noch:»Damals waren die Pachtkontrakte lang, oft für 99 Jahre laufend. Der fortdauernde Fall im Wert der edlen Metalle und daher des Geldes trug dem Pächter goldene Früchte«. Auf diese Weise »bereicherte er sich gleichzeitig auf Kosten seiner Lohnarbeiter und seines Landlords« (S. 772). Dem kapitalistischen Pächter als dem historisch neuen Midas gelang es, die ursprünglichen Früchte des Landes in goldene Früchte, also in Gold oder Geld zu verwandeln. Dies gelang ihm aber nur, indem er andere von ihrem Land und von den ihnen zustehenden Früchten verdrängte.

Gleichzeitig begann auch die »Genesis des industriellen Kapitalisten« (S. 777) in der aufkommenden Manufaktur und Industrie. »Manche kleine Zunftmeister und noch mehr selbständige kleine Handwerker oder auch Lohnarbeiter« verwandelten sich

> »in kleine Kapitalisten und durch allmählich ausgedehntere Exploitation von Lohnarbeit und entsprechende Akkumulation in Kapitalisten sans phrase. In der Kindheitsperiode der kapitalistischen Produktion ging's vielfach zu wie in der Kindheitsperiode des mittelalterlichen Städtewesens, wo die Frage, wer von den entlaufnen Leibeignen soll Meister sein und wer Diener, großenteils durch das frühere oder spätere Datum ihrer Flucht entschieden wurde« (S. 778).

Auch bei den kleinen Kapitalisten und ihren Lohnarbeitern bestand eine ursprüngliche soziale Gleichstellung, die sich im Laufe der Zeit auseinander entwickelte.

Was für die historische Kindheitsperiode gilt, gilt auch für die Kindheit des Einzelnen. Das Kind, das den Loslösungs-, Individuations- und Verdrängungsprozess aktiv und zeitig vollziehen und sich von der Mutter emanzipieren kann, bekommt einen psychischen und materiellen Vorsprung vor demjenigen, der diesen Trennungsprozess passiv widerstrebend erleiden muss. Dabei spielt entwicklungspsychologisch die Mutter eine entscheidende Rolle. Es hängt davon ab, ob sie die Individuation unterstützt und fördert, indem sie die Versagungen dosiert, um dadurch eine progressive Verarbeitung des Trennungstraumas zu ermöglichen, oder ob sie dazu nicht in der Lage ist. Dasselbe, was Marx über das »Mutterland des Kapitals« (S. 536) sagt, lässt sich auch über die Mutter des Kapitalisten sagen: Sie ist primär versagend, aber sekundär »spornt« sie ihr Kind auch an »zur Vermannigfachung seiner eigenen Bedürfnisse, Fähigkeiten, Arbeitsmittel und Arbeitsweisen«. Der Ansporn des Kindes zu einer immer früheren Entwöhnung ist die Grundlage dieser psychosozialen Entwicklung. Nimmt man den Begriff industriell in seiner Bedeutung von fleißig und betriebsam, so kann man beim industriellen Kapitalisten auch noch auf einen Ansporn bei der Verdrängung und Sublimierung der analen Bestrebungen schließen. Dieser psychische Persönlichkeitsfortschritt erlaubte es den »neuen Potentaten« (S. 743), nicht nur die »zünftigen Handwerksmeister« zu »verdrängen«, sondern auch die »Feudalherren«.

In Identifikation mit der zwar versagenden, aber auch anspornenden Mutter konnte der erwachsene Kapitalist dann später den Arbeitern gegenüber eine progressive Rolle bei der Entwicklung der Produktivkraft der Arbeit spielen. Aber zugleich veranlasste die Mutter, die durch die Versagung entstehenden destruktiven Triebe und Wünsche von ihr weg auf Ersatzpersonen zu verschieben, die im späteren Leben des Kapitalisten die lebendigen Arbeiter darstellten. Ihnen gegenüber stand er, ebenfalls in Identifikation mit seiner anspornenden Mutter, noch zusätzlich unter dem »Sporn des Bereicherungstriebs« (S. 641) und dieser »Stachel des Gewinns« (S. 648) führte ihn dazu, sie regressiv auszubeuten. Der kapitalistische Pächter wie auch der industrielle Kapitalist kamen ursprünglich beide selbst aus der Produktion. Sie waren mit der produktiven Arbeit vertraut und hatten beide ein Interesse, die Produktivkraft der Arbeit durch Agrikulturrevolution und »industrielle Revolution« (S. 393) zu steigern. Dies war ihre progressiv-revolutionäre Funktion. Dabei wurden sie aber zunehmend von ihrem Midaskomplex, von ihrem »absoluten Bereicherungstrieb« (S. 618) und ihrem Drang zur »Plusmacherei« (S. 782) als ihrem »letzten und einzigen Zweck« angetrieben.

Die Genese des freien Arbeiters wird von Marx so dargestellt: Damit Lohnarbeiter und Kapitalist sich auf dem Warenmarkt entgegentreten konnten, mussten beide zuerst freie und unabhängige Waren- oder Geldbesitzer sein. Der ehemalige Leibeigene konnte nur freier Verkäufer von Arbeitskraft werden, nachdem er aufgehört hatte, »einer anderen Person leibeigen oder hörig zu sein« (S. 743) und der städtische Gehilfe eines Meisters musste »der Herrschaft der Zünfte, ihren Lehrlings- und Gesellenordnungen und hemmenden Arbeitsvorschriften entronnen sein«. Nur diese Seite allein, sagt Marx, »existiert für unsere bürgerlichen Geschichtsschreiber«, nämlich die »Befreiung von Dienstbarkeit und Zunftzwang«. Für sie existierte nur der positive und progressive Aspekt der Loslösung und Individuation, der Aspekt des unüberwundenen Trennungstraumas wurde dagegen nicht thematisiert. Damit die ehemals Leibeigenen nur noch eine Ware, nämlich ihre Arbeitskraft, verkaufen konnten, mussten sie zuerst von dem Land, das sie bisher bearbeitet hatten, gelöst werden. Erst durch die Scheidung von ihren Arbeitsbedingungen wurden sie »frei, los und ledig« (S. 742). Indem ihre »Verwachsungen« (S. 790) mit diesen Bedingungen durchtrennt wurden, entstand schließlich der Lohnarbeiter, »der sich selbst freiwillig zu verkaufen gezwungen ist« (S. 793).

Diese Befreiung, die eine Enteignung war, stellte ein gewaltsames Losgerissenwerden, eine Verdrängung und Vertreibung von Grund und Boden dar. Es handelte sich dabei um eine unbewusste Wiederholung der infantilen Verdrängung aus der Mutter-Kind-Vereinigung und damit um eine Vertreibung aus dem frühkindlichen Paradies der infantilen Ökonomie. Diesen historischen Scheidungsprozess von Produzent und Produktionsmittel nennt Marx die »ursprüngliche Akkumulation« (S. 742), weil er die Vorgeschichte des Kapitals und der ihm entsprechenden Produktionsweise bildete. Er war zugleich die Grundlage, auf der sich die Kapitalakkumulation und der Midaskomplex des Kapitalisten entfalten und entwickeln konnte. Diese Scheidung ist das Charakteristikum der kapitalistischen Produktionsweise und sobald sie einmal »auf eignen Füßen steht, erhält sie nicht nur jene Scheidung, sondern reproduziert sie auf stets wachsender Stufenleiter«.

Historisch epochemachend waren

»alle Umwälzungen, die der sich bildenden Kapitalistenklasse als Hebel dienten; vor allem aber die Momente, worin große Menschenmassen plötzlich und gewaltsam von ihren Subsistenzmitteln losgerissen und als vogelfreie Proletarier auf den Arbeitsmarkt geschleudert wurden« (S. 744).

Marx beschreibt zwei besondere Anlässe dafür: Den

»unmittelbaren Anstoß dazu gab in England namentlich das Aufblühen der flandrischen Wollmanufaktur und das entsprechende Steigen der Wollpreise. Den alten Feudaladel hatten die großen Feudalkriege verschlungen, der neue war ein Kind seiner Zeit, für welche Geld die Macht aller Mächte. Verwandlung von Ackerland in Schafweide ward also sein Losungswort« (S. 746).

Der neue Adel praktizierte »im trotzigsten Gegensatz zu Königtum und Parlament« die gewaltsame Verjagung der Bauernschaft, obwohl sie »denselben feudalen Rechtstitel« auf das Land besaß wie er selbst. Aus ihrem »goldenen Zeitalter stürzte die englische Arbeiterklasse ohne alle Zwischenübergänge in das eiserne«. Die Bauern wurden zum »Proletariat«, weil ihnen als Besitz nur noch ihre »proles«, ihre Nachkommen, blieben.

Der neue Geldadel war ein Kind seiner Zeit und damit auch schon Objekt einer veränderten Erziehung, bei der sich das Kind zunehmend von der versagenden Mutter und dem Vater abwandte, sich trotzig seinem eigenen Kot als magischem Machtmittel zuwandte und begann, einen Midaskomplex zu entwickeln. Der infantile anale Trotz wurde zum Trotz gegen König und Parlament, die unbewusst die Erzieher der Kindheit repräsentierten. Die Begierden dieses neuen Adels waren nicht mehr primär auf das Muttersubstitut Grundbesitz, sondern auf das Kotsubstitut Geld gerichtet. Der Grundbesitz wurde für sie nur noch Mittel zum Geldbesitz. Es kann vermutet werden, dass sie selbst traumatisch aus dem infantilen goldenen Zeitalter verdrängt wurden und dass sie als Folge ihren ehemaligen feudalen Untertanen traumatische Trennungen von deren materiellen Existenzgrundlage, dem Land, dem unbewussten Mutterersatz, zufügten und sich damit an ihnen für ihr eigenes infantiles eisernes Zeitalter rächten.

Einen weiteren

> »furchtbaren Anstoß erhielt der gewaltsame Expropriationsprozeß der Volksmasse im 16. Jahrhundert durch die Reformation und, in ihrem Gefolge, dem kolossalen Diebstahl der Kirchengüter. Die katholische Kirche war zur Zeit der Reformation Feudaleigentümerin eines großen Teils des englischen Grund und Bodens. Die Unterdrückung der Klöster usw. schleuderte deren Einwohner ins Proletariat. Die Kirchengüter selbst wurden großenteils an raubsüchtige königliche Günstlinge verschenkt oder zu einem Spottpreis an spekulierende Pächter und Stadtbürger verkauft, welche die alten erblichen Untersassen massenhaft verjagten und ihre Wirtschaften zusammen warfen« (S. 749).

Ein psycho-ökonomischer Aspekt der Reformation bestand also darin, den versorgenden Aspekt der Mutter Kirche zu zerstören.

Marx zitiert Thomas Morus als Kritiker, der in seiner *Utopia* beschreibt, was aus diesen Expropriierten oder Enteigneten wurde:

»So geschieht's, daß ein gieriger und unersättlicher Vielfraß, die wahre Pest seines Geburtslandes, Tausende von Acres Land zusammenpacken und innerhalb einer Umpfählung oder einer Hecke einzäunen, oder durch Gewalt und Unbill ihre Eigener so abhetzten kann, daß sie gezwungen sind, alles zu verkaufen. Durch ein Mittel oder das andere, es mag biegen oder brechen, werden sie genötigt fortzutrollen – arme, einfältige elende Seelen! Männer, Weiber, Gatten, Frauen, vaterlose Kinder, Witwen, jammernde Mütter mit ihren Säuglingen und der ganze Haushalt, gering an Mitteln und zahlreich an Köpfen, da der Ackerbau vieler Hände bedurfte« (S. 764).

Vielleicht war es die den Menschen die Existenz raubende, gierig-unersättliche Pest selbst, die zu einer Identifikation mit ihr führte. Die jammernden Mütter gaben die ihnen zugefügte gewaltsame Trennung von Grund und Boden als Trennungstrauma an ihre Säuglinge weiter, die unter diesen Umständen nicht mehr betreut und erzogen werden konnten und später als vaterlose Kinder vernachlässigt wurden und verwahrlosten. Nicht nur die neue Arbeiterklasse, auch ihre Kinder stürzten aus dem infantilen goldenen Zeitalter unmittelbar in das eiserne. Morus fährt fort:

»Und wenn sie umher geirrt, bis der letzte Heller verzehrt ist, was anders können sie tun außer stehlen und dann, bei Gott, in aller Form rechtens gehangen werden, oder auf den Bettel ausgehen? Und auch dann werden sie ins Gefängnis geschmissen, als Vagabunden, weil sie sich herumtrieben und nicht arbeiten; sie, die kein Mensch an die Arbeit setzen will, sie mögen sich noch so eifrig dazu erbieten« (zit. n. Marx 1867, S. 764).

Denn »dies vogelfreie Proletariat konnte unmöglich ebenso rasch von der aufkommenden Manufaktur absorbiert werden, als es auf die Welt gesetzt ward« (S. 761).

Die »Väter der jetzigen Arbeiterklasse« (S. 762), die durch die erzwungene traumatische Loslösung, aber, wie Marx auch erwähnt, »aus Neigung« verwahrlosten, wurden durch den Staat diszipliniert. Sie waren verwahrlosten Kindern vergleichbar, die durch ein nur ungenügendes, positives Erleben der infantilen Ökonomie die Neigung zum Stehlen und Weglaufen entwickeln und die dafür körperlich gestraft und gezüchtigt werden. Aus einem unbewussten »Strafbedürfnis« (Freud 1930, S. 496) und Schuldgefühl müssen diese verwahrlosten Kinder die Strafen und

Züchtigungen immer wieder neu provozieren. Selbst Väter geworden, geben sie diese an ihre eigenen Kinder weiter. Aber die »blutige Disziplin« (Marx 1867, S. 770), welche die vogelfreien Proletarier in Lohnarbeiter verwandelte, war nur die eine Seite des Prozesses. Daneben gab es noch »die schmutzige Haupt- und Staatsaktion, die mit dem Exploitationsgrad der Arbeit die Akkumulation des Kapitals polizeilich steigerte«. Denn die als Reaktion auf die »große Pest« (S. 287) beginnende »Gesetzgebung über die Lohnarbeit« (S. 766) von 1349, war »von Haus aus auf Exploitation des Arbeiters gemünzt« und sie war ihm »in ihrem Fortgang stets gleich feindlich«. Schmutzig nennt Marx die Staatsaktion, weil schmutzige Habsucht und schmutziger Geiz die Beweggründe dafür waren, dass ein Teil der Gesellschaft den anderen gewaltsam von seinen Arbeitsbedingungen trennte, ihn züchtigte und formte, damit das Kapitalverhältnis möglich wurde. Das Kapital oder das Kapitalverhältnis kam zur Welt, wie Marx metaphorisch sagt: »von Kopf bis Zeh, aus allen Poren, blut- und schmutztriefend« (S. 788), wobei die »Gewalt« (S. 779) ihr »Geburtshelfer« war.

Nachdem der gewaltsame Scheidungsprozess zwischen Arbeitern und Arbeitsbedingungen erst einmal vollzogen und damit das Kapitalverhältnis institutionalisiert und internalisiert war,

> »entwickelt sich eine Arbeiterklasse, die aus Erziehung, Tradition, Gewohnheit die Anforderungen jener Produktionsweise als selbstverständliche Naturgesetze anerkennt. Die Organisation des ausgebildeten kapitalistischen Produktionsprozesses bricht jeden Widerstand, die beständige Erzeugung einer relativen Überbevölkerung hält das Gesetz der Zufuhr von und Nachfrage nach Arbeit und daher den Arbeitslohn in einem den Verwertungsbedürfnissen des Kapitals entsprechenden Gleise, der stumme Zwang der ökonomischen Verhältnisse besiegelt die Herrschaft des Kapitalisten über den Arbeiter. Außerökonomische Gewalt wird zwar immer noch angewandt, aber nur ausnahmsweise« (S. 765).

Unter diesen Verhältnissen konnten zwar auch die Arbeiter im beschränkten Rahmen ihren Midaskomplex als Geldkomplex befriedigen. Aber vor allem wurde durch diesen Scheidungsprozess die Grundlage für die Verwirklichung des Midaskomplex als Kapitalkomplex gelegt, indem die Arbeiter gezwungen waren, ihre Arbeitskraft zu verkaufen.

Die Rolle von Handel und Kredit

Die Antike und das Mittelalter haben zwei Formen des Kapitals überliefert, die »vor der Ära der kapitalistischen Produktionsweise, als Kapital quand meme gelten – das Wucherkapital und das Kaufmannskapital« (S. 778). Zu Beginn der Neuzeit waren beide wieder zu neuer Blüte
gereift, was zur »Bildung und Konzentration großer Geldkapitalien«
(1894, S. 608) führte und häufig den »Ruin der reichen Grundeigentümer« bewirkte. Denn ihr »verschwenderischer und korrumpieren-
der Reichtum« (S. 612) wollte »Geld als Geld, Geld als Mittel, alles zu
kaufen«. Das Wucherkapital ermöglichte es ihnen, das Geld zu leihen,
und der Handel bot die Gelegenheit, dieses Geld wieder auszugeben.
Der »konsumierende Reichtum« (S. 611) war noch vorwiegend oral,
statt anal fixiert. Indem er alles Gold und Geld sofort wieder in bedürfnisbefriedigende Güter verwandelte, hatte er noch keinen Midaskomplex entwickelt, weil in der Kindheit die oral und anal versagende
Erziehung noch nicht besonders ausgeprägt war.

Wie schon »A. Smith für die Feudalzeit richtig herausgewittert hat«
(S. 343), fand aber beim feudalen Grundherrn im Laufe der Geschichte
eine Veränderung in seinem Konsumverhalten, weg von oralen und hin
zu analen Gebrauchswerten, statt. In der von Marx zitierten Stelle aus
dem *Reichtum der Nationen* beschreibt Smith den gesellschaftlichen
Niedergang des Grundherrn: Ursprünglich verbrauchte er den Teil der
Ernte, den er sich von seinen abhängigen Bauern aneignete, mangels
Tauschgelegenheit »in ländlicher Gastlichkeit zuhause« (1776, S. 336). Er
war stets von einer Schar Gefolgsleuten und Dienern umgeben, die völlig
von seiner Gnade abhängig waren, da sie keine Gegenleistungen für ihren
Lebensunterhalt zu bieten vermochten. Auf dieser Abhängigkeit ihrer
Pächter und Hofleute »beruhte die Macht der alten Barone«. Als nun
aufgrund der Entwicklung der Städte, des Handels und der Manufaktur
zunehmend Waren angeboten wurden, wandelte sich die Einstellung.

»Alles für uns selbst und nichts für andere, scheint zu allen Zeiten die
elende Devise der Herrschenden gewesen zu sein. Die Großgrundbesit-
zer sahen keine Veranlassung mehr mit anderen zu teilen, sobald sie die
Möglichkeit erkannten, den gesamten Ertrag selbst zu konsumieren. Für
ein paar Diamantenschnallen beispielsweise, aber auch für jeden anderen
Tand, tauschten sie einen Wert, der dem Unterhalt, oder was das gleiche ist,

dem Preis des Unterhalts von 1000 Menschen im Jahr entsprach. Alle auf solchem Unterhalt beruhende Macht, gaben sie damit aus der Hand. Die diamantenen Schnallen gehörten jedoch ganz ihnen und keinem anderen mit« (S. 338).

Auf diese Weise »verschacherten sie zusehends ihre ganze Macht und Autorität gegen die kindischsten, minderwertigsten und schmutzigsten Nichtigkeiten«. Für schmutzig steht im englischen Originaltext »sordid«, von sordidus, d.h. schmutzig, geizig, habgierig. Die alten Barone hatten »ihr Erstgeburtsrecht nicht wie Esau, in einer Zeit des Hungers und der Not, für ein Linsengericht verkauft, sondern in einer Zeit des Überflusses, für Tand und Flitter, der eher zum Spielzeug für Kinder als zum ernsten Geschäft erwachsener Männer paßt. Dadurch kam dieser Schicht allmählich die gleiche Bedeutung zu wie jedem wohlhabenden Bürger und Kaufmann in der Stadt« (S. 339f.). Die alten Barone waren ursprünglich noch mit Mutter oder Vater identifiziert, die oder der den Kindern alle Mittel zum Leben gibt und sie damit in Abhängigkeit und in Verpflichtung hält. Darauf basiert die elterliche Macht. Indem die feudalen Grundbesitzer begannen, sich für schmutzige Dinge wie für Spielzeuge der Kinder zu interessieren, begannen sie sich regressiv mit dem Kind und seinen koprophilen Neigungen, die in ihrer Erziehung wohl zunehmend verdrängt worden waren, zu identifizieren. Die oral aneignende aber auch freigebige Haltung der Grundherren verwandelte sich in eine anale Einstellung.

Smith hat buchstäblich herausgewittert, dass beim Übergang vom Feudalismus zum Kapitalismus kindisch-schmutzige Neigungen, oder anders ausgedrückt eine veränderte Einstellung zur infantilen Analität, eine Rolle gespielt haben. Während aber Smith diese Neigungen der Feudalbarone als selbstverschuldete Ursache ihres Niedergangs ansah, hat nach Marx die aufsteigende Klasse der zukünftigen Kapitalisten den Übergang vom Feudalismus zum Kapitalismus gerade »unter dem Trieb der infamsten, schmutzigsten, kleinlichst gehässigsten Leidenschaften vollbracht« (1867, S. 790). Marx deutet den schmutzigen oder den anal-sadistischen Trieb und dessen Umbildung als eine progressive Voraussetzung der kapitalistischen Epoche und ihres Repräsentanten, des Kapitalisten. Zugleich äußert er sich verurteilend und verächtlich über diese analen Antriebe und Fixierungen, indem er vom emporgekommenen kapitalistischen »Millionär« (1894, S. 438) als einem »dunghill aristocrat« spricht, einem Aristokraten, der als Emporkömmling ursprünglich dem Misthaufen entstammt.

Der Klassenkampf der antiken Welt bewegte sich »hauptsächlich in der Form eines Kampfes zwischen Gläubiger und Schuldner und endet in Rom mit dem Untergang des plebejischen Schuldners, der durch den Sklaven ersetzt wird« (1867, S. 150). Zu Beginn der Neuzeit endete der Kampf dagegen »mit dem Untergang des feudalen Schuldners, der seine politische Macht mit ihrer ökonomischen Basis einbüßt«. Luther, den Marx aus seiner Schrift *An die Pfarrherrn, wieder den Wucher zu predigen* von 1540 zitiert, beklagt sich über die Auswirkungen von bis zu 40% hohen Zinssätzen auf die teilweise noch bestehende Feudalgesellschaft:

> »Wer nun jetzt zu Leiptzig 100 Floren hat, der nimmt järlich 40, das heisst einen Bauer oder einen Bürger in einem jar gefressen. Hat er 1.000 Floren; so nimmt er järlich 400, das heißt einen Ritter oder reichen Edelmann in einem jar gefressen. Hat er 10.000, so nimmt er järlich 4.000; das heisst einen reichen Grafen in einem Jar gefressen. Hat er 100.000, wie es sein muss bei den grossen Händlern, so nimmt er järlich 40.000; das heisst einen grossen reichen Fürsten in einem Jahr gefressen. Hat er 1.000.000, so nimmt er järlich 400.000, das heißt einen großen König in einem jar gefressen. Und leidet darüber kein Fahr, weder an Leib noch an Wahr, Arbeit nichts, sitzt hinter dem Ofen und brät Äpfel: also möchte ein Stul-Räuber sitzen zu Hause, und eine ganze Welt in zehn Jahren fressen« (1894, S. 624).

Dabei lässt der Wucher »sich rhümen für eitel Tugend und ehre, als thue er den Leuten grosse Liebe und einen christlichen Dienst« (S. 625).

Der »Stul-Räuber«, der eine Million Goldstücke verleihen und damit ausgeben kann, realisiert die Wunschfantasie eines Kindes, das, nach Abraham, seine »Exkretion als Äußerung einer ungeheuren Machtfülle« (1925, S. 189) erlebt und dessen Stuhl der »Sitz eines Klosetts« ist, das sich in einen »Thron« verwandelt. Durch seine königliche Verausgabung erwirbt sich der Stuhl-Räuber das Recht, sich einen König einzuverleiben, so wie das Kind glaubte, sich durch die Verausgabung seines wertvollen Kotes das Recht zu erwirken, sich die Mutter und auch den Vater einzuverleiben. Trotz aller analen Verurteilung – »Pfui dich, wo zum Teufel will denn auch zuletzt das hinaus« (Marx 1894, S. 624) – zeigt Luther durchaus Verständnis für diese Wunschfantasien und ihre Verwirklichung:

> »[D]ass ich sitze hinter dem Ofen und lasse meine Hundert Gülden für mich
> auf dem Lande werben, und doch weil es geliehn Geld ist, gewiss im Beutel
> behalte, ohne all Fahr und Sorge, Lieber, wer möchte das nicht?« (S. 407)

Aber er übertreibt die magische Allmacht und die Annehmlichkeiten des
Wucherers. Da die ausgeliehenen Gulden nicht mehr im Beutel des Ver-
leihers oder Gläubigers sind, muss er sich Sorgen um sie machen, denn
wenn der Schuldner zahlungsunfähig oder zahlungsunwillig wird, muss
er sie als Verluste, als faule Kredite, als wertlosen Kot abschreiben.

Am Ausgang des Mittelalters bildeten sich in Italien die ersten Banken,
die aus dem Konflikt zwischen dem sich entwickelnden Kaufmannskapital
und dem diese Entwicklung behindernden Wucherkapital entstanden:

> »Die Kreditassoziationen, die sich im 12. und 14. Jahrhundert in Venedig
> und Genua bildeten, entsprangen aus dem Bedürfnis des Seehandels und
> des auf denselben gegründeten Großhandels, sich von der Herrschaft des
> altmodischen Wucherers und den Monopolisierern des Geldhandels zu
> emanzipieren« (Marx 1894, S. 615).

Alle anderen See- und Handelsstädte folgten dem »von Venedig gegebenen Beispiel« (S. 625) und gründeten ihre ersten Banken, eine Art Wie-
dergründung, nachdem die bankähnlichen Einrichtungen der Antike
zusammen mit der Geldwirtschaft untergegangen waren.

In Shakespeares *Der Kaufmann von Venedig* von 1596 ist exemplarisch
der Kampf der venezianischen Großhändler gegen den altmodischen
Wucherer dargestellt, der in der Gestalt des Juden Shylock auftritt. Hier
wird gezeigt, wie sich das Handelskapital das Wucherkapital unterordnet,
so wie sich später das industrielle Kapital alle anderen Kapitalformen
unterordnete. Marx zitiert englische Autoren des 19. Jahrhunderts, die
rückblickend schreiben:»Juden, Lombarden, Wucherer und Blutsauger
waren unsere ersten Bankiers« (1894, S. 625). Denen »gesellten sich dann
die Londoner Goldschmiede bei. Im ganzen […] waren unsre ursprünglichen Bankiers […] eine sehr schlimme Gesellschaft, sie waren gierige
Wucherer, steinherzige Aussauger«.

Die mittelalterliche Kirche berief sich auf die Kapital- und Zinsverur-
teilung des Aristoteles, um ihr Zinsverbot zu begründen. Das Zinsverbot,
an das die Juden gegenüber Fremden nicht gebunden waren, ermöglichte
es diesen, die den Christen verbotenen und tabuisierten, okkulten und

schmutzigen Geld- und Zinsgeschäfte zu ihrem Lebensunterhalt und zum eigenen Gewinn zu betreiben. Dadurch wurden sie aber in der christlichen Volksvorstellung zu schmutzigen und okkulten Geldjuden. Aufgrund ihres besonderen Status sind sie in der obigen Aufzählung an erster Stelle genannt. Auf die Juden folgen die Lombarden, die das schon weiter entwickelte Geld- und Kreditsystem Norditaliens in England vertraten. Die italienische Renaissance bezog sich nicht nur auf die Wiedergeburt der antiken Kunst und Wissenschaft und deren Weiterentwicklung, die zunehmend unabhängig von der christlichen Kirche verlief. Sie bezog sich auch auf die Wiedergeburt der antiken Geldwirtschaft und deren Weiterentwicklung im Gegensatz zur Kirche, aber auch im Gegensatz zum antiken destruktiven Wucherkapital und zur antiken Sklavenwirtschaft. An dritter Stelle erst erscheinen die einheimischen Londoner Goldschmiede, die aufgrund ihres Handwerks mit der Geldware Gold zu tun hatten.

Wie im mittelalterlichen Italien die Banken als Reaktion gegen die Zinsen des Wucherkapitals entstanden, so führten nach Marx die Wucherzinsen der englischen Goldschmiede 1694 zur »Gründung der Bank von England« (1867, S. 783), um der »von den Wucherern ausgesaugten Regierung« (1894, S. 616) Geld »zu einem erträglichen Zinsfuß« zu beschaffen. Das neue Bank- und Kreditwesen zeichnete sich dadurch aus, dass es

> »einerseits das Wucherkapital seines Monopols beraubt, indem es alle totliegenden Geldreserven konzentriert und auf den Geldmarkt wirft, andererseits das Monopol der edlen Metalle selbst durch Schöpfung des Kreditgeldes beschränkt« (S. 617).

Indem das papierne Kreditgeld als symbolischer Ersatz des Goldes akzeptiert wurde, konnte die metallische und natürliche Begrenzung des Midaskomplexes erweitert werden, allerdings nicht unbegrenzt, wie die weitere Geschichte der Papiergeldinflationen zeigt. Grundsätzlich bedeutete die Kreditvergabe ohne destruktive Wucherzinsen einen weiteren wichtigen Schritt, um die Verwirklichungsmöglichkeit des Midaskomplexes zu verallgemeinern.

Die Banken waren schon von Anfang an nicht nur Kreditgeber an private Handelskapitalisten, sondern sie waren auch »Anstalten für den öffentlichen Kredit« (S. 615), von denen der Staat »Vorschüsse auf einzunehmende Steuern erhielt«. Marx bemerkt über Venedig, »daß die Kaufleute, die jene Assoziationen bildeten, selbst die ersten Leute jener Staaten, und ebenso interessiert waren, ihre Regierung wie sich selbst vom Wucher zu emanzipieren, und zugleich sich den Staat dadurch mehr und sicherer zu unterwerfen«. Die Emanzipation der Privaten und des Staates vom altmodischen Wucherer verlief also widersprüchlich, denn an seine Stelle traten nun die neu entstehenden privaten Banken, die Kredit vergaben und bei denen sich der Staat verschuldete. Die »Staatsschuld, d. h. die Veräußerung des Staates – ob despotisch, konstitutionell oder republikanisch – drückt der kapitalistischen Ära ihren Stempel auf« (1867, S. 782). Der »öffentliche Kredit wird zum Kredo des Kapitals. Und mit dem Entstehen der Staatsverschuldung tritt an die Stelle der Sünde gegen den heiligen Geist, für die keine Verzeihung ist, der Treubruch an der Staatsschuld«. Wie »mit dem Schlag der Wünschelrute begabt sie das unproduktive Geld mit Zeugungskraft und verwandelt es so in Kapital«. Die Staatsgläubiger, die dem Staat ihr Geld leihen, werden auf diese Weise zu einer »Klasse müßiger Rentner« (S. 783).

Die Staatsverschuldung nahm solche Ausmaße an, dass Maßnahmen zur Reduzierung überlegt wurden. Marx zitiert dazu die »fabelhaften Einfälle des Dr. Price« (1894, S. 408) aus dem Jahre 1772, die »bei weitem die Phantasien der Alchimisten hinter sich« ließen. Geld, das Zinseszinsen trägt, wächst nach dieser »Kapitalphantasie« (1867, S. 307) anfangs langsam.

> »Da aber die Rate des Wachstums sich fortwährend beschleunigt, wird sie nach einiger Zeit so rasch, daß sie jeder Einbildung spottet. Ein Penny, ausgeliehen bei der Geburt unseres Erlösers (also wohl im Tempel von Jerusalem) auf Zinseszinsen zu 5%, würde schon jetzt zu einer größeren Summe herangewachsen sein als enthalten wäre in 150 Millionen Erden, alle von gediegnem Gold« (1894, S. 408).

Der damalige englische Premierminister Pitt nahm die »Mystifikation des Dr. Price« (S. 409) und seine Wunschfantasien ernst, um damit die Staatsschuld durch »das Mysterium des Zinseszins wegzuhexen«. Price selbst

> »wurde einfach geblendet durch die Ungeheuerlichkeit der Zahl, die aus geometrischer Progression entsteht. Da er das Kapital, ohne Rücksicht auf die Bedingungen der Reproduktion und der Arbeit, als selbsttätigen

Automaten betrachtete, als eine bloße, sich selbst vermehrende Zahl, konnte er wähnen, das Gesetz seines Wachstums gefunden zu haben« (ebd.).

Abraham berichtet als Beispiel für die »narzißtische Selbstüberschätzung« (1920a, S. 242) oder für die »Allmacht der Defäkation« (S. 243) von einem Patienten, der träumte, »aus seinem Anus das Weltall herauspressen zu müssen«. Es handelt sich bei diesem Traum und bei der Kapitalfantasie des Dr. Price von den 150 Millionen Erden aus Gold um einen kosmischen Narzissmus auf analer Basis, um eine göttliche Allmachtsfantasie der Schöpfung eines goldenen Weltalls. Schon eine Erde ganz aus Gold ist eine vollendete Midaswunschfantasie, die mit einem Leben auf dieser Erde unvereinbar ist. Das zinseszinstragende Kapital, das sich scheinbar automatisch in unendlicher geometrischer Progression vermehrt, braucht Schuldner, die ihm das durch ihre Zinszahlungen ermöglichen. Deshalb kann Marx sagen:

> »In seiner Eigenschaft als zinstragendes Kapital gehört dem Kapital aller Reichtum, der überhaupt je produziert werden kann, und alles, was es bisher erhalten hat, ist nur Abschlagszahlung an seinen all-engrossing Appetit. Nach seinen eingeborenen Gesetzen gehört ihm alle Surplusarbeit, die das Menschengeschlecht je liefern kann. Moloch« (1894, S. 410).

So wie der antike Gott Moloch einen alles an sich reißenden Appetit auf Kinderopfer hatte, so hat das zinstragende Kapital einen Appetit auf Zins oder Tokos, ebenfalls mit der Bedeutung des Nachwuchses. Aber so wie der Gott Moloch seinen Appetit nur befriedigen konnte, wenn seine Gläubigen sich schuldig fühlten, so kann es auch das zinseszinstragende Kapital nur, wenn die Schuldner seine Schuldforderungen auf ewig anerkennen und bedienen.

Die Nationalbanken waren anfangs nur »Gesellschaften von Privatspekulanten, die sich den Regierungen an die Seite stellten und, dank den erhaltnen Privilegien, ihnen Geld vorzuschießen imstande waren« (1867, S. 783). So begann die Bank von England

> »der Regierung ihr Geld zu 8% zu verleihen; gleichzeitig war sie vom Parlament ermächtigt, aus demselben Kapital Geld zu münzen, indem sie es dem Publikum nochmals in Form von Banknoten lieh. Sie durfte mit diesen Noten Wechsel diskontieren, Waren beleihen und edle Metalle einkaufen.«

Die Bank von England wurde »der unvermeidliche Behälter der Metallschätze des Landes« und damit auch das Vorbild für andere Nationalbanken, in denen schließlich die nationalen Goldschätze als Reserve lagerten und die als einzige das Privileg bekamen, Banknoten mit staatlich verordnetem Annahmezwang herauszugeben, die schließlich zum allgemeinen Tausch- und Zahlungsmittel wurden.

Die Entstehung von symbolischem Geld und Kreditgeld

Schon im 17. Jahrhundert begann mit der Verallgemeinerung des Midaskomplexes und dem damit einhergehenden Fortschritt der Verdrängung eine neue Entwicklung, die das Gold als Objekt des Midaskomplexes zunehmend symbolisierte. Goldgeld verwandelte sich immer mehr in symbolisches Geld, in Papiergeld ohne Stoffwert, aber mit staatlichem Annahmezwang. Umgekehrt ermöglichten symbolisches Geld und Kreditgeld wiederum eine weitere Verallgemeinerung und Verbreitung des Midaskomplexes. Wenn nach Marx ein »Symbol« (1939, S. 926) eine »materialisierte Vorstellung« ist, dann hat sich historisch die Wunschvorstellung von dem dauerhaft wiedergefundenen, infantilen Goldkot im Edelmetall Gold materialisiert und das Gold zu einem bedeutungsvollen Objekt, zu einem Symbol, gemacht. Da schon das Gold der symbolische Ersatz einer anderen Substanz ist, kann wiederum anderes Material im Fortschritt der »Entmaterialisierung« (Freud 1939, S. 222) das Gold symbolisieren. Deshalb bleiben auch die zunehmend entmaterialisierten Goldsymbole Symbole des allmächtigen und zeitlosen Goldkots.

Simmel hat in der »geschichtlichen Entwicklung des Geldes« (1900, S. XII) eine Tendenz »von der Substanz zur Funktion« gesehen. Diese Tendenz von der konkret-sinnlichen, materiellen Substanz zur abstrakt-intellektuellen, ideellen Funktion ist nicht nur auf das Geld beschränkt, sondern eine allgemeine Erscheinung der fortschreitenden Kultur. Sie kann als Folge der säkularen Verdrängung des Körperlichen und Sinnlichen, insbesondere des Analen, verstanden werden. Die unbewussten Midaswünsche, deren Erfüllung vom Gold als Substanz erwartet wurde, werden nun vom symbolischen Ersatz des Goldes erwartet. Sie bleiben weiter bestehen, trotz Demonetarisierung des Goldes und Idealisierung des Geldmaterials zum Papier oder zum elektronischen Geld. Der

»goldene Faden« (Polanyi 1944, S. 47) zwischen dem modernen Geld und dem Gold ist nicht, wie in neuerer Zeit betont wird, endgültig abgerissen, sondern er besteht, wenn auch verleugnet und für viele nicht sichtbar, weiter.

Abgesehen von den schon früher beschriebenen staatlichen Manipulationen der Münzen, die zu einer Verminderung ihrer Gold- und Silbersubstanz führten, hatte auch der gewöhnliche Umlauf der Münzen denselben Effekt. Dazu bemerkt Marx: »Während andere Wesen durch Reibung mit der Außenwelt ihren Idealismus einbüßen, wird die Münze durch die Praxis idealisiert, in bloßes Scheindasein ihres goldenen und silbernen Leibes verwandelt« (1859, S. 89). Indem eine Goldmünze zunehmend ihre Goldsubstanz verlor, aber trotzdem nominell als vollgewichtige Münze weiter verwendet wurde, verwandelte sie sich »in ein Symbol ihres offiziellen Metallgehalts« (1867, S. 139). Es kam dadurch zu einem Scheidungsprozess von »Goldtitel und Goldsubstanz, Nominalgehalt und Realgehalt«, wodurch sich »das Goldsein der Münze in Goldschein« verwandelte und schließlich in der Neuzeit beim Geldschein endete. Im Verlauf dieses historischen Prozesses »sublimiert sich das Goldgeld im Umlauf zu seinem eigenen Symbol, erst in der Form der verschlissenen Goldmünze, dann in der Form der subsidiären Metallmünzen und schließlich in der Form der wertlosen Marke, des Papiers, des bloßen Wertzeichens« (1859, S. 94), das Marx auch »Goldzeichen« (1867, S. 142) oder »Substitut« (S. 140) des Goldes nennt.

Es gab noch andere Gründe, dass das Gold sich in Goldzeichen verwandelte. Gold wurde bei einem Goldschmied oder einer frühen Bank eingelagert, um die Abnutzungserscheinungen durch den Geldumlauf zu vermeiden. Der dafür herausgegebene »Hinterlegungsschein« (Sedillot 1989, S. 173) konnte dann als Goldschein, als Substitut für Gold und damit als Geld umlaufen, denn er war auf Wunsch bei der ihn ausgebenden Bank in wirkliches Gold einlösbar oder konvertibel. Schließlich waren auch durch Kriege und Krisen ausgelöste Geld- und Goldknappheiten Beispiele dafür, dass vorübergehend anstatt Gold Scheingold oder Goldscheine als Geld verwendet wurden. Dabei war entscheidend, dass der Staat sie zum gesetzlichen Geld erklärte, sodass sie nicht nur als Tauschmittel, sondern auch als Zahlungsmittel für Steuern und Schulden verwendbar waren. Es bestand ein Annahmezwang und es wurde in Aussicht gestellt, dass nach dem Ende von Krieg und Krise der Geldschein wieder in Goldgeld konvertibel wäre.

Marx nennt dieses Geld »Staatspapiergeld mit Zwangskurs« (1867, S. 141). Der Staat »scheint jetzt durch die Magie seines Stempels Papier in Gold zu verwandeln. Da die Papierzettel Zwangskurs haben, kann niemand ihn hindern, beliebig große Anzahl derselben in die Zirkulation zu zwängen« (1859, S. 98). Dieses so geschöpfte Geld wird heute *fiat-money* genannt, nach der Formel des Schöpfergottes, »fiat«, es werde. Der Staat wird auf diese Weise ein neuer Midas, der nun nicht mehr Steine und Erde in Gold verwandelt, sondern Papier in Gold oder Gold in Papier. Berühmt wurde eine Karikatur von James Gillray aus dem Jahre 1797 mit dem Titel: »Midas, Transmutating all into (GOLD) PAPER« (Thiel 2000, S. 81), zu einer Zeit, als England während der französischen revolutionären Kriege erstmals begann, Staatspapiergeld auszugeben, das nicht mehr in Gold konvertibel war. Die Karikatur zeigt König Midas mit den Eselsohren, der auf der Bank of England wie auf einem Abort sitzt. Sein Bauch ist prall mit Goldmünzen gefüllt, aber er gibt sie oral und anal in Form von Papiergeld ab. Die neue Midasmetamorphose, die Verwandlung von Gold in Papiergeld, wird als eine Stoffmetamorphose, als ein körperlicher Stoffwechselvorgang dargestellt. Man kann die Karikatur als einen Hinweis verstehen, dass die Verwandlung von Gold in Papier die Folge eines Symbolisierungs- oder auch Sublimierungsprozesses ist, der mit dem Gold als Goldkot – die Eingeweide sind voll von Goldstücken – beginnt und über das reale Gold zum Papiergold führt. Dieser durch allgemeine Veränderungen in der oralen und analen Erziehung bewirkte Sublimierungsprozess bewirkte zugleich eine Metamorphose des Midaskomplexes, der sich nun auch auf Papiergeld richtete. Das im Staatsbauch oder in den Kellern der Nationalbank gespeicherte Goldgeld wird in der Karikatur »Public Property« genannt und ermöglicht den »Public Credit« und damit die Ausgabe des Papiergeldes an das Publikum.

Genauer betrachtet ist aber die magische Midasmacht des Staates »bloßer Schein« (Marx 1859, S. 98), denn »überschreitet das Papier sein Maß, d. h. die Quantität von Goldmünze gleicher Denomination, welche zirkulieren könnte, so stellt es von der Gefahr allgemeiner Diskreditierung abgesehen, innerhalb der Warenwelt dennoch nur die durch ihre immanenten Gesetze bestimmte, also auch allein repräsentierbare Goldquantität vor« (1867, S. 142). So wie der Goldkot, weil auf die Stillzeit beschränkt, eine im Verhältnis zum ordinären Kot seltene Substanz ist, so ist es auch das Gold, das in der Natur nur selten vorkommt. Auch das Goldsymbol aus Papier muss diese Eigenschaft der Seltenheit besitzen, sonst kann es nicht als Goldsubstitut dienen. Modern ausgedrückt, auch Papiergeld muss knapp gehalten werden, sonst verliert es als Wertzeichen seinen Wert und damit seine Kaufkraft.

Bei einer Überemission des Papiergeldes durch den Staat, losgelöst von jeder Goldbindung, verwandelt es sich in »nichtswürdige Papierlappen« (Marx 1859, S. 98). Dieselben Warenwerte, »die sich vorher im Preise von 1 Pfd. St., drücken sich jetzt im Preise von 2 Pfd.St. aus« (1867, S. 142). Diese Reihe kann beliebig fortgesetzt werden: 2 Pfd. St., dann 2.000 Pfd. St. schließlich 2 Mill. Pfd. St. usw. Man nennt diesen Vorgang heute Inflation, ein Begriff, mit dem auch schon Marx vertraut war. Die »inflation of prices« (1905, 2, S. 506) bedeutet bei ihm eine »allgemeine Aufblähung der Preise« (1894, S. 509) und sie ist Ursache und Folge der Diskreditierung des Papiergeldes. Die Papiergeldmenge ist aufgebläht, von medizinisch *inflatus*. Das Papiergeld als Goldzeichen, losgelöst von jeder Goldsubstanz, erscheint nur noch in einer »gasartigen hirngewebten Gestalt« (1859, S. 122) und ist dabei, sich zu verflüchtigen, sodass es schließlich nur noch einen »flatus«, einen Furz, wert ist. Dieser kritische Punkt zeigt sich in der ökonomischen Realität, wenn das Papiergeld gegenüber dem Gold massiv entwertet ist und man schließlich mit dem Papiergeld keine Waren, geschweige denn Gold, kaufen kann. Auch durch noch so weit getriebene Symbolisierung, Sublimierung oder Idealisierung wird das fiktive Papiergeld, als »papiernes Duplikat« (1894, S. 494) von Gold, seinen infantilen, analen Charakter nicht los, der an ihm klebt und sich auch noch bei der Inflation, der Geldblähung, geltend macht.

Die Banknote aus Papier hat außer der Entmaterialisierung und Symbolisierung des Goldes noch eine andere Entstehungswurzel, nämlich den Wechsel, der sich zum Kreditgeld entwickelte. Nach Renger wurden schon in Babylon in der zweiten Hälfte des ersten Jahrtausends v. Chr. »neben dem Silber auch Schuldscheine Dritter – wir würden heute von Wechseln sprechen – im Geschäftsverkehr an Zahlungsstatt angenommen« (1995, S. 302). Bei den Schuldscheinen handelte es sich um Tontäfelchen, die mit einer Inschrift versehen gebrannt wurden. Auch Sedillot schreibt, dass »die babylonischen Priester, die auch die Funktion von Bankiers wahrnahmen, den Wechsel« (1989, S. 165) verwendeten. Dagegen vertritt der englische Numismatiker Howgego die auf die griechische und römische Antike bezogene Auffassung, dass in ihr »niemals irgendein systematisches Mittel, um Geld anders als durch die Bewegung von Münzen zu transferieren« (1995, S. 26) entwickelt wurde: »Es gab kein handelbares Papier, keinen Wechsel oder etwas ähnliches«. In der Antike wurde der aus der Papyruspflanze hergestellte Papyrus, von dem das moderne Papier den Namen hat, und das Pergament, ein präpariertes Lederstück, auf das ebenfalls geschrieben werden konnte, verwendet. Das Papier im modernen Sinne war eine Erfindung der Chinesen, die erst im Mittelalter über Arabien und Spanien nach Europa kam.

Der Handelswechsel entwickelte sich, nach Marx, »aus der Funktion des Geldes als Zahlungsmittel« (1867, S. 153), indem Umstände eintraten, »wodurch die Veräußerung der Ware von der Realisierung ihres Preises zeitlich getrennt« (S. 149) wurde. Für die verkauften, aber noch nicht gezahlten Waren wurden »Schuldzertifikate« (S. 153) ausgestellt und diese »Obligationen« (S. 150) der Schuldner, die zugleich Titel auf Geld für die Gläubiger waren, wurden dann »unter der allgemeinen Kategorie von Wechseln« (1894, S. 413) zusammengefasst. Sie waren Zahlungsversprechen der Schuldner und zugleich Zahlungsforderungen der Gläubiger. »Bis zu ihrem Verfalls- und Zahlungstage zirkulieren solche Wechsel selbst wieder als Zahlungsmittel; und sie bilden das eigentliche Handelsgeld«. So »wie die wechselseitigen Vorschüsse der Produzenten und Kaufleute untereinander die eigentliche Grundlage des Kredits bildeten, so bildete deren Zirkulationsinstrument, der Wechsel, die Basis des eigentlichen Kreditgeldes, der Banknoten«. Indem der Wechsel konvertibel, genauer diskontibel, also mit einem Zinsabzug in Geld eintauschbar war, konnte die unvollständige Waren-Geld-Metamorphose vollzogen werden. Dadurch kam es zu einer Emanzipation vom Gold. Der Midaskomplex konnte sich unabhängig vom vorhandenen Gold mit Goldsubstituten weiter verallgemeinern. Wie wenig schon im 19. Jahrhundert »reelles Geld« (1867, S. 154), also Gold, in die eigentlichen Handelsoperationen eines der größten Londoner Handelshäuser einging, zeigt eine von Marx wiedergegebene Aufstellung, nach der der eigentliche Goldanteil bei den Einnahmen nur 3%, bei den Ausgaben sogar nur 1% betrug.

Die Wechsel wurden von einer Bank zuerst in Bargeld oder Gold diskontiert, dann, historisch später, auch in Banknoten, die ein Schuldzertifikat auf die Bank darstellten. Im Laufe der Entwicklung wurde das Privileg, Banknoten herauszugeben, auf die Nationalbank beschränkt. Diese Banknoten stellten einerseits symbolische Wertzeichen dar, die die in der Nationalbank gelagerten Goldbestände repräsentierten, andererseits waren die Banknoten als Kreditgeld auch ein Wechsel auf dieses Gold. Dementsprechend stehen noch heute die ausgegebenen Banknoten auf der rechten Seite der Bilanz der Zentralbank, also auf der Sollseite, obwohl sie nicht mehr in Gold eintauschbar sind. Letztlich beruht alles Repräsentationsgeld auf einem Kredit, auf dem Glauben, dass dieses fiktive Geld sich einerseits in reales Geld oder Gold und andererseits in reale Waren verwandeln lässt. Solange sich mit dem Papiergeld und später mit dem Buchgeld auf dem Goldmarkt noch Gold und auf dem Warenmarkt noch Waren kaufen lassen, ist es Goldzeichen, unabhängig von der gesetzlichen Konvertibilität.

So wie in der Banknote symbolisches Geld und Kreditgeld vereint sind, so kann auch schon das Goldgeld als reales Geld und als Kreditgeld verstanden werden. Und wie der von der Substanz wertlosen Papiernote Kredit, d.h. Glauben und Vertrauen entgegen gebracht wird, indem das fiktive papierene Duplikat des Goldgeldes wie reales behandelt und an seine Funktionsfähigkeit geglaubt wird, so bezeugt, nach Simmel, die »Aufschrift der Malteser Münzen: Non aes, sed fides« (1900, S. 164), dass auch beim Gold- und Silbergeld letztlich nicht das Erz oder die Substanz zählte, sondern der Glaube. Denn jeder, der Münzen benützt, gibt »nach zwei Seiten hin Kredit«. Die zwei Seiten sind der Glaube, dass die Münze echt ist und wieder umtauschbar in bedürfnisbefriedigende Lebensmittel. Dies ist psychologisch folgerichtig, da das kindliche Gefühl der Allmacht des Goldkots auf dem unbeschränkten und zugleich unbewussten Vertrauen, dem Urvertrauen in die Allmacht der Mutter, basiert. Schon die kindliche Allmacht beruht auf der Fiktion, der Wunschvorstellung, dass der Goldkot nicht nur wertlose Substanz, sondern wertvoller Stoff sei, ein Stoff, der von der Mutter über alles begehrt und der deshalb in alle Wunschobjekte verwandelt werden kann.

Der kapitalistische Midaskomplex

Nach Marx ist der Ausgangspunkt der »Verwandlung von Geld in Kapital« (1867, S. 161) ein lokaler Markt, auf dem die Warenproduzenten mit dem Tauschmittel Geld ihre Produkte tauschen. Diese »einfache Warenzirkulation« (S. 163) entwickelte sich weiter zur »Zirkulation des Geldes als Kapital«, die »mit dem Kauf« beginnt und »mit dem Verkauf« endet. Der lokale Markthandel verwandelte sich in einen

Großhandel bis hin zum »Welthandel« (S. 161) und zum »Weltmarkt«. Zugleich verwandelte sich der Midaskomplex als Geldkomplex in den Midaskomplex als Kapitalkomplex.

Zur Illustration lässt Marx auf der Bühne des Marktes einen »Kleiderhändler« (S. 164) auftreten, der nicht selbst Kleider produziert, sondern von Kleiderproduzenten Kleider kauft. Diese könnte er zur Befriedigung seines Bekleidungsbedürfnisses verwenden, aber er betreibt nun die neue Form der Zirkulation, indem er die gekauften Kleider wieder verkauft. Er geht aus »von dem Extrem des Geldes und kehrt schließlich zurück zu demselben Extrem. Sein treibendes Motiv und bestimmender Zweck ist daher der Tauschwert selbst«. Beide Extreme sind Geld, »also keine qualitativ verschiedenen Gebrauchswerte, denn Geld ist eben die verwandelte Gestalt der Waren, worin ihre besonderen Gebrauchswerte ausgelöscht sind«. So gesehen erscheint diese Zirkulation eine »ebenso zwecklose wie abgeschmackte Operation« (S. 165) zu sein. Da sich eine Geldsumme von einer anderen nur quantitativ unterscheidet, kann der Zweck dieser Zirkulation nur in einer »quantitativen Verschiedenheit« der beiden Geldsummen bestehen und erst dadurch werden sie zum Kapital.

Der Kleiderhändler verwandelt sich in einen »Kaufmann« (S. 162), der mit Baumwolle handelt. Er kauft »für 100 Pfd. St. 2.000 Pfd. Baumwolle« und verkauft anschließend »die 2.000 Pfd. Baumwolle wieder für 110 Pfd. St.«. Die Ausgangssumme 100 Pfd. St. hat sich in die vergrößerte Endsumme 110 Pfd. St. verwandelt. Die »vollständige Form dieses Prozesses ist daher G–W–G'« (S. 165), wobei G' »gleich der ursprünglich vorgeschossenen Geldsumme plus einem Inkrement« ist. Dieses Inkrement oder »den Überschuß über den ursprünglichen Wert«, nennt Marx »Mehrwert (surplus value)«. Der »ursprünglich vorgeschossene Wert erhält sich daher nicht nur in der Zirkulation, sondern in ihr verändert er seine Wertgröße, setzt einen Mehrwert zu oder verwertet sich. Und diese Bewegung verwandelt ihn in Kapital«. Damit die Endsumme von 110 Pfd. St. weiter Kapital bleibt, muss sie dieselbe Bewegung erneut durchlaufen. Sie muss sich also wieder in Waren und dann in eine Geldsumme mit Inkrement verwandeln. Würden die 110 Pfd. St. dagegen für Konsumtion verausgabt, »so fielen sie aus ihrer Rolle, sie hörten auf Kapital zu sein« (S. 166). Ebenso wenn die 110 Pfd. St. der Zirkulation entzogen werden, dann »versteinern sie zum Schatz«. Kapital ist das Geld also nur in der Zirkulation, im Austausch mit Waren, »denn die

Verwertung des Wertes existiert nur innerhalb dieser stets erneuerten Bewegung. Die Bewegung des Kapitals ist daher maßlos« (S. 167). Sie hat den Zweck, »sich dem Reichtum schlechthin durch Größenausdehnung anzunähern« (S. 166) und wird so zum »Selbstzweck« (S. 167).

Zwar galt die allgemeine Formel des Kapitals auch schon für das antike Handelskapital, aber sie gilt nun verallgemeinert vor allem für das moderne »industrielle Kapital« (S. 170), denn auch dieses ist »Geld, das sich in Ware verwandelt und durch den Verkauf der Ware in mehr Geld rückverwandelt«. Als »bewußter Träger« (S. 167) der Bewegung wird der Geldbesitzer Kapitalist.

> »Seine Person oder vielmehr seine Tasche, ist der Ausgangspunkt und der Rückkehrpunkt des Geldes. Der objektive Inhalt jener Zirkulation – die Verwertung des Wertes – ist sein subjektiver Zweck, und nur soweit wachsende Aneignung des abstrakten Reichtums das allein treibende Motiv seiner Operationen, funktioniert er als Kapitalist oder personifiziertes, mit Willen und Bewußtsein begabtes Kapital. Der Gebrauchswert ist also nie als unmittelbarer Zweck des Kapitalisten zu behandeln. Auch nicht der einzelne Gewinn, sondern nur die rastlose Bewegung des Gewinnens« (S. 167f.).

Marx kann deshalb sagen, die »unauslöschliche Leidenschaft für den Gewinn, die auri sacra fames bestimmt stets den Kapitalisten« (S. 168), so wie der Goldhunger den mythischen Midas bestimmte.

Die kapitalistische »Apologetik« (S. 21) oder die offizielle Rechtfertigung der kapitalistischen Motive, muss dagegen diese Fixierung auf das Geld verleugnen und verwandelt den »Kapitalisten in einen guten Bürger« (S. 168), für den »es sich nur um den Gebrauchswert handelt, und der sogar einen wahren Werwolfsheißhunger entwickelt für Stiefel, Hüte, Eier, Kattune und andere höchst familiäre Sorten von Gebrauchswert«. Dadurch wird er vom Vorwurf entlastet, dass es ihm primär um das Geld geht und die Aneignung des Geldes sein allein treibendes Motiv ist. So gesehen existiert der Midaskomplex als Problem gar nicht. König Midas wäre dann nicht ein frühes typisches Beispiel für die Geldwirtschaft, sondern ein gegenteiliges, abwegiges Beispiel für jemanden, der die Geldwirtschaft nicht verstanden hat.

Während der mythische Midas den wachsenden Reichtum durch seine immer wieder neu angewandte Vis aurea gewann, muss er vom Kapitalisten in jeder neuen Zirkulation des Geldes als Kapital mithilfe eines Inkrements oder eines Zuwachs gewonnen werden. Den »absoluten Bereicherungstrieb, diese leidenschaftliche Jagd auf den Wert«, hat der Kapitalist mit dem schon früher beschriebenen Schatzbildner gemein, aber während dieser sich nur, wie der mythische Midas, auf die erste Metamorphose mit all ihren auf Dauer negativen Folgen konzentrierte, hält der Kapitalist sein akkumuliertes Geldkapital nicht mehr zwanghaft-geizig zurück, sondern gibt es aus, allerdings mit der »hinterlistigen Absicht« (S. 163), es mit einem Zuwachs vermehrt wieder einzunehmen. Während der »verrückte« (S. 168) und altmodische Schatzbildner noch die »Erhaltung und Vermehrung des Geldes ins Unendliche« (S. 167) als Endziel hatte, verfolgt der »rationelle« (S. 168) und moderne Ka-pitalist das Endziel eines »ewig während und wachsenden Werts« (1894, S. 407).

Das Geld ist die »allgemeine« (1867, S. 168) Ware, die »besondre Exis-tenzweise« des Wertes, und der Kapitalist hat es nicht nur auf das Geld abgesehen, er erkennt auch in den Waren ihren Wert, ihr potenzielles Geldsein, sodass diese für ihn zum Kapital werden. Er weiß, »daß alle Waren, wie lumpig sie immer aussehen und wie schlecht sie immer riechen, im Glauben und in der Wahrheit Geld, innerlich beschnittene Juden sind und zudem wundertätige Mittel, um aus Geld mehr Geld zu machen« (S. 169). Der Wert wird schließlich zum »automatischen Subjekt« und damit zum sich selbst bewegenden Wert, der »unter dem beständigen Wechsel der Formen von Geld und Ware seine Größe selbst verändert, sich als Mehrwert von sich selbst als ursprünglichem Wert abstößt, sich selbst verwertet«. Durch seine Metaphern spielt Marx auf die Wertver-mehrung als sexuelle Vermehrung an. Der Wert hat »die okkulte Qualität erhalten, Wert zu setzen, weil er Wert ist. Er wirft lebendige Junge oder legt wenigstens goldene Eier«. Beim Viehgeld, das unbewusst ein Mutter-, Vater-, oder Elternsubstitut darstellt, ist es nicht okkult, wenn sich dieses Geld auch vermehrt. Aber die Fähigkeit zur Vermehrung, oder goldene Eier zu legen, wird zur okkulten Qualität, wenn es sich um Goldgeld handelt. Der Ausdruck goldene Eier ist eine bekannte Metapher für Kot. Sie verweist auf den unbewussten und damit okkulten infantilen Wunsch, aus Kot Kinder zu machen. Hörisch, der auf den Zusammenhang von Midaskomplex und Gebärneid verweist, schreibt: »Kinder machen, Geld machen: die sexuellen und spezifischer phallischen Konnotationen der fiskalischen Begrifflichkeit sind unüberhörbar« (1996, S. 114). Er fährt fort: »Zu der breit belegbaren phallomonetären Semantik und Ikonographie tritt eine perversere hinzu – das anale Wortfeld, das die Geldspäre umgibt« (S. 115). In der hier vertretenen Sichtweise ist das anale Wortfeld das Grundlegende, auf dem sich die phallomonetäre Semantik erhebt, die aber anal fixiert bleibt.

Im zinstragenden Kapital, das Marx durch die Kurzformel G–G' charakterisiert, tritt das Geld schließlich »in ein Privatverhältnis zu sich selbst« (1867, S. 169), ohne dass es noch ein Verhältnis zu den profanen Waren nötig hätte. An welche okkulte, naturwidrige und zugleich göttliche Privatverhältnisse Marx denkt, wird durch folgende Illustration deutlich: Der Wert

> »unterscheidet sich als ursprünglicher Wert von sich selbst als Mehrwert, als Gott Vater von sich selbst als Gott Sohn, und beide sind vom selben Alter und bilden in der Tat nur eine Person, denn nur durch den Mehrwert von 10 Pfd. St. werden die vorgeschossenen 100 Pfd. St. Kapital, und sobald sie dies geworden, sobald der Sohn und durch den Sohn der Vater erzeugt, verschwindet ihr Unterschied wieder und sind beide Eins, 110 Pfd. St.« (S. 169f.).

Hier wird eine unbewusste narzisstisch-anale und homosexuell-inzestuöse Zeugungs-, Geburts- und Vermehrungsfantasie thematisiert, die mit dem Kapital verwirklicht werden soll. Dabei ist der Geschlechts- und Generationenunterschied anal eingeebnet, sodass die Mutter oder der Mutterersatz, den die Ware repräsentiert, scheinbar überflüssig wird.

Im zinstragenden Kapital ist der »automatische Fetisch rein herausgearbeitet, der sich selbst verwertende Wert, Geld heckendes Geld, und trägt in dieser Form keine Narben seiner Entstehung mehr« (1894, S. 405). Dieser Fetisch, bei dem es sich um eine »rein illusorische Vorstellung« (S. 482) handelt, repräsentiert die Eigenschaften des infantilen magischen Goldkots und die Eigenschaften einer allmächtigen Mutter, also unendliche Ernährungs- und Vermehrungsfähigkeit. Er dient dazu, die Abhängigkeit von der Ernährungs- und Vermehrungsfähigkeit der Eltern und die Endlichkeit des Lebens zu verleugnen. So gelingt es dem Kapitalbesitzer narbenlos »die narzisstische Wunde zu schließen, die ihm die primäre Ohnmacht und die ödipale Ungleichheit geschlagen haben« (Chasseguet-Smirgel 1981, S. 246). Schon Freud spricht von einer »narzißtischen Narbe« (1920, S. 19) als Folge einer narzisstischen Kränkung.

Der von Marx beschriebene »Fetischismus« (1867, S. 87) des Kapitals geht über die gottgegebene und magische Vis aurea des Midas hinaus. Er ermöglicht es dem Kapitalisten als neuem Midas, Geld direkt in mehr Geld zu verwandeln, scheinbar ohne Rückgriff auf neue Gegenstände oder Waren und ohne erneute Metamorphosen, wie dies noch beim mythischen Midas notwendig war. Dabei wird der Wunsch deutlich, die schon bei Midas auf eine magisch-berührende Metamorphose reduzierte Arbeit der Goldvermehrung ganz überflüssig zu machen, indem sich das Gold für seinen Besitzer von selbst vermehrt. Im Gegensatz zur Kapitalwunsch-fantasie G–G' wird in der ökonomischen Wirklichkeit das Geld G auf einen Schuldner übertragen, der damit die notwendigen Metamorphosen vollziehen muss, um das Geld mit Zinsen zurückzahlen zu können.

Die Produktion des Mehrwerts

Das Problem, das Marx zu erklären versucht, – ohne Rückgriff auf okkulte Qualitäten des Geldes und ohne Unterstellung eines Fetischismus oder einer magischen und gottgegebenen Vis aurea – ist die Entstehung des Mehrwerts oder des Inkrements beim industriellen Kapital. Der Mehrwert ergibt sich scheinbar durch eine besondere Form der Zirkulation, bei der das Geld Ausgangs- und Endpunkt ist. Marx unterstellt dabei den »Austausch von Äquivalenten« (S. 173), den Austausch gleichwertiger Waren. Auf jeder Seite der Tauschgleichung stehen zwar verschiedene Gebrauchswerte, aber gleiche Tauschwerte oder Werte. »Als Werte sind alle Waren nur bestimmte Maße festgeronnener Arbeitzeit« (S. 54), die in dem Material der Gebrauchswerte oder im Geldmaterial Gold vergegenständlicht oder materialisiert ist. Unter dieser Voraussetzung gilt: »Wo Gleichheit ist, ist kein Gewinn« (S. 173), denn »werden Waren oder Waren und Geld von gleichem Tauschwert, also Äquivalente ausgetauscht, so zieht offenbar keiner mehr Wert aus der Zirkulation heraus, als er in sie hineinwirft. Es findet dann keine Bildung von Mehrwert statt« (S. 174). Marx zeigt, »daß der Mehrwert nicht aus der Zirkulation entspringen kann, bei seiner Bildung also etwas hinter ihrem Rücken vorgehen muß, das in ihr selbst unsichtbar ist« (S. 179). Die häufig verwendete Marx'sche Metapher »hinter dem Rücken« kann sowohl allgemein als Verweis auf einen unbewussten Vorgang, als auch speziell als Verweis auf die anale Region und damit auf die anale Produktion interpretiert werden. Er kommt zu dem Ergebnis, dass die Verwandlung des Geldes in Kapital in beiden Sphären vor sich gehen muss: innerhalb der »Zirkulationssphäre« (S. 181) durch Kauf und Verkauf von Waren und außerhalb im »Produktionsprozess« (S. 189) durch Produktion und Konsumtion der Waren.

Die im Marx'schen Drama *Das Kapital* die »Bühne« (S. 161) des Marktes betretende »ökonomische Charaktermaske« (S. 100) des Kapitalisten als »persona dramatis« (S. 125) spielt im Weiteren die Hauptrolle. Schon im Vorwort hat Marx über sie die Bemerkung gemacht:

> »Die Gestalten von Kapitalist und Grundeigentümer zeichne ich keineswegs in rosigem Licht. Aber es handelt sich hier um die Personen nur, soweit sie die Personifikation ökonomischer Kategorien sind, Träger von bestimmten Klassenverhältnissen und Interessen. Weniger als jeder andere kann mein Standpunkt, der die Entwicklung der ökonomischen Gesellschaftsformation als einen naturgeschichtlichen Prozess auffasst, den einzelnen verantwortlich machen für Verhältnisse, deren Geschöpf er sozial bleibt, sosehr er sich auch subjektiv über sie erheben mag« (S. 16).

Wahrscheinlich spielt Marx mit dem rosigen Licht auf Schillers Ballade *Der Taucher* (1797) an, denn der sagt, nachdem er glücklich nach dem goldenen Becher im charybdischen Meer getaucht ist: »Es freue sich, wer da atmet im rosigten Licht! Da unten aber ists fürchterlich«. Freud wiederum hat das »rosige Licht« (1930, S. 431) mit dem Bewusstsein in Verbindung gebracht. So gesehen sind die Kapitalisten noch tief in einen naturgeschichtlichen Prozess oder in das Unbewusste getaucht und sind deshalb nur beschränkt für ihre Handlungen verantwortlich zu machen. Der Kapitalist spielt zwar die Hauptrolle, aber eine, die umkämpft ist zwischen ihm und der anderen ökonomischen Charaktermaske, dem freien Arbeiter. Den Ausgang dieses »Klassenkampfes« (1867, S. 683) zwischen »dem Gesamtkapitalisten, d.h. der Klasse der Kapitalisten und dem Gesamtarbeiter, oder der Arbeiterklasse« (S. 249) oder zwischen der »Bourgeoisie« (S. 791) und dem »Proletariat« hat sich Marx so vorgestellt: Der Kapitalist verliert seine Hauptrolle, muss sie dem Arbeiter überlassen und von der historischen Bühne abtreten. Er soll am Ende wie der Schiller'sche Goldtaucher in der Charybde, im Orkus der Geschichte, verschwinden.

Mit den beiden neuen sozialen und ökonomischen Charakteren verändert sich auch die Bühne des Marktes, auf der beide auftreten. Der

»Kapitalist in spe« (S. 199), der neue Midas, betritt den Markt als Geldbesitzer, der sich in einen wirklichen Kapitalisten verwandeln möchte.
Nachdem er sich auf dem Warenmarkt mit Produktionsmittel eingedeckt
hat, hält er auf dem »Arbeitsmarkt als einer besondren Abteilung des
Warenmarkts« (S. 183) Ausschau nach einer Ware, die durch ihren Verbrauch ihm als »wundertätiges Mittel« (S. 169) helfen soll, »aus Geld
mehr Geld zu machen«. Um aber

> »aus dem Verbrauch einer Ware Wert herauszuziehen, müßte unser
> Geldbesitzer so glücklich sein, innerhalb der Zirkulationssphäre, auf dem
> Markt, eine Ware zu entdecken, deren Gebrauchswert selbst die eigen-
> tümliche Beschaffenheit besäße, Quelle von Wert zu sein, deren wirkli-
> cher Verbrauch also selbst Vergegenständlichung von Arbeit wäre, daher
> Wertschöpfung« (S. 181).

Und wirklich, »der Geldbesitzer findet auf dem Markt eine solche spezifische Ware vor – das Arbeitsvermögen oder die Arbeitskraft«. Der
Warenbesitzer, der diese eigentümliche Ware anbietet, ist der Arbeiter
und der Kapitalist muss dafür so viel zahlen, dass dieser davon leben,
sich erhalten und vermehren kann. Es wird ein Mindestlohn unterstellt,
der die Reproduktion der Arbeitskraft auf Dauer ermöglicht und sie
nicht tendenziell zerstört. Aber »im Gegensatz zu den andren Waren
enthält die Wertbestimmung der Arbeitskraft ein historisches und moralisches Element« (S. 185). Darüber hinaus findet ein dauernder Kampf
statt, der sich sowohl um die Arbeitszeit, als auch um das Verhältnis
von Lohn und Profit dreht. Gesetzliche Arbeitszeit und Mindestlohn
sind die Stichworte, die bis heute die Tagespolitik und die langfristige
Wirtschaftspolitik bestimmen.

Da der Kapitalist den Arbeitsmarkt nur als Geldbesitzer, als Käufer
betritt, findet auf ihm kein Rollentausch zwischen der bevorzugten und
benachteiligten Rolle statt. Zwar sind die Arbeiter dem Kapitalisten
gegenüber »rechtlich ebenbürtige Personen« (S. 190), aber sie sind auf
ihn als Geldbesitzer und Besitzer der Produktionsmittel angewiesen,
um überhaupt arbeiten und damit leben zu können. Nachdem der
zukünftige Kapitalist die notwendigen Waren gekauft hat, verlässt er
den Markt oder die »geräuschvolle, auf der Oberfläche hausende und
aller Augen zugängliche Sphäre« (S. 189), um sich »in die verborgne
Stätte der Produktion« zu begeben, »an deren Schwelle zu lesen steht:

No admittance except on business«. Hier muss sich das »Geheimnis der Plusmacherei« endlich enthüllen, meint Marx und fährt fort: Beim Scheiden von der Marktsphäre

> »verwandelt sich, so scheint es, schon in etwas die Physiognomie unserer dramatis personae. Der ehemalige Geldbesitzer schreitet voran als Kapitalist, der Arbeitskraftbesitzer folgt ihm nach als sein Arbeiter; der eine bedeutungsvoll schmunzelnd und geschäftseifrig, der andere scheu, widerstrebsam« (S. 191).

Während auf dem Markt beide noch ebenbürtig waren, ändert sich dies in der Produktion.

Das Verbot »No admittance« erinnert an eine Bemerkung Freuds, dass ihm der Zugang zur »Kinderstube« (1985b, S. 245), in der das mütterliche »Säuggeschäft« (1892, S. 10) und das kindliche Kotgeschäft stattfindet, von der Weiblichkeit, d. h. von seiner Frau, verwehrt wurde. Das Verbot hielt Freud allerdings nicht davon ab, das Geheimnis der infantilen Sexualität zu enthüllen, so wie es Marx nicht abhielt, das Geheimnis der Plusmacherei zu enthüllen. Aber während Marx den Ökonom Roscher mit der Bemerkung kritisiert: »Der Herr Professor stelle seine Beobachtungen über den kapitalistischen Produktionsprozeß nicht in der Kinderstube an« (1867, S. 343), ist es gerade das Anliegen dieser Arbeit, das unbewusste Verhaftetsein des kapitalistischen Produktionsprozesses an die Kinderstube aufzuzeigen und damit die infantile Fixierung sowohl des Kapitalisten als auch des Arbeiters bewusst zu machen. Es ist Marx, der durch seine Metaphorik, die sich vor allem um das Saugen oder wie Freud sagt, um das Säuggeschäft dreht, dafür die Vorgabe liefert.

Damit der Arbeiter seinen Geldlohn bekommt, muss er im Produktionsprozess für den Kapitalisten die Produktionsmittel durch eine reale Metamorphose in Produkte, in wertvolle Waren und damit in vorgestelltes Gold verwandeln. Zugleich beginnt der Kapitalist, die »von ihm gekaufte Ware, die Arbeitskraft, zu konsumieren« (S. 199). Beides verbildlicht Marx als einen doppelt oralen Vorgang: »In diesem Prozess wird sie selbst vom Kapitalisten verzehrt. Sie verzehrt durch ihre Funktion – die Arbeit – Produktionsmittel« (S. 616), die »Lebensmittel der Arbeit« (S. 198). Wenn die Produktionsmittel selbst schon Produkte sind, »verzehrt die Arbeit Produkte um Produkte zu schaffen«. Diese Arbeit als »produktive[...] Konsumtion« vollzieht sich »unter der Kontrolle des Kapitalisten« (S. 199) und ihr »Produkt« (S. 200) ist sein »Eigentum«.

Nach Marx hat die Arbeit einen »Doppelcharakter« (S. 56), als konkret nützliche Arbeit produziert sie Gebrauchswerte, als abstrakt menschliche Arbeit bildet sie den Warenwert, ist also »Wertschöpfung« (S. 181). Sie schafft in einem Prozeß nicht nur Gebrauchswerte und überträgt dabei die Werte der Produktionsmittel auf das neue Produkt, erhält also vorhandene Werte, sondern sie schafft vor allem neue Werte, indem sie den Produktionsmitteln »Neuwert« (S. 215) zusetzt. So wie es dem Kapitalist bei der Produktion der Waren nicht so sehr um deren Gebrauchswert geht, sondern um ihren Wert und ihren Mehrwert, so geht es ihm auch bei der Arbeitskraft, die er verzehren will, nicht so sehr um die Arbeit, die Gebrauchswerte schafft, sondern um die Arbeit als Wertschöpfung, denn er will seine produzierten Waren nicht selbst verbrauchen, sondern ihren Tauschwert in Geld verwandeln.

Im Gegensatz zum mythischen Midas und zum Schatzbildner verschiebt sich beim industriellen Kapitalisten die Gier vom Gold oder Geld auf die Arbeit, auf die »flüssige wertbildende Kraft« (S. 229). Der auri sacra fames oder der »sacred thirst of gold« (Smith 1776, S. 471), der Hunger und Durst nach Gold, ist bei ihm nicht mehr unmittelbar auf das Geld gerichtet, sondern auf die flüssige Arbeitskraft als Mittel, durch die Mehrwert und damit Mehrgeld geschaffen und erzielt werden kann. Marx charakterisiert den Kapitalisten, das »personifizierte Kapital« (1867, S. 247), durchgehend als eine Person, die oral fixiert ist: Als »Sauger« (S. 319) hat er einen »Heißhunger nach Mehrarbeit« (1867, S. 249) und ist bestimmt durch »blinde Raubgier« (S. 253). Er hat einen »Drang nach maßloser Aussaugung der Arbeitskraft«. Die kapitalistische Produktion ist »wesentlich Einsaugung von Mehrarbeit« (S. 281) und der Kapitalist besteht auf seinem »Einsaugerecht eines genügenden Quantums Mehrarbeit« (S. 286). Die Produktionsmittel sind für ihn nur dazu da, »um Arbeit und mit jedem Tropfen Arbeit ein proportionelles Quantum Mehrarbeit einzusaugen« (S. 271). Das »Rohmaterial« (S. 204) gilt ihm nur »als Aufsauger eines bestimmten Quantums Arbeit«. Bestimmte »Quanta Produkt stellen jetzt nichts dar als bestimmte Quanta Arbeit, bestimmte Masse festgeronnener Arbeitszeit. Sie sind nur noch Materiatur von einer Stunde, zwei Stunden, einem Tag gesellschaftlicher Arbeit« oder sie stellen »ein bestimmtes

Quantum aufgesaugter Arbeit« dar. »Das Kapital ist verstorbne Arbeit, die sich nur vampyrmäßig belebt, durch Einsaugung lebendiger Arbeit und um so mehr lebt, je mehr sie davon einsaugt« (S. 247).

Die von Marx beschriebene Entstehung des Mehrwerts oder des Inkrements kann aufgrund der von ihm verwendeten Sauger-Metaphorik als gesellschaftliche Realisierung einer infantilen Wunschfantasie interpretiert werden: In dem goldenen Zeitalter der infantilen Ökonomie wurde der Säugling durch das Einsaugen der mütterlichen Milch nicht nur am Leben erhalten oder reproduzierte sich, sondern zugleich wuchs er dabei und setzte ein Inkrement oder einen Zuwachs an. Historisch musste das immer früher abgestillte Kind die Erinnerung an diese vergangene Zeit verdrängen und progressiv seine Arbeitsfähigkeiten entwickeln. Durch diese individuell und gesellschaftlich immer früher geforderte Verdrängung kam es aber zu einer Wiederkehr der verdrängten infantilen Ökonomie als Herrschaftsbeziehung. In der kapitalistischen Ökonomie beherrscht der Kapitalist den Arbeiter und ist so in der Lage, dessen wertbildende Arbeitskraft dauerhaft einzusaugen und sich dabei zugleich einen Zuwachs oder ein Inkrement an Wert und Geld anzueignen. Auf diese unbewusste oder symbolische Weise kann der Kapitalist auf Dauer das bekommen, was ihm als Kind zu früh entzogen wurde, eine ihm bedingungslos zur Verfügung stehende Mutterbrust. In diesem Sinn hat schon Borneman das Saugen des Kapitalisten gedeutet: »Da dieser Typus in seiner Jugend nicht lange genug gesäugt worden ist, versucht er als Erwachsener, andere auszusaugen« (1973, S. 41). In Wahrheit »greift er unbewußt seine Surrogatmutter an, weil sie ihn als Säugling nicht befriedigt hat, und rächt sich an seinen Mitmenschen für das Leid, das seine Mutter ihm zugefügt hat« (S. 42). Borneman betont bei dieser Umkehrung und Verschiebung den aggressiven Racheaspekt.

Den Teil des Arbeitstages, der zur täglichen Erhaltung der Arbeitskraft notwendig ist, nennt Marx »notwendige Arbeitszeit« (1867, S. 246) und die während dieser Zeit verausgabte Arbeit »notwendige Arbeit«. Den anderen Teil des Arbeitstages, »die der Arbeiter über die Grenzen der notwendigen Arbeit hinaus schanzt, kostet ihn zwar Arbeit, Verausgabung von Arbeitskraft, bildet aber keinen Wert für ihn. Sie bildet Mehrwert, der den Kapitalisten mit allem Reiz einer Schöpfung aus dem Nichts anlacht« (S. 231). Diesen Teil nennt er »Mehrarbeitszeit« (S. 246) und die in ihr verausgabte Arbeit: »Mehrarbeit (surplus labour)« (S. 231). Der Umstand der kapitalistischen Produktion, »daß die tägliche

Erhaltung der Arbeitskraft nur einen halben Arbeitstag kostet, obgleich die Arbeitskraft einen ganzen Tag wirken kann, daß daher der Wert, den ihr Gebrauch während eines Tages schafft, doppelt so groß ist als ihr eigener Tageswert, ist ein besonderes Glück für den Käufer, aber durchaus kein Unrecht gegen den Verkäufer« (S. 208).

Selbst die Wunscherfüllung des Midas, seine Vis aurea, bewirkte keine Schöpfung aus dem Nichts, sondern nur eine Metamorphose, also eine Umformung eines schon bestehenden Stoffs. Auch für ein Kind ist eine Schöpfung aus dem Nichts nicht möglich, außer die Mutter ermöglicht ihm dieses illusionäre, narzisstische Allmachtsgefühl, indem sie wunschgemäß für das Kind erscheint und ihm mit ihrer Brust zur Verfügung steht. Das Glück, das der Kapitalist im Austausch mit dem Arbeiter findet, bedeutet unbewusst ein Wiederfinden dieses von der Mutter ihrem Kind ermöglichten Glücks. Dieses Glück des Kapitalisten beinhaltet aber auch eine Verleugnung der Mehrarbeit des Arbeiters, aus der der angeeignete Mehrwert des Kapitalisten stammt, genauso wie das narzisstische Kind die Arbeit und Mehrarbeit der Mutter verleugnen muss. Auf diese Weise kann der glückliche Kapitalist dem Arbeiter gegenüber unbewusst sowohl die Rolle des saugenden Kindes, als auch die der majestätischen Mutter, also die Doppelrolle von »His Majesty the Baby«, spielen. Das Unglück des Arbeiters dagegen besteht darin, unbewusst sowohl die Rolle der arbeitenden und den Kapitalistensäugling versorgenden Mutter, als auch die des untertänigen und abhängigen Kindes spielen zu müssen.

Schließlich will Marx durch seine Analyse der kapitalistischen Mehrwertproduktion zeigen, wie es zugeht, dass trotz des scheinbar gerechten Tausches von gleichen Werten, Geld gegen Arbeitskraft, also trotz eines unterstellten Äquivalententausches zwischen Arbeiter und Kapitalist auf dem Arbeitsmarkt, letzterer sich dauernd einen Mehrwert aneignen kann. So wie die Mutter durch ihre Milch das Kind ernährte, so ist es jetzt in der gesellschaftlichen Wiederinszenierung und Umkehrung der Kapitalist als Kind, der den Arbeiter als Mutter mit seinem Geld ernährt. Indem sich das Geld des Kapitalisten durch Tausch in Nahrungsmittel für den Arbeiter verwandelt, hat sich der Wunsch realisiert, dass sich kindliches Exkrement in Aliment für die Mutter verwandeln soll. Da der Kapitalist den Arbeiter mit seinem Geld ernährt, hat er sich das Recht erkauft, den Arbeiter auszusaugen oder seine Arbeitskraft konsumieren zu können. Wenn sich der Arbeiter mit dem in Lebensmitteln umgesetzten Lohn einen

Tag erhalten kann, so muss er auch für einen Arbeitstag dem Kapitalisten zur Verfügung stehen, sich von ihm für einen Tag seine Arbeitskraft aussaugen lassen und ihn ernähren.

In der Beziehung zwischen Kapitalist und Arbeiter hat sich also, so möchte ich Marx interpretieren, unbewusst dieser infantile Äquivalententausch verwirklicht. In ihm produziert der Arbeiter, wie früher die Mutter, dauernd ein Mehrprodukt und damit einen Mehrwert und der Kapitalist, wie früher das Kind, kann sich dieses Mehrprodukt dauernd als Zuwachs, Inkrement oder Mehrwert aneignen. Obwohl der Kapitalist schon erwachsen ist, kann er in der Kapitalbeziehung dauernd saugend weiter wachsen, allerdings nur mithilfe und auf Kosten des Arbeiters. Damit hat Marx das Geheimnis der Plusmacherei des Kapitals enthüllt und es selbst durch seine Sauger-Metaphorik als eine unbewusste infantile orale Fixierung gedeutet.

Es ist aber letztlich nicht die nützliche Arbeit, die sich in Gebrauchswerten vergegenständlicht, also ursprünglich der Muttermilch entspricht, die der Kapitalist in der Rolle des Säuglings einsaugen möchte. Der Kapitalist hat vielmehr die abstrakt menschliche Arbeit oder die flüssige wertbildende Kraft des Arbeiters im Auge, die sich im Wert und Mehrwert vergegenständlichen und sich in Geld und in Mehrgeld verwandeln soll und die unbewusst der infantilen Verdauungsarbeit, die sich im infantilen Goldkot vergegenständlichte, entspricht. Durch sie will er wertmäßig oder geldmäßig wachsen und einen Mehrwert oder ein Inkrement in Form eines Geldgewinns ansetzen. Da der Kapitalist diese in Geld umsetzbare anale Arbeitskraft einsaugen möchte, wie er früher als Säugling die Muttermilch eingesaugt hat, erweist er sich nicht nur infantil oral, sondern auch noch anal fixiert. Wenn nach Marx, Linguet zitierend, die kapitalistische Produktionsweise eine »schmutzige Ökonomie« (S. 247) ist, dann deshalb, weil die orale Gier des Kapitalisten letztlich auf Wert und Geld, auf ein schmutziges infantiles Kotsymbol gerichtet ist.

Die infantilen unbewussten Wünsche des Kapitalisten haben sich nun bestens verwirklicht: »Das Kunststück ist endlich gelungen. Geld ist in Kapital verwandelt« (S. 209). Das Kunststück des Kapitalisten besteht darin, dass »die Gesetze des Warenaustausches in keiner Weise verletzt« wurden. »Äquivalent wurde gegen Äquivalent ausgetauscht«. Und doch zieht der Kapitalist »mehr aus der Zirkulation heraus, als er ursprünglich in sie hineinwarf«. So ist für ihn »tout pour le mieux dans le meilleur des mondes possibles«.[2] Aber selbst die beste aller möglichen Welten hat ihre Kehrseite: »Indem der Kapitalist Geld in Waren verwandelt, die als Stoffbildner eines neuen Produkts oder als Faktoren des Arbeitsprozesses dienen, indem er ihrer toten Gegenständlichkeit lebendige Arbeitskraft einverleibt, verwandelt er Wert, vergangene, vergegenständlichte, tote Arbeit in Kapital, sich selbst verwertenden Wert, ein beseeltes Ungeheuer, das zu ›arbeiten‹ beginnt, als hätt' es Lieb' im Leibe«. Marx spielt auf ein »garstig Lied, ein politisch Lied« an, das in Goethes *Faust* in »Auerbachs Keller« gesungen wird:

> »Es war eine Ratt im Kellernest, lebte nur von Fett und Butter, hatte sich ein Ränzlein angemäst't als wie der Doktor Luther. Die Köchin hat ihr Gift gestellt; Da wards so eng in ihrer Welt, als hätte sie Lieb im Leibe«.

Nach Freud, der sich ebenfalls auf das Rattenlied bezog, ist die Ratte ein »schmutziges Tier, das sich von Exkrementen nährt« (1909, S. 433) und das »mit scharfen Zähnen nagt und beißt« (S. 435), also anal und oral fixiert ist. Nach Klein werden Ratten unbewusst mit »vergiftenden Fäzes« (1932, S. 317) gleichgesetzt. Scheinbar ist die Vermehrungsfähigkeit des Kapitals und des Kapitalisten Wirkung der Liebe und des Lebenstriebs. Aber das Kapital hat Gift im Leibe und was wie sexuelle Vermehrungsfähigkeit aussieht, ist, metaphorisch ausgedrückt, der Todeskampf einer vergifteten, gierigen Ratte, also das Zeichen eines Todestriebs. Indem Marx das durch die Einsaugung von lebendiger Arbeitskraft »aufgeschwollne« (1867, S. 205) Kapital oder den Kapitalisten mit seinem »ganz natürlich Ebenbild«, der geschwollnen Ratte des Goethe'schen Rattenlieds assoziativ in Verbindung bringt, bestätigt er die schon gegebenen Deutungen. Der verfluchte Hunger nach Gold muss als ein Hunger nach Exkrementen verstanden werden, der letztlich nicht zum Wachstum, sondern zur Selbstvergiftung und Selbstzerstörung führt, denn auch für den Kapitalisten wie für den mythischen Midas gilt, Kot oder »Geld kann er nicht essen« (S. 206). Seine scheinbare sexuelle Vermehrungsfähigkeit ist nur eine »als ob« Erscheinung und sein progressives und konstruktives Arbeiten, das aussieht, als hätt' er Lieb' im Leibe, verhüllt nur die regressive Fixierung an oral-anale destruktive Tendenzen.

---

2 »Alles für das Beste in der besten aller möglichen Welten.«

Die Erhöhung der Produktivkraft der Arbeit

Das Kapital oder der Kapitalist hat nach Marx nur »einen einzigen Lebenstrieb« (1867, S. 247), nämlich den Trieb, »Mehrwert zu schaffen« und mit »den Produktionsmitteln die größtmögliche Masse Mehrarbeit einzusaugen«. Der kapitalistische Midaskomplex beinhaltet also beides, den Trieb zu saugen und den Trieb zu schaffen. Der Kapitalist kann nicht nur oral-passiv einsaugen und damit seinen »Vampyrdurst« (S. 271) befriedigen, er muss auch anal-aktiv etwas schaffen. Er muss zuerst die Produktionsbedingungen schaffen, damit die von ihm gekauften Produktionsmittel von den ebenfalls gekauften Arbeitskräften produktiv konsumiert werden können. Nachdem bisher die SäuglingsRolle des Kapitalisten betont wurde, wird nun von seiner progressiven Erwachsenen-Rolle, durch die er die Produktionsbedingungen schafft, die Rede sein.

Der Kapitalist verfolgt zwei verschiedene Methoden der Mehrwertproduktion. Die erste besteht darin, die Gesamtarbeitszeit zu verlängern. Da aber der Arbeitstag natürliche Grenzen hat und er deshalb gesellschaftlich begrenzt wird, muss der Kapitalist eine zweite Methode entwickeln. Bei »gegebener Größe des Arbeitstages muß die Verlängerung der Mehrarbeit aus der Verkürzung der notwendigen Arbeitszeit entspringen« (S. 333), was gleichbedeutend mit einer »Erhöhung der Produktivkraft der Arbeit« ist. Das Ziel ist es, die reale Metamorphose der Mehrwertproduktion, die der Kapitalist seinen Arbeitern übertragen hat, der magischen Vis aurea des mythischen Midas anzunähern. Die erste Methode nennt Marx die »Produktion des absoluten Mehrwerts« (S. 192), die zweite »Produktion des relativen Mehrwerts« (S. 331), wobei die zweite, die anal schaffende, gegenüber der ersten, der oral-saugenden, moderner und progressiver ist.

Bei der »Steigerung der Produktivkraft« (S. 334) geht es um die Verkürzung der Arbeitszeit oder überhaupt um die Zeit. Nach Auffassung der klassischen Psychoanalyse tritt das menschliche Zeiterleben erst nach der Geburt auf, denn »die Mutterleibsexistenz ist wahrscheinlich zeitlos« (Harnik 1925, S. 56). Da Zeit sich etymologisch von Schnitt oder Abschnitt ableitet, kann das Zeiterleben mit der Entbindung, der Durchschneidung der Nabelschnur und mit dem Abgeschnittensein von der Mutter nach der Geburt in Verbindung gebracht werden. Erst mit dem Beginn der Ernährung über den eigenen Verdauungstrakt kommt es beim Säugling zum Erlebnis der oralen und analen Bedürfnisse, als auch zum Erlebnis der Zeit. Die Befriedigung der Bedürfnisse bedeutet wiederum eine partielle Kommunion oder Vereinigung mit der Mutter und damit eine Aufhebung des Zeitgefühls oder des Gefühls, von der Mutter abgeschnitten zu sein. Es kommt zu einem Wiedererleben der pränatalen Zeitlosigkeit, die zugleich Bedürfnislosigkeit und Grenzenlosigkeit bedeutet und die beim Säugling zum Schlafzustand führt.

Vom Kleinkind wird erwartet, zunehmend längere Perioden von oraler und analer Bedürftigkeit und damit auch eine immer größere Zeitdauer oder ein Abgeschnittensein von der Mutter zu ertragen. In der Erziehung wird das Ziel verfolgt, Nahrungsaufnahme und Ausscheidung in den Zeitrahmen der Mutter einzupassen, die wiederum von einem durch Natur und Gesellschaft vorgegebenen Zeitrahmen bestimmt wird. Das Kind muss sich anstrengen, seine produktive Konsumtion, seine Konsumtion von Milch und seine Produktion von Kot, in immer kürzerer Zeit und damit schneller zu verrichten. Diese Beschleunigung kann als die ontogenetische Vorstufe der Steigerung der Produktivkraft verstanden werden und ist teils Folge der körperlichen Entwicklung, teils Folge der Erziehung. Die Aufnahme von Nahrung und die Ausscheidung von Kot und Urin sind im ersten Lebensjahr die »beiden großen Lebensinteressen des Säuglings« (Jones 1918, S. 115), die fast die ganze wache Zeit in Anspruch nehmen. Diese Interessen und Tätigkeiten sollen zunehmend zurücktreten. Dadurch wird der Mutter Arbeitszeit erspart und der »kompetente Säugling« (Dornes 1993) gewinnt mehr Zeit, um seine sonstigen Fähigkeiten zu entwickeln. Die kapitalistische »Tendenz zur absoluten Entwicklung der Produktivkräfte« (Marx 1894, S. 268) bewirkt eine allgemeine gesellschaftliche Beschleunigung, die wiederum auf die kindliche Entwicklung zurückwirkt, deren Phasen verkürzt und die insgesamt beschleunigt werden soll. Eine »zu verschwenderische Natur« (1867, S. 536) oder eine zu verwöhnende Mutter machen die Entwicklung der Produktivkraft der Arbeit beim Menschen oder beim Kind nicht zur Notwendigkeit. Der Mensch ist in diesem Fall nicht wirklich verwaist und muss deshalb auch seine Arbeitsfähigkeit nur wenig und langsam entwickeln.

Indem der Kapitalist die Doppelrolle eines Kindes spielt, das sich zugleich an die Stelle der erziehenden Mutter gesetzt hat, kann er im Verhältnis zu den Arbeitern eine Umkehrung seiner ursprünglichen infantilen Verhältnisse verwirklichen. Er erzieht oder zwingt nun die

Arbeiter zu einer Steigerung ihrer Produktivkraft, um »den Teil des Arbeitstags, den der Arbeiter für sich selbst arbeiten muß, zu verkürzen, um grade dadurch den anderen Teil des Arbeitstags, den er für den Kapitalisten umsonst arbeiten kann, zu verlängern« (S. 340). Damit geht für den Kapitalisten der infantile Wunsch in Erfüllung, dass die Mutter ihrem Kind immer mehr Zeit und Milch zur Verfügung stellen und immer weniger Zeit für sich in Anspruch nehmen soll. Wenn der Kapitalist für sich diesen Zustand anstrebt, so muss er

> »die technischen und gesellschaftlichen Bedingungen des Arbeitsprozesses, also die Produktionsweise selbst umwälzen, um die Produktivkraft der Arbeit zu erhöhn, durch die Erhöhung der Produktivkraft der Arbeit den Wert der Arbeitskraft zu senken und so den zur Reproduktion dieses Wertes notwendigen Teil des Arbeitstages zu verkürzen« (S. 334).

Historisch beginnt er dieses Projekt mit der Kooperation und der Teilung der Arbeit, die beide in der Manufaktur verwirklicht werden. Das »Wirken einer größeren Arbeiteranzahl zur selben Zeit, in demselben Raum, zur Produktion derselben Warensorte, unter dem Kommando desselben Kapitalisten, bildet historisch und begrifflich den Ausgangspunkt der kapitalistischen Produktion« (S. 341). Diese Arbeit vieler, »die in demselben Produktionsprozess oder in verschiedenen, aber zusammenhängenden Produktionsprozessen planmäßig neben- und miteinander arbeiten« (S. 344) nennt Marx »Kooperation«. Bei den Arbeitern erzeugt »der bloße gesellschaftliche Kontakt einen Wetteifer und eine eigne Erregung der Lebensgeister (animal spirits), welche die individuelle Leistungsfähigkeit der einzelnen« (S. 345) fördert. Es kommt nicht nur zur »Erhöhung der individuellen Produktivkraft«, sondern aus der »Verschmelzung vieler Kräfte in eine Gesamtkraft« entspringt zusätzlich eine neue »Kraftpotenz«. Durch ihre Kooperation werden die vielen einzelnen Arbeiter zu einem »kombinierten Arbeiter oder Gesamtarbeiter« (S. 346), der »vorn und hinten Augen und Hände hat und in gewissem Grad Allgegenwart besitzt«.

Indem die kooperierenden Arbeiter zu »Gliedern eines werktätigen Organismus« (S. 352) werden und einen »funktionierenden Arbeitskörper« (S. 381) bilden, wird die unbewusste Tendenz des produzierenden Kapitalisten deutlich, sich aus den einzelnen Arbeitern durch ihre kooperative »Verschmelzung« (S. 345) einen mächtigen »gesellschaftlichen

Arbeitskörper« (S. 382) zu erschaffen, mit dem er selbst verschmolzen ist. Sein Arbeitskörper, bestehend aus gekauften Arbeitern, soll zuerst den als schwach erlebten eigenen kindlichen Körper und dessen Kraftpotenz vergrößern. Der Kapitalist, der die kooperierenden Arbeiter bezahlt hat, handelt nach der von Marx zitierten Devise des Mephisto: »Wenn ich sechs Hengste zahlen kann sind ihre Kräfte nicht die meine? Ich renne zu und bin ein rechter Mann als hätt' ich vierundzwanzig Beine« (1932, S. 563).

Für den Körper des Gesamtarbeiters kann im Weiteren der aus der kindlichen Perspektive als allmächtig erlebte Vater als Vorbild dienen. Aber letztlich soll der aus den kooperierenden Arbeitern bestehende und ihm gehörende Arbeitskörper unbewusst einen Ersatz für den Körper der Mutter darstellen. Durch ihn möchte der Kapitalist wieder das infantile Allmachtsgefühl erreichen, das aus der Verschmelzung mit der Mutter erwuchs. In diesem Zustand war die Mutter für das Kind allgegenwärtig und hatte vorn und hinten Augen und Hände. Nach seinen infantil-narzisstischen Wunschvorstellungen konnte sie deshalb zur Befriedigung seiner Bedürfnisse nach Selbsterhaltung und Wachstum von ihm nach Belieben dirigiert, beherrscht und ausgesaugt werden. Der Zweck seines Arbeitskörpers wird es, die reale Metamorphose von Rohstoff in Arbeitsprodukt der Fähigkeit des mütterlichen Körpers, Nahrung in Milch, und des eigenen Körpers, Milch in Goldkot zu verwandeln, anzunähern, um damit die magische Vis aurea zu erreichen.

Die Masse der gleichzeitig beschäftigten Arbeiter steht unter dem »Kommando des Kapitals« (1867, S. 350) oder unter der »Autorität des Kapitalisten« (S. 351). Alle »gemeinschaftliche Arbeit auf größerem Maßstab bedarf mehr oder minder einer Direktion, welche die Harmonie der individuellen Tätigkeiten vermittelt und die allgemeinen Funktionen vollzieht, die aus der Bewegung des produktiven Gesamtkörpers im Unterschied von der Bewegung seiner selbständigen Organe entspringen« (S. 350). Deshalb wird »der Befehl des Kapitalisten auf dem Produktionsfeld so unentbehrlich wie der Befehl des Generals auf dem Schlachtfeld«. Der »Oberbefehl in der Industrie wird Attribut des Kapitals, wie zur Feudalzeit der Oberbefehl in Krieg und Gericht Attribut des Grundeigentums war« (S. 352).

Die »Macht asiatischer und ägyptischer Könige oder etruskischer Theokraten« (S. 353), die sich in den »Riesenwerken der alten Asiaten, Ägypter, Etrusker« als Wirkung der einfachen Kooperation zeigt, »ist in der modernen Gesellschaft auf den Kapitalisten übergegangen, ob er nun als vereinzelter Kapitalist auftritt oder, wie bei Aktiengesellschaften, als kombinierter Kapitalist«. Auch Midas war in der Realität ein asiatischer König, der über seine Untertanen herrschte und dessen Bedeutung in der geschichtlichen Erinnerung darin bestand, dass er für seinen Goldreichtum berühmt war. Vielleicht war auch dieser Goldreichtum die Wirkung seiner Macht, die Goldproduktion mithilfe der einfachen Kooperation produktiver und damit ergiebiger zu machen.

Der Kapitalist spielt in seiner Leitungsfunktion eine Doppelrolle, denn sie »ist nicht nur eine aus der Natur des gesellschaftlichen Arbeitsprozesses entspringende und ihm angehörige besondere Funktion, sie ist zugleich Funktion der Ausbeutung eines gesellschaftlichen Arbeitsprozesses« (S. 350). Die zweite Rolle bedingt »den unvermeidlichen Antagonismus zwischen dem Ausbeuter und dem Rohmaterial seiner Ausbeutung«. Mit »der Masse der gleichzeitig beschäftigten Arbeiter wächst ihr Widerstand und damit notwendig der Druck des Kapitals zur Bewältigung dieses Widerstands«, sodass die »kapitalistische Leitung« (S. 351) der Form nach »despotisch« wird.

Indem der Kapitalist in eine Reihe gestellt wird mit den mächtigen Herrschern des Altertums und des Mittelalters, scheint er in seinem »Despotismus« mit einer patriarchalischen Herrschergestalt identifiziert zu sein. Aber der Begriff »patriarchalisch« (S. 92) wird von Marx als Gegensatz zu kapitalistisch verwendet und gehört deshalb einer vorkapitalistischen Produktionsweise an, in der zwar schon Macht und Herrschaft ausgeübt wurde, die »Funktion der Ausbeutung« (S. 350) aber noch nicht im Vordergrund stand. So stellte die »patriarchalische Familie« (S. 102) eine wirtschaftliche Einheit dar, die durch ihren Grundbesitz selbst versorgend war und vom Patriarch als Familienvater, als *pater familias*, geleitet wurde. Er beherrschte zwar durch seine »patria potestas« (S. 513) die Familie, aber er sorgte auch väterlich für sie. Als er begann, sie auszubeuten, trat anstelle des väterlichen ein infantiles Verhalten. Marx spricht von »überlieferter, urväterlicher Betriebsweise« (S. 533) und von »altväterisch anheimelnden Geschäftszweigen« (S. 264), um den historischen Unterschied zur ausbeutenden kapitalistischen Betriebsweise und zu kapitalistisch organisierten Geschäftszweigen hervorzuheben. Die Macht des Kapitalisten basiert primär nicht auf väterlichen Attributen, sondern auf dem Besitz des Geldes, einem infantilen Kotsymbol. Deshalb ist sein patriarchalischer Charakter ein Als-ob-Charakter und die kapitalistische Gesellschaft ist *Auf dem Weg zur vaterlosen Gesellschaft* (Mitscherlich 1963).

Aus der einfachen Kooperation erwächst die »Teilung der Arbeit« (Marx 1867, S. 355), und die darauf »beruhende Kooperation schafft sich ihre klassische Gestalt in der Manufaktur« (S. 356), die ein Produktionsmechanismus ist, »dessen Organe Menschen« (S. 358) sind. Die

> »Manufakturperiode vereinfacht, verbessert und vermannigfacht die Arbeitswerkzeuge durch deren Anpassung an die ausschließliche Sonderfunktion der Teilarbeiter. Sie schafft damit zugleich eine der materiellen Bedingungen der Maschinerie, die aus einer Kombination einfacher Instrumente besteht« (S. 362).

In der Manufaktur arbeitet der kombinierte Gesamtarbeiter mit »vielen instrumentenbewaffneten Händen« (S. 365), während bei der Maschinerie die Instrumente am Maschinenkörper befestigt sind. Deshalb kann Marx sagen: »Die spezifische Maschinerie der Manufakturperiode bleibt der aus vielen Teilarbeitern kombinierte Gesamtarbeiter selbst« (S. 369) und der Teilarbeiter wird gezwungen, »mit der Regelmäßigkeit eines Maschinenteils zu wirken« (S. 370).

Die unbewusste infantile Allmachtsfantasie des Kapitalisten der Manufakturperiode war es, den aus Menschen bestehenden Arbeitskörper in einen willenlosen Mechanismus zu verwandeln, der ihm genauso bedingungslos zur Verfügung stehen sollte, wie er sich das als Kind vom Körper der Mutter gewünscht hatte. Indem der aus vielen Teilarbeitern kombinierte Arbeitskörper zunehmend vom Kapitalisten abhängig wurde und deshalb von ihm beherrscht werden konnte, sollte sich die ursprüngliche Abhängigkeit und Machtlosigkeit des Kapitalisten als Kind ins Gegenteil verkehren. Aber im Großen und Ganzen scheiterten diese Bestrebungen »an den Gewohnheiten und dem Widerstand der männlichen Arbeiter« (S. 389), die ihnen zugedachte Rolle zu spielen. Da »das Handwerksgeschick die Grundlage der Manufaktur bleibt und der in ihr funktionierende Gesamtmechanismus kein von den Arbeitern selbst unabhängiges objektives Skelett besitzt, ringt das Kapital beständig mit der Insubordination der Arbeiter«. Dies wird zum Motiv für die Entwicklung und Einführung der Maschinen, denn erst mit ihrer Hilfe gelingt es, die Herrschaft des Kapitals über die Arbeiter zu erringen: »In der Manufaktur bilden die Arbeiter Glieder eines lebendigen Mechanismus. In der Fabrik existiert ein toter Mechanismus unabhängig von ihnen, und sie werden ihm als lebendige Anhängsel einverleibt« (S. 445).

Produktivitätssteigerung durch Maschinen

Der phylogenetische Ausgangspunkt der Werkzeugentwicklung ist der Urmensch, dem »seine eignen Leibesorgane allein als Arbeitsmittel dienen« (S. 194). Dasselbe gilt auch für den Säugling, dem zuerst der Mund als Saugorgan allein als Arbeitsmittel dient. Der mythische Midas verwendet zu Beginn seiner Goldmetamorphosen seine Hände als Arbeitsmittel. Am Ende kehrt er an den ontogenetischen Ausgangspunkt der Stoffmetamorphose und zugleich der Werkzeugentwicklung zurück, indem er Mund und Zähne zur Verwandlung von Nahrung in Gold gebraucht. Dies kann als eine Umkehrung der infantilen Entwicklung, bei der der Mund von den Händen als Arbeitsorgane abgelöst wird, gedeutet werden.

Seine ersten körperlichen Arbeitsmittel, also vor allem seine Hände, ergänzte der Mensch im Laufe der historischen Entwicklung durch natürliche Gegenstände. So wird der Stein zum »Organ seiner Tätigkeit, ein Organ, das er seinen eigenen Leibesorganen hinzufügt, seine natürliche Gestalt verlängernd«. Aber »die Anzahl von Arbeitsinstrumenten, womit er gleichzeitig wirken kann, ist durch die Anzahl seiner natürlichen Produktionsinstrumente, seiner eigenen körperlichen Organe, beschränkt« (S. 394). Um diese organische Schranke zu überwinden, erscheinen bei der Werkzeugmaschine die Werkzeuge des Menschen in modifizierter Form als Werkzeuge eines Mechanismus. Die »Anzahl der Werkzeuge, womit dieselbe Werkzeugmaschine gleichzeitig spielt, ist von vornherein emanzipiert von der organischen Schranke, wodurch das Handwerkszeug eines Arbeiters bewegt wird«. Die hauptsächliche Tendenz der Maschinenentwicklung wird damit deutlich. Sie besteht zuerst in einer Emanzipation von der Beschränkung des menschlichen Körpers, indem er mit seinen beschränkten Organen – er besitzt nur zwei Hände – durch den »Körper der Arbeitsmaschine« mit den daran befestigten Werkzeugen ersetzt und erweitert wird. Daraus folgt die zweite emanzipatorische Tendenz der kapitalistischen Maschinenentwicklung, die Emanzipation des Kapitalisten von den Arbeitern selbst. Der lebendige Arbeitskörper wird zunehmend durch den toten Maschinenkörper ersetzt. Auf diese Weise wird das »Talent des Arbeiters« (S. 456) durch die Maschinen »progressiv verdrängt«.

Über Entwicklungsetappen wird ein infantiler Wunsch realisiert. Der Mensch verlängert zuerst seinen eigenen Körper, um sich mithilfe von

Kotsubstituten selbst groß und erwachsen zu machen. Im historischen »Steinalter« (S. 195) verwendet er vor allem Steine als Arbeitsmittel. Im »Eisenalter« wird das Eisen zu »einem der wichtigsten Rohstoffe« (S. 467). Aufbauend auf die Werkzeuge konstruiert er schließlich einen Ersatzkörper für die infantile Mutter, die in der Kindheit die Arbeit für ihn übernommen hatte. Dabei macht sich in der kapitalistischen Produktionsweise zunehmend die emanzipatorische, oder anders ausgedrückt, die narzisstische Tendenz geltend, den lebendigen Ersatz der Mutter, den Gesamtarbeiter, durch ihren unlebendigen toten Ersatz, die Maschine, zu ersetzen. Die Maschine stellt eine schöpferische Nachbildung der lebendigen Mutter aus dem toten Kotsubstitut Eisen dar. Sie soll einerseits den Kapitalisten unabhängig machen von den lebendigen Arbeitern und deren »rappelköpfigen Launen« (S. 389) und sie soll andererseits eine willenlos und bedingungslos zur Verfügung stehende Mutter in Form einer Maschine darstellen. Fromm bemerkt über die Maschinen: »Im symbolischen Sinn ist nicht mehr die Natur die Mutter des Menschen, sondern seine Mutter ist die ›zweite Natur‹, die er sich konstruiert hat, die Maschinen, die ihn ernähren und beschützen« (1973, S. 397). Nach Freud verwandelt sich der Mensch mit seinen Werkzeugen und Maschinen in einen »Prothesengott« (1930, S. 451) mit »Hilfsorganen«.

Alle entwickelte Maschinerie besteht aus drei verschiedenen Teilen, »der Bewegungsmaschine, dem Transmissionsmechanismus, endlich der Werkzeugmaschine oder Arbeitsmaschine« (Marx 1867, S. 393): Es ist die Werkzeugmaschine, von der »die industrielle Revolution im 18. Jahrhundert ausgeht«. Durch die Bewegungsmaschine, die als »Triebkraft des ganzen Mechanismus« wirkt, wird die Emanzipation von den menschlichen Schranken der Produktion weitergetrieben. Mit der Erfindung der Dampfmaschine »war ein erster Motor gefunden, der seine Bewegungskraft selbst erzeugt aus der Verspeisung von Kohlen und Wasser« (S. 398) und »dessen Kraftpotenz ganz unter menschlicher Kontrolle« steht. Die Maschine, vom Menschen selbst nach seinem Ebenbild geschaffen, wurde so unabhängig von lokalen natürlichen Umständen, universell verwendbar und begnügte sich mit Kotsubstituten, wie Kohle, als Speise. Arbeiter wurden nur noch zur »Fütterung der Bewegungsmaschine« (S. 443) benötigt und damit zunehmend überflüssig.

Einer Erweiterung der einzelnen Maschine zu einem »System der Maschinerie« (S. 401) war nun keine Schranke mehr gesetzt. Viele gleichartige

Arbeitsmaschinen konnten »gleichzeitig und gleichmäßig ihren Impuls empfangen vom Herzschlag des gemeinsamen ersten Motors, auf sie übertragen durch den Transmissionsmechanismus« (S. 400). Indem die Maschinerie »von einem sich selbst bewegenden ersten Motor getrieben« (S. 401) wird, kann man von einem »großen Automaten« sprechen, von griechisch *auto-matos*, sich selbst bewegend. Und indem sich die Maschine »von selbst stillsetzt« oder zu einem »selfacting stop« fähig ist, wird schon im 19. Jahrhundert begonnen, der Maschine auch menschliche »Gehirnfunktionen« (S. 273) einzuverleiben, worauf inzwischen durch die moderne Elektronik der Schwerpunkt gelegt wird.

»Sobald die Arbeitsmaschine alle zur Bearbeitung des Rohstoffs nötigen Bewegungen ohne menschliche Beihilfe verrichtet und nur noch menschliche Nachhilfe bedarf, haben wir ein automatisches System der Maschinerie, das indes beständiger Ausarbeitung im Detail fähig ist« (S. 402).

An der Tendenz zur »Durchführung des automatischen Prinzips« (S. 402) – 1867 eine ganz moderne Erfindung – hat sich bis heute nichts geändert. Schon Ure hat 1835 den Zweck des automatischen Systems erfasst: »Der beständige Zweck oder die Tendenz jeder Vervollkommnung des Mechanismus ist in der Tat, sich der Arbeit des Menschen ganz zu entschlagen« (zit. n. Marx 1867, S. 455).

Bei der Entwicklung der Maschinen handelt es sich um die Verwirklichung eines alten Wunschtraums der Menschheit.

»›Wenn‹, träumte Aristoteles, der größte Denker des Altertums, ›wenn jedes Werkzeug auf Geheiß, oder auch vorausahnend, das ihm zukommende Werk verrichten könnte, wie des Dädalus Kunstwerke sich von selbst bewegten oder die Dreifüße des Hephästos aus eignem Antrieb an die heilige Arbeit gingen, wenn so die Weberschiffchen von selbst webten, so bedürfte es weder für den Werkmeister der Gehilfen noch für die Herren der Sklaven‹« (S. 430).

Marx zitiert in diesem Zusammenhang den Antipatros, einen griechischen Dichter aus der Zeit des Cicero, der »die Erfindung der Wassermühle zum Mahlen des Getreides, diese Elementarform aller produktiven Maschinerie, als Befreierin der Sklavinnen und Herstellerin des goldnen Zeitalters!« mit folgendem Gedicht begrüßte:

»Schonet der mahlenden Hand, o Müllerinnen, und schlafet
Sanft! es verkünde der Hahn euch den Morgen umsonst!
Däo hat die Arbeit der Mädchen den Nymphen befohlen,
Und itzt hüpfen sie leicht über die Räder dahin,
Daß die erschütterten Achsen mit ihren Speichen sich wälzen,
Und im Kreise die Last drehen des wälzenden Steins.
Laßt uns leben das Leben der Väter, und laßt uns der Gaben
Arbeitslos uns freun, welche die Göttin uns schenkt« (S. 431).

Die Mahlmaschine, ein Geschenk der Muttergöttin Däo oder Demeter,
soll dem Menschen ein arbeitsloses und zeitloses Leben, das goldene
Zeitalter der infantilen Ökonomie, wieder ermöglichen. Ein Zeitalter,
das auf den Geschenken der Mutter-Göttin, wie arbeitsloser Freude,
sanftem Schlaf, Zeitlosigkeit und auf dem Einklang mit der Tradition der
Mütter und Väter beruhte, sollte einfach glückliches Zeitalter genannt
werden. »Ja die Heiden«, fährt Marx fort, die begriffen noch nicht,

»daß die Maschine das probateste Mittel zur Verlängerung des Arbeitstags
ist. Sie entschuldigten etwa die Sklaverei des einen als Mittel zur vollen
menschlichen Entwicklung des andern. Aber Sklaverei der Massen predigen, um einige rohe und halbgebildete Parvenüs zu ›eminent spinners‹,
›extensive sausage makers‹ und ›influential shoe black dealers‹ zu machen,
dazu fehlte ihnen das spezifisch christliche Organ« (ebd.).

Marx charakterisiert den Kapitalisten seiner Zeit als Parvenü oder Emporkömmling, als Spinner, Wurstmacher und Händler mit schwarzer
Schuhwichse. Dies kann als verrückte oral-anale Fixierung gedeutet
werden, die es verhindert, dass das Maschinenzeitalter zum glücklich-
goldenen Zeitalter für alle wird.

Die Produktivität der Maschine misst sich zuerst »an dem Grad worin
sie menschliche Arbeitskraft« (S. 412) ersetzt und damit Lohnkosten
einspart. Der Wert der Maschine wird im Arbeitsprozess auf das Produkt
übertragen. Je weniger Wert die Maschine auf das Produkt überträgt,
»desto produktiver ist sie und desto mehr nähert sich ihr Dienst dem
der Naturkräfte« (S. 411) oder der magischen Vis aurea. Je länger die
Periode, worin sie funktioniert, »desto größer die Produktenmasse,
worüber sich der von ihr zugesetzte Wert verteilt, und desto kleiner der
Wertteil, den sie der einzelnen Ware« (S. 426) zufügt. Deshalb ist die

Maschine am produktivsten, wenn sie ununterbrochen läuft. Dadurch wird »der Wertteil, den sie der einzelnen Ware zufügt« kleiner und die Gefahr vermindert, dass sie vor ihrem »materiellen Verschleiß« schon einen »sozusagen moralischen Verschleiß« erfährt, dass sie durch bessere und billigere Maschinen vorzeitig entwertet wird. Die Maschine wird so »zum gewaltigsten Mittel, den Arbeitstag über jede naturgemäße Schranke hinaus zu verlängern« (S. 425). Sie ist »an und für sich ein industrielles Perpetuum mobile, das ununterbrochen fortproduzieren würde, stieße es nicht auf gewissen Naturschranken in seinen menschlichen Gehilfen: ihre Körperschwäche und ihren Eigenwillen«. Die Maschinen bewirken eine intensivere Anspannung der Arbeitskraft, eine verstärkte Kondensation der Arbeitszeit und damit eine »systematische Steigerung des Intensitätsgrads der Arbeit« (S. 440), die erreicht wird »durch erhöhte Geschwindigkeit der Maschinen und durch den erweiterten Umfang der von demselben Arbeiter zu überwachenden Maschinerie oder seines Arbeitsfeldes« (S. 434).

Indem die Maschine männliche Kraft entbehrlich macht, »wird sie zum Mittel, Arbeiter ohne Muskelkraft oder von unreifer Körperentwicklung aber größerer Geschmeidigkeit der Glieder anzuwenden. Weiber- und Kinderarbeit war daher das erste Wort der kapitalistischen Anwendung der Maschinerie« (S. 416). Aber dadurch »verteilt sie den Wert der Arbeitskraft des Mannes über seine ganze Familie. Sie entwertet damit seine Arbeitskraft«, die Arbeitskraft des »Familienhaupts« (S. 417), und untergräbt zugleich seine »patria potestas« (S. 513). Es zeigt sich, »daß die große Industrie mit der ökonomischen Grundlage des alten Familienwesens und der ihr entsprechenden Familienarbeit auch die alten Familienverhältnisse selbst auflöst«. Ein Mann reifen Alters wird durch »drei Mädchen im Alter von 13 Jahren« ersetzt und »verdrängt« (S. 417). Während der Lohn des Mannes sinkt, steigt der Lohn von Frauen und Kindern, was zu einer Verallgemeinerung des Midaskomplexes über die Geschlechts- und Generationsgrenzen hinweg beiträgt.

Durch den »überwiegenden Zusatz von Kindern und Weibern zum kombinierten Arbeitspersonal bricht die Maschinerie endlich den Widerstand, den der männliche Arbeiter in der Manufaktur der Despotie des Kapitals noch entgegensetzte« (S. 424). Kinder und Frauen waren anscheinend eher bereit, die symbolische Rolle des abhängigen Kindes und der abhängigen Mutter für den Kapitalisten in der Rolle des allmächtigen Kindes zu spielen. So konnten nun die unbewussten Wünsche des

Kapitalisten widerstandslos verwirklicht werden, eine für ihn ununter-brochen und intensiv arbeitende Mutter zu besitzen, die gleichzeitig ihm gegenüber in der abhängigen Kinderposition ist. Die ursprüngliche Ent-täuschung des Kapitalisten an der Mutter, dass sie ihm nicht bedingungslos zur Verfügung stand, weil sie noch von anderen Familienmitgliedern, Vater und Geschwistern oder einfach von ihren eigenen Bedürfnissen in Anspruch genommen wurde, verwandelt sich in Rachewünsche, die auf die Familie der Arbeiterin verschoben wurden und damit deren Kinder traumatisierten. Eine unbewusste Tendenz zeigt sich auch darin, den männlichen Arbeiter oder den Familienvater überhaupt aus der Produktion auszuschließen. Damit werden frühe infantile Verhältnisse wiederhergestellt, in denen der Vater die Herrschaft von »His Majesty the Baby« über die Mutter noch nicht ernsthaft als Dritter infrage stellte. Aber auch der männliche Arbeiter findet unter den bestehenden Verhält-nissen noch Kompensationsmöglichkeiten für seine eigene Entwertung im Produktionsprozess: »Der Arbeiter verkaufte früher seine eigne Arbeitskraft, worüber er als formell freie Person verfügte. Er verkauft jetzt Weib und Kind. Er wird Sklavenhändler« (S. 418).

In der großen Industrie erreicht das Kapital sein Ziel der Entwertung und Verdrängung des männlichen Arbeiters auch durch »die Scheidung der geistigen Potenzen des Produktionsprozesses von der Handarbeit« (S. 446). Ursprünglich kann der einzelne Arbeiter nicht »auf die Natur wirken ohne Betätigung seiner eignen Muskeln unter Kontrolle seines eignen Hirns. Wie im Natursystem Kopf und Hand zusammengehören, vereint der Arbeitsprozess Kopfarbeit und Handarbeit. Später scheiden sie sich zum feindlichen Gegensatz« (S. 531). Dadurch verschwindet schließlich das Detailgeschick des individuellen Maschinenarbeiters als ein »winzig Nebending vor der Wissenschaft, den ungeheuren Natur-kräften und der gesellschaftlichen Massenarbeit, die im Maschinensystem verkörpert sind und mit ihm die Macht des ›Meisters‹ (master) bilden« (S. 446). So werden nicht nur »die zu seiner Reproduktion nötigen Kosten bedeutend vermindert, sondern zugleich seine hilflose Abhängigkeit vom Fabrikganzen, also vom Kapitalisten, vollendet« (S. 445).

Seit ihrer Einführung wurden die Maschinen zum Konkurrenten des Arbeiters. Sobald »die Führung des Werkzeugs der Maschine anheim-fällt, erlischt mit dem Gebrauchswert der Tauschwert der Arbeitskraft. Der Arbeiter wird unverkäuflich, wie außer Kurs gesetztes Papiergeld« (S. 454). Er »überfüllt den Arbeitsmarkt und senkt daher den Preis der

Arbeitskraft unter ihren Wert«. So »erschlägt« (S. 455) das Arbeitsmittel den Arbeiter. Als Gegenreaktion auf die Einführung des Dampfwebstuhls kam es zu einer »massenhaften Zerstörung von Maschinen in den englischen Manufakturdistrikten« (S. 452) zu Beginn des 19. Jahrhunderts. Mit Hilfe der Maschinerie war es dem Kapitalisten nicht nur möglich, den erwachsenen Arbeiter durch Weiber- und Kinderarbeit zu ersetzen oder zu verdrängen, sondern die Maschine sollte insgesamt die »Verdrängung eines Kindes, eines Frauenzimmers oder eines Mannes bezwecken« (S. 456). Im Prinzip und gemäß der »Tendenz zur absoluten Entwicklung der Produktivkräfte« (1894, S. 268) sollten alle lebendigen Arbeitskräfte aus der Fabrik verdrängt oder »freigesetzt« (1867, S. 462) werden, durch »Substitution eiserner für menschliche Apparate« (S. 456). Die magische Vis aurea des mythischen Midas sollte durch Maschinen ganz ohne menschliches Handanlegen erreicht werden.

Für die widersprüchliche Wirkung der Maschine macht Marx ihre Anwendung verantwortlich, weil sie »an sich betrachtet die Arbeitszeit verkürzt, während sie kapitalistisch angewandt den Arbeitstag verlängert, an sich die Arbeit erleichtert, kapitalistisch angewandt ihre Intensität steigert, an sich ein Sieg des Menschen über die Naturkraft ist, kapitalistisch angewandt den Menschen durch die Naturkraft unterjocht, an sich den Reichtum des Produzenten vermehrt, kapitalistisch angewandt ihn verpaupert usw.« (S. 465). Das Fazit, das Marx am Ende des Abschnitts über die »Produktion des relativen Mehrwerts« (S. 331) in Bezug auf die progressive Seite der Entwicklung der Produktivkraft der Arbeit zieht, fällt letztlich negativ aus:

> »Die kapitalistische Produktion entwickelt daher nur die Technik und Kombination des gesellschaftlichen Produktionsprozesses, indem sie zugleich die Springquellen alles Reichtums untergräbt: die Erde und den Arbeiter« (S. 530).

Die Akkumulation von industriellem Kapital

An die Stelle der Metamorphosen des mythischen Midas treten beim Kapitalisten als seinem Nachfolger die »Metamorphosen« (Marx 1885, S. 31) seines Kapitals, die einen Kreislauf nach der Formel G–W...P...W'–G' darstellen. Während G–W und W'–G' in der Zirkulation als »formelle

Metamorphosen« (S. 56), stattfinden, handelt es sich bei P um den Produktionsprozess, um die »reale Metamorphose«. Das Kapital verwandelt sich in diesem Kreislauf abwechselnd in »Geldkapital« (S. 31), in »Warenkapital« (S. 91) und in »produktives Kapital« (S. 69). Der Kapitalist will nicht nur Mehrwert, also W' produzieren, er will, dass sich dieser fiktive Mehrwert in der letzten Metamorphose in mehr Geld, also in G' verwandelt. Aber der Kreislauf endet nicht, indem Geld als Schatz aufgehäuft wird, sondern er beginnt von neuem mit der Rückverwandlung des Geldes in Ware oder in Produktionsmittel und Arbeitskraft, also mit einer Überwindung des Midaskomplexes. Diese »Rückverwandlung von Mehrwert in Kapital« (1867, S. 605) nennt Marx »Akkumulation des Kapitals«. Er tendiert dazu, das Motiv der kapitalistischen Produktion in der Verwertung des Werts, in der Mehrwertproduktion oder in der Erreichung eines »ewig währenden und wachsenden Wertes« (1894, S. 407) zu sehen, scheinbar gleichgültig, ob der Wert in der Ware oder im Geld verkörpert ist. Aber die Waren tun nur Wunder, wenn sich ihr Wert in Geld realisiert hat und damit, wie Marx selbst sagt, das »Mirakel der Transsubstantiation« (1885, S. 132) von Waren in Geld gelungen ist.

Als Beispiel einer ursprünglichen und zugleich oral-körperlichen Form der Akkumulation erwähnt er die Eingeborenen des südlichen Afrikas, die Kaffer (vgl.1867, S. 110). Bei ihnen kann die körperliche Selbsterhaltung als einfache Reproduktion, die Aufspeicherung der Körpersubstanz Fett als Akkumulation von Reichtum verstanden werden. Das unbewusste Vorbild der kapitalistischen Akkumulation ist aber nicht die Aufspeicherung von Körperfett, sondern das kindliche Wachstum, das aus der Erhaltung und dem Zuwachs von kindlicher Körpersubstanz durch den Austausch von mütterlicher Milch und kindlichem Kot resultiert. Bei jedem Austausch gewinnt das Kind einen Zuwachs, den es sich von der Mutter aneignet, seiner Körpersubstanz hinzufügt und damit sein Wachstum bewirkt. Dieser Zuwachs ermöglicht es dem Kind, mehr in den Austausch zu geben, damit mehr zu bekommen und so weiter zu wachsen.

Dem Kapitalisten, der unbewusst mit einem wachsenden Kind identifiziert ist, geht es aber bei seiner Kapitalakkumulation nicht um das Wachstum des eigenen Körpers, sondern um Wachstum oder Vergrößerung seines industriellen Kapitals oder seines ihm gehörenden »produktiven Gesamtkörpers« (S. 350). Sein bewusstes Ziel ist es, diesen dauernd zu vergrößern, um damit unbewusst einen symbolischen Ersatz für seinen kindlichen Körper mit seiner Fähigkeit zur Stoffmetamorphose und seinen scheinbar unbegrenzten Wachstumsmöglichkeiten zu schaffen. Als »Parvenü« (S. 620) oder als Emporkömmling will er sich in einen industriellen »Kapitalmagnaten« (S. 790) oder in einen Großkapitalisten verwandeln. Die von dem erwachsenen Kapitalisten betriebene Kapital-akkumulation schließt allerdings nicht aus, dass bei ihm gleichzeitig noch eine körperliche Fettakkumulation eine Rolle spielt:

> »Während der offizielle britische Gesundheitsbericht von 1864 den Mangel eines großen Teils der Arbeiterklasse an fettbildenden Substanzen beklagt, machte ein Dr. Harvey [...] in demselben Jahr sein Glück durch Puff-Rezepte, die der Bourgeoisie und Aristokratie Fettüberflusseslast abzutreiben versprachen« (S. 110f.).

Bei der einfachen Reproduktion, bei der die Produktion als Mittel zur Selbsterhaltung und Bedürfnisbefriedigung dient, spielt die Akkumu-lation, es sei denn als begrenzte Warenakkumulation zwecks Vorrats-bildung, keine Rolle. Dagegen stellt der kapitalistische Produktions-prozess eine »Reproduktion des Kapitals auf progressiver Stufenleiter« (S. 607) dar, die mit Kapitalakkumulation einhergeht, indem der produ-zierte Mehrwert und damit das Mehrgeld immer von neuem in produk-tives Kapital verwandelt werden. In ihm wird die Kapitalakkumulation zum »Selbstzweck« (S. 167). Der »produktive[...] Organismus« (1885, S. 123) des Kapitalisten, der wachsen und sich vergrößern soll, setzt sich sowohl aus Gebäuden und Maschinen, seinem »Gebäude- oder Maschinenkörper« (S. 447), als auch aus den darin und daran tätigen Arbeitern, seinem »Arbeitskörper« (1867, S. 442), zusammen. Dieser produktive Gesamtkörper konsumiert Rohmaterial und produziert Produkte. Er repräsentiert im Weiteren unbewusst nicht nur den im Wachstum begriffenen eigenen kindlichen Körper, sondern auch noch den Körper der Mutter oder des Vaters, der beherrscht wird. Der Ge-bäude- und Maschinenkörper stellt das angewandte oder »fixe Kapital« (1885, S. 159), die Produkte, die durch diesen Körper produktiv kon-sumiert, als Rohmaterialien einverleibt und als Produkte abgestoßen werden, das konsumierte, »zirkulierende oder flüssige Kapital« dar.

Die Akkumulation des Kapitals kann sowohl nach der »Seite des Stoffs« (1867, S. 640) als auch nach der »Seite des Werts« betrachtet werden. Dabei geht es zuerst um das stoffliche Wachstum der Produktionsmittel, d. h. des fixen Kapitals in Form der Maschinen und des zirkulierenden Kapitals in Form von Rohstoffen und Hilfsstoffen und auch um das zahlenmäßige Wachstum der Arbeiter selbst. Das stoffliche Wachstum ist aber nur Mittel zum Zweck, denn der eigentliche Zweck ist die Akkumulation von Werten, die Marx »festgeronnene Arbeitzeit« (S. 54) nennt. Deshalb ist auch der Wert oder der »Mehrwert die Substanz der Akkumulation« (S. 630). Da aber jeder Wert einen »stofflichen Träger« (S. 50) braucht, ist das Wachstum der Werte mit dem Wachstum der Stoffe untrennbar verknüpft. Das Ziel der Kapitalakkumulation ist nicht nur ein unbegrenzt wachsender produktiver Gesamtkörper oder »Warenkörper« (S. 62), sondern vor allem ein »ewig währender und wachsender Wert« (1894, S. 407). Da der Wert der »Warenseele« (1867, S. 97) entspricht, soll die »Wertseele« (S. 66) des produktiven Gesamtkörpers durch die Akkumulation von festgeronnener Arbeitszeit unsterblich werden. Wenn Marx von der »Sisyphusarbeit der Akkumulation« (S. 147) spricht, so drückt er mythologisch aus, dass deren Ziel doch nicht erreicht werden kann. So wie bei der Arbeit des Sisyphus der hoch geschaffte Stein immer wieder ins Tal rollte, so macht auch bei der Akkumulation die Schwerkraft der Vergänglichkeit das Erreichte immer wieder rückgängig. Das, was für den wirklichen Körper des Kapitalisten gilt, dass er der dauernden Vergänglichkeit, dem Verschleiß und der »Amortisierung« (1885, S. 122), dem Absterben, unterworfen ist, gilt auch für seinen akkumulierten produktiven Gesamtkörper.

Auch die den »gesellschaftlichen Arbeitskörper« (1867, S. 442) bildenden Arbeitskräfte werden dauernd »durch Abnutzung und Tod dem Markt« (S. 186) und damit dem Zugriff des Kapitalisten entzogen und müssen beständig durch neue Arbeitskräfte ersetzt werden. Um den Arbeitskörper des Kapitalisten aber nicht nur zu erhalten, müssen sich die Arbeitskräfte »durch Fortpflanzung« stärker vermehren, als sie durch Abnutzung und Tod verloren gehen. Diese Aufgabe konnte der Kapitalist im 19. Jahrhundert »getrost dem Selbsterhaltungs- und Fortpflanzungstrieb der Arbeiter überlassen« (S. 598). Ihr Fortpflanzungstrieb war und ist eine unabänderliche Bedingung, dass sich auch das Kapital oder das Geld fortpflanzen, vermehren oder akkumulieren kann. Kapital ist nur »geldheckendes Geld« (S. 170), weil sich auch die Arbeiter fortpflanzen und vermehren und deshalb immer mehr Arbeit, mehr Arbeitszeit oder mehr Wert liefern können.

Während die Arbeitskraft oder die »lebendige Maschinerie« (S. 601) sich trotz ihrer Sterblichkeit auch verbessert, »je länger sie währt, je mehr sie das Geschick von Generationen in sich aufhäuft«, verschlechtert und entwertet sich die »tote Maschinerie« oder der Gebäude- und Maschinenkörper des Kapitalisten. Sie sind einem dauernden materiellen Verschleiß ausgesetzt und »jedes Jahr stirbt ein Teil dieser Arbeitsmittel ab und erreicht das Endziel seiner produktiven Funktion« (S. 631). Indem der stoffliche Gebrauchswert des Gebäude- und Maschinenkörpers verschleißt, wird sein Wert einer »Depreziation« (S. 632) ausgesetzt, denn geht »der Gebrauchswert verloren, so geht auch der Wert verloren« (S. 217). Die Arbeit selbst bewirkt zwar einen materiellen Verschleiß und damit eine Depreziation und Amortisierung des dem Kapitalisten gehörenden Gebäude- und Maschinenkörpers. Aber dieselbe lebendige Arbeit wirkt auch dem Absterben entgegen, denn die konkret-nützliche Arbeit hat die Eigenschaft, durch ihre Tätigkeit den Wert vom absterbenden Arbeitsmittel auf das neue Produkt zu übertragen und damit zu erhalten. Der so entstehende Wert, in Geld umgewandelt, bildet dann den »Amortisationsfond« (1885, S. 181), der nach Ablauf der Amortisierung der alten Maschinen wieder in neue umgesetzt werden kann. Der alte Gebäude- und Maschinenkörper des Kapitalisten kann auf diese Weise »wiedergeboren« (1867, S. 657) werden in einer »vervollkommneten technischen Gestalt«.

Der Wert »geht aus dem verzehrten Leib in den neugestalteten Leib über« (S. 221) oder er wird vom verzehrten Leib der verschlissenen auf den neugestalteten Leib der neuen Maschine übertragen. Marx spricht in diesem Zusammenhang von einer »Seelenwandrung« des Wertes, also von einem Weiterleben der Wertseele in anderer körperlicher Gestalt und damit von ihrer Wiedergeburt und Unsterblichkeit. Die Akkumulation findet aber nicht nur in der objektiven stofflichen Vergänglichkeit und, damit zusammenhängend, in der Vergänglichkeit der Werte ihre Grenze. Im Kapitalisten selbst entwickelte sich ein subjektiver »Konflikt« (S. 620) zwischen dem die Unvergänglichkeit anstrebenden »Akkumulationstrieb« und dem der Vergänglichkeit verhafteten »Genußtrieb«. Es handelt sich dabei um eine Neuinszenierung des schon beim mythischen Midas bestehenden Konflikts zwischen seinem Wunsch nach dem ewigen Gold, das ihn vergöttlichen sollte, und seinen irdischen Bedürfnissen nach vergänglichen Lebens- und Genussmitteln.

Akkumulationstrieb und Genusstrieb

Die »altadlige Gesinnung, die wie Hegel richtig sagt, ›im Verzehren des Vorhandenen besteht‹ und namentlich auch im Luxus persönlicher Dienste sich breitmacht« (Marx 1867, S. 614), wurde nach Marx historisch durch die kapitalistische Gesinnung der Neuzeit oder durch den »Geist des Kapitals« (S. 295), der ein »protestantischer Geist« (S. 749) war, abgelöst. Der dem modernen Kapitalisten vorausgehende bürgerliche Schatzbildner, der eine Akkumulation, oder ein »Aufhäufen des Geldes um des Geldes willen« (1859, S. 111) betrieb, war, »soweit sein Asketismus mit tatkräftiger Arbeitssamkeit verbunden, von Religion wesentlich Protestant und noch mehr Puritaner« (S. 108). Die Puritaner, die Reinen, waren im 17. Jahrhundert ein historisch neuer Menschentyp, der aus den calvinistischen Bewegungen in Holland und England entstand. Weber spricht von der »innerweltlichen Askese des Puritanismus« (1904, S. 196) und meint, dass sie aus der Askese der christlichen Mönche erwachsen sei, indem zu Beginn der Neuzeit »die Askese aus der Mönchszelle heraus in das Berufsleben übertragen« (S. 203) wurde.

Dem Puritanismus gelang es, den christlichen Konflikt zwischen den himmlischen und irdischen Schätzen zu entschärfen, indem der irdische Schatz als Zeichen des Auserwähltseins im Sinne der Calvinistischen Prädestinationslehre angesehen wurde und so sein Besitz eine Verheißung des himmlischen Schatzes darstellte. Seine innerweltliche Askese wirkte »mit voller Wucht gegen den unbefangenen Genuß des Besitzes« und »schnürte die Konsumtion, speziell die Luxuskonsumtion, ein«. Andererseits »entlastete sie im psychologischen Effekt den Gütererwerb von den Hemmungen der traditionalistischen Ethik, sie sprengte die Fesseln des Gewinnstrebens, indem sie es nicht nur legalisierte, sondern direkt als gottgewollt ansah«. Während es bei der Geldaskese um den Konflikt zwischen dem ewigen und göttlichen Geldschatz und den vergänglichen und profanen Waren geht, geht es bei der religiösen Askese um die Alternative zwischen dem ewigen himmlischen und dem vergänglichen irdischen Leben. Nach Durkheim ist es das Ziel der religiösen Askese, »aus dem Menschlichen alles auszumerzen, was ihn noch an die profane Welt binden könnte. Daher auch alle Formen des religiösen Selbstmordes, der die logische Krönung dieses Asketentums ist. Denn die einzige Art, um dem profanen Leben ganz zu entfliehen, ist schließlich, ganz dem Leben zu entsagen« (1912, S. 66).

Um den historischen Übergang von der feudalistischen zu der kapitalistischen Gesinnung zu fördern, war es, wie Marx betont, für die Vertreter der bürgerlichen Ökonomie entscheidend wichtig, »die Akkumulation des Kapitals als erste Bürgerpflicht zu verkünden und unermüdlich zu predigen: man kann nicht akkumulieren, wenn man seine ganze Revenue aufißt, statt einen guten Teil davon zu verausgaben in Werbung zuschüssiger produktiver Arbeiter, die mehr einbringen, als sie kosten« (1867, S. 614f.). Wenn der »klassischen Ökonomie der Proletarier nur als Maschine zur Produktion von Mehrwert« (S. 621) galt, so galt »ihr aber auch der Kapitalist nur als Maschine zur Verwandlung dieses Mehrwerts in Mehrkapital«. Sie nahm »seine historische Funktion in bittrem Ernst« und mit dem Gebot: »Akkumuliert, Akkumuliert! Das ist Moses und die Propheten!« sprach sie den »historischen Beruf der Bourgeoisperiode aus. Sie täuschte sich keinen Augenblick über die Geburtswehn des Reichtums, aber was nützt der Jammer über historische Notwendigkeit?« Das unermüdlich gepredigte Gebot der Akkumulation wird so zu einem religiösen Gebot und die Kapitalakkumulation zu einem religiösen Geld- oder Akkumulationskultus, der einhergeht mit Askese und möglicherweise sogar mit Märtyrertum, aber, wie Marx einräumt, im Dienst der historischen Notwendigkeit.

Der altadlige Genusstrieb war auf den oralen Verbrauch von Gebrauchswerten und persönlichen Dienstleistungen gerichtet. Dagegen war es das Ziel des kapitalistischen Akkumulationstriebes, Tauschwerte, letztlich Geld, aufzuhäufen und zu vermehren. Der Feudalherr besaß noch einen »bona fide Charakter« (S. 620), das ist ein durch die individuelle und historische Entwicklung gefestigtes Vertrauen, dass die oralen mütterlichen Gaben immer verfügbar sind. Dagegen lauern im Hintergrund des kapitalistischen Charakters »stets schmutzigster Geiz und ängstlichste Berechnung«, das ist ein durch die individuelle und historische Entwicklung erworbenes Misstrauen in die dauerhafte Macht des Geldes als Kotsymbol.

Das Mehrprodukt oder der Mehrwert ist für den Kapitalisten sowohl sein »individueller Konsumtionsfonds« (S. 617), aus dem er seinen persönlichen Unterhalt bestreitet, als auch sein »Akkumulationsfond«, aus dem er die Akkumulation seines produktiven Organismus bezahlt. Von dem Teil des Mehrwerts, den er akkumuliert, sagt man, »er spare ihn, weil er ihn nicht aufißt, d. h. weil er seine Funktion als Kapitalist ausübt, nämlich die Funktion sich zu bereichern« (S. 618). Nur wenn er diese

Funktion ausübt, also »nur als Personifikation des Kapitals ist der Kapitalist respektabel« und »als solche teilt er auch mit dem Schatzbildner
den absoluten Bereicherungstrieb«, denn das »treibende Motiv« von
beiden ist »nicht Gebrauchswert und Genuß, sondern Tauschwert und
dessen Vermehrung«. Aber schließlich fühlt der nur akkumulierende
Kapitalist »ein ›menschlich Rühren‹ für seinen eignen Adam und wird
so gebildet, die Schwärmerei für Askese als Vorurteil des altmodischen
Schatzbildners zu belächeln« (S. 620). Er entdeckt für sich den zuguns-
ten von Bereicherungstrieb und Geiz unterdrückten Genuss bis hin zur
Verschwendung und

> »obgleich daher die Verschwendung des Kapitalisten nie den bona fide
> Charakter der Verschwendung des flotten Feudalherrn besitzt, […] wächst
> dennoch seine Verschwendung mit seiner Akkumulation, ohne daß die
> eine die andere zu beabbruchen braucht. Damit entwickelt sich gleich-
> zeitig in der Hochbrust des Kapitalindividuums ein faustischer Konflikt
> zwischen Akkumulations- und Genußtrieb« (ebd.).

Marx kommentiert diesen mit dem Faustzitat: »Zwei Seelen wohnen,
ach! in seiner Brust, die eine will sich von der andren trennen!«
    Das Zitat aus der Rede Fausts an den Famulus Wagner lautet im
Zusammenhang:

> »Du bist dir nur des einen Triebs bewußt; o lerne nie den andern kennen!
> Zwei Seelen wohnen, ach! in meiner Brust, die eine will sich von der
> andern trennen; Die eine hält in derber Liebeslust sich an der Welt mit
> klammernden Organen; die andere hebt gewaltsam sich vom Dust zu den
> Gefilden hoher Ahnen« (Faust I, Vor dem Tor).

Einerseits möchte das Kapitalindividuum an weltlich-sinnlicher Lie-
beslust festhalten und seinen Genusstrieb mit dem Geld als Tauschmittel befriedigen. Andererseits strebt es nach etwas Höherem, denn
es will vom »Dust«, dem irdischen Staub der Vergänglichkeit, gewaltsam abheben und die Gefilde hoher Ahnen, die himmlischen Gefilde
der Götter, erreichen und sich mit seiner Geld- und Kapitalakkumulation selbst vergöttlichen. Bei dem von Marx als faustisch charakteri-
sierten Kapitalisten besteht wie beim mythischen Midas ein Konflikt
zwischen unendlichen Gold- oder Geldwünschen, also auf Gold oder

Geld gegründeten religiösen Unendlichkeits- und Unsterblichkeits-
wünschen, und einer endlichen Wirklichkeit mit ihren körperlichen
Bedürfnissen, aber auch Genüssen. Auch für den Kapitalisten gilt:
»Der Mensch lebt nicht vom Brot allein« (5. Mos. 8, 3), denn er strebt
neben der Befriedigung der irdischen Bedürfnisse noch nach etwas
Höherem, Ewigem und Göttlichem.

Im Laufe der historischen Entwicklung kommt es zu einer Wiederkehr
des durch den Akkumulationstrieb zeitweise verdrängten Genusstriebs,
wobei Marx dazu einen Dr. Aikin aus dem Jahre 1795 zitiert: »Die
Industrie von Manchester kann in vier Perioden geteilt werden. In der
ersten waren die Fabrikanten gezwungen, hart für ihren Lebensunterhalt
zu arbeiten« (1867, S. 620). Die Kapitalakkumulation »verlangte große
Sparsamkeit« und sie lebten deshalb »wie Schatzbildner und verzehrten
bei weitem nicht einmal die Zinsen ihres Kapitals«. In der »zweiten
Periode hatten sie begonnen kleine Vermögen zu erwerben, arbeiteten
aber ebenso hart als zuvor, denn die unmittelbare Exploitation von
Arbeit kostet Arbeit, wie jeder Sklaventreiber weiß, und lebten nach
wie vor in demselben frugalen Stil« (S. 621). In der »dritten Periode
begann der Luxus und das Geschäft wurde ausgedehnt«, aber noch »in
den ersten Dezennien des 18. Jahrhunderts setzte sich ein Manchester
Fabrikant, der eine Pint fremden Weines seinen Gästen vorsetzte, den
Glossen und dem Kopfschütteln all seiner Nachbarn aus«. Die »vierte
Periode ist die von großem Luxus und Verschwendung, unterstützt
durch die Ausdehnung des Geschäfts«. Marx bemerkt 1867 zu diesem
historischen Abriss: »Was würde der gute Dr. Aikin sagen, wenn er
heutzutage in Manchester auferstände!« Auf einer gewissen Entwick-
lungshöhe wird »ein konventioneller Grad von Verschwendung, die
zugleich Schaustellung des Reichtums und daher Kreditmittel ist, sogar
zu einer Geschäftsnotwendigkeit« (S. 620) des Kapitalisten. »Der Luxus
geht in die Repräsentationskosten des Kapitals ein«.

Weber beschreibt eine ähnliche Entwicklung, bei der die ursprünglich
religiös motivierte »innerweltliche Askese des Puritanismus« (1904, S. 196),
die einherging mit Arbeitsamkeit und Konsumeinschränkung, zu Reichtum
führte und dadurch »die religiöse Wurzel langsam abstarb« (S. 197) und
einer »Diesseitigkeit Platz machte«. Er zitiert John Wesley mit den Worten:
»Denn Religion muß notwendig sowohl Arbeitsamkeit als Sparsamkeit erzeugen, und diese können nichts anderes als Reichtum hervorbringen. Aber
wenn Reichtum zunimmt, so nimmt Stolz, Leidenschaft und Weltliebe in

all ihren Formen zu« (S. 196f.). Mit demselben Problem hatte, nach Weber, auch die »klösterliche Askese des Mittelalters« (S. 196) zu kämpfen: Die »klösterliche Zucht« der Arbeitsamkeit und Konsumeinschränkung führte zu Reichtum, der wiederum die klösterliche Zucht bedrohte.

Akkumulationstrieb und Konkurrenz

Marx zitiert Luther, um beim Wucherer, den er als eine »altmodische, wenn auch stets erneute Form des Kapitalisten« (1867, S. 619) bezeichnet, die »Herrschsucht als Element des Bereicherungstriebes« darzustellen: Es ist

> »kein grösser Menschenfeind auff Erden (nach dem Teuffel) denn ein Geitshals und Wucherer, denn er will über alle menschen Gott sein [... Aber] ein Wucherer und Geitzwanst, der wilt das alle Welt im müsste in Hunger und Durst, Trauer und Not verderben, so viel an jm ist, auff das ers alles allein möcht haben, und jedermann von jm, als von einem Gott empfahen und ewiglich sein Leibeigener sein« (ebd.).

Luther deutet den Bereicherungswunsch des Wucherers als einen Wunsch nach göttlicher Allmacht. Zugleich verweist er auf das ursprüngliche kindliche Trauma, das der Herrschsucht und den göttlichen oder narzisstischen Allmachtswünschen und damit auch dem Akkumulationstrieb zugrunde liegt: Infantile Versagungen in Form von Hunger und Durst, Trauer und Not führen zum Wunsch, die traumatischen Verhältnisse umzukehren, groß und allmächtig zu sein wie die scheinbar göttlichen Eltern und sie auf Dauer als Leibeigene von sich selbst abhängig zu machen. Nach Wirth kann die Allmachtsfantasie des Kindes und später der pathologische Gotteskomplex des Erwachsenen als kompensatorische Abwehrfantasie auf Erlebnisse der »extremen Abhängigkeit, Ohnmacht und Hilflosigkeit speziell am Beginn seines Lebens« (2002, S. 91) verstanden werden.

Nach Marx möchte jeder Kapitalist, angetrieben von seinem Akkumulationstrieb, wenn schon nicht ein allmächtiger Gott wie »Jupiter« (1867, S. 385), so doch ein mächtiger »Kapitalmagnat« (S. 790) werden, damit »er die Welt ungeniert nach seinem Bilde modeln« (S. 779) und sie beherrschen kann. Jedes

»individuelle Kapital ist eine größere oder kleinere Konzentration von Produktionsmitteln mit entsprechendem Kommando über eine größere oder kleinere Arbeiterarmee. Jede Akkumulation wird das Mittel neuer Akkumulation. Sie erweitert mit der vermehrten Masse des als Kapital funktionierenden Reichtums seine Konzentration in den Händen individueller Kapitalisten« (S. 653).

Das Kapital »schwillt hier in einer Hand zu großen Massen, weil es dort in vielen Händen verlorengeht. Es ist die eigentliche Zentralisation im Unterschied zur Akkumulation und Konzentration« (S. 654). In einem gegebenen Geschäftszweig hätte »die Zentralisation ihre äußerste Grenze erreicht, wenn alle darin angelegten Kapitale zu einem Einzelkapital verschmolzen wären« (S. 655). Aber das Ziel ist noch nicht das Endziel. Es wäre erst in dem Augenblick erreicht, »wo das gesamte gesellschaftliche Kapital vereinigt wäre in der Hand sei es eines einzelnen Kapitalisten, sei es einer einzigen Kapitalgesellschaft« (S. 656). Engels ergänzt 1890 in der von ihm herausgegebenen 4. Auflage des *Kapitals* in einer Fußnote: »Die neuesten englischen und amerikanischen ›Trusts‹ streben dieses Ziel bereits an, indem sie versuchen, wenigstens sämtliche Großbetriebe eines Geschäftszweigs zu einer großen Aktiengesellschaft mit praktischem Monopol zu vereinigen« (S. 655). Im 20. Jahrhundert setzte sich diese Entwicklung fort, indem das Kapital oder die Kapitalisten über die nationale Schranke hinausgingen. Es entstanden Konzentrationen und Monopole in Form der internationalen oder multinationalen Konzerne. Diese Entwicklung beschleunigte sich im Rahmen der Globalisierung. Aber sie war und ist kein einfacher Fortschritt, sondern hat Gegenbewegungen hervorgerufen. Marx beschreibt den durch den Akkumulationstrieb bewirkten Wachstumsvorgang des Kapitals als ein Wechselspiel von »Attraktion« (S. 654) oder »Verschmelzung« (S. 656) und von »Repulsion« (S. 654) oder »Spaltung«.

Der Kapitalist will mithilfe seines akkumulierten Kapitals nicht nur über einen Geschäftsbereich oder über ein Land, sondern tendenziell über die ganze Welt herrschen, denn »die Akkumulation ist Eroberung der Welt des gesellschaftlichen Reichtums. Sie dehnt mit der Masse des exploitierten Menschenmaterials zugleich die direkte und indirekte Herrschaft des Kapitalisten aus« (S. 619). Wie schon Midas möchte er die ganze Welt in Gold und weiter in Geld und Kapital verwandeln.

Der Akkumulationstrieb ist deshalb auch ein Globalisierungstrieb. Aber dem Kapitalisten geht es dabei wie »dem Welteroberer, der mit jedem neuen Land nur eine neue Grenze erobert« (S. 147). Zwar ist das Geld qualitativ oder seiner Form nach »schrankenlos, d. h. allgemeiner Repräsentant des stofflichen Reichtums, weil in jede Ware unmittelbar umsetzbar«, trotzdem ist »jede Geldsumme quantitativ beschränkt, daher auch nur Kaufmittel von beschränkter Wirkung«. Auch aus diesem Grunde ist die progressive Akkumulation von Werten und von Geld eine Sisyphusarbeit.

Außerdem geht die Akkumulation des Kapitals als Eroberung von Reichtum und Herrschaft einher mit einer dauernden »Konkurrenz« (S. 618). Sie

> »herrscht jedem individuellen Kapitalisten die immanenten Gesetze der kapitalistischen Produktionsweise als äußere Zwangsgesetze auf. Sie zwingt ihn, sein Kapital fortwährend auszudehnen, um es zu erhalten, und ausdehnen kann er es nur vermittelst progressiver Akkumulation« (ebd.).

Solange alles gut geht, agiert die Konkurrenz

> »als praktische Brüderschaft der Kapitalistenklasse, so daß sie sich gemeinschaftlich, im Verhältnis zur Größe des von jedem eingesetzten Loses, in die gemeinschaftliche Beute teilt. Sobald es sich aber nicht mehr um Teilung des Profits handelt, sondern um Teilung des Verlustes, sucht jeder soviel wie möglich sein Quantum an demselben zu verringern und dem anderen auf den Hals zu schieben« (1894, S. 263).

Die Konkurrenz verwandelt sich dann in »einen Kampf der feindlichen Brüder«. Der ökonomische »Konkurrenzkampf wird durch Verwohlfeilerung der Waren geführt. Die Wohlfeilheit der Waren hängt, caeteris paribus, von der Produktivität der Arbeit, diese aber von der Stufenleiter der Produktion ab. Die größeren Kapitale schlagen daher die kleineren« (1867, S. 654). Der Konkurrenzkampf »endet stets mit Untergang vieler kleinere[r] Kapitalisten, deren Kapital teils in die Hand des Siegers übergeh[t], teils untergeh[t]« (S. 655).

Nach Engels kontrastiert beim Bürgertum die erstrebte »›Brüderlichkeit‹ der revolutionären Devise« (1882, S. 193) mit »den Schikanen und dem Neid des Konkurrenzkampfes«. Wenn Marx von den Kapitalisten als von »Brüdern« (1867, S. 206) spricht, so lässt sich dies dahin deuten, dass sich die Kapitalisten untereinander unbewusst wie im Wachstum begriffene Brüder verhalten und dass in der kapitalistischen Konkurrenz die familiäre Konkurrenz zwischen ihnen wieder inszeniert wird. Da Marx auch »Damen« (S. 269) als Kapitalisten auftreten lässt, müsste er eigentlich von Geschwistern sprechen. Den »eifersüchtigen Rivalitäts-regungen gegen die Geschwister« (Freud 1923b, S. 266) geht meist die eifersüchtige Rivalitätsbeziehung zum Vater voraus, die sich wiederum auf eine durch Neid geprägte Beziehung des Kleinkindes zur Mutter zurückführen lässt. Historisch erwächst aus der säkularen Verkürzung des goldenen Zeitalters der infantilen Ökonomie nicht nur eine ver-stärkte Individuation, sondern zugleich verstärkt Neid, Eifersucht und Konkurrenz zwischen den Individuen.

Die Akkumulation von Geldkapital und fiktivem Kapital

Außer der beschriebenen Akkumulation des produktiven Kapitals findet nach Marx gleichzeitig und zusätzlich noch eine »Akkumulation des Geldkapitals« (1894, S. 486) statt. Geld wird durch seine Verwand-lung in Kapital aus einem gegebenen Wert »zu einem sich selbst ver-wertenden, sich vermehrenden Wert« (S. 350). Es erhält damit einen »zusätzlichen Gebrauchswert, nämlich den, als Kapital zu fungieren« (S. 351). In seiner Eigenschaft als mögliches Kapital, als Mittel zur Pro-duktion des Profits, wird »Geld Ware, aber eine Ware sui generis«, denn auf dem Kapitalmarkt als Emissionsmarkt stehen sich nicht Verkäufer und Käufer, sondern Verleiher und Borger, die dann »Gläubiger und Schuldner« (S. 413) werden, gegenüber.

Die modernen Banken haben sich zu Vermittlern zwischen den Verleihern und den Borgern von Geldkapital entwickelt. Das Bankier-geschäft besteht darin,

> »das verleihbare Geldkapital in seiner Hand zu großen Massen zu kon-zentrieren, so daß statt des einzelnen Geldverleihers die Bankiers als Repräsentanten aller Geldverleiher dem industriellen und kommerziellen Kapitalisten gegenübertreten. Sie werden allgemeine Verwalter des Geld-kapitals. Anderseits konzentrieren sie, allen Verleihern gegenüber, die Borger, indem sie für die ganze Handelswelt borgen« (S. 416).

Der Profit der Bank besteht darin, »daß sie zu niedrigern Zinsen borgt, als sie ausleiht«. Selbst »kleine Summen, jede für sich unfähig, als Geldkapital zu wirken, werden zu großen Mengen vereinigt und bilden so eine Geldmacht«. Diese Zwischenstellung der Banken macht sie besonders krisenanfällig, denn sie sind Gläubiger nur mit geliehenem Geld und damit zugleich Schuldner.

Die Entstehung des modernen Kapitalzins erklärt Marx folgendermaßen: Bei einer angenommenen Profitrate von 20% hat ein Geldbesitzer »die Macht, aus 100 Pfd. St. 120 zu machen, oder einen Profit von 20 Pfd. St. zu produzieren« (S. 351). Diese Summe kann er auch an einen »anderen, der sie wirklich als Kapital anwendet« verleihen.

> »Wenn dieser Mann dem Eigner der 100 Pfd. St. am Jahresschluß vielleicht 5 Pfd. St. zahlt, d. h. einen Teil des produzierten Profits, so zahlt er damit den Gebrauchswert der 100 Pfd. St., den Gebrauchswert ihrer Kapitalfunktion, der Funktion, 20 Pfd. St. Profit zu produzieren. Der Teil des Profits, den er ihm zahlt, heißt Zins, was also nichts ist als ein besonderer Name, eine besondere Rubrik für einen Teil des Profits, den das fungierende Kapital, statt in die eigene Tasche zu stecken, an den Eigner des Kapitals wegzuzahlen hat« (ebd.).

Die allgemeine Formel des Kapitals G–W–G' wird durch das Leihen und Borgen erweitert in die Formel »G–G–W–G'–G'« (S. 353), wobei G und G' »verdoppelt erscheint«.

Das Borgen wird die große Chance für neue kapitalistische Emporkömmlinge, ihren Midaskomplex zu realisieren. Wenn

> »ein vermögensloser Mann als Industrieller oder Kaufmann Kredit erhält, geschieht es in dem Vertrauen, daß er als Kapitalist fungieren, unbezahlte Arbeit aneignen wird mit dem geliehenen Kapital. Es wird ihm Kredit gegeben als potentiellem Kapitalisten« (S. 614).

Dieser »Umstand, der so sehr bewundert wird von den ökonomischen Apologeten«, ermöglicht es, »daß ein Mann ohne Vermögen, aber mit Energie, Solidität, Fähigkeit und Geschäftskenntnis sich in dieser Weise in einen Kapitalisten verwandeln kann«. Obwohl dieser Umstand »beständig gegenüber den vorhandenen einzelnen Kapitalisten eine unwillkommene Reihe neuer Glücksritter ins Feld führt«, befestigt er trotzdem »die Herrschaft des Kapitals selbst, erweitert ihre Basis und erlaubt ihr, sich mit stets neuen Kräften aus der gesell-schaftlichen Unterlage zu rekrutieren«.

Aufgrund des Verleihens und des Borgens kommt es sowohl zu ei-ner Verdopplung in einen verleihenden Geldkapitalisten und in einen borgenden industriellen Kapitalisten als auch zu einer Verdoppelung der Kapitalsumme. Einmal stellt sie die ursprüngliche Summe des Geld-kapitalisten dar, der diese aber nicht mehr in der Hand hat, sondern stattdessen nur noch einen »Schuldschein« (S. 482) oder ein »papiernes Duplikat« (S. 494) besitzt. Das andere Mal stellt die Kapitalsumme das auf den industriellen Kapitalisten übertragene fungierende Kapital dar, der es als industrielles Kapital anwendet, aber nicht besitzt. Zwar ist die Geldsumme des Geldkapitalisten weggegeben, aber sie muss ihm wie-der erstattet werden und »kehrt nach einer gewissen Periode mit einem Inkrement« (S. 357), einem Zinszuwachs, zurück.

Nach Marx zeigte sich die aus der Verdoppelung resultierende »Ver-kehrung und Verrücktheit des Kapitals als zinstragendes Kapital« (1905, 3, S. 448) besonders bei den Staatsschulden. Angenommen ein Staatsgläu-biger hat dem Staat 100 Pfd. St. geliehen. Er besitzt nun einen Besitztitel, mit dem er bei einem Zinsfuß von 5% sich einen »jährlichen Tribut vom Staat zum Betrage von 5 Pfd. St. sichert« (1894, S. 482). Aber sein ausgeliehenes Geld, »das Kapital selbst, ist aufgegessen, verausgabt vom Staat«. Nicht nur,

> »daß die Summe, die dem Staat geliehen wurde, überhaupt nicht mehr existiert. Sie war überhaupt nie bestimmt, als Kapital verausgabt, angelegt zu werden, und nur durch ihre Anlage als Kapital hätte sie in einen sich erhaltenden Wert verwandelt werden können« (S. 483).

Deshalb bleibt in allen diesen Fällen »das Kapital, als dessen Abkömm-ling (Zins) die Staatszahlung betrachtet wird, illusorisch, fiktives Kapi-tal«. Der gezahlte Zins ist nicht Teil eines produzierten Profits, sondern ein »Anspruch auf die jährlichen Staatseinnahmen, d.h. das jährliche Produkt der Steuern« (S. 482). Dieser Anspruch stellt einen Tribut dar, den der Staat an seine Gläubiger zahlt, im Gegensatz zu den Steuern, die einen Tribut an den Staat darstellen.

Die Bildung des »fiktiven Kapitals« (S. 483) geht so vor sich: »Man kapitalisiert jede regelmäßige sich wiederholende Einnahme, indem man sie nach dem Durchschnittszinsfuß berechnet, als Ertrag, den ein Kapital, zu diesem Zinsfuß ausgeliehen, abwerfen würde« (S. 484). Indem man von der regelmäßigen Einnahme auf ein fiktives Kapital schließt, geht »aller Zusammenhang mit dem wirklichen Verwertungsprozeß des Kapitals [...] bis auf die letzte Spur verloren, und die Vorstellung vom Kapital als einem sich durch sich selbst verwertenden Automaten befestigt sich«. Die selbstständige Bewegung des Werts dieses fiktiven Kapitals,

> »nicht nur der Staatseffekten, sondern auch der Aktien, bestätigt den Schein, als bildeten sie wirkliches Kapital neben dem Kapital oder dem Anspruch, worauf sie möglicherweise Titel sind. Sie werden nämlich zu Waren, deren Preis eine eigentümliche Bewegung und Festsetzung hat« (S. 485).

Wenn heute vom Finanz- und Kapitalmarkt die Rede ist, so ist damit meist gemeint, dass das auf dem Emissionsmarkt verliehene Geld sekundär wieder in Form von Wertpapieren gehandelt wird. Deshalb stehen sich auf dem Sekundärmarkt nicht mehr Schuldner und Gläubiger, sondern Käufer und Verkäufer gegenüber. Marx hat auch die schon zu seiner Zeit existierenden »Wertpapiere« (S. 467) oder »securities« zum »fiktiven Kapital« (S. 483) gezählt. In »allen Ländern kapitalistischer Produktion« (S. 486) existierte eine »ungeheure Masse des sog. zinstragenden Kapitals oder moneyed capital in dieser Form«. Diese Papiere stellten »in der Tat nichts vor, als akkumulierte Ansprüche, Rechtstitel, auf künftige Produktion«. So entstand im fiktiven Kapital ein neues Objekt des Midaskomplexes, das in fiktiver oder abstrakter Form Geld und Kapital repräsentiert.

Nach Marx hat »die Staatsschuld die Aktiengesellschaften, den Handel mit negoziablen Effekten aller Art, die Agiotage empor gebracht, in einem Wort: das Börsenspiel und die moderne Bankokratie« (1867, S. 783). Beim Börsenspiel geht es nicht in erster Linie um den Gewinn, der sich aus der Dividende der Aktie ergibt, sondern um »Gewinnen und Verlieren durch Preisschwankungen dieser Eigentumstitel« (1894, S. 495). Das »Spiel« tritt so mehr und mehr an die »Stelle der Arbeit als die ursprüngliche Erwerbsart von Kapitaleigentum« und »an die Stelle der direkten Gewalt«. Die Börsenspieler werden zu »reinen Glücksrittern« (S. 456), die zudem gar nicht mit eigenem Kapital spielen, denn »was der spekulierende Großhändler riskiert, ist gesellschaftliches, nicht sein Eigentum« (S. 455). Aber trotz des Börsenspiels – man spricht heute vom Casino-Kapitalismus – ist die Börse kein Spielplatz, sondern ein

Ort, »wo die kleinen Fische von den Haifischen und die Schafe von den Börsenwölfen verschlungen werden« (S. 456).

Und doch ist auch der Charakter des Märchenspiels erkennbar:

>»In jeder Aktienschwindelei weiß jeder, daß das Unwetter einschlagen muß, aber jeder hofft, daß es das Haupt seines Nächsten trifft, nachdem er selbst den Goldregen aufgefangen und in Sicherheit gebracht hat« (1867, S. 285).

Im Märchen *Frau Holle* bekommt das fleißige Mädchen einen gewaltigen Goldregen als Belohnung. Über das faule Mädchen wird dagegen statt des Goldes ein großer Kessel voll Pech ausgeschüttet. Die eine wird dadurch zur »goldenen Jungfrau«, zur Goldmarie, die andere zur »schmutzigen Jungfrau«, zur Pechmarie. Frau Holle war ursprünglich die germanische Unterweltsgöttin Hella, zu deren Reichtum auch das Gold gehörte. Nach Engels wird durch die Börse der calvinistische Satz bestätigt, »daß die Gnadenwahl alias der Zufall schon in diesem Leben über Seligkeit und Verdammnis, über Reichtum, d. h. Genuß und Macht, und über Armut, d. h. Entbehrung und Knechtschaft, entscheidet« (1894, S. 917). In der calvinistischen Prädestinationslehre war es der christliche Gott selbst, der seine Auserwählten mit Reichtum oder Gold, mit einem Goldregen, belohnte.

Aber der Goldregen lässt sich auch ohne Bezug auf Märchen und Religion erklären. Durch die erhöhte Nachfrage nach einer besonderen oder nach den Aktien im Allgemeinen, steigt ihr Kurs, bei verminderter Nachfrage fällt er. Das erfolgreiche spekulative Börsenspiel bedeutet erfolgreichen Börsenhandel und wie bei jedem anderen Handel ist »wohlfeil kaufen, um teuer zu verkaufen« (S. 342) das »Gesetz des Handels«. Die gewonnene Differenz ist der Goldregen, der aufgefangen und in Sicherheit gebracht werden kann. Er stammt nicht aus einer göttlichen Quelle, sondern von den Aktienkäufern. Sie überschütten den glücklichen Verkäufer mit Gold oder Geld und werden so für ihn zur Glücksgöttin. Unbewusst ist der Verkäufer das Glückskind, das von der Mutter mit Milch überschüttet wird, die es in Goldkot verwandeln kann. Sinkt der Kurs der Aktie nach ihrem Kauf, so hat der Käufer Pech gehabt, die Pechaktie klebt an ihm und verwandelt sich möglicherweise in wertloses Papier. Unbewusst wird der Käufer damit zu einem Pechkind, das von seiner Mutter, der Glücksgöttin, verlassen ist und ohne Milch in seinem Pech oder Kot bleibt.

Die Akkumulation des Geldkapitals bedeutet auch, dass sich »die Zahl und der Reichtum der sich zurückziehenden Kapitalisten, der Rentiers« (S. 527) oder der Leute, »die ihr Schäfchen ins Trockene gebracht und sich von der Reproduktion zurückziehen« (S. 522), vermehrt. Dadurch kommt es zu einer Akkumulation ihrer »Ansprüche auf die Produktion« (S. 486). Allerdings gilt auch:

»Wollte ein ungebührlich großer Teil der Kapitalisten sein Kapital in Geldkapital verwandeln, so wäre die Folge ungeheure Entwertung des Geldkapitals und ungeheurer Fall des Zinsfuß; viele würden sofort in die Unmöglichkeit versetzt von ihren Zinsen zu leben, also gezwungen, sich in industrielle Kapitalisten zurück zu verwandeln« (S. 391).

Auch die Realisierung des Midaskomplexes durch Akkumulation des Geldkapitals kann zur Sisyphusarbeit werden und scheitern, so wie der erwünschte absolute Narzissmus des Kindes an der realen Abhängigkeit von der Mutter scheiterte. In den periodischen Entwertungen der Eigentumstitel an der Börse fällt das fiktive, illusorische Kapital mit einem »Krach« (S. 501), einem »Crash«, hinunter auf den Boden der Realität, was »das Zerplatzen dieser Seifenblasen von nominellem Geldkapital« (S. 486) bedeutet. Diese Blasen oder bubbles hatten sich durch eine Übernachfrage und die dadurch bedingte »Aufblähung der Preise« (S. 509) gebildet.

Auf der Basis der realen Akkumulation von Kapital entwickelte sich eine Geldakkumulation, schließlich eine Akkumulation von fiktivem Kapital, von papiernen Duplikaten, in Form von Besitztiteln und Zinsansprüchen. Aber indem alles »verdoppelt und verdreifacht« (S. 490) erschien, wurde das fiktive Kapital »bloßes Hirngespinst« und es gab nichts mehr »Solides zu packen«. Durch die Finanzinstrumente der Derivate, die sich wiederum von einem Basiswert, z.B. in Form von Wertpapieren, ableiten, hat sich heute dieser Trend verstärkt. In der Verdoppelung und schließlich Vervielfachung des Kapitals und seiner Entwicklung zum fiktiven Kapital zeigt sich eine Tendenz, sich immer mehr vom Stoffwechsel mit der Natur, der Arbeit, und vom gesellschaftlichen Stoffwechsel, dem Austausch, zu entfernen. Es ist eine Tendenz zur Sublimierung, Abstrahierung und Entmaterialisierung, die zugleich einen verbrieften Anspruch auf ewig währenden Zufluss von Inkrement anstrebt. Ewig bekommen und nicht geben zu müssen und sich dabei weder schmutzig noch schuldig zu machen, ist die narzisstische Wunsch-fantasie, die im Kredit- und Banksystem realisiert werden soll. Zwar stand diese im Widerspruch zu der christlich-religiösen Maxime: »Geben ist seliger als Nehmen« (Apost. 20, 35), aber trotzdem verstand sich das Bank- und Kreditsystem selbst als eine religiöse oder moralische Instanz, wie der »folgende Exkurs über die hohe sittliche Würde des Bankiers« (Marx 1894, S. 561), verfasst von einem schottischen Bank-dirigenten 1840, bezeugt:

> »Die Banketablissements sind religiöse und moralische Institutionen. Wie oft hat die Furcht, durch das wachsame und mißbilligende Auge seines Bankiers gesehen zu werden, den jungen Handelsmann abgeschreckt von der Gesellschaft lärmender und ausschweifender Freunde? Welche Angst hat er, gut in der Achtung des Bankiers zu stehen, immer respektabel zu erscheinen. Das Stirnrunzeln des Bankiers hat mehr Einfluß auf ihn, als die Moralpredigten seiner Freunde; zittert er nicht, im Verdacht zu stehn, sich einer Täuschung oder der kleinsten unrichtigen Aussage schuldig gemacht zu haben, aus Furcht dies könne Verdacht erregen und infolgedessen könne seine Bankakkomodation beschränkt oder gekündigt werden! Der Rat des Bankiers ist ihm wichtiger als der des Geistlichen« (ebd.).

Die Banken sind so gesehen Tempel der ideellen und fiktiven morali-schen Reinheit und gehen nicht zuletzt durch ihre Kleiderordnung auf Distanz zur schmutzigen Produktion, aber auch zum ausschweifenden Konsum. Sie stehen damit in der Tradition der »heiligen Banken« (1867, S. 146) der Antike, die zugleich wirkliche Tempel waren.

Schon zu Zeiten von Marx wird die Akkumulation des industriellen Kapitals der Geldakkumulation zeitenweise untergeordnet indem der Zins in Höhen steigt, wo er den »Profit zeitweilig ganz verschlingt« (1894, S. 519). Der Zins wird damit tendenziell wieder zum Wucherzins, der historisch als Voraussetzung der kapitalistischen Produktionsweise verdrängt und untergeordnet wurde. Der Emanzipationsprozess vom alt-modischen Wucherer endet in diesem Fall in einer erneuten Abhängigkeit von einer »neuen Sorte Finanzaristokratie, einer neuen Sorte Parasiten« (S. 454). Indem Marx die Finanzaristokraten sowohl Parasiten als auch »dung-hill aristocrats« (S. 438) nennt, verweist er intuitiv auf ihre orale und anale Charakterfixierung. Durch die Wiederkehr des altmodischen Wuchers im modernen Finanzkapital besteht wie in der Antike die Gefahr, dass die Gläubiger, indem sie durch ihre Zinsforderungen die produktive Basis zerstören, einen Phyrrussieg erringen, denn bei der Zerstörung der produktiven Basis bricht auch der fiktive Kapitalüberbau zusammen.

Die Gefahr, die vom Kreditsystem für die Produktion ausgeht, beschreibt Marx so: Das Kreditsystem

> »gibt dieser Parasitenklasse eine fabelhafte Macht, nicht nur die industriellen Kapitalisten periodisch zu dezimieren, sondern auf die gefährlichste Weise in die wirkliche Produktion einzugreifen – und diese Bande weiß nichts von der Produktion und hat nichts mit ihr zu tun« (S. 560).

Marx ergreift eindeutig Partei für die industriellen Kapitalisten und gegen die Finanzkapitalisten, die er als »ehrbare Banditen« (S. 561), vergleichbar den heutigen »Bankstern«, schmäht. Seitdem Hitler die Unterscheidung zwischen produktivem und monetärem Kapital aufgriff, sie als Gegensatz von schaffendem und raffendem Kapital popularisierte und antisemitisch wendete, wurde sie politisch obsolet, was aber nicht heißt, dass sie ökonomisch nicht zutreffend wäre.

Trotz seiner Kritik am Kreditsystem sieht Marx in ihm einen

> »immanenten doppelseitigen Charakter: einerseits die Triebfeder der kapitalistischen Produktion, Bereicherung durch Ausbeutung fremder Arbeit, zum reinsten und kolossalsten Spiel- und Schwindelsystem zu entwickeln und die Zahl der den gesellschaftlichen Reichtum ausbeutenden wenigen immer mehr zu beschränken; andererseits aber die Übergangsform zu einer neuen Produktionsweise zu bilden« (S. 457).

Das Kreditsystem beschleunigt

> »die materielle Entwicklung der Produktivkräfte und die Herstellung des Weltmarkts, die als materielle Grundlagen der neuen Produktionsform bis auf einen gewissen Höhegrad herzustellen, die historische Aufgabe der kapitalistischen Produktionsweise ist« (ebd.).

Es beschleunigt gleichzeitig »die Krisen, und damit die Elemente der Auflösung der alten Produktionsweise«. Das Kreditsystem als Spiel- und Schwindelsystem ist charakterisiert durch eine Entfesselung des Midaskomplexes, durch ein Streben nach unbegrenztem Gewinn unter

Verleugnung von Arbeit, Schuld und Verlust. Gerade dadurch, so die Folgerung von Marx, beschleunigt es die Auflösung der kapitalistischen Produktionsweise selbst.

Der manisch-depressive Akkumulationszyklus

Marx beschreibt schon im 19. Jahrhundert die Akkumulation des Kapitals in Form von Zyklen, die später Konjunkturzyklen genannt wurden. Der »charakteristische Lebenslauf der modernen Industrie« (1867, S. 661) hat »die Form eines durch kleinere Schwankungen unterbrochenen zehnjährigen Zyklus von Perioden mittlerer Lebendigkeit, Produktion unter Hochdruck, Krise und Stagnation«. Bei dem Wachstum des produktiven Organismus des Kapitalisten wechseln sich Phasen von »prosperitätstrunknen« (S. 152) Zuständen einer ökonomischen »Manie« (S. 618), die sich bis zum krisenhaften »Paroxysmus« (S. 668) steigert, mit Phasen der »melancholischen Periode« (1885, S. 285) oder der ökonomischen »Depression« (1867, S. 478) ab. Im manischen Aufschwung sind die Kapitalisten in ihrer Mehrzahl »gar zu tolle Sanguiniker« (S. 241), in der ökonomischen Krise und Depression dagegen »gar zu verrückte Pessimisten«, denn »des Menschen Herz ist ein wunderlich Ding, namentlich wenn der Mensch sein Herz im Beutel trägt« – oder wenn er durch den Midaskomplex bestimmt wird. Auch der mythische Midas gerät nach der erfolgreichen Betätigung seiner Vis aurea in einen manischen Glückszustand, in dem er sich alles golden vorstellt. Als sich dieses Alles dann bewahrheitet, und er auch noch die Nahrungsmittel in ungenießbares Gold verwandelt hat, schlägt seine manische in eine panisch-depressive Stimmung um, und er fühlt sich in seinem Goldreichtum miserabel und hasst, was er gerade noch begehrte.

Die sich wiedererzeugenden Zyklen laufen immer hinaus »auf eine allgemeine Krise, die Ende eines Zyklus und Ausgangspunkt eines neuen ist« (S. 662). Die Erneuerung des Maschinenkörpers des Kapitalisten ergibt »die materielle Grundlage der periodischen Krisen« (1885, S. 185) und damit auch die der manisch-depressiven ökonomischen Zyklen. Es zeigt sich, dass »die Krise immer den Ausgangspunkt einer großen Neuanlage« (S. 186) von Maschinen bildet. Die Untersuchung des Zyklus beginnt deshalb nach der eigentlichen Krisenphase, die in

Stagnation und Depression ausläuft. In der »›melancholischen Periode‹, welche nach Ende der Krise den neuen Zyklus eröffnet« (S. 285), ist der Produktionsprozess eingeschränkt. Da die Nachfrage nach Waren, besonders auf den Produktionsmittelmärkten, also die Nachfrage der Kapitalisten untereinander, gering ist, kommt es zu einem allgemeinen »Fall der Warenpreise« (1867, S. 648), was wiederum zu einem »Steigen des relativen Geldwerts« führt. Ökonomische Depression bedeutet Fallen der Warenpreise und Steigen des Geldwerts oder Abwertung der Waren und Aufwertung des Geldes. Anders ausgedrückt, die Depression geht mit Deflation einher, da die Ware-Geld-Metamorphose, die Midasmetamorphose oder die Transsubstantiation, erschwert ist, weil die Geldbesitzer ihr Geld zurückhalten und das nicht nur als Käufer, sondern auch als Verleiher.

Die Warenproduzenten sind gezwungen, ihre Produktion den gesunkenen Preisen anzupassen, wollen sie im Konkurrenzkampf nicht unterliegen. Dies geschieht durch die Erneuerung ihres Maschinenkörpers, der damit produktiver und billiger arbeiten und es zugleich ermöglichen soll, Arbeit einzusparen und weniger Arbeiter zu beschäftigen. Der Kapitalist, der zuerst mit der Neuanlage der produktiveren Maschinen beginnt, bekommt einen Konkurrenzvorsprung. Während dieser Periode »sind daher die Gewinne außerordentlich, und der Kapitalist sucht diese ›erste Zeit der jungen Liebe‹ gründlich auszubeuten durch möglichste Verlängerung des Arbeitstages. Die Größe des Gewinns wetzt den Heißhunger nach mehr Gewinn« (S. 429). Marx spielt auf Schillers *Das Lied von der Glocke* (1799) an, wo »die schöne Zeit der jungen Liebe« verherrlicht wird, von der es heißt: »der ersten Liebe goldne Zeit! Das Auge sieht den Himmel offen«. Der Kapitalist besitzt mit seinen neuen Maschinen eine Art Monopol, wodurch er die Arbeit in potenzierte Arbeit verwandeln, seine Profitrate steigern und noch einen »Extramehrwert« (S. 336) erzielen kann. Es beginnt deshalb für ihn eine goldene Zeit und er sieht den monetären Himmel offen. Unbewusst kann diese erste Zeit der jungen Liebe als eine gesellschaftliche Wiederinszenierung des goldenen Zeitalters der infantilen Ökonomie verstanden werden, das ja auch eine erste Zeit der jungen Liebe zwischen Mutter und Kind war.

Die alten unproduktiven Maschinen der konkurrierenden Kapitalisten werden einem »moralischen Verschleiß« (S. 426) ausgesetzt. Der Wertmaßstab des Geldes kann als eine moralische Instanz, als ein gesellschaftliches Ich-Ideal oder Über-Ich, interpretiert werden, an der sich alle Kapitalisten zu orientieren haben und die über die Produktivität oder den moralischen Verschleiß der Maschinen urteilt. Die Konkurrenten werden »bei Strafe des Untergangs« (Engels 1878, S. 255) gezwungen, ihren Maschinenkörper ebenfalls progressiv zu erneuern. Nur die kapitalistischen Warenproduzenten im Besitz der produktivsten Maschinen können und sollen die Krise überstehen. Insofern ist die Krise auch eine Reinigungskrise, in der sich die Produktion von veralteten, unproduktiven und moralisch verschlissenen Maschinen und deren Besitzern reinigt und befreit.

Die individuelle Neuanlage weitet sich zu einer allgemeinen Neuanlage aus und führt so zu einer Nachfragesteigerung bei den Maschinenproduzenten. Es werden vermehrt Arbeiter eingestellt und diese bewirken eine größere Nachfrage nach Konsummitteln. Dadurch kommt es zu einer Überwindung der Depression und zu einer »Periode mittlerer Lebendigkeit« (1867, S. 661). Aber als Folge der Nachfragesteigerung beginnt ein »allgemeines Steigen der Warenpreise« (S. 648), eingeschlossen eines steigenden Arbeitspreises, was »als Fall des relativen Geldwerts« zu verstehen ist. Die Prosperitätsphase oder die ökonomische Manie bedeutet Steigen der Warenpreise und Fallen des Geldwerts bis hin zu einer »allgemeinen Aufblähung der Preise« (1894, S. 509). Solange die steigenden Arbeitspreise auf die Warenpreise abgewälzt werden können, geht die Akkumulation und die »günstige Konjunktur« (1867, S. 668) noch voran. Der Kapitalist wird prosperitätstrunken, denn sein »Akkumulationsbedürfnis« (S. 670) wird »gesättigt« durch die noch relativ billig zu habende und ihn »ernährende Mehrarbeit« (S. 649).

Die Vis aurea des Kapitalisten, die von ihm geleitete Warenproduktion und der Warenverkauf, wird mit »Hochdruck« (S. 661) betrieben, um die noch steigende Nachfrage zu befriedigen. Es gilt nicht mehr: »die Ware liebt das Geld« (S. 122), die deshalb um das Geld werben und mit Shakespeare die Erfahrung machen muss, »the course of true love never does run smooth«, sondern nun scheint umgekehrt, als Folge der allgemeinen Nachfragesteigerung, das Geld die Ware zu lieben. Der Kapitalist ist aber nicht nur Verkäufer, sondern auch Käufer, sowohl von Produktionsmitteln als auch von Arbeitskraft. Als Käufer muss er für diese Waren zunehmend höhere Preise zahlen, die er zahlt, solange Aussicht auf hohen Verkaufspreis seiner eigenen Ware und damit Aussicht auf Gewinn besteht. Steigt nun der Lohn, so »nimmt die unbezahlte Arbeit im Verhältnis ab« (S. 649) und damit auch der produzierte Mehrwert oder der Profit.

»Sobald aber diese Abnahme den Punkt berührt, wo die das Kapital ernährende Mehrarbeit nicht mehr in normaler Menge angeboten wird, so tritt
eine Reaktion ein: ein geringerer Teil der Revenue wird kapitalisiert, die
Akkumulation erlahmt, und die steigende Lohnbewegung empfängt den
Gegenschlag« (S. 648).

Die Profitrate war nach der Krise in der Depression gestiegen und
beginnt in der manischen Prosperität wieder zu fallen. Was der Kapitalist in der ersten Midasmetamorphose als Warenbesitzer und Verkäufer an Geld gewann, beginnt er nun als Geldbesitzer und Käufer
in der zweiten Midasmetamorphose wieder unfreiwillig zu verlieren.
Der Kapitalist beginnt sein Geld zurückzuhalten, ein geringerer Teil
der Revenue wird kapitalisiert, die relativ zu teuren Produktionsmittel
werden nicht mehr gekauft, keine Kredite mehr aufgenommen und die
Arbeiter entlassen. Es kommt zu einer sinkenden Nachfrage auf dem
Produktionsmittelmarkt, dem Arbeitsmarkt und auf dem Konsummit-
telmarkt. Die Krise und die folgende ökonomische Depression zeigt
sich erneut in einer Überproduktion von Waren, in einem Überange-
bot von Arbeit und in einer »Überakkumulation von Kapital« (1894,
S. 261), also in unverkäuflichen Waren, arbeitslosen Arbeitern und un-
beschäftigtem Kapital, für die es keine oder zu wenig Nachfrage gibt.
Nach Engels sprach schon Fourier von einer »crise plethorique« (1878,
S. 257), einer »Krisis aus Überfluss«, einem Überfluss an Angebot, aber
einem Mangel an Nachfrage. Damit wäre der Zyklus wieder an seinen
Ausgangspunkt zurückgekehrt, allerdings ist die Bewegung der Akkumulation der Form nach nicht nur ein Kreislauf, sondern eine »Spi-
rale« (1867, S. 607). Der neue Zyklus läuft deshalb auf »progressiver
Stufenleiter« ab.

Wenn die Investitionen mit Kredit finanziert werden, dann spielt
auch der Zins eine wichtige Rolle im Zyklus. In der Depression ist er
auf dem niedrigsten Stand, weil kein Kredit mehr nachgefragt wird. Im
Aufschwung beginnt er wieder zu steigen und selbst in der Krise kann er
noch weiter steigen, weil Kredite zum Bezahlen der Schulden gebraucht
werden. Während die vorkapitalistischen Krisen durch einen Überfluss
an Geld und einen Mangel an Nahrungsmitteln, also durch Teuerung
und Hungersnot charakterisiert waren, kommt es, nach Marx, bei den
kapitalistischen Krisen regelmäßig zu einer »Geldhungersnot« (S. 152),
zur Finanzkrise. Der Kapitalist hat im Aufschwung prosperitätstrunken

sein Geld in produktives Kapital angelegt, das in der Krise in Form
von Warenkapital unverkäuflich und damit abgewertet wird. Dasselbe
gilt auch für sein in Wertpapieren angelegtes Geldkapital. Wie schon
der mythische Midas festellen musste, »und Geld kann er nicht essen«
(S. 206), so muss nun auch der industrielle Kapitalist feststellen, dass er
sein Kapital in Form von »Dampfmaschinen, Baumwolle, Eisenbahnen,
Dünger, Zugpferde usf« (S. 624) nicht »aufessen« kann. Auch bei ihm
erfolgt in der Krise ein plötzlicher Umschlag aus einem prosperitäts-
trunkenen oder manischen Geldrausch in eine depressive Ernüchterung,
wenn er erkennt, dass sein angelegtes Geld als Kapital entwertet ist, er
sein Warenkapital nicht mehr in Geld verwandeln kann und so ohne
Geld zahlungsunfähig und damit bankrott ist. Diesen regelmäßigen
zyklischen Umschlag in der Geldeinstellung hat Marx in Anspielung
auf den 42. Psalm so illustriert:

>»Eben noch erklärte der Bürger in prosperitätstrunkenem Aufklärungs-
>dünkel das Geld für leeren Wahn. Nur die Ware ist Geld. Nur das Geld ist
>Ware! gellt's jetzt über den Weltmarkt. Wie der Hirsch schreit nach frischem
>Wasser, so schreit seine Seele nach Geld, dem einzigen Reichtum« (S. 152).

In der Krise wird das Geld wieder in seiner bevorzugten Rolle bestätigt. Das Geld als Wertmaß spielt erneut die Rolle eines unerreichba-
ren und strengen gesellschaftlichen Über-Ichs. Entsprechend fallen die
Preise und es kommt zu einer allgemeinen depressiven »Depreziation«
(S. 632) der Waren und des fixen Kapitals und damit zu einer Aufwertung des Geldes als dem einzigen Reichtum. Durch den »Zusammenbruch der Preise« (1894, S. 508) wird ihre frühere Aufblähung wieder
rückgängig gemacht.

Ebenso wie alle anderen Waren wird auch die Ware Arbeitskraft
zyklisch entwertet. Der sinkende Arbeitslohn erreicht einen Punkt,
»wo die das Kapital ernährende Mehrarbeit« (1867, S. 649) zu einem
Preis angeboten wird, bei dem »der Heißhunger nach mehr Gewinn«
(S. 429) wieder befriedigt werden kann. Dadurch wird eine »Abnahme
im Exploitationsgrad der Arbeit« (S. 649) oder eine »Steigerung des Arbeitspreises« verhindert. So wird im Verlauf des Akkumulationszyklus
immer wieder das grundlegende Charakteristikum der kapitalistischen
Produktionsweise, die »Scheidung zwischen den Arbeitern und dem
Eigentum an den Verwirklichkeitsbedingungen der Arbeit« (S. 742) auf

»stets wachsender Stufenleiter« von neuem vollzogen. Die so erreichte »verewigte[…] Abhängigkeit« (S. 765) der Arbeiter vom Kapital ist die Kehrseite der von den Kapitalisten angestrebten Unabhängigkeit von den Arbeitern.

Die Beschreibung des ökonomischen Zyklus durch Marx kann in Verbindung gebracht werden mit psychoanalytischen Erklärungen der Zyklothymie. Nach Fenichel geht der psychopathologische, »manisch-depressive Zyklus« (1945, II, S. 302) letzten Endes »auf den biologischen Zyklus von Hunger und Sättigung beim Säugling« zurück. Die Depression entspricht dem Hunger, der Trennung oder Scheidung von der Mutter und dem Verlust der Mutterbrust und der Muttermilch, die Manie dagegen entspricht der Sättigung, dem oralen »Befriedigungserlebnis« (Freud 1900, S. 571) und der Vereinigung oder Verschmelzung mit der Mutter und ihrer sättigenden Brust. Bei einer Erklärung muss aber nicht nur der orale Wechsel von Hunger und Sättigung, sondern auch der gleichzeitige anale Wechsel von Zurückhalten und Ausstoßen oder von Verschmutzung und Säuberung berücksichtigt werden. Die kindliche Depression als die Reaktion auf eine ursprüngliche Trennung oder Scheidung von der Mutter bedeutet auf der oralen Ebene Nahrungsmangel, auf der analen dagegen Verschmutzung oder Verwahrlosung. Durch die archaischen Trauerriten wurde dieser doppelte Zustand der Trennung reinszeniert, denn die Trauernden praktizierten nicht nur Nahrungsenthaltung, sondern auch Selbstbeschmutzung durch Sack und Asche. Ein berühmtes Beispiel ist die Trauer des Achilles um seinen getöteten Freund Patrokles in Homers *Ilias* (XVIIIf.). Ähnlich reagierte auch Orpheus auf den Tod seiner Frau.

Der manisch-depressive Zyklus ist auch in den religiösen Kulten lebendig und erkennbar. Das Opfermahl, Festmahl oder Abendmahl wird als eine manische Wiedervereinigung mit der Gottheit, letztlich mit der nährenden und sättigenden Mutter, gefeiert. Aber aus ihrem kannibalischen Verzehr entsteht Schuld, Schmutz oder Kot, Trennung und Depression. Erst nach der Absolution von Schuld und der Reinigung von Schmutz durch wirkliche oder symbolische Waschungen beginnt erneut ein manisches Festmahl, in dem der wieder entstandene Hunger auf das Mütterliche oder Göttliche gestillt werden kann. Auch der mythische Midas feiert manisch gestimmt eine Opfermahlzeit, »daps«, in der er die Gaben der Ceres verzehren will. Aus ihrem Verzehr entsteht dann aber schon ungewollt Gold und es zeigt sich, dass dieses Gold zugleich

Schmutz, Schuld und Sünde ist und er zur Entsühnung ein Reinigungsbad nehmen muss. Erst dann wird er wieder seinen Hunger stillen können. In der Beschreibung von Marx wird der Kapitalist manisch, wenn sein Akkumulationsbedürfnis gesättigt wird durch die noch billig zu habende und ihn »ernährende Mehrarbeit« (1867, S. 649), die er mit »Heißhunger« (S. 429) in sich »einsaugen« (S. 208) kann. Auch die Arbeiter sind im Aufschwung manisch gestimmt, weil sich auch ihr Genuss- und Akkumulationstrieb besser befriedigen lässt:

> »Von ihrem eignen anschwellenden und schwellend in Zusatzkapital verwandelten Mehrprodukt strömt ihnen ein größerer Teil in der Form von Zahlungsmitteln zurück, so dass sie den Kreis ihrer Genüsse erweitern, ihren Konsumtionsfonds von Kleidern, Möbeln usw. besser ausstatten und kleine Reservefonds von Geld bilden können« (S. 646).

Wenn aber ihre vom Kapital nachgefragte ernährende und sättigende Mehrarbeit zu teuer wird, dann kommt es zu einer Gegenreaktion und es beginnt sowohl für den Kapitalisten als auch für die Arbeiter der Umschlag in die Depression.

Der tendenzielle Fall der Profitrate

Der Midasmythos zeigt nicht nur den unmittelbaren Stimmungsumschwung des Midas, sondern auch die mehr langfristigen Folgen seiner Goldakkumulation auf ihn selbst, auf seine Bediensteten und im Weiteren auf die Mutter Natur. Sein Wunsch, alles in Gold zu verwandeln, wird von Bacchus erfüllt und zugleich in ein göttliches oder natürliches Gesetz verwandelt, das zwangsläufig wirkt. Erst das erneute Eingreifen des Gottes nimmt dem Gesetz seinen Zwangscharakter. Auch die Kapitalakkumulation zeigt nach Marx gesetzmäßige und langfristige Folgen sowohl auf die Kapitalisten selbst, als auch auf die Arbeiter und die Natur, die, wenn nicht eingegriffen wird, die »kapitalistische Produktion zum Zusammenbruch« (1894, S. 256) bringen werden.

Marx schreibt im Vorwort zur ersten Auflage des *Kapitals*: »Es ist der letzte Endzweck dieses Werks, das ökonomische Bewegungsgesetz der modernen Gesellschaft zu enthüllen« (1867, S. 15). Wenn das verhüllte Bewegungsgesetz psychologisch mit Motivationsgesetz, von *motivare* bewegen, übersetzt wird, so will Marx mit seiner Analyse das unbewusste »treibende Motiv« (S. 618) bewusst machen. Dieses Motiv ist der »Akkumulationstrieb« (S. 620), durch den die Kapitalisten angetrieben oder bewegt werden. Er bewirkt die »Produktion von Mehrwert oder die Plusmacherei« (S. 647), die das »absolute Gesetz« der kapitalistischen Produktionsweise darstellen. Die Triebe und Motive erwachsen aus der menschlichen Natur, wobei Marx »die menschliche Natur im Allgemeinen« (S. 637) von der »in jeder Epoche historisch modifizierten Menschennatur« unterscheidet. Nach Auffassung der Psychoanalyse, der sich die moderne Hirnphysiologie angeschlossen hat, ist die Menschennatur gerade aufgrund der physiologischen Frühgeburt und der menschlichen Gehirnkapazität besonders in den ersten Lebensjahren modifizierbar. Sie wird modifiziert nach dem jeweils historischen Stand der von den Menschen praktizierten kulturellen Erziehungsmethoden. Der von Marx postulierte Akkumulationstrieb des Kapitalisten, ebenso wie der auf das Gold gerichtete Bereicherungstrieb seines mythischen und historischen Vorgängers Midas, sind geschichtlich modifizierte Triebe der Menschennatur. Die Gier als oraler Trieb der Einverleibung, die sich beim Bereicherungs- oder Akkumulationstrieb mit dem Geiz als analem Trieb des Zurückhaltens verbindet, wurde so modifiziert, dass sie nicht mehr primär auf Lebensmittel als Muttermilchsubstitute, sondern auf das Gold oder Geld als Kotsymbol gerichtet ist.

Die Folgen der Verwirklichung des Akkumulationstriebs und damit des Midaskomplexes zeigen sich nicht nur im zyklischen Verlauf der Kapitalakkumulation, sondern auch in ihrem überzyklisch-langfristigen Verlauf, den Marx in dem »Gesetz des tendenziellen Falls der Profitrate« (1894, S. 221) zusammengefasst hat. Er behauptet, dass dieses Gesetz das »Mysterium bildet, um dessen Lösung sich die ganze politische Ökonomie seit Adam Smith dreht« (S. 223). Auch er versucht dieses Mysterium zu lösen, hat aber ebenfalls keine abgeschlossene Lösung hinterlassen, denn *Das Kapital* als Gesamtwerk ist ein unvollendeter Torso. Die Darstellung des Gesetzes findet sich in den nachgelassenen Manuskripten, die von Engels als Band II und III nach dem Tod von Marx veröffentlicht wurden.

Während die »Rate des Mehrwerts« (1867, S. 226) das Verhältnis des Mehrwerts zum »variablen Kapital« (S. 214), den Ausgaben für

Lohnarbeit, bezeichnet, ist die »Profitrate« (S. 230) das Verhältnis des Mehrwerts zum Gesamtkapital, d.h. zum variablen und »konstanten Kapital« (S. 214), den Ausgaben für Rohmaterial und Maschinen. Je mehr nun das konstante Kapital relativ zu dem variablen Kapital wächst, desto mehr fällt die Profitrate. Aber sie fällt nur tendenziell, weil ihr Fall durch die Steigerung der Produktivität und der dadurch bewirkten Erhöhung des Mehrwerts ausgeglichen werden kann. Außerdem sind noch andere »gegenwirkende Einflüsse im Spiel« (1894, S. 242), welche »die Wirkung des allgemeinen Gesetzes durchkreuzen und aufheben, und ihm nur den Charakter einer Tendenz geben«. Die Akkumulation des Kapitals ist ein Wachstumsprozess, der nach dem unbewussten Vorbild des kindlichen Wachstums auf der Aneignung eines Inkrements beruht. Dieser Zuwachs oder der Mehrwert wird aber nach Marx nur durch die lebendige Arbeit geliefert, der Wert des Rohmaterials und der Maschinen kann im Produktionsprozess nur erhalten werden, er vermehrt sich nicht. Die »Tendenz zur absoluten Entwicklung der Produktivkräfte« (S. 268) bewirkt nun eine dauernde und langfristige »Verdrängung« (1867, S. 456) und »Freisetzung« (S. 430) der lebendigen Arbeiter, die dem Kapital allein die »ernährende Mehrarbeit« (S. 649), so wie es die Mutter mit ihrer Milch tat, liefern. »Das Mittel – unbedingte Entwicklung der gesellschaftlichen Produktivkräfte – gerät in fortwährenden Konflikt mit dem beschränkten Zweck, der Verwertung des vorhandenen Kapitals« (1894, S. 260) und so mit dem Akkumulationstrieb, der maximale Mehrarbeit oder maximalen Mehrwert, die Substanz der Akkumulation, einsaugen möchte.

Dieser ökonomische Konflikt kann auch als ein psychologischer Konflikt im Kapitalisten verstanden werden. Er hat sowohl den Drang, durch »Einsaugung lebendiger Arbeit« (1867, S. 247) zu wachsen, als auch den Drang, sich von derselben lebendigen Arbeit zunehmend unabhängig zu machen. Es wiederholt sich bei ihm ein frühkindlicher Konflikt, zwischen oralen auf die Mutter bezogenen Vereinigungs- und Wachstumswünschen und mehr progressiven analen und narzisstischen Bestrebungen nach Unabhängigkeit von ihr. Dadurch kommt die progressive Seite des Kapitalisten, durch die er die Entwicklung der gesellschaftlichen Produktivkräfte erzwingt, mit seiner regressiven Seite, durch die er möglichst viel Arbeit einsaugen will, zunehmend in Konflikt. Tendenziell gewinnt dabei die regressive Seite gegenüber der progressiven die Oberhand.

Der sich erfolgreich behauptende und wachsende Kapitalist ist im Laufe der Zeit ein Kapitalmagnat geworden. Aber er wurde nur groß, durch die »progressive Abnahme der relativen Größe« (S. 660) seines variablen Kapitals, also seiner Arbeiter. Ab einem bestimmten Punkt lässt sich deshalb sein »Trieb nach Vergrößerung des Kapitals und nach Produktion von Mehrwert auf erweiterter Stufenleiter« (1894, S. 254) mit den übrig gebliebenen Arbeitern nicht mehr befriedigen. Damit

> »wäre überhaupt das belebende Feuer der Produktion erloschen. Sie würde einschlummern. Die Profitrate ist die treibende Macht in der kapitalistischen Produktion, und es wird nur produziert, was und soweit es mit Profit produziert werden kann. Daher die Angst der englischen Ökonomen über die Abnahme der Profitrate« (S. 269).

Dass der Kapitalist wie ein gesättigter Säugling endlich befriedigt und friedvoll einschlummern oder umgekehrt als Erwachsener ein Ende des Wachstums akzeptieren würde, ist allerdings unter den gegebenen Umständen nicht zu erwarten.

Aber ohne Aussicht auf Profit erlischt das manische Feuer des Akkumulationstriebes. Dies führt zu einem weiteren Fall der Profitrate und damit in der Tendenz zu einer Verlangsamung der Wachstumsrate bis hin zu einem Stillstand oder gar Rückgang. Die manische Akkumulation von Stoff und Wert kann dann in eine depressive Akkumulation von Verlust und Schuld umschlagen. Wie im kurzfristigen Zyklus reduziert der Kapitalist als depressive Reaktion die Produktion oder stellt sie ganz ein. Er setzt die noch beschäftigten Arbeiter frei und lässt die Maschinen still stehen. »Überakkumulation von Kapital« (S. 261) heißt »unbeschäftigtes Kapital auf der einen, und unbeschäftigte Arbeiterbevölkerung auf der anderen Seite«. Da durch die kapitalistische Produktion nur zahlungsfähige Bedürfnisse befriedigt werden, kommt die Produktion »zum Stillstand, nicht wo die Befriedigung der Bedürfnisse, sondern wo die Produktion und Realisierung von Profit diesen Stillstand gebietet« (S. 269). Als langfristiges Resultat können die manischen Prosperitätsphasen kürzer und die Depressionsphasen länger werden bis hin zu einer, wie es Engels 1886 im Vorwort zur englischen Ausgabe des *Kapitals* ausdrückte, »chronischen Depression« (S. 40).

Marx berichtet von einem Landlord, einem Landmagnat, der die Arbeiter auf seinem Land durch »Verwandlung von Acker in Weide, Maschinerie usw« (1867, S. 720) überzählig gemacht hat:

»Manchmal erweicht sich irgendein ausnahmsweis schwachherziger Landlord über die von ihm geschaffene Einöde. ›Es ist ein melancholisch Ding, allein in seinem Land zu sein‹, sagte der Graf von Leicester, als man ihm zum Fertigbau von Holkam gratulierte: ›Ich schaue um mich und sehe kein Haus außer meinem eignen. Ich bin der Riese vom Riesenturm und habe alle meine Nachbarn aufgegessen‹« (S. 721).

Der erreichte absolute Narzissmus, der darin besteht, überall nur noch sich selbst zu sehen oder nur noch sich selbst zu spiegeln und ein von anderen unabhängier Riese zu sein, geht über in ein Gefühl der Einsamkeit und der Melancholie, die verbunden ist mit Schuldgefühlen, sowohl wegen der vorausgegangenen manisch-kannibalischen Einverleibung seiner Nächsten, als auch wegen ihrer Vertreibung und Ersetzung durch »tote Arbeitsinstrumente« (S. 598).

Ähnliche Gefühle könnten sich auch bei einem Kapitalmagnaten einstellen, wenn er seine fast menschenleeren Fabrikanlagen betritt, aus denen die lebendigen Arbeiter freigesetzt und durch »tote Maschinerie« (S. 601) ersetzt wurden. In der melancholischen Periode des ökonomischen Zyklus, die sich in eine chronische Depression verlängern kann, werden von den Kapitalisten weitgehend unbewusste Schuldgefühle als Folge der manischen »Prosperitätsphase« (S. 648) erlebt, die zur Selbstbestrafung durch Konkurs führen können. Marx schließt die Möglichkeit nicht aus, das Kapital könnte krisenbedingt Selbstmord begehen, »committing suicide« (1939, S. 636), indem der manische Lebenstrieb in den depressiven Todestrieb umschlägt. Während aber die zyklische Depression immer wieder überwunden wird, nachdem genügend Kapital abgewertet und vernichtet und der Arbeitspreis ausreichend gefallen ist, sodass auf wachsender Stufenleiter »derselbe fehlerhafte Kreislauf wieder durchgemacht werden« (1894, S. 265) kann, ist dies bei der chronischen oder strukturellen Depression ungewiss. Sie kann ein Symptom dafür sein, dass die kapitalistische Produktionsweise an ihre historische Grenze gelangt ist, von der aus wegen des Verfalls der Profitrate keine »beschleunigte Akkumulation« (1867, S. 653) mehr möglich ist. Damit würde sich zeigen, dass die kapitalistische Produktionsweise »keine absolute, sondern nur eine historische, einer gewissen beschränkten Entwicklungsepoche der materiellen Produktionsbedingungen entsprechende Produktionsweise ist« (1894, S. 270).

Das allgemeine Gesetz der kapitalistischen Akkumulation

Im Midasmythos wird dargestellt, wie durch die Goldverwandlungen sich die manische Aktivität des Midas zunehmend steigert, aber an einem gewissen Punkt ins Gegenteil in eine depressive Passivität umschlägt. Dieses manisch-depressive Muster zeigt sich bei der Kapitalakkumulation sowohl in ihrem zyklischen als auch in ihrem langfristigen Verlauf. Der Aufwand an Kapital zur Erzielung einer wachsenden Profitrate wird immer größer, sodass die Motivation, weiter zu akkumulieren, zu sinken beginnt und das Steigen der Profitrate in ein Fallen umschlägt. Aber im Midasmythos wird noch ein anderer Widerspruch dargestellt, der zwischen dem Goldakkumulationtrieb und dem dadurch zunehmend eingeschnürten Konsumtionstrieb, wodurch Midas vom Hungertod bedroht wird. Da der moderne Kapitalist die Einschnürung des Konsumtionstriebs auf die Arbeiter übertragen hat, wird sich dieser Widerspruch im Antagonismus von Kapitalist und Arbeiter zeigen. Krüger hat darauf hingewiesen, dass es der steigenden »konsumtiven Nachfrage bedarf, damit die beschleunigte Kapitalakkumulation nicht an ihrem eigenen Akkumulationstrieb zugrunde geht« (2010, S. 539).

Den Konflikt zwischen steigender Akkumulation und Verringerung der Konsumtion der Arbeiter beschreibt Marx in dem von ihm sogenannten »absoluten, allgemeinen Gesetz der kapitalistischen Akkumulation« (1867, S. 674). Eine Schwierigkeit liegt darin, dass dieses allgemeine Gesetz, auch Verelendungsgesetz genannt, mit dem Gesetz vom Fall der Profitrate, das nur als Entwurf vorliegt, nicht wirklich verbunden ist. Marx hat darauf hingewiesen, dass die langfristige Kapitalakkumulation »die Springquellen alles Reichtums untergräbt: die Erde und den Arbeiter« (S. 530), sodass die »Akkumulation von Elend« (S. 674) nicht nur den Arbeiter, sondern auch die Erde betrifft. Während Marx im 19. Jahrhundert sein Problembewusstsein an den ökonomischen, sozialen und politischen Auswirkungen der Kapitalakkumulation auf den Arbeiter entwickelte und daraus die Perspektive einer revolutionären und evolutionär-reformerischen Veränderung der kapitalistischen Produktionsweise abgeleitet hat, sind heute die krisenhaften Auswirkungen auf die Erde ins allgemeine Bewusstsein getreten.

Ansätze von modernem ökologischem Denken finden sich bei Marx in Bezug auf die Agrikultur, die gleichzeitig mit der Arbeitsfähigkeit genannt wird:

»Jeder Fortschritt der kapitalistischen Agrikultur ist nicht nur ein Fortschritt in der Kunst, den Arbeiter, sondern zugleich in der Kunst, den Boden zu berauben, jeder Fortschritt in Steigerung seiner Fruchtbarkeit für eine gegebene Zeitfrist zugleich ein Fortschritt im Ruin der dauernden Quellen dieser Fruchtbarkeit« (S. 529).

Dazu kommt, dass überhaupt die Akkumulation des industriellen Kapitals als Wachstum von Werten ein zunehmendes Wachstum von Gebrauchswerten oder von »Naturstoffen« (S. 57), als den »stofflichen Trägern« (S. 50) der Werte, erfordert. Die produktive Konsumtion muss, um wachsende Werte zu schaffen, aufgrund der Produktivitätssteigerung schneller wachsende Mengen von Rohstoffen verbrauchen oder verzehren. Die beschleunigte Konsumtion von Naturstoffen geht einher mit einer entsprechenden Produktion von »Exkrementen des Produktions- und Konsumtionsprozesses« (S. 632), also den »Leichen von Maschinen, Werkzeugen, Arbeitsgebäuden usw.« (S. 218), aber auch denen von Konsumgütern bis hin zu den »Exkrementen, die aus dem natürlichen Stoffwechsel des Menschen hervorgehn« (1894, S. 110) und die die »natürlichen Ausscheidungsstoffe des Menschen« bilden. So wirkt der unersättliche »Vampyrdurst« (1867, S. 271) des Kapitals nach Mehrwert nicht nur destruktiv auf den Arbeiter, sondern auch auf die Natur selbst. Was Marx für das 19. Jahrhundert sagt: »Apres moi le deluge! ist der Wahlruf jedes Kapitalisten und jeder Kapitalistennation« (S. 285), gilt auch noch für die Gegenwart. Aufgrund der ökologischen Folgen der kapitalistischen Produktionsweise wurde in neuerer Zeit angezweifelt, ob die durch sie erreichte Steigerung der Produktivkraft der Arbeit überhaupt in eine »höhere Produktionsform« (1894, S. 269) übernommen werden könnte.

Für Marx standen aber die Auswirkungen des Akkumulationstriebs auf die Arbeiter im Vordergrund seines Interesses. Um in den kapitalistischen Produktionsverhältnissen das Triebziel der Geld- und Kapitalakkumulation zu erreichen, dient die Entwicklung der Produktivkräfte oder die dauernde Steigerung der Produktivkraft und damit die Einsparung von lebendiger Arbeit und deren Ersetzung durch Maschinen als Mittel. Die »durch die Maschine verdrängten Arbeiter« (1867, S. 668) werden »freigesetzt« und so immer wieder von neuem durch den Kapitalisten ausgesetzt und von den Arbeitsbedingungen ausgeschlossen. Dies führt gesetzmäßig zur »beständigen Erzeugung einer relativen Überbevölkerung« (S. 765), die Marx »disponible industrielle Reservearmee« (S. 661) nennt. Diese »für die mittleren Verwertungsbedürfnisse des Kapitals überschüssige, daher überflüssige oder Zuschuß-Arbeiterbevölkerung« (S. 658) ist »der Hintergrund, worauf das Gesetz der Nachfrage und Zufuhr von Arbeit sich bewegt« (S. 668). Sie »drückt während der Perioden der Stagnation und mittleren Prosperität auf die aktive Arbeiterarmee und hält ihre Ansprüche während der Periode der Überproduktion und des Paroxysmus im Zaum«. Marx stellt die überschüssige Arbeiterbevölkerung aber nicht nur so dar, dass sie durch den Akkumulationstrieb der Kapitalisten bewirkt wird, sondern er sieht auch den Arbeiter und die Arbeiterin als aktiv Handelnde. Sie produzieren einerseits Maschinen, durch die sie überflüssig gemacht werden. Andererseits findet durch ihren »Fortpflanzungstrieb« (S. 598) noch eine andere »Produktion« (S. 671) statt, die Produktion von »Arbeiterkindern«. Diese waren im 19. Jahrhundert schon in Bezug auf die Arbeitermutter genauso überzählig, wie später gegenüber dem Kapital auf dem Arbeitsmarkt.

Aus diesen Folgen der Akkumulation für die Arbeiter schließt Marx:

> »Je größer der gesellschaftliche Reichtum, das funktionierende Kapital, Umfang und Energie seines Wachstums, also auch die absolute Größe des Proletariats und die Produktivkraft seiner Arbeit, desto größer die industrielle Reservearmee« (S. 673).

Je größer aber

> »diese Reservearmee im Verhältnis zur aktiven Arbeiterarmee, desto massenhafter die konsolidierte Übervölkerung, deren Elend im umgekehrten Verhältnis zu ihrer Arbeitsqual steht. Je größer endlich die Lazarusschicht der Arbeiterklasse und die industrielle Reservearmee, desto größer der offizielle Pauperismus. Dies ist das absolute, allgemeine Gesetz der kapitalistischen Akkumulation« (S. 674).

Aber selbst dieses Gesetz wird »gleich allen anderen Gesetzen in seiner Verwirklichung durch mannigfache Umstände modifiziert«. Trotz des Widerstands der kapitalistischen Klasse, wird es sogar durch die Arbeiter selbst modifiziert, indem sie

»durch Trade's Unions usw. eine planmäßige Zusammenwirkung zwischen den Beschäftigten und Unbeschäftigten zu organisieren suchen, um die ruinierenden Folgen jenes Naturgesetzes der kapitalistischen Produktion auf ihre Klasse zu brechen oder zu schwächen« (S. 669).

Die industrielle Reservearmee bewirkt, dass das Angebot von Arbeitskräften tendenziell immer größer ist als die Nachfrage. Wird aber in Zeiten der Prosperität und der beschleunigten Akkumulation die Nachfrage gleich oder sogar noch größer als das Angebot, dann steigt der Arbeitspreis. »Sowenig aber bessere Kleidung, Nahrung, Behandlung und ein größeres Peculium das Abhängigkeitsverhältnis und die Exploitation des Sklaven aufheben, so wenig die des Lohnarbeiters« (S. 646). Denn nach demselben Gesetz verringert ein steigender Arbeitspreis die Nachfrage und die »steigende Lohnbewegung empfängt einen Gegenschlag« (S. 649). In der dadurch bewirkten »hilflosen Lage« (S. 212) sind dann gewisse Schichten der Arbeiterklasse nicht einmal mehr in der Lage, sich »den Wert ihrer Arbeitskraft zu ertrotzen«.

Dieses Gesetz der kapitalistischen Akkumulation »schmiedet den Arbeiter fester an das Kapital als den Prometheus die Keile des Hephaistos an den Felsen« (S. 675). Es wird so zu einem Strafgesetz, das den Arbeiter auf Dauer an das Kapital fesselt und damit bestraft, so wie Prometheus für seine Taten von Zeus-Jupiter bestraft wurde. Marx stellt das Los der Arbeiter aber auch als selbst verschuldet und als Selbstbestrafung dar, denn die Arbeiter sind die »Klasse, die ihr eignes Produkt als Kapital produziert«. Marx spricht von der »goldnen Kette, die der Lohnarbeiter sich selbst bereits geschmiedet hat« (S. 646). Ebenso »wie der Mensch in der Religion vom Machwerk seines eignen Kopfes, so wird er in der kapitalistischen Produktion vom Machwerk seiner eignen Hand beherrscht« (S. 649). Wenn durch die Einführung der Maschinerie das Weib und Kind des Arbeiters »unter das Juggernaut-Rad des Kapitals« (S. 674) geschleudert werden, so waren es bei dem indischen Juggernautkult die Gläubigen selbst, die sich unter die Räder des Tempelwagens warfen und ihr Leben der Gottheit Vishnu zum Opfer brachten. Das »ununterbrochene Opferfest der Arbeiterklasse« (S. 511), von dem Marx spricht, bedeutet beides: Die Arbeiter werden dem Kapital geopfert und sie opfern sich für das Kapital. Im Wiederholungszwang wird der »antagonistische Charakter der kapitalistischen Akkumulation« (S. 675) immer wieder von neuem reproduziert: »Die Akkumulation von Reichtum auf dem einen Pol« und die »Akkumulation von Elend, Arbeitsqual, Sklaverei, Unwissenheit, Brutalisierung und moralischer Degradation auf dem Gegenpol«. Im Herabdrücken der höheren englischen Löhne »auf das französische und holländische Niveau« (S. 627) erkennt Marx das »innerste Seelengeheimnis des englischen Kapitals«. In der Auflage von 1883 fügt er hinzu, »dank der seitdem hergestellten Weltmarktkonkurrenz«, heute würde man Globalisierung sagen, sei das Ziel noch weiter gesteckt: »Nicht mehr kontinentale, nein, chinesische Löhne, das ist jetzt das ersehnte Ziel« (S. 628). Wenn die »ruinierenden Folgen jenes Naturgesetzes« (S. 669), das später Verelendungsgesetz genannt wurde, sich in der Vergangenheit in den entwickelten kapitalistischen Staaten nicht wirklich durchsetzen konnten, so war ein wesentlicher Grund dafür die gewerkschaftliche und politische Arbeiterbewegung und die durch sie und zu ihrem Vorteil erzwungenen Staatseingriffe in die Arbeitsmarktgesetze.

Die dem mythischen Midas vom liberalen Gott Liber/Bacchus zugebilligte Wunscherfüllung, nach »freiem Belieben« (XI, 100) alles in Gold zu verwandeln, endet für ihn sowohl im Reichtum als auch im Elend: »divesque miserque« (127) heißt »reich und elend zugleich«. Trotz seines Goldes empfindet er Hunger und Durst und zugleich ist er verschmiert durch das schmutzige Gold. Während aber im Midasmythos Reichtum und Elend in einer Person verdichtet sind, ist die Folge einer vollständig liberalisierten Kapitalakkumulation oder eines entfesselten kapitalistischen Midaskomplexes, die polare Verteilung von Reichtum und Elend auf zwei Gesellschaftsklassen, von denen die den Reichtum besitzende Klasse immer kleiner, die arbeitende Klasse dagegen zu einer immer größer werdenden industriellen Armee wird, einschließlich ihrer Reservearmee, ihrer Lazarusschicht und ihres Pauperismus, wodurch dann aber auch ihre kämpferische Macht wächst.

Illustration des allgemeinen Gesetzes

Marx gibt eine Illustration des allgemeinen Gesetzes der kapitalistischen Akkumulation mit seinen polaren, antagonistischen, die Gesellschaft spaltenden Folgen anhand der Situation in England. Nach den Worten des späteren englischen Premierministers Gladstone aus dem Jahr 1843 ist es

»einer der melancholischsten Charakterzüge im sozialen Zustand des Landes, [...] daß mit einer Abnahme in der Konsumtionsmacht des Volkes und einer Zunahme in den Entbehrungen und dem Elend der arbeitenden Klasse gleichzeitig eine beständige Akkumulation von Reichtum in den höheren Klassen und ein beständiger Anwachs von Kapital stattfindet« (zit. n. Marx 1867, S. 680).

20 Jahre später räumt er ein, dass die in dieser Zeit stattgefundene »berauschende Vermehrung von Reichtum und Macht [...] ganz und gar auf die besitzenden Klassen beschränkt« (S. 681) geblieben ist. Es ist, sagt Marx, als ob diese Periode »den Fortunatussäckel gefunden hätte« (S. 677). Der Fortunatussäckel ist nach der deutschen Volkssage *Fortunatus* ein nie versiegender, magischer Geldbeutel, den die Göttin Fortuna ihren bevorzugten Glückskindern – Fortunatus bedeutet von der Fortuna geboren – schenkt, also der glücklichen, besitzenden Klasse.

Das Wachstum des Reichtums ging einher mit einem »auf kapitalistischer Akkumulation begründeten, groben oder raffinierten Verschwendungskonsum der Reichen« (S. 687), die inzwischen aufgehört hatten, nur einseitig ihren Midaskomplex zu realisieren. Der verschwenderische Konsum war nicht nur ein Ausdruck für die Reichtumsverteilung in der Gesellschaft, sondern hatte auch Folgen für den Städtebau und damit für die Wohnsituation der Armen:

»Die den Fortschritt des Reichtums begleitenden ›Verbesserungen‹ der Städte durch Niederreißen schlecht gebauter Viertel, Errichtung von Palästen für Banken, Warenhäuser usw., Streckung der Straßen für Geschäftsverkehr und Luxuskarossen, Einführung von Pferdebahnen usw. verjag[en] augenscheinlich die Armen in stets schlechtere und dichter gefüllte Schlupfwinkel« (ebd.).

Zur »vollen Beleuchtung der Gesetze der Akkumulation« (S. 683), schreibt Marx, ist es notwendig, auch die Lage des Arbeiters »außerhalb der Werkstatt ins Auge zu fassen« und seinen »Nahrungs- und Wohnungszustand« und sein damit zusammenhängendes »Selbstgefühl« (S. 703) zu untersuchen. Wie bei dem mythischen Midas bestand das Elend der englischen Arbeiterklasse in der Mitte des 19. Jahrhunderts in Hunger und Verschmutzung. Dazu kam noch eine sexuelle und moralische Verwahrlosung. Marx bezieht sich auf offizielle Untersuchungsberichte, die zeigen, dass die mit der Akkumulation des Kapitals einhergehende Akkumulation von Elend schon im Kindesalter der Arbeiter als kumulatives Trauma beginnt und sich später im Erwachsenenalter fortsetzt und wiederholt. Von der Frau eines durch die Krise arbeitslos Gewordenen wird berichtet:

>>Wir fanden sie krank von Nahrungsmangel, in ihren Kleidern auf eine Matratze gestreckt, knapp bedeckt mit einem Stück Teppich, denn alles Bettzeug war im Pfandhaus. Die elenden Kinder warteten sie und sahen aus, als bedürften sie umgekehrt der mütterlichen Pflege<< (S. 699).

Hier wird eine Umkehrung beschrieben, in der die Kinder der Mutter gegenüber selbst die mütterliche Rolle übernehmen müssen, obwohl sie selbst elend, von der Mutter vernachlässigt und nicht genügend bemuttert worden sind.

Andererseits werden auch die Vorteile der Krise mit der damit verbundenen Freisetzung der Arbeiterinnen erwähnt: Sie

>>fänden jetzt die nötige Muße, ihren Kindern die Brust zu reichen, statt sie mit Godfrey's Cordial (einem Opiat) zu vergiften. Sie hätten die Zeit gewonnen, kochen zu lernen. Unglücklicherweise fiel diese Kochkunst in einen Augenblick, wo sie nichts zu essen hatten<< (S. 416).

In Prosperitätszeiten dagegen, bei voller Beschäftigung, >>müssen die vom Kapital konfiszierten Familienmütter mehr oder minder Stellvertreter dingen<< (S. 417), da >>gewisse Funktionen der Familie, z. B. Warten und Säugen der Kinder usw. nicht ganz unterdrückt werden können<<. Nachdem das Ammenwesen historisch zuerst nur in aristokratischen Kreisen, dann zunehmend auch in bürgerlichen üblich war, war es Mitte des 19. Jahrhunderts schließlich in der englischen Arbeiterklasse angekommen. Auch in ihr wurden arbeitsbedingt die Stillzeiten quantitativ und qualitativ so verändert, dass die Entwicklung eines Midaskomplexes auch bei den Arbeiterkindern und damit bei den Arbeitern gefördert wurde. Die noch bestehenden Reste ihres goldenen Zeitalters der infantilen Ökonomie verwandelten sich in ein eisernes Zeitalter, das Ovid so charakterisiert: >>Mütter brauen den giftigen Trank voll Tücke dem Stiefkind<< (I, 147). Indem den englischen Arbeiterkindern anstatt einer Betreuungsperson Opiat verabreicht wurde, wurden sie wie Stiefkinder behandelt und im Zweifelsfall vergiftet.

Das Kapital, das die Arbeitermütter »usurpiert hat zu seiner Selbst-
verwertung« (Marx 1867, S. 417), trug dadurch zur »ungeheuren Sterblichkeit von Arbeiterkindern in ihren ersten Lebensjahren« (S. 419) bei.
Diese war

> »vorzugsweise der außerhäuslichen Beschäftigung der Mütter geschuldet und
> der daher entspringenden Vernachlässigung und Mißhandlung der Kinder,
> u. a. unpassender Nahrung, Mangel an Nahrung, Fütterung mit Opiaten usw.,
> dazu die unnatürliche Entfremdung der Mütter gegen ihre Kinder, im Gefolge
> davon absichtliche Aushungerung und Vergiftung« (S. 420).

Durch die Arbeit bedingt verlieren »die Mütter in erschreckendem
Ausmaß die natürlichen Regungen gegenüber ihren Sprößlingen, ge-
wöhnlich kümmert sie deren Tod nicht sehr, und manchmal ergrei-
fen sie direkte Maßnahmen um ihn herbeizuführen«. In den jüngsten
Berichten findet man außerdem »wahrhaft empörende und durchaus
sklavenhändlerische Züge der Arbeitereltern mit Bezug auf den Kin-
derschacher« (S. 418). Wenn Marx den Begriff der unnatürlichen Entfremdung auf die frühe Mutter-Kind-Beziehung anwendet, so kann
man folgern, dass die gesellschaftliche Entfremdung in einer Entfremdung zwischen Müttern und Kindern ihre Ursache hat und umgekehrt
in einer entfremdeten Gesellschaft die Entfremdung zwischen Müttern und Kindern zunimmt. Die Arbeiter selbst plädieren dafür, die
»Weiberbeschäftigung überall abzuschaffen, wo sie degradierend ist«
(S. 522), denn »die besten Gefühle der Kinder müssen von mütterlicher
Zucht herkommen«. Bei Kindern, die von ihren Müttern vernachlässigt
werden, kann man keine guten Gefühle, psychoanalytisch ausgedrückt
kein gutes mütterliches Introjekt, erwarten.

Von der Ernährung des Landarbeiters wird gesagt, dass »er selbst einen
viel größeren, für seine Arbeit unentbehrlichen Teil der Lebensmittel
erhält als seine übrigen Familienmitglieder, in den ärmeren Distrikten
fast alles Fleisch oder Speck« (S. 709). Das Quantum Nahrung dagegen,
»das der Frau zufällt und ebenso den Kindern in ihrer Periode raschen
Wachstums, ist in vielen Fällen mangelhaft«. Dem Wachstum des Kapitals wird auf diese Weise das körperliche Wachstum der Arbeiterkinder
geopfert. Unter diesen »fluchwürdigen Umständen, worin die ›Delikateren‹ den Landmann gebannt, wäre es erklärlich, wenn er seine eignen
Kinder aufäße« (S. 726), wenn also durch den dauernden realen Hunger

die verdrängten oralen und »kannibalischen« (Freud 1905, S. 98) Triebe wiederkehrten. Anstatt sich um ihre Landarbeiter zu kümmern, die ihre Landsleute sind, entsenden die »Personagen« (Marx 1867, S. 726) eigne »Missionen zur Sittenverbesserung der Südseewilden«, um dort die wirklichen Kannibalen zu bekehren und zu zivilisieren. »Nach einer kürzlich gemachten Berechnung leben allein in den bereits erforschten Erdgegenden mindesten noch vier Millionen Kannibalen« (S. 534).

Was den Nahrungszustand der Arbeiter 1867 betraf, so kam es zu einer »Zunahme des Hungertods (›death by starvation‹) in London während des letzten Dezenniums« (S. 683). Sogar auf »den bestbezahlten Teil der Arbeiterklasse, auf ihre Aristokratie« (S. 697), wirkte sich die Krise von 1866 aus und führte zu Nahrungsmangel: »Sie zupften Schiffstau und stritten miteinander, wer von ihnen mit einem Minimum von Nahrung am längsten arbeiten könne, denn Ausdauer war der point d'honneur« (S. 698). Wenn für die Aristokratie der Arbeiterklasse Triebaufschub, Arbeitsamkeit und Ausdauer selbst noch in der Krise Ich-Ideale waren und zu ihrem Ehrenkodex gehörten, so zeigt sich hier die Schwierigkeit, eine gemeinsame Psychogenese sowohl für die Aristokratie der Arbeiter als auch für ihren Gegensatz, das »Lumpenproletariat« (S. 673), zu rekonstruieren.

Da »die Beraubung an Nahrungsmittel nur sehr widerstrebend ertragen wird« (S. 686), wird schon »lange bevor der Physiolog daran denkt die Grane Stickstoff und Kohlenstoff zu zählen, zwischen denen Leben und Hungertod schwebt«, der Haushalt »von allem materiellen Komfort ganz und gar entblößt sein.« Die »Reinlichkeit« selbst wird kostspielig und schwierig und die »Häuslichkeit wird dort sein, wo Obdach am wohlfeilsten kaufbar; in Quartieren, wo die Gesundheitspolizei die geringste Frucht trägt«, wo »das jämmerlichste Gerinne«, der meiste »öffentliche Unrat, kümmerlichste und schlechteste Wasserzufuhr und, in Städten, größter Mangel am Licht und Luft« anzufinden ist. Die Kommissionsberichte, aus denen Marx zitiert, beleuchten ein »Wohnungsinferno« (S. 691), also eine gesellschaftlich verwirklichte anale Unterwelt: Die Wohnungen und Häuser sind Löcher, sie sind »schlecht mit Wasser versehen und schlechter mit Abtritten, unflätig, unventiliert, pestilenzialisch«. Es »ist nicht zuviel zu sagen, daß das Leben in vielen Teilen von London und Newcastle höllisch ist« (S. 688). Dazu kommt, »daß die Teuerkeit der Wohnungen im umgekehrten Verhältnis zu ihrer Güte steht und daß die Minen des Elends von Häuserspekulanten mit mehr Profit und weniger Kosten ausgebeutet werden als jemals die Minen von Potosi« (S. 687).

Auf dem Lande führen »abtrittslose Häuser« (S. 718) zu folgenden Konsequenzen:

> »Die Familie muß entweder zu ihrer Parzelle gehn, um ihre Exkremente abzulagern, oder, wie es mit Respekt zu melden hier geschieht, die Schublade eines Schranks damit füllen. Sobald sie voll, wird sie ausgezogen und dort entleert, wo ihr Inhalt nötig ist. In Japan geht der Zirkellauf der Lebensbedingungen reinlicher vonstatten«.

Die Unreinlichkeit resultiert in diesem Fall daher, dass sogar noch die Exkremente des Landarbeiters vom Landbesitzer als Abgaben gefordert werden, weil er sie als Dung verwerten und damit Geld gewinnen will.

Von scheußlichen Kellerwohnungen wird berichtet:

> »Die Betten, und darunter verstehe ich jede Rolle von schmutzigen Lumpen oder Handvoll von Hobelspänen, halten jedes im Durchschnitt 3,3 Personen, manches 4 und 6 Personen. Viele schlafen ohne Bett auf nacktem Boden in ihren Kleidern, junge Männer und Weiber, verheiratet und unverheiratet, alles kunterbunt durcheinander. Ist es nötig hinzuzufügen, daß diese Hausungen meist dunkle, feuchte, schmutzige Stinkhöhlen sind, ganz und gar unpassend für menschliche Wohnung? Es sind die Zentra, wovon Krankheit und Tod ausgehen und ihre Opfer auch unter den Gutgestellten packen, welche diese Pestbeulen erlaubt haben, in unserer Mitte zu eitern« (S. 693).

Weiter wird berichtet von der »schmutzigen Konfusion von Körpern und körperlichen Verrichtungen« (S. 688), von der »Bloßstellung geschlechtlicher Nacktheit, die bestial, nicht menschlich« ist. Diesen »Einflüssen unterworfen zu sein ist eine Erniedrigung, die sich vertieft, je länger sie fortwirkt. Für Kinder, die unter diesem Fluch geboren sind, ist er Taufe in Infamie«.

Unter den beschriebenen Umständen wird »das Scham- und Anstandsgefühl aufs gröbste verletzt und alle Moralität fast notwendig ruiniert« (S. 714). Besonders

> »jung verheiratete Paare sind kein erbauliches Studium für erwachsne Brüder und Schwestern in derselben Schlafstube; und obgleich Beispiele nicht registriert werden dürfen, liegen hinreichende Data vor, um die Bemerkung zu rechtfertigen, daß großes Leid und oft der Tod das Los der weiblichen Teilnehmer am Verbrechen der Blutschande ist« (ebd.).

Wenn es um Blutschande oder Inzest geht, müssen selbst die »unpar-
teiischen und rücksichtslosen [...] ärztlichen Berichterstatter« (S. 15)
von Amts wegen die »Nebelkappe« der Verleugnung überziehen. In
diesen Zuständen sind die von der Kultur aufgerichteten grundlegen-
den Schranken, die Inzestschranke, die Ekelschranke und sogar die
Schranke gegen den »Kannibalismus« (Freud 1927, S. 331) in Gefahr,
wieder zu fallen.

Die Kinder werden buchstäblich in eine diabolische Atmosphäre
hineingeboren, so in die Hütte eines Landarbeiters:

> »Die Wände der Hütte bestehn aus Lehm und Steinen, das Estrich aus
> der nackten Erde, welche da war vor der Erbauung der Hütte, das Dach
> ist eine Masse losen und aufgedunsenen Strohs. Jeder Spalt ist verstopft
> zur Erhaltung der Wärme, und in einer Atmosphäre von diabolischem
> Gestank, einen Schlammboden unter sich, oft mit seinen einzigen Klei-
> dern trocknend auf seinem Leibe, nimmt er sein Abendbrot mit Weib
> und Kindern. Geburtshelfer, gezwungen einen Teil der Nacht in diesen
> Hütten zuzubringen, haben beschrieben, wie ihre Füße im Schlamm des
> Fußbodens versanken, und wie sie gezwungen waren, leichte Arbeit, ein
> Loch durch die Wand zu bohren, um sich eine kleine Privatrespiration zu
> verschaffen« (Marx 1867, S. 710).

Der Wunsch, »daß unter solche Umstände gestellte Personen in andren
Hinsichten nach jener Atmosphäre der Zivilisation aufstreben sollten,
deren Wesen in physischer und moralischer Reinheit besteht« (S. 688),
ist »über alles Maß hoffnungslos«. Diesen vernachlässigten und verwahrlosten Kindern, die »herangewachsen ohne die geringste Ahnung
weder von dem, was wir Moral nennen, noch von Schulbildung, Religion
oder natürlicher Familienliebe – diesen Kindern erlaubt man, die Eltern
der jetzigen Generation zu werden« (S. 517). Die Traumatisierungen
werden so von Generation zu Generation tradiert. Die am schwersten
Geschädigten sind auch nicht mehr als Arbeiter tauglich. Weder sind sie
zu einer regelmäßigen Arbeit, noch zur Einhaltung eines Tauschkon-
trakts mit dem Kapital fähig. Sie fallen in »die Lazarusschichte« (S. 673)
der Arbeiterklasse. Ihr Leben gleicht schon auf Erden einem Inferno,
einem Höllenleben, einem Leben in der Unterwelt. Zum »Teil aus Neigung, in den meisten Fällen durch den Zwang der Umstände« (S. 762)
verwandeln sie sich aber auch in »Vagabunden, Verbrecher, Prostitu-
ierte« (S. 673), und damit ins »eigentliche Lumpenproletariat«.

Der »wäre ein kühner Prophet, der vorhersagen wollte, welches Betragen zu erwarten von Kindern, die unter Zuständen ohne Parallele in diesem Land jetzt ihre Erziehung für künftige Praxis als gefährlichen Klassen durchmachen« (S. 688). Sie werden gefährlich, aber sie werden auch zu Anklägern, wenn sie aus ihren Schlupfwinkeln kommen:

»In unserer Gegenwart, in einem Viertel dieser wundervollen Metropole, dicht neben der enormsten Akkumulation von Reichtum, welche die Welt je sah, dicht dabei 40.000 hilflos verhungernd! Diese Tausende brechen jetzt ein in die anderen Viertel; sie, in allen Zeiten halbverhungert, schreien uns ihr Weh ins Ohr, sie schreien es zum Himmel, sie erzählen uns von ihren elendgeschlagenen Wohnungen, daß es unmöglich für sie, Arbeit zu finden und nutzlos zu betteln« (S. 699).

Das Streben der herrschenden Klasse nach Reichtum und Reinheit bedingt gesetzmäßig die Übertragung und Projektion von Hunger, Schmutz, Unwissenheit, Arbeitsqual und sexueller Verwahrlosung auf die arbeitende Klasse, die den Gegenpol der Gesellschaft bildet. Unter diesen Umständen beginnt die materielle Verelendung, die zugleich eine psychische Verelendung ist, schon im Kindesalter durch eine »unnatürliche Entfremdung der Mütter gegen ihre Kinder« (S. 420) und durch ihre »Vernachlässigung und Mißhandlung«. Marx erwähnt den »hochkirchlichen protestantischen Paffen Townsend« (S. 676), der »die Armut als notwendige Bedingung des Reichtums« ansah und zugleich die Armen dafür selbst verantwortlich machte:

»Es scheint ein Naturgesetz, daß die Armen bis zu einem gewissen Grad leichtsinnig sind, so daß stets welche da sind zur Erfüllung der servilsten, schmutzigsten und gemeinsten Funktionen des Gemeinwesens. Der Fonds von menschlichem Glück wird dadurch sehr vermehrt, die Delikateren sind von der Plackerei befreit und können höherem Beruf usw. ungestört nachgehn« (zit. n. Marx 1867, S. 676).

Nach dem Ökonomen Storch erzeugt

»der Fortschritt des gesellschaftlichen Reichtums [...] jene nützliche Klasse der Gesellschaft, welche die langweiligsten, gemeinsten und ekelhaftesten Beschäftigungen ausübt, in einem Wort alles, was das Leben

Unangenehmes und Knechtendes hat, auf ihre Schultern nimmt und ebendadurch den anderen Klassen die Zeit, die Heiterkeit des Geistes und die konventionelle Charakterwürde verschafft« (zit. n. Marx 1867, S. 677).

Auf dieser anderen Seite des Klassengegensatzes, »in der Atmosphäre der Zivilisation [...], deren Wesen in physischer und moralischer Reinheit besteht« (S. 688), befinden sich die bürgerlichen Kapitalisten. Auch sie wurden infantil traumatisiert, aber im gesellschaftlichen Durchschnitt quantitativ und qualitativ geringer als die Arbeiter. Sie waren deshalb mehr in der Lage, ihr Trauma durch Identifizierung mit dem Aggressor, durch Projektion und Progression zu überwinden. Aber ihr unbewusster Wunsch bleibt es, in das verlorene infantile Paradies, das »paradise lost« (1859, S. 44), zurückzukehren, und sie befinden sich auf dem Weg dahin, allerdings, wie Marx durch sein allgemeines Gesetz zeigen will, nur, indem sie den Teil der Gesellschaft, der sie mit seiner Arbeit ernährt, aussaugen und ihn zugleich ins Inferno abdrängen.

Nach Wirth zwingt der Mächtige »die Ohnmächtigen, seine eigene verleugnete negative Identität, die durch Gefühle der Minderwertigkeit, der Schmach, der Missachtung und der Erniedrigung gekennzeichnet ist, stellvertretend auszuleben« (2002, S. 343). Die »paranoid-schizoide Position« (Klein 1946, S. 115) oder die »divided states of mind« (Tuckett 2009, S. 12) von Einzelnen werden so zur gesellschaftlichen Realität. Der polare Gegensatz zwischen berauschendem Reichtum und niederdrückendem Hunger, Schmutz und sexueller Verwahrlosung reproduziert letztlich die infantile Situation zwischen dem manischen Fest der Vereinigung mit der Mutter und der depressiven Trennung oder Scheidung von ihr. Die gesellschaftliche Spaltung und der Klassenkampf zwischen Kapitalist und Arbeiter geht unbewusst auch darum, wer dauerhaft die berauschte Rolle spielen kann und wer die niedergedrückte Rolle spielen muss.

Die unsichtbare Hand

Der kapitalistische »Utopismus« (Marx 1867, S. 109), in das verlorene Paradies zurückzukehren, ist eine individuelle Utopie. Jeder Kapitalist, indem er seinen Midaskomplex verfolgt, möchte unendlich groß, reich und mächtig werden. Er möchte unbewusst die zu früh verdrängte infantile Ökonomie und schließlich sogar den von Freud sogenannten absolut-primären Narzissmus wiedergewinnen, um sich zu verewigen und zu vergöttlichen. Aber diese individuelle Utopie lässt sich nur gesellschaftlich verwirklichen. Das Anliegen von Adam Smith war es zu zeigen, dass dies mit dem Allgemeinwohl vereinbar ist. Selbst wenn der Kapitalbesitzer lediglich nach eigenem Gewinn strebt, so wird er doch »von einer unsichtbaren Hand geleitet, um einen Zweck zu fördern, den zu erfüllen er in keiner Weise beabsichtigt hat« (1776, S. 371). Gerade »dadurch, daß er das eigene Interesse verfolgt, fördert er häufig das der Gesellschaft nachhaltiger, als wenn er wirklich beabsichtigt, es zu tun«. In diesem Sinn dient das egoistische Erwerbsstreben des Einzelnen oder die Realisierung seines Midaskomplexes unbewusst dem gesellschaftlichen Interesse oder dem Wohl des »Mutterlandes« (S. 370). Smith betont die progressive Eigenschaft des Marktes, durch die die Kapitalbesitzer in ihrem Streben nach Geld von einer unsichtbaren Hand geleitet werden, die produktiven Kräfte der Arbeit zu entwickeln und damit den Güterreichtum zu vergrößern, der dann der ganzen Gesellschaft, also auch den Arbeitern und den Armen, den »workingpoor«, zugutekommen soll. Als kurioses Beispiel für diese heute wieder gelobte »trickle down« Ökonomie, nach der der Reichtum nach unten tropft und schließlich auch unten ankommt, erwähnt Smith »das Hochzeitsbett Jakob I. von Großbritannien« (S. 287), das bis »vor wenigen Jahren das Schmuckstück einer Bierschenke in Dunfermline« war.

Marx lässt diese zur »Apologetik« (1867, S. 21) verflachte Maxime des Wirtschaftsliberalismus von der gemeinnützigen Wirkung der unsichtbaren Hand des Marktes durch Bentham, den Protagonisten des »Nützlichkeitsprinzips« (S. 637), verkünden: Den Warenbesitzern

> »ist es nur um sich zu tun. Die einzige Macht, die sie zusammen und in ein Verhältnis bringt, ist die ihres Eigennutzes, ihres Sondervorteils, ihrer Privatinteressen. Und eben weil so jeder nur für sich und keiner für den anderen kehrt, vollbringen alle, infolge einer prästabilen Harmonie der Dinge oder unter den Auspizien einer allpfiffigen Vorsehung, nur das Werk ihres wechselseitigen Vorteils, des Gemeinnutzens, des Gesamtinteresses« (S. 190).

In diesem Sinne behauptete auch »das Freihandelsdogma, daß in einer Gesellschaft antagonistischer Interessen jeder das Gemeinwohl durch Verfolgung seines Eigennutzes fördert« (S. 505). Nach Marx besteht der

»Witz« (1939, S. 74) oder die »Pointe« dieses Prinzips oder Dogmas darin, »daß das Privatinteresse selbst schon ein gesellschaftlich bestimmtes Interesse ist und nur innerhalb der von der Gesellschaft gesetzten Bedingungen und mit den von ihr gegebenen Mitteln erreicht werden kann«. So kann im Prinzip das Geld nur durch den Tausch von gesellschaftlich nützlichen Produkten erworben werden.

Smiths berühmte ökonomische Metapher der »invisible hand« bedeutet, auf die infantile Ökonomie übertragen, die für das Kind unsichtbare Hand der frühen Mutter. Durch sie wird das nach Befriedigung und Wachstum strebende Kind durch Lohn und Strafe oder durch Gewinn und Verlust unmerklich erzogen, immer mehr produktivere und gleichwertigere Gegenleistungen in den Tausch mit der Mutter einzubringen, um damit immer besser zu ihrem Wohl, zum Allgemeinwohl, beizutragen. Aber diese progressive Tendenz wird durchkreuzt durch die regressive Tendenz des zu erziehenden Kindes oder des Kapitalbesitzers, die ungleichen und parasitär-ausbeuterischen Verhältnisse der frühen infantilen Ökonomie wiederherstellen zu wollen. In ihr war es die arbeitende Hand der Mutter, die dem Kind selbst Arbeit und Anstrengung ersparte und ihm trotzdem Wachstum, Lustgewinn und Allmachtsgefühl ermöglichte. Dies sollen nun die arbeitenden »Hände« (1867, S. 262) der anderen dem Kapitalbesitzer möglich machen.

Marx will mit seinem allgemeinen Gesetz der kapitalistischen Akkumulation zeigen, dass, wenn sie nur der unsichtbaren Hand des Marktes, der allpfiffigen Vorsehung oder dem »›ewigen‹ und sozusagen ›heiligen‹ Gesetz der Nachfrage und Zufuhr« (S. 669) überlassen bleibt, dies gerade nicht im Gesamtinteresse, sondern nur im Interesse einer, der kapitalistischen Klasse und in ihr letztlich nur im Interesse weniger Kapitalmagnaten, ist. Nur wenn die Arbeiter ihre Interessen in die eigene Hand nehmen, oder der Staat, die öffentliche Hand, in ihrem Interesse interveniert, kann sich auch ihre Lage durch die fortschreitende Akkumulation verbessern, allerdings nur im beschränkten Rahmen der kapitalistischen Produktionsverhältnisse. Wie Midas durch die freie Befriedigung seines Wunsches, durch die Enthemmung seines Midaskomplexes, auf seinen eigenen Untergang hinarbeitete, so tun dies, nach der Überzeugung von Marx, auch die von Rücksichten befreiten Kapitalisten durch den selbst herbeigeführten tendenziellen Fall der Profitrate und durch die Untergrabung der Quellen des Reichtums, der Erde und des Arbeiters. Marx weist auf die »geschichtliche Ironie« (1894, S. 614) hin, die zeigen kann, wie »fromme Wünsche in ihrer Realisation ins gerade Gegenteil umschlagen«. Dafür wären sowohl der seine Vergöttlichung anstrebende König Midas als auch die den ewig-wachsenden Wert anstrebenden Kapitalmagnaten mythologische und geschichtliche Beispiele.

Obwohl Marx die Maxime des Wirtschaftsliberalismus in der Version von Bentham als Apologie lächerlich macht, übernimmt er doch die Smith'sche Version in etwas abgeänderter Form: »Die Entwicklung der Produktivkräfte der gesellschaftlichen Arbeit ist die historische Aufgabe und Berechtigung des Kapitals. Eben damit schafft es unbewußt die materiellen Bedingungen einer höheren Produktionsform« (S. 269). Jeder Kapitalist als »Personifikation des Kapitals« (1867, S. 618) verfolgt zwar nur sein egoistisches Eigeninteresse und damit das Ziel maximaler Akkumulation seines eigenen Kapitals. Aber indem er dieses Ziel durch die Entwicklung der Produktivkräfte verfolgt, schafft er mit unsichtbarer Hand oder durch unbewusste Handlungen die »materiellen Produktionsbedingungen, welche allein die reale Basis einer höheren Gesellschaftsform bilden können, deren Grundprinzip die volle und freie Entwicklung jedes Individuums ist«. Damit dient auch er, in historischer Perspektive, dem Gesamtinteresse. Außerdem schaffen die Kapitalisten mit ihren unbewussten Handlungen die »Auflösung des alten Familienwesens« (S. 514), denn durch die entscheidende Rolle, die die Industrie »den Weibern, jungen Personen und Kindern beiderlei Geschlechts in gesellschaftlich organisierten Produktionsprozessen jenseits der Sphäre des Hauswesens zuweist«, entsteht zugleich »die neue ökonomische Grundlage für eine höhere Form der Familie und des Verhältnisses beider Geschlechter«. In diesem Sinn gilt auch für die Kapitalisten, dass sie »von einer unsichtbaren Hand geleitet« (Smith 1776, S. 371) einen Zweck fördern, den zu erfüllen sie in keiner Weise beabsichtigt haben. Aufgrund der Fortschritte gegenüber früheren Produktions- und Gesellschaftsformen spricht Marx von den »zivilisatorischen Seiten des Kapitals« (1894, S. 827).

Marx hält sich an die von ihm zitierte Aussage des venetianischen Mönchs Ortes, einem ökonomischen Schriftsteller des 18. Jahrhunderts: »Statt unnütze Systeme für das Glück der Völker aufzustellen, will ich mich darauf beschränken, die Gründe ihres Unglücks zu untersuchen« (zit. n. Marx 1867, S. 676). In diesem Sinn lehnt Marx »Proudhons Sozialismus« (S. 83) als »Ausmalung« einer »Philisterutopie« oder als »seichten Utopismus« (S. 109) ab. Allerdings will Marx zeigen, dass sich die kapitalistische auf eine »kommunistische Gesellschaft« (S. 414) hin bewegt, die er in Umrissen so beschreibt:

> »Stellen wir uns endlich, zur Abwechslung, einen Verein freier Menschen vor, die mit gemeinschaftlichen Produktionsmitteln arbeiten und ihre vielen individuellen Arbeitskräfte selbstbewußt als eine gesellschaftliche Arbeitskraft verausgaben« (S. 92).

Bei diesem Verein handelt es sich um eine freiwillige Vereinigung von Menschen, die sich entsprechend einer dialektischen Entwicklung aus der ursprünglichen Kommunion oder Gemeinschaft mit der Mutter, der Familie und der Gesellschaft losgerissen und ihre individuellen Interessen verfolgt haben, um sich dann selbstbewusst, als Individuen, wiederzuvereinen. Die gemeinsamen Arbeitsprodukte sollen nach bewussten und für alle einsichtigen Kriterien verteilt werden, sodass das Geld als Verteilungsmittel überflüssig und der Klassenantagonismus überwunden würde.

Der erst im 19. Jahrhundert eingeführte Begriff des Kommunismus wurde von lateinisch *communis*, gemeinschaftlich, abgeleitet. Das lateinische Wort *munus* bedeutet Leistung, Amt, Abgabe, ursprünglich Geschenk und Liebesdienst. So verstanden sollte die gemeinschaftlich geleistete Arbeit, letztlich ein schenkender mütterlicher Liebesdienst, unter Beteiligung der »boni patres familias« (1894, S. 784), die Voraussetzung und Grundlage einer kommunistischen Gesellschaft sein, in der schon in der Eltern-Kind-Beziehung das »jeder nach seinen Fähigkeiten, jedem nach seinen Bedürfnissen« (1891, S. 21) verwirklicht würde. Dies könnte zu einer Aufhebung und Überwindung des Midaskomplexes führen.

Revolution, Evolution und Reform

Marx betrachtet die kapitalistische Produktionsweise und den Kapitalisten als »transitorische Notwendigkeit« (1867, S. 618). Aber wie lange beide und damit auch der Midaskomplex notwendig sein würden, dazu konnte und wollte er sich nicht festlegen: »Nur soweit der Kapitalist personifiziertes Kapital ist, hat er einen historischen Wert und jenes historische Existenzrecht, das, wie der geistreiche Lichnowski sagt, keinen Datum nicht hat«. Eine doppelte Verneinung bedeutet eine

Bejahung, dass es ein Enddatum für das historische Existenzrecht und die transitorische Notwendigkeit des Kapitals gibt. Nach Marx sind es die Arbeiter selbst, die durch ihre revolutionäre Tat dieses Datum bestimmen.

Wie er sich die Entwicklung zur Revolution vorstellt, hat er so zusammengefasst: Sie

»vollzieht sich durch das Spiel der immanenten Gesetze der kapitalistischen Produktion selbst, durch die Zentralisation der Kapitale. Je ein Kapitalist schlägt viele tot. Hand in Hand mit dieser Zentralisation oder der Expropriation vieler Kapitalisten durch wenige entwickelt sich die kooperative Form des Arbeitsprozesses auf stets wachsender Stufenleiter, die bewußte technische Anwendung der Wissenschaft, die planmäßige Ausbeutung der Erde, die Verwandlung der Arbeitsmittel in nur gemeinsam verwendbare Arbeitsmittel, die Ökonomisierung aller Produktionsmittel durch ihren Gebrauch als Produktionsmittel kombinierter gesellschaftlicher Arbeit, die Verschlingung aller Völker in das Netz des Weltmarktes und damit der internationale Charakter des kapitalistischen Regimes. Mit der beständig abnehmenden Zahl der Kapitalmagnaten, welche alle Vorteile dieses Umwandlungsprozesses usurpieren und monopolisieren, wächst die Masse des Elends, des Drucks, der Knechtschaft, der Entartung, der Ausbeutung, aber auch der Empörung der stets anschwellenden und durch den Mechanismus des kapitalistischen Produktionsprozesses selbst geschulten, vereinten und organisierten Arbeiterklasse. Das Kapitalmonopol wird zur Fessel der Produktionsweise, die mit und unter ihm aufgeblüht ist. Die Zentralisation der Produktionsmittel und die Vergesellschaftung der Arbeit erreichen einen Punkt, wo sie unverträglich werden mit ihrer kapitalistischen Hülle. Sie wird gesprengt. Die Stunde des kapitalistischen Privateigentums schlägt. Die Expropriateurs werden expropriiert« (S. 790f.).

Der folgende Satz, »die kapitalistische Produktion erzeugt mit der Notwendigkeit eines Naturprozesses ihre eigne Negation. Es ist Negation der Negation« (S. 791), war wohl auch Freud bekannt. In seiner einzigen Einlassung zu Marx und zum Marxismus schreibt er:

»In der Marxschen Theorie haben mich Sätze befremdet wie, daß die Entwicklung der Gesellschaftsformen ein naturgeschichtlicher Prozeß sei, oder daß die Wandlungen in der sozialen Schichtung auf dem Weg eines dialektischen Prozesses auseinander hervorgehen« (1933a, S. 191).

Trotz seines Befremdens scheint Freud bei seinem »wissenschaftlichen Mythus vom Vater der Urhorde« (1921, S. 151) gerade von dieser Marx'schen Theorie beeinflusst worden zu sein, denn der Freud'sche »Urvater« (S. 138) kann auch als ein in die Vergangenheit projiziertes und übersteigertes Abbild des Marx'schen großen Feudalherren oder seines Nachfolgers des Kapitalmagnaten verstanden werden. Aber Freud hat sich bei seinem Versuch, die Urgeschichte »zu rekonstruieren« (1939, S. 239) nicht auf Marx, sondern auf Darwin bezogen. Von ihm hat er den Gedanken entlehnt, »daß die Menschen ursprünglich in kleinen Horden lebten, eine jede unter der Gewaltherrschaft eines älteren Männchens, das sich alle Weibchen aneignete und die jungen Männer, auch seine Söhne, züchtigte oder beseitigte«. Dieser Vater der Urhorde war »unbeschränkt in seiner Macht, die er gewalttätig gebrauchte« (S. 186) und er war zugleich »absolut narzißtisch« (1921, S. 138). Während nur er sich der »Triebfreiheit erfreute« (1930, S. 474), lebten die Frauen und Söhne »in sklavischer Unterdrückung«. Dieses »patriarchalische System« (1939, S. 239) fand schließlich sein Ende »in einer Empörung der Söhne, die sich gegen den Vater vereinigten, ihn überwältigten und gemeinsam verzehrten«.

Die subjektiven Voraussetzungen für die »denkwürdige, verbrecherische Tat, mit welcher so vieles seinen Anfang nahm« (1913b, S. 172) waren also, wie bei der Marx'schen revolutionären Tat, die Empörung der Unterdrückten und ihre aus der Unterdrückung entstehende Vereinigung. Dadurch »brachten sie zustande, was dem einzelnen unmöglich geblieben wäre« (S. 171). Auch Freud erwähnt mögliche objektive Voraussetzungen der Tat: »Vielleicht hatte ein Kulturfortschritt, die Handhabung einer neuen Waffe, ihnen das Gefühl der Überlegenheit gegeben«. Aber der Freud'sche Urvater wird nicht nur von den Frauen, die er sich allein angeeignet hat, enteignet oder expropriiert, er wird auch getötet und seine Leiche wird von den Söhnen kannibalisch verzehrt. Gerade seine Einverleibung führt dazu, dass er als körperlich und seelisch Verinnerlichter in ihnen weiterlebt. Durch die Verdrängung oder die Negation des Vaters »ist an Stelle der Vaterhorde der Brüderclan getreten« (S. 176), in dem »ursprüngliche demokratische Gleichstellung« (S. 179) herrscht, in dem aber auch das vorher vom Vater durchgesetzte »Inzestverbot« (S. 174) als kulturelles Gebot wieder aufgerichtet wird.

Freud hielt es für möglich, dass dann »die Zeit des Matriarchats« (1939, S. 188) kam, in der ein Teil der »durch die Beseitigung des Vaters

frei gewordenen Machtvollkommenheit« auf die Frauen überging. Aber
da die Brüder mit dem verdrängten Vater identifiziert waren, kam es zu
einer historischen »Wiederkehr des Verdrängten« (S. 241), die »sich langsam, gewiß nicht spontan« und »unter dem Einfluß all der Änderungen
in den Lebensbedingungen«, vollzog: »Der Vater wird wiederum das
Oberhaupt der Familie«, aber »längst nicht so unbeschränkt, wie es der
Vater der Urhorde gewesen war«. Zugleich wird »das Mutterrecht durch
eine wiederhergestellte patriarchalische Ordnung abgelöst« (S. 189).
Diese Wiederkehr des Verdrängten als Wiederkehr des Gleichen und als
Fortschritt, die zugleich eine Negation der Negation darstellt, kann als
naturgeschichtlicher Prozeß und als dialektischer Prozeß verstanden
werden. Für Freud stellt die denkwürdige, verbrecherische Tat, in der
der Ödipuskomplex durch Vatermord und Inzest ausgelebt wurde, den
Übergang von der Natur- in die Kulturgeschichte dar. Marx dagegen
erwartet die revolutionäre Tat, die als Ausleben und Überwinden des
Midaskomplexes verstanden werden kann, erst in der Zukunft. Sie soll
mit dem kapitalistischen System zugleich die menschliche Vorgeschichte
beenden.

Wie Freud gezeigt hat, sind revolutionäre Errungenschaften durch
eine Wiederkehr des Verdrängten gefährdet. So resultierten die im
20. Jahrhundert versuchten Revolutionen meist in einer Negation der
Negation, indem z. B. die gestürzte zaristische Herrschaft in Form der
Stalin'schen Despotie wiederkehrte. Auch die Alleinherrschaft Hitlers
kann als Wiederkehr der Herrschaft des durch die deutsche Revolution
von 1918 ins Exil verdrängten Kaisers Wilhelm II. verstanden werden.
Aber dieses Muster zeigte sich auch schon in bürgerlichen Revolutionen,
so in der Herrschaft Cromwells nach dem englischen Bürgerkrieg und
der Hinrichtung Karls II. 1649, in dem Kaisertum Napoleons nach der
französischen Revolution und der Hinrichtung Ludwigs XVI. 1793 und
schließlich, weniger extrem, im königlichen Status Präsident Washingtons
ab 1789 nach dem revolutionären Unabhängigkeitskrieg der nordameri-
kanischen Kolonien mit der englischen Krone. Freud hat sein Augenmerk
auf die historische Wiederkehr einer ursprünglich verdrängten oder
negierten naturwüchsigen Vaterherrschaft gerichtet. Dagegen ging es
Marx um einen ursprünglich verdrängten oder negierten naturwüchsigen
Kommunismus, dessen Wiederkehr in höherer Form er erwartete.

Marx spricht sowohl von der »Brüderschaft der Kapitalistenklasse«
(1894, S. 263), die er auch Geschwisterschaft hätte nennen können, als

auch davon, dass Kapitalist und Arbeiter ursprünglich »ebenbürtige Personen« (1867, S. 190), also Brüder oder Geschwister waren, die sich gemeinsam von den patriarchalischen »Feudalherren« (S. 743) emanzipierten. Aber im Lauf der Geschichte gelang es den einen auf Kosten der anderen, sich zu Kapitalmagnaten zu entwickeln, deren Größe auf ihrem Kapital, nicht auf einer wiedergewonnenen feudalen und patriarchalischen Macht beruht, bei der »Vater und Herrscher« (Ovid XV, 860) eins sind. Die von Marx unterstellte extreme und damit revolutionäre Zuspitzung zwischen wenigen reichen und vielen verarmten oder verlorenen Brüdern ist in entwickelten kapitalistischen Ländern nicht eingetreten. Durch den reformerischen Druck der Arbeiter in Richtung Sozialstaat, aber auch durch staatliche Eingriffe, wie den Antitrustgesetzen in den USA seit 1890, hat sich eine drohende revolutionäre Krise immer wieder entschärft. So gesehen wäre eine antikapitalistische Revolution kein Sturz einer Vaterherrschaft, einhergehend mit symbolischem Vatermord, sondern ein Kampf zwischen Brüdern, um nicht nur politische, sondern auch ökonomische Gleichstellung, die zu einer Überwindung des Midaskomplexes führen soll.

Außer der revolutionären gibt es im *Kapital* noch eine evolutionäre Perspektive. So schreibt Marx im Vorwort, dass inzwischen »selbst in den herrschenden Klassen die Ahnung aufdämmert, daß die jetzige Gesellschaft kein fester Kristall, sondern ein umwandlungsfähiger und beständig im Prozess der Umwandlung begriffener Organismus ist« (1867, S. 16). Wenn die Gesellschaft mit einem biologischen Organismus verglichen wird, so würde dies bedeuten, dass sein Umwandlungsprozess vor allem Zeit braucht und nicht mit revolutionärer Ungeduld zu vereinbaren ist. Nach der Maxime »natura non facit saltus« entwickelt sich die Natur nur langsam und macht keine Sprünge, obwohl man spontane Mutationen revolutionären Veränderungen gleichsetzen könnte.

Ebenfalls im Vorwort vergleicht Marx die Entwicklung einer neuen Gesellschaft mit Schwangerschaft und Geburt: »Auch wenn eine Gesellschaft dem Naturgesetz ihrer Bewegung auf die Spur gekommen ist [...], kann sie naturgemäße Entwicklungsphasen weder überspringen noch wegdekretieren. Aber sie kann die Geburtswehen abkürzen und mildern« (S. 16). Die Geburt ist eine von Marx gern benutzte Metapher, um eine revolutionäre Umwälzung zu illustrieren. Die neue Gesellschaft wächst nach dieser Vorstellung im alten »Gesellschaftsschoße« (S. 789) heran, der ab einem gewissen Punkt zu einer »Fessel« (S. 791) wird, von der sie sich befreien muss. Wobei Marx hinzufügt: »Die Gewalt ist der Geburtshelfer jeder alten Gesellschaft, die mit einer neuen schwanger geht« (S. 779).

Wenn es aber bei der revolutionären Geburt zu einer Vernichtung der alten Gesellschaft kommt, dann wird die Metapher der Geburt problematisch. Ein Kind muss nicht nur im Schoße der Mutter heranwachsen und sich durch die Geburt befreien oder befreit werden, es muss nach der Geburt auch noch ernährt, gepflegt, gefördert, anerkannt und geliebt werden, sonst findet keine Entwicklung statt. Wenn die Revolution ernsthaft mit einer Geburt verglichen werden soll, so hat dies Konsequenzen. Das neugeborene Kind ist zwar etwas Neues, basiert aber genetisch auf den Eltern und ist, wenn es überleben soll, auf das Wohlwollen dieser Eltern angewiesen. Der Gegensatz zwischen alter und neuer Gesellschaft wäre dann mit einem Generationenkonflikt vergleichbar, der aber lösbar sein muss und nicht antagonistisch sein darf wie im Ödipusmythos. Außerdem ist der Geburtsvorgang nichts Einmaliges, sondern er wiederholt sich in jeder Generation. Insofern wäre auch eine Revolution eher eine permanente Revolution, die sich in jeder neuen Generation wiederholt.

Wie Engels 1886 schreibt, ist Marx aufgrund seines lebenslangen Studiums der ökonomischen Geschichte und Lage Englands zum Schluss gekommen, »daß, zumindest in Europa, England das einzige Land ist, wo die unvermeidliche soziale Revolution gänzlich mit friedlichen und gesetzlichen Mitteln durchgeführt werden könnte« (S. 40). Die »demokratische Republik« (Marx 1891, S. 29) stellte für ihn die »letzte Staatsform der bürgerlichen Gesellschaft« dar, in der dann mit demokratischen Mitteln »der Klassenkampf definitiv auszufechten« ist. Er hielt also, in der Geburtsmetaphorik gesprochen, eine sanfte Geburt der neuen Gesellschaft für möglich. Allerdings hat er kaum erwartet, dass die herrschenden Klassen Englands sich einer solchen friedlichen und gesetzlichen Revolution unterwerfen würden. Deshalb stellte er sich »die Periode der revolutionären Umwandlung« (S. 28) zwischen der kapitalistischen und der neuen Gesellschaft als eine politische Übergangsperiode, als eine »revolutionäre Diktatur des Proletariats« vor, denn die »Furien des Privatinteresses« (1867, S. 16), die »heftigsten, kleinlichsten und gehässigsten Leidenschaften der menschlichen Brust«, würden mit allen Mitteln versuchen, eine »Umwandlung der Kapital- und Grundeigentumsverhältnisse« wieder rückgängig zu machen.

Für eine revolutionäre Umwandlung reicht es nicht aus, die gesellschaftliche Macht von einer Klasse auf die andere umzuwälzen. Es muss die Frage beantwortet werden, wie mit diesen Leidenschaften, die Marx auch die »infamsten, schmutzigsten, kleinlichst gehässigsten Leidenschaften« (S. 790) nennt, umzugehen ist. Vor allem die schmutzigen Leidenschaften und Triebe, die dem allgemeinen und entfesselten Midaskomplex entsprechen, kann man nicht nur den Kapitalisten unterstellen und sie bei ihnen bekämpfen. Auch die Arbeiter sind davor nicht gefeit, auch sie können ihren Midaskomplex leidenschaftlich und triebhaft verfolgen. Und je kleiner sich die Menschen fühlen, desto eher entwickeln sie kleinlichst gehässige Leidenschaften und sind nicht fähig zu Großzügigkeit und Großmut.

Marx erwähnt als Möglichkeit einer evolutionären ökonomischen Entwicklung auch noch die »Kooperativfabriken der Arbeiter« (1894, S. 456), bei denen sich zeigt, »wie, auf einer gewissen Entwicklungsstufe der materiellen Produktivkräfte und der ihr entsprechenden gesellschaftlichen Produktionsformen, naturgemäß aus einer Produktionsweise sich eine neue Produktionsweise entwickelt und herausbildet«. Aber wie die Geschichte gezeigt hat, waren diese Kooperationsfabriken nicht von Dauer und sind einem sich auch bei den Arbeitern entwickelnden Midaskomplex oder einfach der kapitalistischen Konkurrenz wieder zum Opfer gefallen. Auch die »kapitalistischen Aktiengesellschaften«, die in der zweiten Hälfte des 19. Jahrhunderts stark zunahmen, bezeichnet Marx als »Übergangsformen« aus der kapitalistischen in die assoziierte Produktionsweise, bei denen aber der Gegensatz zwischen beiden noch nicht »positiv aufgehoben« ist. Auch bei der Bildung von Aktiengesellschaften hat sich sein Optimismus nicht bewahrheitet.

Marx hat die reformerischen Bemühungen seiner Zeit, den Arbeitstag gesetztlich zu verkürzen und zu beschränken, mit Sympathie verfolgt und im *Kapital* dem »Kampf um den Normalarbeitstag« (1867, S. 294) ein langes Kapitel gewidmet. Den Inhalt dieses »Staatsgesetzes« (S. 320) hat er so formuliert:

> »An die Stelle des prunkvollen Katalogs der ›unveräußerlichen Menschenrechte‹ tritt die bescheidene Magna Charta eines gesetzlich beschränkten Arbeitstags, die ›endlich klarmacht, wann die Zeit, die der Arbeiter verkauft, endet und wann die ihm selbst gehörige Zeit beginnt‹.«

Er zitiert die englischen Fabrikinspektoren, die »mit verhaltener Ironie und in sehr vorsichtigen Ausdrücken« (S. 320) andeuten,

»daß das jetzige Zehnstundengesetz auch den Kapitalisten einigermaßen von seiner naturwüchsigen Brutalität als Verkörperung des Kapitals befreit und ihm Zeit zu einiger Bildung gegeben habe. Vorher ›hatte der Unternehmer für nichts anderes als Geld, der Arbeiter für nichts anderes als Arbeit Zeit‹.«

In Bezug auf die Arbeitszeit hat es sicher Fortschritte gegeben. Aber so wie fast jeder »Fortschritt immer nur halb so groß ist als er zuerst ausschaut« (Freud 1926b, S. 220), so zeigte sich schon im 19. Jahrhundert, dass je kürzer die Arbeitszeit, desto intensiver die Arbeit wurde. Das war dann wieder ein Grund, die Arbeitszeit weiter zu verkürzen, aber auch, wenn es die Verhältnisse zuließen, sie wieder zu verlängern.

Die Marx'sche Analyse des Kapitals oder des »Kapitalismus« (1885, S. 123) – dieser Begriff erscheint übrigens nur einmal im *Kapital* – bezieht sich zeitlich etwa auf das zweite Drittel des 19. Jahrhunderts und örtlich auf die Verhältnisse in England, das um diese Zeit das ökonomisch fortgeschrittenste Land war. Sie war auf der Höhe der Zeit und ist in vielem noch gültig. Besonders in Zeiten der wirtschaftlichen Krise wird Marx wieder aktuell, denn er hat eine prinzipielle Krisenanfälligkeit des liberalen, angeblich sich selbst regulierenden Kapitalismus, postuliert. Er zeigt, wie schon damals der englische Staat intervenierte und die Marktgesetze durch staatliche Gesetze ergänzt oder ersetzt wurden. Wie im Midasmythos der Gott Bacchus als »liber«, als Kind, die triebhaften und destruktiven Handlungen des Midas erst ermöglichte, dann aber als »pater«, als Vater, eingriff, so ermöglichte im 19. Jahrhundert der »liberale« Staat die allgemeine Entfesselung des Midaskomplexes, griff aber als »paternalistischer« Staat wieder ein, um den sich selbst gefährdenden Kapitalismus zu retten. Dies ist ein mythologisches, psychologisches und politisch-ökonomisches Muster, das sich bis in die Gegenwart fortsetzt.

Eine proletarische Revolution in einem fortgeschrittenen kapitalistischen Land, worauf die Marx'sche Analyse hinausläuft, trat nicht ein. Der Hauptgrund war die zunehmende ökonomische und politische Integration der Arbeiterklasse in die bürgerliche Gesellschaft. Während Marx und Engels im *Manifest der Kommunistischen Partei* von 1848 noch davon sprachen, dass die »Proletarier« (S. 493) bei einer Revolution nichts »als ihre Ketten« zu verlieren hätten, sprach Marx 20 Jahre später in England von der »goldnen Kette« (1867, S. 646), die die »Lohnarbeiter« an das

Kapital fesselt. Auch die Arbeiter konnten nicht nur einen Midaskomplex entwickeln, sondern ihn in Zeiten beschleunigter Akkumulation bei steigendem Arbeitslohn auch partiell verwirklichen. Diese Entwicklung hat sich weiter fortgesetzt und führte zu einer Verallgemeinerung des Midaskomplexes bis weit hinein in die Arbeiterklasse. Trotzdem kam es weiter zyklisch zu Krisen mit Überakkumulation, Überproduktion, Unterkonsumtion und Arbeitslosigkeit, von der selbst die Arbeiteraristokratie betroffen wurde.

Die Zeit von 1873 bis 1895 wurde wirtschaftlich von Zeitgenossen und rückblickend als die »große Depression« bezeichnet. Erst nach dem Erlebnis einer zweiten, in diesem Ausmaß nicht erlebten Depression, der Weltwirtschaftskrise von 1929 bis 1932, wurde in den USA für diese der Begriff »Great Depression« reserviert. Engels, der 1895 starb, schreibt 1886:

> »Der zehnjährige Zyklus von Stagnation, Prosperität, Überproduktion und Krise, der von 1825 bis 1867 immer wiederkehrte, scheint allerdings abgelaufen zu sein; aber nur um uns im Sumpf der Verzweiflung einer dauernden und chronischen Depression landen zu lassen. Die ersehnte Periode der Prosperität will nicht kommen: sooft wir die sie ankündigenden Symptome zu erblicken glauben, sooft verschwinden sie wieder in der Luft. Inzwischen stellt jeder folgende Winter erneut die Frage: ›Was tun mit den Arbeitslosen?‹ Aber während die Zahl der Arbeitslosen von Jahr zu Jahr anschwillt, ist niemand da, um diese Frage zu beantworten; und wir können den Zeitpunkt beinahe berechnen, wo die Arbeitslosen die Geduld verlieren und ihr Schicksal in ihre eigenen Hände nehmen werden« (S. 40).

Dies war die von Marx vorausgesagte große Krise, in der die kapitalistische Produktionsweise »mit der Notwendigkeit eines Naturprozesses ihre eigne Negation« (S. 791) hätte erzeugen können. Aber der Prozess, der zu einer revolutionären Krise führt, war und ist kein Naturprozess, sondern ein gesellschaftlicher Prozess, der nur bedingt vorhersehbar und damit unberechenbar bleibt.

7 Der Midaskomplex im zwanzigsten Jahrhundert

Imperialistischer Krieg und Revolution

Als Marx 1883 starb, war Freud ein unbekannter 26-jähriger Arzt, der erst zwölf Jahre später seine ersten psychoanalytischen Schriften veröffentlichen sollte. Eine Beziehung von Marx zur Freud'schen Psychoanalyse, besonders zur psychoanalytischen Geldtheorie, hat es nie gegeben. Trotzdem war Marx mit der Schmutz-Metaphorik des Geldes vertraut, die ja schon in der Antike geläufig war. Was Marx über Aristoteles sagt, lässt sich auch über ihn selbst sagen:

> »Das Genie des Aristoteles glänzt gerade darin, daß er im Wertausdruck der Waren ein Gleichheitsverhältnis entdeckt. Nur die historische Schranke der Gesellschaft, worin er lebte, verhindert ihn herauszufinden, worin denn ›in Wahrheit‹ dies Gleichheitsverhältnis besteht« (S. 74).

Auch Marx hat eine historische, gesellschaftliche und individuelle Schranke gehindert, herauszufinden, worauf das allen Waren gemeinsame und gleiche »Residuum« (S. 52), ihr Wert, zurückzuführen ist. Er legt allerdings durch seine Verwendung von Metaphern die Annahme nahe, dass im Wert die konkret-nützlichen Arbeiten »allesamt reduziert auf gleiche menschliche Arbeit, abstrakt menschliche Arbeit« sind, die »im Durchschnitt jeder gewöhnliche Mensch, ohne besondere Entwicklung, in seinem leiblichen Organismus besitzt« (S. 59) und die letztlich, so ergänze ich, auf die abstrahierende Exkretionsarbeit des Kindes zurückgeht. So verstanden repräsentiert die allen Waren »gemeinschaftliche gesellschaftliche Substanz«, ihre

»Wertsubstanz« (S. 49), den kindlichen Kot, den Freud wiederum eine »wertvolle Substanz« (1917, S. 326) nennt.

Erst eine verallgemeinerte bürgerliche Erziehung führte die menschliche Gleichheit in die Beziehung zwischen erwachsenen Eltern und Kindern ein. Freud hat diese Gleichheit bei seiner Entdeckung der »infantilen Sexualität« (1905, S. 73f.) zum Ausdruck gebracht. Eine der zentralen Thesen der Psychoanalyse lautet, dass auch schon Kinder eine Sexualität haben, dass sie also in dieser Beziehung potenziell den Erwachsenen gleich sind. Aber die Kinder haben auch schon eine »infantile Ökonomie« (W. Harsch 1995, S. 135f.) und sind auch in dieser Beziehung den Erwachsenen gleich. Die klassische Psychoanalyse hat diese Erkenntnis in der unbewussten Gleichsetzung von Milch der Mutter und Kot des Kindes mit Waren und Geld der Erwachsenen ausgedrückt.

Ein anderes Thema ist die Beziehung Freuds zum Marxismus. Einer seiner engsten Freunde aus der Gymnasialzeit war Heinrich Braun (1854–1927). Als Sohn eines jüdischen Eisenbahnmillionärs gründete er 1883 zusammen mit Karl Kautsky (1854–1938) die sozialdemokratische *Neue Zeit*, die er auch finanziell unterstützte. Als Herausgeber weiterer sozialdemokratischer Periodika wird Braun von Engels im dritten Band des *Kapitals* (1894, S. 903) erwähnt. Kurze Zeit war er Reichstagabgeordneter der SPD. Freud schreibt 1927 rückblickend an die Witwe Brauns, sie seien vom ersten Gymnasialjahr an unzertrennliche Freunde gewesen. Braun habe eine Menge von revolutionären Regungen in ihm geweckt und es habe festgestanden, dass er mit ihm arbeiten und seine Partei nie verlassen würde. Aber Braun musste vorzeitig von der Schule und ihre Wege trennten sich langsam (vgl. Freud 1960, S. 393). Freud fügt hinzu: »Ich bin seither zur Vermutung gekommen, daß seine Ziele wesentlich negative waren«. An die letzte »eindrucksvolle Begegnung« (S. 392), die 1883 oder 1884 stattgefunden hat, erinnert sich Freud: »Er kam damals nach Wien und lud mich zu einem Mittagessen bei seinem Schwager Viktor Adler ein«. Während Freud dies schreibt, fällt es ihm »merkwürdig auf, daß es in denselben Räumen war, die ich jetzt seit sechsunddreißig Jahren bewohne«.

Es war ihm anscheinend nicht mehr bewusst, dass seine Wiener Wohnung, die Berggasse 19, vor ihm von Viktor Adler (1852–1918) bewohnt worden war. Er war jüdischer Arzt wie Freud, schloss sich aber der sozialistischen Bewegung an und lernte 1883 auf einer Reise nach Deutschland und England Bebel und Engels kennen. Mehrfach verurteilt und arrestiert, gelang ihm 1889 die Gründung der SPÖ, deren erster Vorsitzender er wurde. Man nannte ihn den Hofrat der Revolution. Freud erinnert sich in der *Traumdeutung* als Einfall zu seinem »revolutionären Traum« (1900, S. 214) an diesen »Hofrat«, den er schon als Student kennengelernt hatte: Bei einer Diskussion »erhob sich ein überlegener älterer Kollege, der seitdem seine Fähigkeit erwiesen hat, Menschen zu lenken und Massen zu organisieren, der übrigens auch einen Namen aus dem Tierreich trägt, und machte uns tüchtig herunter«.

Wenn man davon ausgeht, dass der Vormieter, Viktor Adler, Freuds unbewusstes Motiv für seine Wohnungswahl war, was auch Clark (1979, S. 133) in seiner Freudbiografie vertritt, so war diese Entscheidung symptomatisch für Freuds Verhältnis zum Marxismus. Es war charakterisiert durch bewusste Distanzierung und unbewusste Identifizierung. Dazu passt, dass sich Freud nicht wie Adler und Braun der »Internationalen Arbeiter Assoziation« anschloss, sondern selbst Gründungsvater, vergleichbar mit Marx, einer anderen Internationalen, der »Internationalen Psychoanalytischen Assoziation«, wurde. In ihr konnte Freud seine eigenen revolutionären Regungen verwirklichen und sie wurde ihm zu der Partei, die er nie verlassen hat.

In der von Freuds Schulfreund Braun mitbegründeten Zeitschrift *Die Neue Zeit* schrieb der Herausgeber Kautsky, der damals als der führende Theoretiker des Marxismus galt, 1902 einen Artikel über *Krisentheorien*. Darin fasst er seine Auffassungen über die kapitalistischen Krisen nach dem Ende der chronischen Depression und zu Beginn einer neuen Periode der Prosperität so zusammen: Während sich die der »kapitalistischen Produktionsweise« (S. 133) regelmäßig entspringenden Krisen seit 1825 fast ausschließlich auf England beschränkten, der ersten und noch führenden Industrienation, haben sich die Krisen ab 1857 zunehmend internationalisiert und sind am Ende des 19. Jahrhunderts für die kapitalistischen Länder allgemein geworden. Kautsky betont zwar noch den »zehnjährigen Zyklus« (S. 136) von Prosperität, Krise und »geschäftlicher Depression«, aber zugleich spricht er von längeren »Krisenepochen« (S. 137), für deren Erklärung er auch politische und technologische Gründe anführt. Außerdem thematisiert er die längerfristigen politischen Folgen der Krisen. So kam es in der Zeit der großen und chronischen Depression zwar nicht zu einem ökonomischen Aufschwung, dagegen aber zu einem politischen »Aufschwung der deutschen Sozialdemokratie«, zur »Bedrängung des Absolutismus durch die erste größere revolutionäre

Bewegung in Russland« und schließlich zum »Wiedererwachen und raschen Erstarken des Sozialismus in England« (S. 138).

Der Hauptgrund für das Ausbleiben der Revolution war aber nach Kautsky, dass seit 1887 »eine neue Periode des Kapitalismus« einsetzte, »anfangs schüchtern, seit 1895 so kraftvoll, wie man es dem alternden Kapitalismus nicht mehr zugetraut hätte«. Diese

> »neue Periode wird bedingt durch die Kolonialpolitik, das heißt die Verteilung der Erde unter ein halbes Dutzend Großmächte, und die Überziehung Mexikos, Zentral- und Südamerikas, Australiens, Afrikas, Ostindiens, Sibiriens, Japans mit Eisenbahnen. Technisch wird diese Zeit ausgezeichnet durch das Aufkommen der Elektrotechnik, begünstigt wird der Aufschwung durch die rapid wachsende Goldproduktion in Südafrika« (ebd.).

Er erwähnt verschiedene wirtschaftliche und staatliche Bestrebungen, die im Rückblick wesentlich zu dem erneuten Aufschwung beitrugen, so die »Monopolisierungsversuche« (S. 142) der Bourgeoisie und ihren Drang nach Herabdrücken der Löhne und nach intensiverer Anspannung der Arbeiter, weiter protektionistische und militärische Maßnahmen des Staates, so der propagierte Zollkrieg gegen Amerika und die Flottenrüstung gegen England. Die neue Periode zeichnete sich schließlich auch dadurch aus, »daß die goldenen Zeiten der englischen Industrie vorüber« (S. 140) waren und »ebenbürtige, vielfach überlegene Konkurrenten auf dem Weltmarkt« auftraten, vor allem Deutschland und Amerika. Er sieht die staatlich-politischen Interventionen und Programme zur Unterstützung des ökonomischen Konkurrenzkampfes des jeweiligen nationalen Kapitals mit Sorge: »Wie lange noch, und es kommt zum wirklichen Kampfe« (S. 143), zum »Kampfe der Waffen!« und er prophezeit 1902: »Krisen, Kriege, Katastrophen aller Art, diese liebliche Alliteration ist es, die uns die Entwicklung der nächsten Jahrzehnte in Aussicht stellt«, jedenfalls solange das »kapitalistische Getriebe« mit der »wachsenden Ausbeutung der Massen« und der daraus »erwachsenden Akkumulation von Kapital« weiter besteht.

1914, gut 30 Jahre nach dem Tod von Marx, kam es nicht zur großen ökonomischen Krise und darauf folgend zur internationalen Revolution, sondern der verschärfte Konkurrenzkampf zwischen den kapitalistischen Hauptmächten führte zum Weltkrieg unter Einschluss der jeweiligen nationalen Arbeiterklasse, denn nur eine Minderheit in den Arbeiterparteien blieb ihrer grundsätzlichen Opposition treu. Die Mehrheit identifizierte sich mit den jeweiligen nationalen Zielen, die einem kollektiven Midaskomplex entsprangen. Die große Depression im letzten Drittel des 19. Jahrhunderts wurde rückblickend durch Staatsinterventionen und Rüstungsanstrengungen und damit durch die Vorbereitung eines Krieges überwunden. Das Geld, das die vorsichtigen und pessimistischen Geldbesitzer nicht ausgeben wollten, gab an deren Stelle der Staat aus. Dadurch hatten vor allem die Rüstungsbetriebe die Möglichkeit, ihre Waren oder Rüstungsgüter in Geld zu verwandeln und durch Neueinstellungen von Arbeitern und durch Neukäufe von Produktionsmitteln insgesamt einen Aufschwung zu bewirken. Dies funktionierte auch, wenn das vom Staat ausgegebene Geld geliehenes Geld oder Kreditgeld war.

Der Begriff des Imperialismus wurde erst nach Marx von bürgerlichen Historikern eingeführt und auf die koloniale Aufteilung der Welt im letzten Drittel des 19. Jahrhundert angewendet. Kautsky kommt 1902 zwar auf die Kolonialpolitik, aber noch nicht auf den Imperialismus zu sprechen. Marxistisch angeeignet wurde der Begriff durch Lenin in seiner 1916 im Exil in Zürich entstandenen Schrift *Der Imperialismus als höchstes Stadium des Kapitalismus*. Der 1870 geborene Lenin, der mütterlicherseits deutsche und jüdische Vorfahren hatte, wurde schon als Jugendlicher durch die Hinrichtung seines älteren Bruders politisiert. Seit 1903 war er Führer der Mehrheitsfraktion (Bolschewiki) der russischen Sozialdemokraten. Er entwickelte seine Imperialismustheorie auf der Grundlage von Hobsons »Imperialismus« (Lenin 1916, S. 654) und Hilferdings »Finanzkapital«: So ist das 20. Jahrhundert der Wendepunkt »vom alten zum neuen Kapitalismus, von der Herrschaft des Kapitals schlechthin zur Herrschaft des Finanzkapitals« (S. 686). Dieses »Herrschaftsverhältnis und die damit verbundene Gewalt« (S. 667) ist es, »was aus der Bildung allmächtiger wirtschaftlicher Monopole unvermeidlich hervorgehen mußte und hervorgegangen ist«. Lenin geht davon aus, dass die innerstaatliche Konkurrenz durch Monopole weitgehend aufgehoben wurde und die kapitalistische Konkurrenz, ebenso wie die Ausbeutung, sich von der nationalen auf die internationale Ebene verlagert hat. Dadurch kam es zur »Ausbeutung einer immer größeren Anzahl kleiner oder schwacher Nationen durch ganz wenige reiche oder mächtige Nationen« (S. 766). Deren Bourgeoisie lebte zunehmend vom Kapitalexport und »Kuponschneiden« und der Staat verwandelte sich in einen Rentnerstaat oder Wucherstaat. Diesen so entstandenen Imperialismus bezeichnet er als einen »parasitären oder in Fäulnis begriffenen Kapitalismus«. Während im nationalen Rahmen die Konkurrenz durch Gesetz und Eigentumsordnung in der Regel in einem nicht offen gewalttätigen Rahmen gehalten wurde, war dies im internationalen Rahmen nicht der Fall. Lenin ist der Ansicht, dass unter diesen Umständen »imperialistische Kriege absolut unvermeidlich sind« (S. 649). Der Erste Weltkrieg war ein solcher imperialistischer Krieg im Weltmaßstab, ein »Eroberungskrieg, ein Raub- und Plünderungskrieg« (S. 648), ein Krieg um die Aufteilung der Welt. Imperialistischer Krieg bedeutete die Fortsetzung der ökonomischen Konkurrenz unter den imperialistischen Mächten mit anderen Mitteln, mit militärischen Mitteln. Kolonialkriege und Handelskriege gab es auch schon in früheren Zeiten, aber am Ende des 19. Jahrhunderts waren die weißen Flecken von der Weltkarte verschwunden. Die Welt war verteilt und die bei der Verteilung Zukurzgekommenen machten ihre Ansprüche geltend, in Europa Deutschland, in Amerika die USA und in Asien Japan.

Lenin betont besonders den »Zusammenhang von Imperialismus und Opportunismus« (S. 767) in der Arbeiterbewegung, mit dem er ihre Wandlung aus einer revolutionär-internationalen in eine imperialistisch-nationale Bewegung erklärt. Die Kapitalisten bekommen durch ihre hohen Monopolprofite und durch die Gewinne aus den Kolonien ökonomisch die Möglichkeit, die »Arbeiterführer und die Oberschicht der Arbeiteraristokratie« (S. 652) und damit »eine ziemlich bedeutende Minderheit der Arbeiter zu bestechen und sie auf die Seite der Bourgeoisie des betreffenden Industriezweiges oder der betreffenden Nation gegen alle übrigen hinüberzuziehen« (S. 767). So wie ein Berg angestochen wird, um auf eine Goldader zu stoßen, so stößt man bei der bestechlichen Arbeiteraristokratie auf ihre Geldader, auf ihren Midaskomplex. Dagegen setzt Lenin auf eine unbestechliche Aristokratie der Revolutionäre, die den Imperialismus mit seinen ökonomischen und militärischen Krisen zum »Vorabend der sozialen Revolution« (S. 653) machen sollen. Diese Strategie hat sich, wie er 1920 hinzufügt, »seit 1917 im Weltmaß bestätigt«. Allerdings blieb die erfolgreiche Revolution auf Russland beschränkt, was zum Aufbau des Sozialismus in nur einem Land führte.

Zum vierten Jahrestag der Revolution verfasst Lenin 1921 einen bemerkenswerten Artikel: *Über die Bedeutung des Goldes jetzt und*

nach dem vollen Sieg des Sozialismus. Vorausgegangen war seit Früh-
jahr 1921, nach dem Ende des Bürgerkriegs, die Propagierung und
Einführung einer neuen ökonomischen Politik. Bis dahin ging es um
ein »revolutionäres Herangehen an die Aufgabe im Sinne einer direkten und vollständigen Zerschlagung des Alten, um es durch eine neue
ökonomische Gesellschaftsstruktur zu ersetzen« (S. 426). Nun wurde
ein reformistisches Herangehen propagiert, um »die alte ökonomische Gesellschaftsstruktur, den Handel, den Kleinbetrieb, das kleine
Unternehmertum, den Kapitalismus nicht zu zerschlagen«, sondern
»zu beleben«. Lenin spricht von einem vorübergehenden Rückzug
auf den »Staatskapitalismus« (S. 433). Zugleich geht es ihm aber auch
um das Problem der »persönlichen Interessiertheit« (S. 380), um mit
diesem subjektiven und individuellen Antrieb die Ökonomie wieder
zu entwickeln, da das rückständige Russland durch Krieg, Revolution
und Bürgerkrieg in seinen wirtschaftlichen Grundlagen zerrüttet und
außerdem von der modernen Entwicklung der Produktion in den kapitalistischen Ländern abgeschnitten war. Er warnt davor, die Revolution
im Verhältnis zur Reform zu verabsolutieren, die »Revolution mit
großen Buchstaben zu schreiben« (S. 427), sie »zu etwas fast Göttlichem zu erheben«, um dann »den Kopf zu verlieren« und sie mit einer
vollständigen Zerschlagung des Alten gleichzusetzen. Lenin, der neben
Marx und Engels auch Hegel studiert hatte, war oder wurde klar, dass
wenn die revolutionäre Negation nur in einer Zerschlagung des Alten
besteht, es zu keiner Negation der Negation, zu keiner revolutionären
Aufhebung und Entwicklung kommen kann.

    An dieser Stelle kommt er in seinem Artikel auf das Gold zu sprechen.
Die allgemeine Gold- oder Geldgier der konkurrierenden Nationen
bestimmt Lenin als die eigentliche Ursache des vergangenen Krieges.
Man sollte nicht vergessen, »wie man des Goldes wegen zehn Millionen
Menschen niedergemetzelt und dreißig Millionen zu Krüppeln gemacht
hat« (S. 430). Er prognostiziert einen neuen imperialistischen Krieg schon
in den nächsten zehn Jahren zwischen Japan und Amerika oder zwischen
England und Amerika, in dem »man sich desselben Goldes wegen an-
schickt, mit Sicherheit zwanzig Millionen Menschen niederzumetzeln
und sechzig Millionen zu Krüppeln zu machen«. Nach Lenin führt die
Goldgier nicht nur, wie im Mythos, zu konstruktiven und destruktiven
Metamorphosen, sondern vor allem zur gewaltsamen, kriegerischen
Auseinandersetzung um die Aneignung des Goldes.

Lenin schlägt als die gerechteste und als die beste anschaulich-beleh-rende Verwendung des Goldes vor: »Wenn wir dereinst im Weltmaßstab gesiegt haben, dann werden wir in den Straßen einiger der größten Städte der Welt öffentliche Bedürfnisanstalten aus Gold bauen«. Aber so »hu-man die besagte Verwendung des Goldes auch wäre«, einstweilen müsse man »mit dem Gold sparsam umgehen, es möglichst teuer verkaufen und möglichst billig dafür Waren einkaufen«. Lenin hat die Idee der Gold-verwendung für Bedürfnisanstalten von Morus übernommen, die schon ähnlich auf der Insel *Utopia* praktiziert wurde. Aber es wäre auch möglich, dass Lenin die Freud'sche Geld-Kot-Gleichung kannte. So hielt er sich bis 1917 längere Zeit in München und in Zürich auf und ins Russische übersetzte Schriften von Freud befanden sich in seiner Bibliothek. Erst ab 1924 unter Stalin wurde die Psychoanalyse in der Sowjetunion zunehmend als eine reaktionär-bürgerliche Lehre abgelehnt und schließlich verboten. Lenin assoziiert Gold und damit auch Geld mit der menschlichen Aus-scheidung. Aber wie Freud herausfand, war der kindliche Kot nicht nur wertlos, sondern auch wertvoll. Für das narzisstische Kind schien sein Goldkot sogar noch wertvoller als die Milch seiner Mutter. Deshalb wird man die Faszination des Goldes und Geldes nicht verstehen, wenn man es gegenüber den lebenswichtigen Gebrauchswerten nur für wertlos und schmutzig oder für Dreck und Kot erklärt.

Die Geschichte zeigte, dass in der Sowjetunion zwar eine soziale und ökonomische Revolutionierung erreicht wurde, ohne dass es aber zu einer psychologischen gekommen wäre, die in einer allgemeinen Überwindung des Midaskomplexes bestanden hätte. Es gelang den Menschen nicht, sich psychisch so zu verändern, dass an die Stelle des Midaskomplexes als dem wirtschaftlichen Hauptmotiv dauerhaft etwas Neues getreten wäre. Dafür waren möglicherweise die durch Gewalt geprägten Umstände verantwortlich: Der imperialistische Krieg führte zur Revolution, diese löste die Gegenrevolution und den Bürgerkrieg aus und führte zu Stalins Gewaltherrschaft und zum verlustreichen Krieg mit dem antibolschewistischen Deutschland, der sich wiederum in einem »kalten Krieg« mit den USA fortsetzte. Eine konstruktive und progressive kollektive psychische Veränderung war unter diesen Umständen wohl nicht zu erreichen.

Auch Freud erklärt die Entstehung des Ersten Weltkriegs, der Urka-tastrophe des 20. Jahrhunderts, rückblickend mit der Herausforderung Englands, der führenden wirtschaftlichen und imperialen Macht, durch den Emporkömmling Deutschland. Die Rivalität zeigte sich in der ökonomischen und imperialistischen Konkurrenz um wirtschaftliche Einflusssphären. Er vertritt die Ansicht, dass der Weltkrieg und die daran anschließende Wirtschaftskrise nur »der Preis für den letzten großartigen Sieg über die Natur, die Eroberung des Luftraums« (1933a, S. 192) waren. Die

> »Politik Englands fußte auf der Sicherheit, die ihm das seine Küsten umspülende Meer verbürgte. Im Moment, da Bleriot den Kanal im Aeroplan überflogen hatte, war diese schützende Isolierung durchbrochen, und in jener Nacht, als in Friedenszeiten und zu Übungszwecken ein deutscher Zeppelin über London kreiste, war wohl der Krieg gegen Deutschland beschlossene Sache« (ebd.).

Schon im zweiten Jahr des Krieges schreibt er, dass sich in ihm die Staaten und Völker, die er auch »Großindividuen der Menschheit« (1915, S. 339) oder »Völkerindividuen« (S. 340) nennt, von Zusicherungen und Verträgen, durch die sie sich gegen andere Staaten gebunden haben, lösen. Sie bekennen sich ungescheut zu ihrer »Habgier« (S. 330), zu ihrem »Machtstreben« und zu ihrer »Mordlust«, die dann »der Einzelne aus Patriotismus gutheißen soll«. Die Staaten entfesselten so einen nationalen Midaskomplex, den sie mit militärischen Mitteln zu realisieren versuchten.

Die USA unter Präsident Wilson (1856–1924) traten 1917 offiziell in den Krieg ein, um die Demokratien England und Frankreich zu unterstützen, inoffiziell aber, um die Kriegskredite an sie zu sichern. Das Resultat ihres Kriegseintritts und des alliierten Sieges war der Aufstieg zur ersten ökonomischen, militärischen und damit imperialen Weltmacht. Freud äußert sich 1930 in seiner Einleitung zu dem gemeinsam mit W. C. Bullitt verfassten Buch über *Thomas Woodrow Wilson* sehr kritisch zu dessen Verhalten in Krieg und Frieden. Er schickt dem Buch ein persönliches Bekenntnis voraus,

> »daß die Gestalt des amerikanischen Präsidenten mir von Anfang an unsympathisch war, sobald sie am Horizont des Europäers auftauchte, und daß diese Abneigung sich im Laufe der Jahre immer nur steigerte, je mehr man über ihn erfuhr und je stärker man unter den Folgen litt, die sein Eingreifen in unser Schicksal gezeitigt hatte« (Freud/Bullitt 1966, S. 17).

Diese gefühlsmäßige Einstellung stützt Freud vor allem auf zwei Gründe, auf die Religiosität Wilsons, der sich »eines besonderen persönlichen Verhältnisses zur Gottheit sicher zu sein glaubte«, und auf seine Versicherung, »daß ihm bloße Tatsachen nichts bedeuten, daß er nichts anderes als menschliche Gesinnungen und Absichten hochschätze« (S. 18). Aus diesen Gründen, meint Freud, habe Wilson »fast in allen Punkten das Gegenteil von dem herbeigeführt, was er erreichen wollte« (S. 19) und sich so »als richtiges Gegenstück zu jener Kraft erwiesen, ›die stets das Böse will und stets das Gute schafft‹«.

Wilson war ein Anhänger des »free trade«, des Freihandels, und bei allem ihm unterstellten Idealismus war er sich bewußt, dass nach dem Ersten Weltkrieg die USA als neuer Hegemon des Weltkapitalismus das Erbe Englands anzutreten habe. In Anbetracht der russischen Revolution verstand er sich als Gegenspieler Lenins. Das zeigte sich auch im Konflikt mit W. C. Bullitt, der als amerikanischer Diplomat von Wilson ins nachrevolutionäre Russland geschickt wurde, um mit den Führern der Revolution Kontakt aufzunehmen. Seine Empfehlung, den neuen Sowjetstaat anzuerkennen, wurde von Wilson aber abgelehnt, worauf Bullitt unter Protest zurücktrat. Wilson scheiterte mit seiner Außenpolitik auch in Amerika und erst längere Zeit nach seinem Tod wurde er rehabilitiert. Seine Vision für Amerika, die Verbindung aus ökonomischen und militärisch-imperialistischen Interessen und dem gleichzeitigem Sendungsbewusstsein, der übrigen Welt Freiheit und Demokratie zu bringen, wurde über Parteigrenzen hinweg zum besonderen Charakteristikum der amerikanischen Außenpolitik. Diese hat dann 1989 ihr Ziel erreicht, als die Sowjetunion und ihre Verbündeten begannen, sich wieder dem westlichen Kapitalismus zu öffnen. Eine Wiederkehr und Entfesselung des durch die Revolution nur scheinbar überwundenen Midaskomplexes brachte den versuchten Sozialismus schnell zum Verschwinden und »wie aus dem Nichts« (Altvater 2005, S. 109) entwickelten sich wieder »stinkreiche ›Oligarchen‹«.

Freud äußert sich auch zur Persönlichkeit Kaiser Wilhelms II., dem im Ersten Weltkrieg neben Wilson zweiten »auserwählten Liebling der Vorsehung« (1966, S. 17). Aufgrund einer komplizierten Geburt bestand bei ihm eine Verkürzung des linken Arms. Freud bemerkt dazu:

> »Es ist gewöhnlich, daß Mütter, denen das Schicksal ein krankes oder sonst benachteiligtes Kind geschenkt hat, es durch diese ungerechte

Zurücksetzung durch ein Übermaß an Liebe zu entschädigen suchen. In dem zur Rede stehenden Falle, benahm sich die stolze Mutter anders, sie entzog dem Kind ihre Liebe wegen seines Gebrechens. Als aus dem Kinde ein großmächtiger Mann geworden war, bewies dieser durch seine Handlungen unzweideutig, daß er der Mutter nie verziehen hatte« (1933a, S. 72).

Freud will, ohne Namen zu nennen, mit dieser Deutung sagen, dass die stolze Mutter Kaiser Wilhelms eine Tochter der englischen Königin Viktoria war, und dass der erwachsene Kaiser Deutschland schließlich in einen Krieg gegen England, sein eigentliches Mutterland, führte, den er verlor, sodass auch seine Macht verloren ging.

Freud macht rückblickend auch einige Bemerkungen zur russischen Revolution. Mit der durch den Marxismus

»neugewonnenen Einsicht in die weitreichende Bedeutung ökonomischer Verhältnisse ergab sich die Versuchung, deren Abänderung nicht der historischen Entwicklung zu überlassen, sondern sie durch revolutionären Eingriff selbst durchzusetzen. In seiner Verwirklichung im russischen Bolschewismus hat der theoretische Marxismus die Energie, Geschlossenheit und Ausschließlichkeit einer Weltanschauung gewonnen, gleichzeitig aber eine unheimliche Ähnlichkeit mit dem, was er bekämpft« (1933a, S. 194f.).

Wie die Religion »muß auch der Bolschewismus seine Gläubigen für die Leiden und Entbehrungen des gegenwärtigen Lebens durch das Versprechen eines besseren Jenseits entschädigen, in dem es kein unbefriedigtes Bedürfnis mehr geben wird«. Um dieses Ziel mit den Menschen zu erreichen, kann der Bolschewismus den »Zwang in ihrer Erziehung nicht entbehren, das Denkverbot, die Anwendung der Gewalt bis zum Blutvergießen, und wenn man nicht jene Illusionen in ihnen erweckte, würde man sie nicht dazu bringen, sich diesem Zwang zu fügen« (S. 196).

Freud gesteht sich ein,

»daß die Bedingungen dieses Experiments mich und meinesgleichen abgehalten hätten, es zu unternehmen, aber wir sind nicht die einzigen auf die es ankommt. Es gibt auch Männer der Tat, unerschütterlich in ihren Überzeugungen, unzugänglich dem Zweifel, unempfindlich für die

Leiden anderer, wenn sie ihren Absichten im Wege sind. Solchen Männern verdanken wir es, daß der großartige Versuch einer solchen Neuordnung jetzt in Russland wirklich durchgeführt wird. In einer Zeit, da große Nationen verkünden, sie erwarten ihr Heil nur vom Festhalten an der christlichen Frömmigkeit, wirkt die Umwälzung in Russland – trotz aller unerfreulichen Einzelzüge – doch wie die Botschaft einer besseren Zukunft« (ebd.).

Diese Bemerkung bezieht sich wohl vor allem auf Amerika und Freuds Auseinandersetzung mit dessem frommen Präsidenten Wilson.

Freud fügt hinzu,

»die Zukunft wird es lehren, vielleicht wird sie zeigen, daß der Versuch vorzeitig unternommen wurde, daß eine durchgreifende Änderung der sozialen Ordnung wenig Aussicht auf Erfolg hat, solange nicht neue Entdeckungen unsere Beherrschung der Naturkräfte gesteigert und damit die Befriedigung unserer Bedürfnisse erleichtert haben. Erst dann mag es möglich werden, daß eine neue Gesellschaftsordnung nicht nur die materielle Not der Massen verbannt, sondern auch die kulturellen Ansprüche des Einzelnen erhört« (S. 197).

Es ist bemerkenswert, dass sich der Psychoanalytiker Freud, dessen Therapie auf einem Bewusstmachen infantiler Konflikte oder Komplexe, auf dem Fördern der Einsicht in sie und auf dem Versuch ihrer Überwindung beruhte, sich eine gesellschaftliche Veränderung nur durch eine Steigerung der Beherrschung der Naturkräfte vorstellen konnte, da er eine »Umwandlung der menschlichen Natur« (S. 195) für »sehr unwahrscheinlich« hielt.

Arbeitslosigkeit und Staatsintervention

Zeitgleich mit der Unterzeichnung des Versailler Vertrags erschien 1919 ein Buch des englischen Ökonomen John Maynard Keynes *Die wirtschaftlichen Folgen des Friedensvertrags*, das ihn berühmt machte. Keynes war Mitglied der englischen Verhandlungsdelegation in Versailles gewesen, verließ aber aus Protest vorzeitig die Verhandlungen, da er sich mit seinen Vorstellungen kein Gehör verschaffen konnte. Sein Buch ist eine Kritik des Friedensvertrags vor allem wegen der hohen Kriegsreparationen Deutschlands, die statt Frieden zu bringen, möglicherweise zu einem neuen Krieg führen würden. Besonders geht Keynes mit den drei Verhandlungsführern, dem Franzosen Clemenceau, dem Engländer Lloyd George und vor allem mit dem Amerikaner Wilson ins Gericht.

Keynes wurde 1883 in Cambridge geboren, wo sein Vater Professor für politische Ökonomie war. Über seinen ökonomischen Werdegang schreibt er, dass er »in englischer wirtschaftlicher Orthodoxie erzogen wurde, sogar einmal ein Priester jenes Glaubens war« (1936, S. VIII), dann sich aber in einen »Protestanten« verwandelt habe. Keynes Interessen gingen über den Horizont eines Fachökonomen hinaus. Über ein Mitglied des künstlerischen und intellektuellen Bloomsberry Kreises, James Strachey, der bei Freud in Analyse war und Freuds Werke auf Englisch herausgab, hatte er schon früh Bekanntschaft mit dem Freud'schen Denken gemacht. Strachey wiederum hat Roazen erzählt, dass er Freud während seiner Analyse das Buch von Keynes über den Versailler Vertrag geliehen habe, der daran Interesse zeigte (vgl. Roazen 2004, S. 315).

Keynes kannte die Schriften Freuds und seiner Schüler zum Gold und Geld und deren unbewusster Bedeutung, denn in seinem Buch *Vom Gelde* kommt er darauf zu sprechen: »Dr. Freud erzählt, daß es sonderbare, tief in unserem Unterbewußtsein wurzelnde Gründe gibt, weshalb besonders das Gold starke Instinkte befriedigt und als Symbol dient« (1930, S. 531). In einer Fußnote ergänzt er:

> »Für die Freudsche Theorie von der Geldliebe und besonders der Goldliebe siehe Freud, Collected Papers, vol. II, Clinical Paper No. IV; Ferenczi, Bausteine zur Psychoanalyse, Bd. I, ›Zur Ontogenie des Geldinteresses‹, S. 109ff.; und Ernest Jones, Papers on Psycho-analysis, Kap.VII, ›The Theory of Symbolism‹ und Kap. XI« (ebd.).

Diese Fußnote wird hier vollständig zitiert, um zu zeigen, wie Keynes mit der von Freud entdeckten Kotsymbolik des Goldes oder Geldes in seinen ökonomischen Veröffentlichungen umgeht. Einerseits schätzt er sie als Theorie von der Geldliebe, andererseits weist er nur indirekt auf sie hin und vermeidet, sie beim Namen zu nennen, denn die von ihm zitierte ins Englische übersetzte Freudschrift ist mit *Character and Anal-Erotism* (1908) und das Kap. VII von Jones mit *Anal-erotic character traits* (1918) überschrieben. Die von Freud mit dem Geld in

Verbindung gebrachten anal-erotischen Triebe erwähnt Keynes nicht, sondern spricht nur von starken Instinkten.
Keynes fährt in der Fußnote fort:

> »Die folgende Prophezeiung, die Dr. Jones im Jahre 1917 niederschrieb, mag vielleicht als ein Erfolg der psychoanalytischen Methode gewertet werden: ›Die Idee Besitz und Reichtum klammert sich deshalb aus bestimmten psychologischen Gründen hartnäckig an die Idee Geld und Gold. Diese abergläubische Haltung wird England besonders nach dem Kriege viele Opfer kosten, wenn wahrscheinlich Anstrengungen gemacht werden dürften, die Goldwährung um jeden Preis wieder einzuführen‹« (ebd.).

Auch bei diesem Zitat hat es Keynes vermieden, den vorausgehenden Satz von Jones zu zitieren, in dem die Kotsymbolik klar ausgesprochen wird: »Metallmünzen, und ganz besonders goldene, sind ein unbewußtes Symbol für die Exkremente, für das Material also, von dem in der Kindheit unser Sinn für Eigentum hauptsächlich abgeleitet wurde« (Jones 1916, S. 97). Möglich ist es, dass Keynes durch die Vermeidung, die Freud'sche Kot-Geld-Gleichung zu zitieren, seinen Ruf als ernst zu nehmender Ökonom nicht gefährden wollte.

Hession vermutet noch andere, tiefere Gründe, nämlich dass dabei auch »Keynes frühere, heimliche Homosexuellenexistenz eine Rolle« (1984, S. 350) gespielt haben könnte. Wie dem auch sei, jedenfalls ergänzt Keynes:

> »In letzter Zeit hat sich der Goldhunger, auri sacra fames, in ein Gewand der Ehrbarkeit zu hüllen versucht, und zwar von so ausgeprägter Ehrbarkeit, wie es selbst auf dem Gebiet des Geschlechtsleben und der Religion kaum zu finden ist. Ob nun dieses Gewand zuerst als notwendige Rüstung dienen sollte, um den harten Kampf gegen den Bimetallismus zu gewinnen, ob es, wie die Anwälte des Goldes behaupten, noch immer getragen wird, weil das Gold die einzige Sicherheit gegen die Pest des Willkürgeldes darstellt, oder ob das Ganze nur auf eine Drapierung im Freudschen Sinne hinausläuft, das zu ergründen, ist unsere Neugier nicht groß genug« (1930, S. 532).

Keynes verfasste sein epochemachendes Werk *Allgemeine Theorie der Beschäftigung, des Zinses und des Geldes* 1936, als Reaktion auf die Weltwirtschaftskrise 1929–32, die mit Arbeitslosigkeit und Verarmung einherging: »Die hervorstechenden Fehler der wirtschaftlichen Gesellschaft, in der wir leben, sind ihr Versagen, für Vollbeschäftigung Vorkehrung zu treffen und ihre willkürliche und unbillige Verteilung des Reichtums und der Einkommen« (S. 314). Er will mit seiner Theorie diese Fehler im Rahmen der kapitalistischen Verhältnisse korrigieren. Ohne dass er auf Marx Bezug nimmt, geht auch er von einer immanenten Instabilität des Kapitalismus aus und kritisiert als ökonomischer »Protestant« (S. VIII) die »englische wirtschaftliche Orthodoxie« oder die »klassische Ökonomie« (S. 4). Deren »Grundpostulate« (S. 5) sind für ihn, »daß es so etwas wie unfreiwillige Arbeitslosigkeit im strengen Sinn des Wortes nicht gibt« (S. 19) und, »daß das Angebot seine eigene Nachfrage schafft«, also ein sich selbst ins Gleichgewicht bringender Arbeitsmarkt und die Gültigkeit des »Gesetz von Say« (S. 23), das Krisen ausschließt. Diese Postulate führt er psychologisch auf den »berühmten Optimismus der traditionellen ökonomischen Theorie« (S. 28) zurück, »der dazu geführt hat, daß alle Ökonomen als Candides angesehen werden, die nach Verlassen dieser Welt sich der Bebauung ihrer Gärten widmen und lehren, daß alles aufs beste in dieser besten der möglichen Welten ist, wenn nur alles sich selbst überlassen bleibt« (S. 29), oder, wie er an anderer Stelle bemerkt, »den erprobten Grundsätzen des laissez-faire überlassen« (S. 110) wird. Dieser Optimismus sei ein Ausdruck der Angewohnheit, die realen »Schwierigkeiten einfach hinwegzudenken« (S. 29), was wiederum an eine Aussage von Marx erinnert, der in dem Gesetz von Say einen apologetischen Versuch sah, »die Widersprüche des kapitalistischen Produktionsprozesses wegzuleugnen« (1867, S. 128).

Zu Keynes' Sichtweise des Kapitalismus als immanent instabil und krisenhaft passt es, dass er eine Beziehung zum mythischen Midas herstellt. Er sieht die »wirtschaftliche Ordnung« (1936, S. 26) gerade durch die erfolgreiche »Anhäufung von Vermögen« (S. 183), englisch »accumulation of wealth«, periodisch oder auf die Dauer »das Schicksal des Midas erleiden« (S. 184). Er vertritt die Auffassung, »dass die Menschen in der Regel und im Durchschnitt geneigt sind, ihren Verbrauch mit der Zunahme in ihrem Einkommen zu vermehren, aber nicht im vollen Maße dieser Zunahme« (S. 83). Dadurch kommt es bei zunehmendem Einkommen zu einem abnehmenden »Grenzhang zum Verbrauch« (S. 97), indem »ein größerer Teil des Einkommens gespart wird« (S. 84). Das gesparte Geld, das einen Nachfrageausfall darstellt, soll, um eine Krise zu verhindern, für Investitionsgüter ausgegeben werden. Statt unmittelbarem Verbrauch und damit Bedürfnisbefriedigung strebt der Investor nach einem »voraussichtlichen Erträgnis« (S. 114) aus seinen Investitionen, die in der Zukunft »wirtschaftliche Früchte« (S. 184) und damit Geld »abwerfen« sollen. Dieses voraussichtliche Erträgnis nimmt aber mit der Zunahme der Investitionen ab, denn sie werden »bis zu dem Punkt getrieben« (S. 115), an dem es »keine Klasse von Kapitalwerten mehr gibt, deren Grenzleistungsfähigkeit den laufenden Zinssatz übersteigt«. Dadurch kommt es zu einer sinkenden »Veranlassung zur Investition« (S. 113) und zu einer steigenden »Vorliebe für Liquidität« (S. 140).

Diese von Keynes aufgestellten psychologischen Gesetze drücken mit anderen Worten dasselbe aus wie der Midasmythos, dass die Menschen, über ihre Grundbedürfnisse hinaus, ihre Wünsche in Form von dauerhaftem Gold oder Geld befriedigen wollen. Dies war beim mythischen Midas so ausgeprägt, dass er darüber seine Grundbedürfnisse vernachlässigte und ihm deshalb das Schicksal drohte, im Überfluss von Gold zu verhungern. Keynes versteht unter der Vorliebe für Liquidität die Wünsche des positiven Midaskomplexes, die Vorliebe oder den »Hang zum Horten« (S. 146), also die Schatzbildung. Sie bedeutet gerade nicht, das gesparte Geld zu liquidieren, also zu verflüssigen und in Waren zu verwandeln, wie dies am Ende von Midas berichtet wird, der seine Goldkraft durch ein Bad im Fluss wieder abwusch, damit liquidierte und so wieder einen Zugang zu Nahrungsmitteln bekam.

Wegen des Überflusses an Geld und Kapital kommt es dazu, »daß sich die Kluft zwischen der wirklichen und der potentiellen Erzeugung erweitert« (S. 26). Erst eine Aufgabe des »flüssigen Verfügungsrechts« (S. 140) kann wieder zu einer Ausweitung der Produktion führen. Die Überwindung der Krise und die Wiederherstellung eines Gleichgewichts zwischen Angebot und Nachfrage soll in der Markt- und Geldwirtschaft durch die Marktkräfte bewirkt werden. Das war die Überzeugung der liberalen Marktorthodoxie, gegen die sich Keynes nach den Erfahrungen der Weltwirtschaftskrise wendet. Er plädiert für eine Staatsintervention in Form von öffentlichen Geldausgaben und Investitionen zur Bekämpfung der Krise. Die Stärkung der Nachfrage nach Konsum- und Investitionsgütern, die die Privaten in ihrer Vorliebe für Liquidität nicht tätigen, muss vom Staat kommen, um der Wirtschaft das Schicksal des Midas zu ersparen. Nach Zinn hat inzwischen auch »der ›repräsentative‹ Arbeiterhaushalt die Sparschwelle überschritten« (1986, S. 82), sodass die »Keynessche Konsumfunktion«, der abnehmende Grenzhang zum Verbrauch und der steigende Hang zum Horten, nicht mehr länger auf »die Oberschicht« begrenzt, sondern zu einem »Massenphänomen« geworden ist. Damit hat sich auch der Midaskomplex weiter verallgemeinert und ist zu einem Massenphänomen geworden.

Keynes unterscheidet zwischen der »Spekulation« (1936, S. 133) als Ausdruck für die »Voraussage der Marktpsychologie« und der »Unternehmungslust« (S. 134), als Ausdruck für die »Voraussage des voraussichtlichen Erträgnisses von Vermögensbeständen während ihrer ganzen Lebensdauer«. Durch den »Fetisch der Liquidität« (S. 131), der durch die modernen Börsen ermöglicht wird, wird die Unternehmungslust gebremst und die Spekulation gefördert. Diese wird zu einem »Wettkampf der Gerissenheit«, bei dem der Sieger den »Schwarzen Peter an seinen Nachbarn weitergibt, bevor die Partie aus ist«. Diese Schwarze-Peter-Aktien sind dann die »schlechten Objekte« (Stroczan 2002, S. 83), die sich »vergiftet« und in Pechaktien verwandelt haben. Die Investition verliert so ihren sozialen Zweck, der in »der Überwindung der dunklen Kräfte der Zeit und Unwissenheit, die unsere Zukunft einhüllen« (Keynes 1936, S. 131), bestehen sollte. Die »Spekulanten mögen unschädlich sein als Seifenblasen auf einem steten Strom der Unternehmungslust. Aber die Lage wird ernsthaft, wenn die Unternehmungslust die Seifenblase auf einem Strudel der Spekulation wird«. Wenn »die Kapitalentwicklung eines Landes das Nebenerzeugnis der Tätigkeiten eines Spielsaales wird, wird die Arbeit voraussichtlich schlecht getan werden« (S. 134). In der englischen Ausgabe ist die Rede von »the activities of a casino«, woraus der Begriff Kasinokapitalismus entstanden ist, der das Vorherrschen des spekulativen Elements bedeuten soll.

Über die Bewältigung der Midaskrise durch staatliche Intervention in die private Wirtschaft schreibt Keynes: »Der Staat wird einen leitenden Einfluß auf den Hang zum Verbrauch teilweise durch sein System der Besteuerung, teilweise durch die Festlegung des Zinsfußes und teilweise vielleicht durch andere Wege ausüben müssen« (S. 318f.). Dabei stellt er sich vor, »daß eine ziemlich umfassende Verstaatlichung der Investitionen sich als das einzige Mittel zur Erreichung einer Annäherung an Vollbeschäftigung erweisen wird« (S. 319). Diese Verstaatlichung will er aber nicht mit einem System des Staatssozialismus verwechselt wissen, den er ablehnt. Die Notwendigkeit einer zentralen Leitung sieht er nur »für die Herbeiführung eines Ausgleichs zwischen dem Hang zum Verbrauch und der Veranlassung zur Investition«. Allerdings hat Keynes dabei nicht das *deficit spending* als permanentes staatliches Schuldenmachen zur Beeinflussung der Konjunktur im Sinn, das Keynes zu Unrecht zugeschrieben wird. Die Methode, dass der Staat Geld ausgibt, das er bei seinen Bürgern geliehen hat, und damit die eigenen Staatsrentner auch noch in der Krise durch Zinsgewinne auf seine Kosten bereichert, passt nicht zu den Zielen von Keynes, zu denen der »sanfte Tod des Rentners« (S. 317), im Englischen »euthanasie of the rentier«, gehörte und folglich der »sanfte Tod der sich steigenden Unterdrückungsmacht des Kapitalisten, den Knappheitswert des Kapitals auszubeuten«.

Nachdem Keynes 1925 die Sowjetunion besucht hatte, wurde ihm klar, dass ein revolutionärer Umsturz möglich war, dass er sich aber mit dem Ergebnis nicht anfreunden konnte: »Die autoritären Staatssysteme von heute scheinen das Problem der Arbeitslosigkeit auf Kosten der Leistungs-fähigkeit und der Freiheit zu lösen« (1936, S. 321). Sein ganzes Trachten ging dahin, dieses Problem im Rahmen der bestehenden Verhältnisse, wenn nicht zu lösen, so doch zu entschärfen. Er war dafür, »das freie Spiel der wirtschaftlichen Kräfte zu zügeln oder zu leiten« (S. 320), aber es soll dabei »immer noch ein weites Feld für die Ausübung der privaten Initiative und Verantwortung verbleiben«. In dem von seinen Mängeln und Missbräuchen gereinigten Individualismus sieht er die beste Gewähr der persönlichen Freiheit und damit für die Vielseitigkeit des Lebens. In dem Zusammenhang glaubt er auch, »daß bedeutsame Ungleichheiten von Einkommen und Reichtum gesellschaftlich und psychologisch gerecht-fertigt sind, aber nicht so große Ungleichheiten, wie sie heute bestehen« (S. 315). In Anbetracht des 1925 in der Sowjetunion beginnenden und später sogenannten Stalinismus, kann er dem Gelderwerb auch positive Seiten abgewinnen:

»Gefährliche menschliche Triebe können durch Gelegenheiten für Geld-erwerb und privaten Besitz in verhältnismäßig harmlose Kanäle abgeleitet werden, die, wenn sie nicht auf diese Art befriedigt werden können, einen Ausweg in Grausamkeit, in rücksichtsloser Verfolgung von persönlicher Macht und Autorität und anderen Formen von Selbsterhöhung finden könnten. Es ist besser, daß ein Mensch sein Bankguthaben tyrannisiert als seine Mitmenschen« (ebd.).

Auch wenn Keynes den Inhalt der »Freudschen Theorie von der Geldliebe« (1930, S. 531) oder der »Goldliebe«, also den von Freud entdeckten analen Charakter der Geld- und Goldliebe und damit die Kotsymbolik des Goldes und Geldes nicht ausdrücklich erwähnt, lassen doch
Bemerkungen darauf schließen, dass ihn diese Theorie weiter beschäftigte. So schreibt er in einer ökonomischen Zukunftsvision:

> »Die Liebe zum Gelde als einem Besitz – die unterschieden werden muß
> von der Liebe zum Gelde als einem Mittel, die Freuden und Wirklichkeiten
> des Lebens zu gewinnen – wird erkannt werden als das, was sie ist: etwas
> ziemlich ekelhaft Krankhaftes, eine jener halb kriminellen, halb patholo-
> gischen Neigungen, die man – mit einem Schauder – der Zuständigkeit der
> Fachleute für Geisteskrankheiten überläßt« (zit. n. Brown, 1959, S. 375).

Der amerikanische Kulturhistoriker Norman Brown war wohl der
erste, der mit diesem Zitat auf die Verbindung von Keynes zur Psychoanalyse hingewiesen hat. Keynes unterscheidet zwischen der Liebe zum
Geld als einem Mittel und als einem Besitz. Während mit dem Geld
als Tauschmittel sich Güter eintauschen lassen, die wirkliche Freuden
bereiten können, lehnt er die Liebe zum Geld als Besitz oder als Selbstzweck ab und bringt sie mit der unbewussten Symbolik des Geldes in
Verbindung. Indem er diese Liebe als etwas ekelhaft Krankhaftes bezeichnet und in die Zuständigkeit von Fachleuten für Geisteskrankhei-
ten überweist, übernimmt er unausgesprochen eine psychoanalytische
Deutung, nach der es sich dabei um eine infantile und unbewußte Koprophilie und damit um eine Perversion handelt.

Aber Keynes bringt die Liebe zum Geld als Besitz auch mit dem
Wunsch nach Unvergänglichkeit in Verbindung. Die kennzeichnen-
den Eigenschaften des Geldes sieht er vor allem darin, »daß es eine
scharfsinnige Einrichtung ist, um die Gegenwart mit der Zukunft zu
verbinden« (1936, S. 248). Je größer der Geldbetrag in der Gegenwart
ist, eine umso fernere Zukunft lässt sich damit verbinden. Freud zeigt,
wie »der Wunsch einen Anlaß der Gegenwart benützt, um sich nach
dem Muster der Vergangenheit ein Zukunftsbild zu entwerfen« (1908c,
S. 218). In Keynes Aussage fehlt der Verweis auf die Vergangenheit, die
das unbewusste und infantile Muster für die Zukunft abgibt. Aber bei
der von ihm an anderer Stelle vorgeschlagenen Geldgenese wird auch
die Vergangenheit berücksichtigt:

> »Das Geld ist, wie einige andere wesentliche Bestandteile der Zivilisation, eine Einrichtung von erheblich höherem Alter, als uns noch vor wenigen Jahren gelehrt wurde. Seine Ursprünge verlieren sich in die Nebelzeiten des schmelzenden Eises; sie mögen sich wohl zurückerstrecken bis in jene paradiesischen Perioden zwischen den Eiszeiten, als das Wetter schön war und der unbeschwerte Geist der Menschen empfänglich für neue Ideen – zu den Inseln der Hesperiden oder Atlantis oder zu einem Eden Zentralasiens« (1930, S. 11).

Hier wird angedeutet, dass der Mensch mit dem Besitz des Geldes in paradiesische Perioden zurückkehren möchte. Aber Keynes versucht nicht, diesen Widerspruch zwischen dem Geld als etwas ekelhaft Krankhaftem und seiner Entstehung in paradiesischen Perioden zu lösen, was eine richtig verstandene psychoanalytische Geldtheorie leisten kann.

Keynes distanziert sich von dem optimistischen Marktglauben der englischen Ökonomie, will aber bei aller Kritik an der Instabilität und Krisenanfälligkeit des Kapitalismus diesen erhalten. Er möchte dem Gold und Geld und damit dem Midaskomplex seine Wichtigkeit als motivierendem Wirtschaftsfaktor nehmen. Die »Liebe zum Geld« (1925, S. 107) ist für ihn »einer der mächtigsten menschlichen Triebe« und die »gelderwerbenden und geldliebenden Instinkte der Individuen« (S. 115) sind deshalb die »Haupttriebfeder der Wirtschaftsmaschine«. Diese »Geldsucht der Einzelnen« wird durch die Gesellschaft unterstützt und geschützt. Diese Aussagen illustriert er mit einem offensichtlich Freudianisch beeinflussten, ironischen Vorschlag:

> »Wenn das Schatzamt alte Flaschen mit Banknoten füllen und sie in geeignete Tiefen in verlassenen Kohlenbergwerken vergraben würde, sie dann bis zur Oberfläche mit städtischem Kehricht füllen würde und es dem privaten Unternehmungsgeist nach den erprobten Grundsätzen des laissez faire überlassen würde, die Noten wieder auszugraben« (1936, S. 110),

dann, so soll man schließen, wären bei den Unternehmern sowohl die analen geldliebenden Instinkte befriedigt als auch die Wirtschaftsmaschine wieder stimuliert.

Als jüngerer Zeitgenosse von Freud war Keynes mit der später sogenannten psychoanalytischen Geldtheorie vertraut. Man kann sogar behaupten, dass sie durch ihn geschichtsmächtig geworden ist. Seine

Theorie des Geldes war der Versuch, den Midaskomplex durch eine relative Entwertung des Geldes gegenüber den Waren zu zügeln. Dabei meinte er die Erkenntnisse Freuds zu gebrauchen, übersah aber, dass durch die Gleichsetzung von Geld mit Kot nicht nur die Abwertung, sondern auch die Aufwertung des Geldes, seine Unterschätzung sowie seine Überschätzung psychologisch verständlich gemacht werden kann. Keynes blieb geldreformerischen Vorstellungen verhaftet, die das Geld als Tauschmittel befürworten, den »Hang zum Horten« (S. 146) aber ablehnen. Seine Geldauffassung, wirtschaftspolitisch umgesetzt, führte zum »Fall des relativen Geldwerts« (Marx 1867, S. 648) und zugleich zum inflationären »allgemeinen Steigen der Warenpreise«, weil es nur noch Mittel sein sollte, um die eigentlich wertvollen Waren einzutauschen und so die Nachfrage das Angebot überstieg. Geld kann nur aufgewertet werden, wenn auch die Liebe zum Geld aufgewertet wird und das Geld wieder zum eigentlichen Tauschzweck, zum eigentlich wertvollen Objekt wird. Dadurch kommt es zu einem »Fall der Warenpreise«, einschließlich des Preises der Ware Arbeitskraft, und zu einem »Steigen des relativen Geldwerts«, wie das in einer Deflation, die zugleich Depression genannt wird, geschieht und geschehen muss, damit im Sinne des kapitalistischen Käufermarktes das Warenangebot wieder die Nachfrage übersteigt. Geld funktioniert nur als wertbeständiges allgemeines Tauschmittel, wenn es allgemeiner Tauschzweck ist und als solcher, psychoanalytisch gedeutet, mit dem wertvollen Goldkot gleichgesetzt wird. In diesen Zusammenhang gehört auch Keynes Fehleinschätzung des Goldes als »barbarisches Relikt« (1924, S. 177). Gold ist weniger ein barbarisches, als ein infantiles Relikt, von dem sich das Geld nicht lösen kann, ohne sich selbst aufzuheben. Keynes selbst und seine Nachfolger haben den Widerstand der Geldbesitzer gegen eine Entwertung des Geldes unterschätzt und zugleich boten sie deren theoretischen Wortführern, den Monetaristen, dadurch eine offene Flanke.

In dem Vorwort zur deutschen Ausgabe seiner *Allgemeinen Theorie* von 1936 spricht Keynes in Bezug auf das damalige Deutschland vom »totalen Staat« (S. IX), meint aber, seine Theorie sei auch anwendbar auf Zustände, »in denen die staatliche Führung ausgeprägter ist«. Deutschland hatte unter den Nationalsozialisten und unter ihrem Reichsbankpräsidenten und Wirtschaftsminister Schacht seit 1933 konsequent einen später sogenannten Rechtskeynesianismus praktiziert. Dieser ist nach Mattfeld charakterisiert durch »staatliche Nachfrageschübe, finanziert aus

Geldschöpfung und/oder staatlicher Verschuldung (Defizit spending)«
(1985, S. 40) zur Aufrüstung und Vorbereitung eines Krieges. Diese Wirtschaftspolitik war mit einem Abbau der Arbeitslosigkeit verbunden. Sie
wurde unterstützt und erst möglich gemacht, indem die Gewerkschaften
mit ihren Lohnforderungen ausgeschaltet waren.

In Deutschland führten die Weltwirtschaftskrise 1929–1932 und die
damit einhergehende Arbeitslosigkeit zur Machtergreifung Hitlers. Das
nationalsozialistische Deutschland konnte sich mit einer Aufgabe der
imperialen Ambitionen nach dem Weltkrieg nicht abfinden. Durch den
Vertrag von Versailles waren etwa ein Fünftel des deutschen Staatsgebiets
und alle Kolonien verloren gegangen und durch die Reparationszahlungen
schien in absehbarer Zeit ein erneuter Aufstieg zur imperialen Macht ausgeschlossen. Für den nationalen Zusammenbruch von 1918 wurden von
Hitler Schuldige gesucht und gefunden. Es war die dämonisierte jüdische
Rasse, die als jüdisches Finanzkapital die kapitalistischen USA und als
jüdischer Bolschewismus die kommunistische Sowjetunion beherrschte,
propagandistisch formuliert: die goldene und die rote Internationale.
Auch die jüdisch-internationale Psychoanalyse wurde zu den Schuldigen
gezählt und deren seelenzersetzende Schriften 1933 verbrannt. Unter
dem Einfluss von realitätsverkennenden Größen-, Verfolgungs- und
Racheideen wurde ein zweiter imperialistischer Krieg begonnen und die
vermeintlich Schuldigen an der Niederlage des ersten Krieges vernichtet.
Beides zusammen führte zu vielen Millionen Toten und zum völligen
Zusammenbruch des deutschen Reiches.

Inflation und Monetarismus

Altvater vertritt die Ansicht, dass »in der langen Geschichte des kapitalistischen Weltsystems« (2005, S. 109) es »keine so dynamische Phase
wie die zwischen dem Ende des Zweiten Weltkriegs und etwa Mitte der
1970er Jahre gegeben« habe. Er hält diesen Erfolg dem »nationalstaat-
lichen, keynesianischen Interventionismus« zu Gute. Aber auch dieses
»goldene Zeitalter« fand ein Ende, was sich im »Zusammenbruch des
Weltwährungssystem von Bretton Woods«, an dessen Gestaltung Keynes
1944 noch maßgeblich mitgewirkt hatte, zeigte. In den USA folgte eine
wirtschaftliche Stagflation, eine Kombination von Stagnation und Inflation. Die an Keynes ausgerichtete Wirtschaftspolitik hatte dagegen kein

taugliches Rezept, da sie sich nicht zu den radikaleren Vorschlägen von Keynes, wie dem einer umfassenden Verstaatlichung der Investitionen, entschließen konnte. Ende der 70er Jahre wurde deshalb nach Galbraith »das Banner der Keynesschen Revolution eingerollt. In der Geschichte der Wirtschaftstheorie folgte auf das Zeitalter von John Maynard Keynes das Zeitalter von Milton Friedman« (1987, S. 328). Es begann der Aufstieg des Monetarismus, auch Neoliberalismus genannt, der sich zuerst in der Wirtschaftspolitik von Präsident Reagan in den Vereinigten Staaten und von Ministerpräsidentin Thatcher in Großbritannien niederschlug.

Schon 1962 hatte sich der damals noch weitgehend unbekannte und gegenüber Keynes fast 30 Jahre jüngere Friedman zum ersten Mal für eine breitere Öffentlichkeit mit seinem Buch *Kapitalismus und Freiheit* zu Wort gemeldet. Nach seiner Autobiografie, die das Nobelpreis-Komitee 1976 veröffentlichte, wurde er 1912 als Kind von Einwanderern aus Osteuropa in New York geboren. Der Vater bemühte sich meist erfolglos in verschiedenen Berufen und starb, als Friedman 15 Jahre alt war. Über die ökonomische Lage seiner Familie schreibt er rückblickend: »Das Familieneinkommen war klein und sehr unsicher. Die finanzielle Krise war ein beständiger Begleiter. Aber es gab immer genug zu essen und die Familienatmosphäre war warm und unterstützend« (Friedman 1976, o.S; eigene Übersetzung). Friedman bekam ein staatliches Stipendium, betont aber, dass es ein »competitive scholarship« war, um das er mit anderen erfolgreich konkurrieren musste. Neben dem Studium finanzierte er sich »durch die übliche Mischung von Kellnern, Aushilfsarbeiten, gelegentlichen Unternehmungen und Ferienarbeiten«.

Im Jahr 1932, inzwischen an der Universität von Chicago, war für ihn persönlich das wichtigste Ereignis

> »das Zusammentreffen mit einer scheuen, zurückgezogenen, lieblichen und außerordentlich gescheiten Kommilitonin, Rose Direktor. Wir heirateten 6 Jahre später, als unsere depressiven Ängste (depression fears), woher unser Lebensunterhalt kommen sollte, sich zerstreut hatten und, in den Worten des Märchens, lebten seitdem glücklich zusammen« (ebd.).

Friedman hat anscheinend nicht nur im persönlichen, sondern auch im beruflichen Bereich seine Erfolgsgeschichte als Märchen, als *fairy tale*, erlebt. Gemäß dem *American Dream* war er ein Selfmademan, der es aus ärmlichen Einwandererverhältnissen über den obligaten Aushilfskellner oder Tellerwäscher zum Professor, schließlich zum Nobelpreisgewinner und zudem noch zum Millionär gebracht hat. Der amerikanische Traum besteht in einer erfolgreichen Realisierung des Midaskomplexes, indem es jemandem gelingt, sich in einen Millionär zu verwandeln, oder wie die Amerikaner es ausdrücken, »from rags to riches«, also »von Lumpen zu Reichtümern«, zu kommen.

Schon in den wirtschaftlich depressiven 30er Jahren wurde Friedman zu einem manischen Optimisten mit einem absoluten Vertrauen in den freien Markt, auf dem er sich schon persönlich gegen Mitkonkurrenten erfolgreich durchgesetzt hatte. Mit manisch ist hier nicht eine psychiatrische Diagnose, sondern der Stimmungsgegensatz zu depressiv gemeint. Dazu passt eine Charakterisierung durch Galbraith: Friedman war »ein einsatzfreudiger, ja unermüdlicher Verfechter der Politik, die sich den Leerraum, den der Keynesianismus hinterlassen hatte, erobern sollte« (1987, S. 325). Er war »ein kleiner Mann von kraftvoller Sprache, einmalig hartnäckig in Debatten und Diskussionen, völlig unbelastet von jedem Zweifel, wie er zuweilen feinsinnigere Gelehrte befällt«. Die von Keynes ironisch gemachte Bemerkung, »daß alles aufs beste in dieser besten der möglichen Welten ist, wenn nur alles sich selbst überlassen bleibt« (1936, S. 29), wurde zu seinem Fundamentaldogma.

Aufgrund seiner Geschichte kann er nicht verstehen, wie er in seinem Buch *Kapitalismus und Freiheit* schreibt, dass »Minoritäten, die als erste das Ziel von Misstrauen und Feindseligkeit durch die Mehrheit werden: die Schwarzen, die Juden und die Einwanderer in der ersten Generation« (1962, S. 45) meist seinen Marktglauben nicht teilen:

> »Paradoxerweise setzen sich die Feinde der freien Marktwirtschaft – wie Sozialisten und Kommunisten – in unverhältnismäßig hohem Maße aus Mitgliedern dieser Gruppe zusammen. Anstatt anzuerkennen, dass die Existenz des Marktes sie vor der Böswilligkeit ihrer Mitglieder schützt, schreiben sie irrtümlicherweise die ihnen gegenüber bestehende Diskriminierung der Existenz des Marktes zu« (ebd.).

Obwohl Friedman Jude war und seine Eltern arme Einwanderer, wurde er ein Anhänger des freien Marktes. Seine persönliche Wirkung bestand darin, dass er überzeugend verkündigen konnte: Jeder, selbst wenn er von diskriminierten Minderheiten abstammt oder zu ihnen gehört, kann erfolgreich und reich werden und kann gesellschaftlich und ökonomisch aufsteigen, wenn er nur den freien Markt als Bühne benutzt. Friedmans Geschichte ist exemplarisch für eine veränderte gesellschaftliche Einstellung gegenüber dem Midaskomplex und seiner zunehmend ungehemmten Realisierung.

Zu Beginn der Einleitung seines Buches zitiert er die berühmt gewordene Passage aus der Inaugurationsrede Kennedys: »Fragt nicht, was euer Land für Euch tun kann – fragt, was Ihr für Euer Land tun könnt« (S. 24), um sie sogleich polemisch auseinanderzunehmen:

> »Denn weder die eine noch die andere Hälfte des Satzes drückt die Beziehungen aus zwischen dem Bürger und seiner Regierung, die eines freien Menschen in einer freien Gesellschaft würdig sind. Das ›Was Euer Land für Euch tun kann‹ ist paternalistisch: Die Regierung ist der Herr und der Bürger sein Schutzbefohlener. Es steht ganz im Gegensatz zu dem Glauben eines freien Individuums an seine Verantwortung für sein eigenes Schicksal. Das anschließende Gegenstück ›Was Ihr für Euer Land tun könnt‹ beinhaltet: Der Staat ist der Herr oder die Gottheit und der Bürger der Diener oder getreue Anbeter« (ebd.).

Der »freie Bürger« sollte den Staat »nur als Mittel, als ein Instrument und nicht als einen Spender von Gunst und milden Gaben oder als Herr und Gott, dem er blind gehorchen und dienen muss«, betrachten. Dieser liberale, antiautoritäre, gegen die göttliche oder paternalistische Autorität des Staates gerichtete Ton ist der Grundton seines ganzen Buches.

Die Aufgabe einer Regierung sieht Friedman darin,

> »unsere Freiheit zu schützen, insoweit sie von außerhalb bedroht ist und insoweit sie unsere Mitbürger verletzen könnte: also für Gesetz und Ordnung zu sorgen, die Einhaltung privater Verträge zu überwachen, für Wettbewerb auf den Märkten zu sorgen« (S. 25).

Die so erreichte wirtschaftliche Freiheit ermöglicht dann die Freiheit auf anderen Gebieten:

> »Indem wir uns in erster Linie auf freiwillige Kooperation und privaten Unternehmungsgeist in wirtschaftlichen oder sonstigen Aktivitäten verlassen, können wir sichergehn, dass der private Sektor der Zügel ist, den wir dem Staatssektor anlegen, und daneben ein wirksamer Schutz der Redefreiheit, der Freiheit der Religion und der Freiheit der Gedanken« (ebd.).

Den Markt betrachtet er als »einen direkten Bestandteil der Freiheit« (S. 34) gegen den »allmächtigen Staat« (S. 41).

Auf dem ursprünglichen Markt wurde »das Geld als Mittel eingeführt« (S. 37), um »die Tauschvorgänge zu vereinfachen und die beiden Akte, Kauf und Verkauf, in zwei getrennten Vorgängen durchzuführen«. Der Markt bietet jedem die Möglichkeit, durch Kauf von Gütern und Dienstleistungen seine Bedürfnisse besser zu befriedigen, als wenn er »Güter und Dienste für seinen eigenen unmittelbaren Gebrauch selbst produzieren« (S. 36) würde. Andererseits bietet er dem »kommerziellen Antrieb« (S. 44) der Unternehmer die Möglichkeit, »soviel Geld wie möglich« zu verdienen. Eine »soziale Verantwortung« (S. 164) der Marktteilnehmer lehnt Friedman ab:

> »In einem freien Wirtschaftssystem gibt es nur eine einzige Verantwortung für die Beteiligten: Sie besagt, dass die verfügbaren Mittel möglichst Gewinn bringend eingesetzt und Unternehmungen unter dem Gesichtspunkt der größtmöglichen Profitabilität geführt werden müssen, solange dies unter Berücksichtigung der festgelegten Regeln des Spiels geschieht« (ebd.).

Friedman lehnt zwar einen paternalistischen, allmächtigen und vergöttlichten Staat ab, setzt aber an die Stelle der sichtbaren oder öffentlichen Hand des Staates die »unsichtbare Hand« (S. 165) des Marktes, die besagt: »Indem der Einzelne seine eigenen Ziele zu erreichen sucht, dient er oft den Interessen der Gesellschaft besser, als wenn er sie bewusst verfolgt.« Hinter der unsichtbaren Hand des Adam Smith steht aber, wie der Übersetzer Recktenwald einräumt, ein »optimistischer Deismus« (1974, S. XLII), also ein »Gott oder die Vorsehung«, die die Menschen an ihre göttliche oder paternalistische Hand nehmen. Der englische Psychoanalytiker Tuckett hat sie als eine »hidden (parental) hand« (2009, S. 18) gedeutet.

Über die wirtschaftliche Entwicklung in den Vereinigten Staaten sagt Friedman: »Die unsichtbare Hand erreichte mehr Fortschritt als die sichtbare Hand Rückschritt« (1962, S. 327). Diese unsichtbare Hand sei es auch, die wirtschaftliche Krisen und Depressionen verhindert:

> »Eine Wirtschaft des freien Unternehmertums, so sagt man, sei von Natur instabil. Sich selbst überlassen schaffe sie abwechselnd Zyklen von Boom

und Bankrott. Die Regierung müsse also einschreiten, um einen sicheren Kurs zu steuern. Diese Argumente galten besonders während und nach der großen Depression der Dreißigerjahre. Sie spielten eine große Rolle bei der Entstehung des New Deal« (S. 61),

der wiederum »stark von dem Gedankengebäude J.M. Keynes beeinflusst war«. Gegen Keynes gerichtet behauptet er:

»Diese Argumente sind absolut irreführend, Tatsache ist: die große Depression – wie die meisten Perioden starker Arbeitslosigkeit – wurde mehr durch ein falsches Vorgehen der Regierung, als durch eine der freien Marktwirtschaft innewohnenden Labilität hervorgerufen« (ebd.).

In seinem Buch von 1962 ist noch nicht von Inflation die Rede, sondern vom Gegenteil, der »Deflation« (S. 66) und der damit einhergehenden Depression, die er durch die Geldmenge verursacht sieht:

»Ich kenne keine starke Depression in irgendeinem Land oder zu irgendeiner Zeit, die nicht von einer starken Abnahme der Geldmenge begleitet gewesen wäre, und ebenso kenne ich keine scharfe Abnahme der Geldmenge, die nicht von einer harten Depression begleitet gewesen wäre« (S. 74).

In seiner Argumentation bezieht er sich auf die »große Depression von 1929/33« (S. 69), für die er die 1914 »von der Regierung eingerichtete Institution« (S. 61), das »Federal Reserve System«, kurz »Fed« genannt, verantwortlich macht.

In der Krise war »die Geldmenge in den Vereinigten Staaten um ein Drittel« (S. 73) gefallen. Hätte die »Fed« damals »diese Verminderung der Geldmenge verhindert, wie es eindeutig möglich und richtig gewesen wäre, wäre die Rezession kürzer und leichter gewesen« (S. 73). Statt wie allgemein angenommen,

»ein Zeichen für die dem System des freien Unternehmertums innewohnende Instabilität zu sein, ist die große Depression in den Vereinigten Staaten vielmehr ein Beweis dafür, wie viel Schaden durch die Fehler einiger weniger Männer angerichtet werden kann, wenn sie die ganze Macht über das Geldsystem eines Landes ausüben« (S. 74).

Auf diese Argumentation beruft sich in jüngster Zeit der amerikanische Zentralbankvorsitzende Bernake, um seine Geldmengenausweitung zu rechtfertigen, und auch sein Vorgänger Greenspan war sich darin mit ihm einig.

Friedman kommt auf ein »Dilemma« (S. 64) der Liberalen zu sprechen, einen »stabilen monetären Rahmen« zu erreichen, in dem es aber »keine verantwortungslose Ausübung geldpolitischer Macht geben kann«. Eigentlich wäre eine

> »grundsolide Goldwährung, bei der 100 Prozent des Geldes in einem Land buchstäblich aus Gold bestünden, [die] von der ganzen Bevölkerung gestützt würde, die wiederum von der Mythologie des Goldstandards durchdrungen wäre und in dem Glauben lebte, es sei unmoralisch und unrecht von der Regierung, hier einzugreifen [..., der ...] Idealzustand, der viele Anhänger eines automatischen Goldstandards begeistert« (S. 63).

Er wäre die »absolute Garantie dafür, daß die Regierung die Währung nicht manipuliert oder eine unverantwortliche Geldpolitik betreibt« (S. 64).

Aber Friedman war kein Anhänger des Goldstandards, denn der »fundamentale Fehler einer Warenwährung – vom Standpunkt der Gesellschaft als Ganzes – liegt darin, daß man natürliche Ressourcen haben muß, um den Goldbestand zu vermehren«. Dieser Nachteil war für »die Menschen ein starker Anreiz, Wege zu finden, das gleiche Ziel zu erreichen, ohne auf diese Ressourcen angewiesen zu sein«. Es entstand so eine »Tendenz in Richtung auf ein gemischtes System, das kreditäre Elemente wie Banknoten und Depositen oder Staatspapiere als Ergänzung enthielt«. Aber sind erst »kreditäre Elemente« eingeführt, so führt dies zu einer Regierungskontrolle, um »Fälschungen oder deren wirtschaftliche Auswirkungen zu verhindern« (S. 65). Schließlich wird dadurch »für die Regierung die Versuchung fast unwiderstehlich, selbst Kreditgeld herauszugeben«. Als überzeugter Liberaler möchte Friedman vor allem frei (liber) und unabhängig sein, nicht nur von der Macht und Kontrolle eines paternalistischen Staats, sondern auch von den Begrenzungen der natürlichen Ressourcen, von den Goldressourcen der Mutter Natur.

Um zu verhindern, dass »die Geldpolitik den täglichen Launen politischer Autoritäten unterworfen« (S. 75) wird, schlägt er »eine Regelung durch Gesetze anstatt durch Menschen« vor und zwar eine »Regelung, die

die Finanzbehörden anweist, eine festgesetzte Wachstumsrate für die vorhandene Geldmenge zu erzielen« (S. 77). Zu seinen weiteren Vorschlägen gehörte auch eine Reform der »Rolle des Goldes im Währungssystem« (S. 81) und daraus folgend »ein System von freien Wechselkursen« (S. 90). Der US-Dollar war noch an das Gold gebunden, sodass ausländische Zentralbanken ihre überschüssigen Dollars gegen Gold eintauschen konnten, wobei eine Unze Gold 35 Papierdollar kostete. Darauf Bezug nehmend meint er: »Wir hinken kulturell hinterher, wenn wir noch immer das Gold als zentrales Element unseres Währungssystems ansehen«. Er befürwortete deshalb einen »freien Gold- und Devisenmarkt« (S. 92) und er empfahl der Regierung in Bezug auf das Währungsgold, »sich endgültig von allen ihren Vorräten zu trennen« (S. 93). Was die Rolle des Goldes im Währungssystem betrifft, gibt es keinen fundamentalen Unterschied zwischen Keynes und Friedman. Jener spricht vom Goldstandard als einem barbarischen Relikt, dieser von einem kulturellen Hinterherhinken. Zehn Jahre später wurden Friedmans Reformvorschläge umgesetzt: 1971 wurde die Goldkonvertibilität des Dollars aufgegeben und 1973 das System von freien Wechselkursen international eingeführt. Dass sich die USA auch von ihren Goldvorräten getrennt hätten, die in Fort Knox, Kentucky, lagern, wurde aber bisher nicht bekannt.

In Friedmans 1992 veröffentlichtem Buch *Geld regiert die Welt* steht nicht mehr die Deflation der 30er Jahre, sondern die Inflation im Mittelpunkt seines Interesses. In den Vereinigten Staaten wurde diese

»ab Mitte der sechziger Jahre bis Ende der siebziger Jahre durch drei miteinander verbundene Ursachen ausgelöst: erstens durch das rasche Anwachsen der Staatsausgaben, zweitens die staatliche Vollbeschäftigungspolitik und drittens durch eine fehlgeschlagene Politik des Federal Reserve System« (S. 211).

Beim heutigen »Papiergeld« können nur die »staatlichen Organe« ein »übermäßiges Geldmengenwachstum auslösen und damit eine Inflation herbeiführen«. So dient die »Inflation als Einnahmequelle für den Staat« (S. 215), denn »die Finanzierung der Staatsausgaben durch Erhöhung der Geldmenge erscheint wie ein Zaubertrick: Man bekommt etwas für nichts«. In Wirklichkeit zahlen aber »alle, die Geldbestände halten«. Bei bestehender Steuerprogression ermöglicht eine Inflation erhöhte Steuereinnahmen und schließlich sind Inflationen günstig für

Schuldner, in diesem Fall für den verschuldeten Staat, indem er seine Schulden mit wertloserem Geld zurückzahlt. Aus diesem Grund ist der Staat an einer »Therapie der Inflation« (S. 219) nicht interessiert. Als »lehrreiche Analogie« erwähnt Friedman den »Vergleich zwischen Inflation und Alkoholismus«.

Da »ein übermäßiges Geldmengenwachstum die eine und einzige Ursache der Inflation darstellt, ist eine Bremsung der Geldmengenausweitung die eine und einzige Lösung, mit der man eine Inflation in den Griff bekommt« (S. 219). Da aber diese »Therapie« mit »schmerzhaften Nebenwirkungen« (S. 221) verbunden ist, mit »einem Rückgang des Wirtschaftswachstums und einem vorübergehenden Anstieg der Arbeitslosigkeit«, will sie der Staat möglichst vermeiden. Schließlich wurde diese Therapie dann doch 1980 in den Vereinigten Staaten angewandt, denn die Inflation war an einen Punkt gekommen, »an dem sie das gesellschaftliche Gefüge so tief schädigte und soviel Ungerechtigkeit und Leid schaffte, daß die Öffentlichkeit wirklich den Willen entwickelte, etwas dagegen zu tun« (S. 223). So zog

»die Fed die Währungsbremse. Die Folge war eine schwere Rezession und ein anschließender Rückgang der Inflation. Ende 1982 schlug die Fed einen neuen Kurs ein und erhöhte die Geldmenge. Die Wirtschaft erholte sich rasch und trat in die längste Wachstumsphase der Nachkriegszeit ein. Die nachteiligen Wirkungen setzten zuerst ein, die positiven Auswirkungen folgten später. Von dieser Therapie profitierte das Land ganz erheblich« (S. 221).

Das »Federal Reserve System« wurde damals von Paul Volcker geleitet, der die Zinsen stark anhob, die Geldmenge begrenzte und dadurch eine schwere Krise mit hoher Arbeitslosigkeit auslöste, den sogenannten Volcker-Schock. Es ist bis heute umstritten, woran der Erfolg dieser Radikalkur gegen die Inflation lag, an der Reduzierung der Geldmenge oder daran, dass durch diese Therapie und durch die ihr folgende Krise mit hoher Arbeitslosigkeit die Gewerkschaftsmacht unvorbereitet so getroffen wurde, dass sie sich bis heute davon nicht erholt hat. Vorher gelang es nach Friedman dem »Monopol« (1962, S. 153) der Gewerkschaften, »in vielen Fällen das Lohnniveau über die vom Markt gegebene Höhe anzuheben«. Diese Möglichkeit wurde durch die Maßnahmen gegen sie gestoppt, die Reallöhne stagnieren bis heute und besonders in den USA wurde ihre Macht deutlich geschwächt.

Aber an die Stelle der Arbeits- und Güterpreisinflation trat nun, als Folge der erfolgreichen Umverteilung, die »asset price inflation«. Die durch die Reformen bevorzugten Geldbesitzer kauften nicht in erster Linie Konsumgüter oder Produktionsmittel, sondern Vermögenswerte (assets) und verursachten damit auf dem Finanzmarkt zunehmend inflationäre Entwicklungen, eine Blasenökonomie, in der die spekulativen Gewinne diejenigen in der realen Wirtschaft überstiegen, wodurch sich die Dominanz der Finanzwirtschaft ausdrückte. Galbraith kommentiert die Friedman'sche und Volcker'sche Inflationstherapie so: Indem die Inflation durch Erhöhung der Zinssätze bekämpft wurde, war dies für jene Leute und Institutionen, die Geld zu verleihen hatten, »höchst angenehm« (1987, S. 328). Ausserdem »steht eine restriktive Geldpolitik in scharfem Gegensatz zu einer restriktiven Fiskalpolitik, die durch Erhöhung der persönlichen Einkommensteuer wie der Körperschaftssteuer den Reichen Nachteil bringt«.

Der Begriff Monetarismus stammt nicht von Friedman und ist, wenn man die historischen Geldtheorien betrachtet, zweideutig. Marx spricht vom »Merkantil- und Monetarsystem« (1859, S. 134) und meint damit die Wirtschaftstheorie und -politik, die dem klassischen Liberalismus eines Hume, Smith und Ricardo vorausgingen. Er nennt die »Urheber des Monetarsystems, wovon das Merkantilsystem nur eine Variante ist« (S. 133), die »ersten Dolmetscher der modernen Welt«, denn sie proklamierten »Gold und Silber, d. h. Geld, als den einzigen Reichtum«. Einer der ersten Kritiker dieses alten Monetarismus war Hume, der nach der Überschätzung des Geldes durch die Monetaristen es bewusst unterschätzte, wenn er schreibt: »Geld ist kein eigentlicher Handelsgegenstand; es ist vielmehr nur das Mittel, das nach Übereinkunft der Menschen zur Erleichterung des Umtausches einer Ware gegen eine andere dient« (1742, S. 48). So formuliert er, was später die Quantitätstheorie des Geldwerts genannt wurde: Werden die Waren vermehrt, »so werden sie billiger, wird das Geld vermehrt, so steigen die Waren im Preise« (S. 56).

Friedman vertritt in der Nachfolge von Hume, auf den er sich beruft, das Gegenteil des traditionellen Monetarismus. Dies zeigt sich in seiner Neoquantitätstheorie, in seiner Ablehnung des traditionellen Goldgeldes und in seiner Auflösung des Geldrätsels und des Wertbegriffs: »Ein Grund, warum Geld für viele ein Rätsel ist, liegt unter anderem in der Rolle, die Mythos, Illusion oder Konventionen spielen« (1992, S. 21). Um ihm die »Mystik« (S. 27) zu nehmen, konzentriert er sich auf die heutige

»Geld- und Währungsordnung«, die zwar »historisch betrachtet einen Sonderfall darstellt, heute jedoch die Regel ist: eine reine Papierwährung, die praktisch keinen Materialwert hat« (S. 28). Diese Papierwährungen haben aber trotzdem einen Wert, »weil alle davon überzeugt sind, daß sie einen Wert haben; und alle glauben, daß sie einen Wert haben, weil alle die Erfahrung gemacht haben, daß sie schon immer Wert hatten« (S. 23). Wenn der Wert des Papiergelds eine Konvention oder eine Illusion ist, dann müssen konsequenterweise die werthaltigen Waren zu Geld werden. Friedman unterscheidet bei der vorgegebenen Geldmenge zwischen der »nominalen Geldmenge (der Zahl der umlaufenden Dollarnoten) und der realen Geldmenge (den Waren und Dienstleistungen, die sich mit der nominalen Geldmenge erwerben lassen)« (S. 31). Auf diese Weise wird das Papiergeld nominales Geld, die Waren dagegen reales Geld.

So kommt man bei Friedman zu dem widersprüchlichen Ergebnis, dass ein Monetarist versucht, das Geld vom Gold zu lösen und dann den spezifischen Charakter von Geld gegenüber den Waren zu negieren. Um das Gleichgewichtsdogma des Marktes aufrechterhalten zu können, macht er das Geld zur reinen Konvention und Illusion, das im Warenaustausch nur eine vermittelnde Rolle spielt, nicht als Selbstzweck angestrebt wird und deshalb nicht krisenauslösend sein kann. Der Staat, den er sonst gering schätzt, wird aber durch dieses Geldverständnis zum wichtigen Akteur, indem er das illusionäre und nominelle Papiergeld kreiert, seine Menge und damit seinen Wert bestimmt und nach einem vorgeschriebenen Gesetz die Öffentlichkeit damit versorgt. Aber der Friedman'sche Monetarismus hat seinem Namen doch noch Ehre gemacht, weil er die monetäre gegenüber der realen Ökonomie erheblich gestärkt hat. Dies geschah durch die allgemeinen Liberalisierungen und Deregulierungen des Marktes, sowohl des Finanz- als auch des Arbeitsmarktes, und durch die monetäre Wende in der amerikanischen Geldpolitik, indem durch die hohen Zinsen Kapital aus aller Welt angezogen wurde, das bei fallenden Zinsen zunehmend an der Börse angelegt wurde und ihr zu einem Boom verhalf.

Rückblickend war Friedman mit dem programmatischen Titel seines Buches *Capitalism and Freedom* der ideale Propagandist für Liberalisierung und Globalisierung. Durch die Liberalisierung wurde der Midaskomplex befreit und entfesselt. Die Politik der Deregulierung und Privatisierung erschloss ihm neue Felder, die vorher durch Staatsbesitz und Staatsintervention verschlossen waren. Zugleich verbreitete sich durch die Globalisierung der Midaskomplex weltweit, indem die nationalen Begrenzungen zunehmend wegfielen und neue kapitalistische Emporkömmlinge und Konkurrenten wie China und Indien auf dem Weltmarkt erschienen. Ein Hinweis auf die mythische Gestalt des Midas oder gar auf die psychoanalytische Geldtheorie lässt sich im Werk von Friedman nicht finden. Trotzdem wurde durch die Friedman'sche liberale und monetaristische Revolution, die eine Gegenrevolution gegen die Keynes'sche Wirtschaftstheorie und -politik war, die Vermutung von Hörisch bestätigt, dass durch den »Midas-Komplex« (2002, S. 30) nicht nur Individuen, sondern auch »Volkswirtschaften in eine Krise geraten, wenn reine Finanzgeschäfte für längere Zeit deutlich höhere Renditemöglichkeiten verheißen als innovatorische und produktive Aktivitäten in der Realwirtschaft« (S. 29).

Marx bemerkt über Ricardo: »Er starb rechtzeitig gerade vor dem Ausbruch der Krise von 1825, die seine Prophezeiung Lügen strafte« (1859, S. 153). Dasselbe könnte man über Friedman sagen, er starb rechtzeitig 2006, um nicht noch persönlich die Finanzkrise, beginnend 2007, zu erleben. In ihr wurde das Dogma von der Stabilität der Märkte Lügen gestraft. Joseph Stiglitz, wie Friedman ein amerikanischer Nobelpreisträger der Wirtschaftswissenschaften, konstatiert 2008 in einem Interview: »Der Fall der Wall Street ist für den Markt-Fundamentalismus das, was der Fall der Mauer für den Kommunismus war. Es zeigt, dass der Weg dieser Wirtschaftsordnung nicht gangbar ist«. Stiglitz als Neo-Keynesianer erwähnt allerdings nicht, dass auch die von Keynes inspirierte Wirtschaftspolitik schon in den 70er Jahren zu Fall gekommen ist.

Schluss

Der amerikanische Publizist William Pfaff veröffentlichte 2009 einen Artikel mit dem Titel »From Midas to Modern Crisis«. Darin schreibt er: »Wenn man versucht, eine zeitgenössische Lehre aus der griechischen Mythologie zu ziehen, dann ist die Geschichte des Midas unwiderstehlich. Sie liefert einen Kommentar zu unserer globalen ökonomischen und finanziellen Krise, in der das Streben nach Reichtum uns ruiniert hat« (eigene Übersetzung). Der von Ovid überlieferte Midasmythos erzählt aber auch, dass sich Midas mit seiner unersättlichen Goldgier nicht völlig ruinierte, sondern durch eigene Einsicht und mithilfe des Gottes Bacchus als Vaterfigur von seinem goldenen Elend wieder befreit werden konnte. Nicht nur die zur Finanzkrise von 2008 führende Geldgier, sondern auch die Bewältigung der Krise scheint sich als mythologisches Muster zu wiederholen. Sowohl durch eigene Einsicht der Finanzakteure als auch mithilfe des Staats konnte ein ruinöser Zusammenbruch des Finanzsystems verhindert werden.

Die klassische Fassung des Midasmythos durch Ovid ist inzwischen 2.000 Jahre alt, während der Mythos selbst bis zu 800 Jahre älter ist und wahrscheinlich auf die Entstehung des Münzgeldes verweist. Der Midasmythos ist ein pessimistischer Mythos. Zwar erkennt Midas das Sündige und Schmutzige seiner auf das Gold gerichteten Wünsche und die Selbstüberschätzung und Selbstzerstörung, die damit verbunden sind. Aber er lernt nicht wirklich aus seiner Einsicht, sondern sein törichter Sinn bleibt bestehen, wie im zweiten Teil des Mythos gezeigt wird. Zugleich weckt das durch Midas im Fluss Paktolus abgewaschene Gold wieder die Goldgier bei anderen Menschen und setzt dadurch einen neuen Midaszyklus in Gang. Wenn der Mythos auch heute immer noch

Gültigkeit hat und die Wirtschaftsagenten, wie schon Midas, periodisch von einer unstillbaren Geldgier erfasst werden und zwischen einer Gold-, Geld- und Kapitaleuphorie und einer auf Panik und Krise folgenden Depression schwanken, dann hätte die Menschheit in den vergangenen 2.500 Jahren wenig über ihr Verhältnis zu Gold, Geld und Kapital und deren Bedeutung gelernt. Bei ihrer Gier nach Gold und Geld bleiben die Menschen offenbar einem »Wiederholungszwang« (Freud 1920, S. 17) unterworfen, der sich als eine »ewige Wiederkehr des Gleichen« (S. 21) oder als eine Fixierung auf das Infantile darstellt. Wenn es stimmt, was Altvater behauptet: »Geld regiert in einem so extremen Ausmaß die Welt wie niemals zuvor in der Geschichte« (2005, S. 17), so würde dies bedeuten, dass der nach dem Midasmythos genannte Midaskomplex, der die unendliche Vermehrung oder Akkumulation von Gold, Geld und Kapital zum Inhalt hat, heute verbreiteter und aktueller ist als je zuvor und dass er wie nie zuvor die Welt regiert und damit das Schicksal der Welt bestimmt.

Zwar ist das Gold als Geld in den Hintergrund getreten und an seiner Stelle werden papierene und elektronische Symbole verwendet. Aber diese müssen auf dem Goldmarkt in Gold konvertibel sein, damit sie als Goldsymbole auch goldeswert sind oder bleiben. Der Zusammenhang zwischen Gold und Geld zeigt sich heute im täglich fixierten Goldpreis, ausgedrückt in Papiergeld. Wenn dieser steigt, bedeutet das, dass das Papiergeld gegenüber dem Gold wertloser wird oder inflationiert. In der Wertgleichung Gold = Papiergeld ist das Papiergeld scheinbar das Wertmaß der Ware Gold geworden. In Wirklichkeit ist es nach wie vor umgekehrt: Das an sich wertlose Papiergeld oder Symbolgeld bekommt seinen Wert durch die Gewichtsmenge Gold, in die es getauscht werden kann. Es gilt deshalb nicht 1 Unze Gold sind 1.000 Papierdollar wert, sondern umgekehrt, 1.000 Dollar sind eine Unze Gold oder 1 Dollar sind 1/1000 Unze Gold wert. Eine Lösung des Geldes vom Gold und damit, wie ausgeführt wurde, vom verdrängten infantilen Goldkot ist nicht möglich, ohne das Geld als solches aufzuheben, denn die am Geld haftende Analität gibt ihm seine unbewusste Attraktivität. Auch das moderne Scheingeld oder der Geldschein ist noch an das Gold gebunden und das wiederum an den kindlichen Goldkot, auf den der Mensch unbewusst fixiert bleibt.

Die Geschichte des Midaskomplexes zeigt, dass er trotz zeitenweiser Unterdrückung, Einschränkung oder Überwindung bisher immer wiederkehrte und diese Wiederkehr dann immer größere Kreise zog. Mit der zunehmenden Generalisierung und Globalisierung des konsequent verfolgten Midaskomplexes generalisieren und globalisieren sich auch seine ruinösen Folgen. Nach Hörisch werden durch den Midas-Komplex nicht nur ökonomische, sondern auch ökologische Krisen ausgelöst (vgl. 2002, S. 30). Er zitiert zur Illustration einen Spruch der Amazonas-Indianer: »Erst wenn die Weißen den letzten Baum gefällt haben, werden sie merken, dass man Geld nicht essen kann«. Auch Binswanger bezieht sich in seiner Arbeit *König Midas: wird alles zu Gold?* auf den Midasmythos und meint, er sollte uns zur Warnung dienen. Wenn »das Wachstum der Geldwerte den absoluten Vorrang erhält vor dem Wachstum des Wohlstands« (2006, S. 265), dann entstehen Kollateralschäden und die »Bewahrung der natürlichen Grundlagen des Wirtschaftens und des Lebens müssen hintangestellt werden« (S. 266).

Die Finanzkrise des Jahres 2008 war auch eine Krise des Midaskomplexes und seiner seit Jahren propagierten ungehemmten Realisierung. Jeder war aufgefordert als Eigentümer, sei es von Finanzkapital oder auch nur von Humankapital, seiner Arbeitskraft, alles in Geld und in Mehrgeld zu verwandeln. Dabei entwickelte sich nach neoliberaler Überzeugung ein Konflikt zwischen den kapitalbesitzenden »freien Bürgern« (Friedman 1962, S. 24) und einem »paternalistischen« Staat, der die freie Kapitalvermehrung verhindern wollte. Das Streben nach Geld und Geldgewinn wurde als der durch nichts zu ersetzende Motor der Wirtschaft, der für alle zu Wohlstand und Effizienz führen würde, gefeiert. Die Beziehung zwischen Geld und Schuld, wie von Midas eingestanden, oder gar die zwischen Geld und Schmutz, waren kein Thema. Dieser manische Triumphalismus wurde gefördert durch den Zusammenbruch der sozialistischen Staaten, mit denen ein Versuch einer Alternative zum entfesselten Midaskomplex endete.

So wurden die neu entwickelten Finanzinstrumente, die für die meisten in ihrer Funktionsweise undurchschaubar waren, aber den für alle leicht zu durchschauenden Zweck hatten, aus Geld mehr Geld zu machen, zu »phantastic objects« (Tuckett 2009, S. 5), zu neuen fantastischen Objekten des Midaskomplexes. Trotz warnender Stimmen wurde verleugnet, dass sie auch Instrumente zur Vernichtung von Geld sein konnten. Auf dem Höhepunkt der Finanzkrise, auf dem die manische Gier nach Geldgewinn in panische Verlustangst umschlug, war plötzlich von schmutzigen Exzessen der Finanzakteure die Rede. Alles schien überschwemmt von faulen, schlechten und giftigen Wertpapieren, die keinen Wert mehr hatten, und nun durch den Staat oder durch »bad banks« übernommen werden sollten. Bezeichnenderweise blieben die Banken, die für die schlechten Wertpapiere verantwortlich waren, indem sie absehbar faule Kredite, »Subprime«-Kredite, vergeben und diese dann auch noch teuer und profitabel verkauft hatten, die »good banks«. Die Banken dagegen, die die schlechten Papiere entgiften und damit die Bilanzen bereinigen sollten, wurden »bad banks« genannt. Der SPD-Fraktionsvize Stiegler sagte im April 2009: »Wir müssen die Banken von den illiquiden Papieren befreien, damit sie wieder kreditvergabefähig werden. Wenn die Amerikaner und Briten ihre Banken windeln, müssen auch wir unseren Banken neue Windeln verpassen«.

Die verleugnete und verdrängte anale Metaphorik des Geldes kehrte wieder und wurde allgegenwärtig. Selbst in den USA war ein Reicher »filthy rich« oder auch »dirty rich«, also schmutzig reich. Die vorher hochgelobten Finanzinnovationen erwiesen sich buchstäblich als Beschiss oder als »shitty deal« und wer sie noch besaß, saß selbst »in deep shit«. Aber nicht nur die Wertpapiere, die keiner mehr haben wollte, sondern auch das Geld selbst, als papierenes Kreditgeld, drohte wertlos zu werden und als inflationiertes »toiletpaper money« seinen grundlegend wertlosen, weil analen Charakter zu offenbaren. Dies war der »Abgrund«, in den die Welt kurzfristig in Panik schaute. Das eigentliche fantastische Objekt, dem alle nachjagen, ist das Geld, dessen unbewusste Herkunft aus dem infantilen Goldkot immer wieder manisch verleugnet und verdrängt wird, bis in der Krise das Verdrängte wiederkehrt. Auch schon der mythische Midas war als Folge seiner Metamorphosen von Gold ringsum beschmiert und musste sich einer Reinigung unterziehen.

Aber so plötzlich die Schmutz- und Kotmetaphorik in der Finanzkrise allgegenwärtig war, so schnell verschwand sie auch wieder, nachdem sich die Geldwelt vom ersten Schock erholt hatte und ein Zusammenbruch der Weltfinanzmärkte durch den Vater Staat oder, wie Tuckett sagt, durch eine »parental rescue« (2009, S. 19), eine elterliche Rettung, verhindert wurde, ohne dass es zu einer eigentlichen Reinigungskrise gekommen wäre. Genauso schnell verschwand auch die Einsicht zur Veränderung und es ist fraglich, ob unter diesen Umständen eine Regulierung international in Gang kommt. Aber man brauchte den Staat in der Krise auch weniger als zukünftigen Regulierer, sondern vor allem als eine Instanz, die die Privaten durch Bürgschaften von Überschuldung und Verlustpanik erlösen und ihren Fall in Konkurs und in den Abgrund einer tiefen und dauerhaften ökonomischen Depression verhindern sollte. Nachdem in der Krise der private Kredit, also das Vertrauen der Privaten untereinander, zerbrochen war, konnte nur noch der Staat, als der Repräsentant der Allgemeinheit, der »societas« oder der »communitas«, als Retter, Bürge und Kreditgeber fungieren. Es bestätigte sich, dass die Gewinne privatisiert, die Verluste dagegen sozialisiert oder kommunalisiert werden. Das spekulative und ruinöse Streben nach Geld und Gewinn konnte so erneut beginnen und eine neue Krise vorbereiten, wobei allerdings die Staaten durch den Rettungsakt zunehmend selbst überschuldet sind, eine weitere Rettung durch sie schwieriger wird und sie womöglich selbst gerettet werden müssen.

Nach Ansicht der klassischen und neoklassischen Ökonomie spielt das Geld keine wesentliche, sondern nur eine vermittelnde Rolle. Es liegt deshalb als Geldschleier oder als »veil of money« über der realen Wirtschaft. Durch diese Auffassung wird aber das Geld selbst verschleiert. Es wird verschleiert oder tabuisiert, dass die Geldgier und damit das Geld das »treibende Motiv und der bestimmende Zweck« (Marx 1867, S. 164) der kapitalistischen Produktionsweise ist und weiter, dass das Geld ein »Symbol des Kotes« (Freud 1958, S. 584) ist und unbewusst den wertvollen, aber letztlich doch wertlosen infantilen Goldkot repräsentiert. Die Aufrechterhaltung des ersten Tabus führt dazu, dass vom Geld verlangt wird, sich als Tauschmittel den Lebensmitteln als dem eigentlichen Tauschzweck unterzuordnen. Diese Bestrebungen übersehen, dass Geld historisch entstand, um damit Bedürfnisse zu befriedigen, die über Lebensmittel hinausgehen und unersättlich sind. Die Aufrechterhaltung des zweiten Tabus ist der Grund, warum die menschliche Haltung zu Gold und Geld seit altersher so zwiespältig ist und zwischen einer manischen Verherrlichung als heiliges Geld und einer panisch-depressiven Verdammung als schmutzig-teuflisches Geld hin- und herschwankt. Eine Geld- oder Finanzkrise zeichnet sich psychologisch dadurch aus, dass beide Geldtabus periodisch nicht mehr aufrecht zu erhalten sind. Die auf das Geld gerichtete Gier wird sichtbar und der anale Charakter des Geldes offenbart sich. So wird in den ökonomischen Krisen die individuelle und gesellschaftliche Fixierung an den Midaskomplex immer wieder von Neuem bestätigt.

Literatur

Abraham, Karl (1914): Über Einschränkungen und Umwandlungen der Schaulust bei den Psychoneurotikern nebst Bemerkungen über analoge Erscheinungen in der Völkerpsychologie. In: Abraham, Karl: Psychoanalytische Studien (PS) I. Gießen (Psychosozial) 1999, S. 324–382.

Abraham, Karl (1916): Über Ejaculatio präcox. In: Abraham, Karl: Psychoanalytische Studien I. Gießen (Psychosozial) 1999, S. 43–60.

Abraham, Karl (1920a): Zur narzißtischen Bewertung der Exkretionsvorgänge in Traum und Neurose. In: Abraham, Karl: Psychoanalytische Studien I. Gießen (Psychosozial) 1999, S. 241–244.

Abraham, Karl (1920b): Äußerungsformen des weiblichen Kastrationskomplexes. In: Abraham, Karl: Psychoanalytische Studien II. Gießen (Psychosozial) 1999, S. 69–99.

Abraham, Karl (1924): Versuch einer Entwicklungsgeschichte der Libido. In: Abraham, Karl: Psychoanalytische Studien I. Gießen (Psychosozial) 1999, S. 113–183.

Abraham, Karl (1925): Psychoanalytische Studien zur Charakterbildung. In: Abraham, Karl: Psychoanalytische Studien I. Gießen (Psychosozial) 1999, S. 184–226.

Aischylos: Die Orestie. Stuttgart (Reclam) 1987.

Aischylos: Die Perser. Stuttgart (Reclam) 1997.

Altmeyer, Martin (2000): Narzißmus, Intersubjektivität und Anerkennung. Psyche – Z Psychoanal 54(2), 143–171.

Altvater, Elmar (2005): Das Ende des Kapitalismus wie wir ihn kennen. Münster (Westfälisches Dampfboot).

Aristophanes: Plutos. In: Aristophanes: Komödien. München (DTV) 1990, S. 579–623.

Aristoteles: Politik. Stuttgart (Reclam) 1989.

Bernstein, Peter (2000): Die Macht des Goldes. München (Finanz-Buch) 2005.

Bertin, Célia (1982): Die letzte Bonaparte. Freiburg (Kore) 1989.

Biedermann, Hans (1989): Knaurs Lexikon der Symbole. Augsburg (Weltbild) 2000.

Binswanger, Hans Christoph (2006): König Midas: Wird alles zu Gold? In: Karmann, Alexander & Klose, Joachim (Hg.): Geld regiert die Welt? Marburg (Metropolis), S. 251–266.

Bion, Wilfred (1962): Lernen durch Erfahrung. Frankfurt a. M. (Suhrkamp) 1997.

Bischof, Norbert (1985): Das Rätsel Ödipus. München (Piper).

Borneman, Ernest (1973): Psychoanalyse des Geldes. Frankfurt a. M. (Suhrkamp) 1977.

Brown, Norman (1959): Zukunft im Zeichen des Eros. Pfullingen (Neske) 1962.

Buchan, James (1997): Unsere gefrorenen Begierden. Köln (DuMont) 1999.

Cato, Marcus P.: Über den Ackerbau. Stuttgart (Steiner) 2005.

Chasseguet-Smirgel, Janine (1981): De Sade: Der Körper und der Mord an der Realität. Psyche – Z Psychoanal 35(3), S. 237–252.

Clark, Ronald (1979): Sigmund Freud. Frankfurt a.M. (Fischer) 1981.

Dahmer, Helmut (1973): Libido und Gesellschaft. Frankfurt a.M. (Suhrkamp) 1982.

Dante Alighieri: Die Göttliche Komödie. Frankfurt a.M. (Insel) 1974.

DeMause, Lloyd (1974): Evolution der Kindheit. Frankfurt a.M. (Suhrkamp) 1977.

Desmonde, William (1957): Der Ursprung des Geldes im Tieropfer. In: Borneman, Ernest: Psychoanalyse des Geldes. Frankfurt a.M. (Suhrkamp) 1977. S. 134–151.

Dieter, Horst & Günther, Rigobert (1990): Römische Geschichte. Berlin (Verlag der Wissenschaften).

Dornes, Martin (1993): Der kompetente Säugling. Frankfurt a.M. (Fischer).

Dundes, Alan (1985): Sie mich auch! Weinheim (Beltz).

Durkheim, Emile (1912): Die elementaren Formen des religiösen Lebens. Frankfurt a.M. (Suhrkamp) 1984.

Dürrenmatt, Friedrich (1991): Midas oder die schwarze Leinwand. Zürich (Diogenes).

Engels, Friedrich (1878): Herrn Eugen Dührings Umwälzung der Wissenschaft. In: Marx-Engels-Werke (MEW) 20, S. 5–303.

Engels, Friedrich (1882): Die Entwicklung des Sozialismus von der Utopie zur Wissenschaft. MEW 19, S. 189–228.

Engels, Friedrich (1884): Der Ursprung der Familie, des Privateigentums und des Staats. MEW 21, S. 27–173.

Engels, Friedrich (1886): Vorwort zur englischen Ausgabe. In: Marx, Karl: Das Kapital I. MEW 23, S. 36–40.

Engels, Friedrich (1894): Ergänzung und Nachtrag zum III. Band des Kapitals. MEW 25, S. 897–919.

Erikson, Erik (1950): Kindheit und Gesellschaft. Stuttgart (Klett) 1974.

Fellmeth, Ulrich (2008): Pecunia non olet: die Wirtschaft in der antiken Welt. Darmstadt (Wissenschaftliche Buchgesellschaft).

Fenichel, Otto (1938): Der Bereicherungstrieb. Psyche – Z Psychoanal 30(1), 81–103.

Fenichel, Otto (1945): Psychoanalytische Neurosenlehre. Bd. I–III. Olten (Walter) 1975.

Ferenczi, Sandor (1913): Entwicklungsstufen des Wirklichkeitssinnes. In: Ferenczi, Sandor: Schriften zur Psychoanalyse (SP) I. Frankfurt a.M. (Fischer) 1970, S. 148–163.

Ferenczi, Sandor (1914): Zur Ontogenie des Geldinteresses. In: Ferenczi, Sandor: Schriften zur Psychoanalyse I. Frankfurt a.M. (Fischer) 1970, S. 198–205.

Ferenczi, Sandor (1924): Versuch einer Genitaltheorie. In: Ferenczi, Sandor: Schriften zur Psychoanalyse II. Frankfurt a.M. (Fischer) 1972, S. 317–400.

Frank, Sebastian (1541): Sprüchwörter. Frankfurt a.M. (Brönner) 1831.

Freud, Sigmund (1892): Ein Fall von hypnotischer Heilung. GW I, S. 3–17.

Freud, Sigmund (1900): Die Traumdeutung. GW II/III.

Freud, Sigmund (1905): Drei Abhandlungen zur Sexualtheorie. GW V, S. 29–145.

Freud, Sigmund (1906): Tatsachendiagnostik und Psychoanalyse. GW VII, S. 3–15.

Freud, Sigmund (1908a): Über infantile Sexualtheorien. GW VII, S. 172–188.

Freud, Sigmund (1908b): Charakter und Analerotik. GW VII, S. 203–209.

Freud, Sigmund (1908c): Der Dichter und das Phantasieren. GW VII, S. 213–223.

Freud, Sigmund (1909): Bemerkungen über einen Fall von Zwangsneurose. GW VII, S. 381–463.

Freud, Sigmund (1910a): Beiträge zur Psychologie des Liebeslebens. GW VIII, S. 65–91.

Freud, Sigmund (1910b): Eine Kindheitserinnerung des Leonardo da Vinci. GW VIII, S. 128–211.

Freud, Sigmund (1911a): Die zukünftigen Chancen der psychoanalytischen Therapie. GW VIII, S. 104–115.

Freud, Sigmund (1911b): Formulierungen über die zwei Prinzipien des psychischen Geschehens. GW VIII, S. 230–238.

Freud, Sigmund (1913a): Zur Einleitung der Behandlung. GW VIII, S. 454–478.

Freud, Sigmund (1913b): Totem und Tabu. GW IX.

Freud, Sigmund (1913c): Geleitwort. GW X, S. 453–455.

Freud, Sigmund (1914a): Zur Geschichte der Psychoanalytischen Bewegung. GW X, S. 44–113.

Freud, Sigmund (1914b): Zur Einführung des Narzißmus. GW X, S. 138–170.

Freud, Sigmund (1915): Zeitgemäßes über Krieg und Tod. GW X, S. 324–355.

Freud, Sigmund (1916a): Über Triebumsetzungen, insbesondere der Analerotik. GW X, S. 402–410.

Freud, Sigmund (1916b): Metapsychologische Ergänzung zur Traumlehre. GW X, S. 412–426.

Freud, Sigmund (1916c): Trauer und Melancholie. GW X, S. 428–446.

Freud, Sigmund (1917): Vorlesungen zur Einführungen in die Psychoanalyse. GW XI.

Freud, Sigmund (1918): Aus der Geschichte einer infantilen Neurose. GW XII, S. 19–157.

Freud, Sigmund (1919): Vorrede. GW XII, S. 325–329.

Freud, Sigmund (1920): Jenseits des Lustprinzips. GW XIII, S. 3–69.

Freud, Sigmund (1921): Massenpsychologie und Ich-Analyse. GW XIII, S. 74–161.

Freud, Sigmund (1923a): Psychoanalyse und Libidotheorie. GW XIII, S. 211–233.

Freud, Sigmund (1923b): Das Ich und das Es. GW XIII, S. 237–289.

Freud, Sigmund (1923c): Die infantile Genitalorganisation. GW XIII, S. 293–298.

Freud, Sigmund (1924a): Der Realitätsverlust bei Neurose und Psychose. GW XIII, S. 363–368.

Freud, Sigmund (1924b): Der Untergang des Ödipuskomplexes. GW XIII, S. 395–402.

Freud, Sigmund (1924c): Kurzer Abriß der Psychoanalyse. GW XIII, S. 405–427.

Freud, Sigmund (1925a): Selbstdarstellung. GW XIV, S. 33–96.

Freud, Sigmund (1925b): Die Widerstände gegen die Psychoanalyse. GW XIV, S. 99–110.

Freud, Sigmund (1926a): Hemmung, Symptom und Angst. GW XIV, S. 113–205.

Freud, Sigmund (1926b): Die Frage der Laienanalyse. GW XIV, S. 211–296.

Freud, Sigmund (1927): Die Zukunft einer Illusion. GW XIV, S. 325–380.

Freud, Sigmund (1928): Dostojewski und die Vatertötung. GW XIV, S. 399–418.

Freud, Sigmund (1930): Das Unbehagen in der Kultur. GW XIV, S. 421–506.

Freud, Sigmund (1931): Über die weibliche Sexualität. GW XIV, S. 518–537.

Freud, Sigmund (1933a): Neue Folge der Vorlesungen zur Einführung in die Psychoanalyse. GW XV.

Freud, Sigmund (1933b): Warum Krieg? GW XVI, S. 12–27.

Freud, Sigmund (1939): Der Mann Moses und die monotheistische Religion. GW XVI, S. 103–246.

Freud, Sigmund (1940): Abriß der Psychoanalyse. GW XVII, S. 67–138.

Freud, Sigmund (1950/1895): Entwurf einer Psychologie. GW Nachtragsband, S. 375–480.

Freud, Sigmund (1958/1911): Träume im Folklore. GW Nachtragsband, S. 573–600.

Freud, Sigmund (1960): Briefe. Frankfurt a.m (Fischer).

Freud, Sigmund (1965): Freud-Abraham Briefe 1907–1926. Frankfurt a.M. (Fischer) 1980.

Freud, Sigmund (1985a/1915): Übersicht der Übertragungsneurosen. GW Nachtragsband, S. 634–651.

Freud, Sigmund (1985b): Briefe an Wilhelm Fließ. Frankfurt a.M. (Fischer) 1986.

Freud, Sigmund & Bullitt, William (1966/1930): Thomas Woodrow Wilson. Der 28. Präsident der Vereinigten Staaten von Amerika (1913–1921). Eine psychoanalytische Studie. Gießen (Psychosozial) 2007.

Friedman, Milton (1962): Kapitalismus und Freiheit. München (Piper) 2004.

Friedman, Milton (1976): Autobiography. URL: http://www.nobelprize.org/nobel_prizes/economics/laureates/1976/friedman.html (Stand: 23.03.2012).

Friedman, Milton (1992): Geld regiert die Welt. Düsseldorf (Econ).

Fromm, Erich (1973): Anatomie der menschlichen Destruktivität. Reinbek (Rowohlt) 1977.

Fromm, Erich (1976): Haben oder Sein. München (DTV) 1979.

Galbraith, John (1987): Die Entmythologisierung der Wirtschaft. München (Knaur) 1990.

Gebhard, Rupert (2001): Magie, Mythos, Macht. Gold der alten und neuen Welt. In: Wamser, Ludwig (Hg.): Gold: Magie, Mythos, Macht. Gold der alten und der neuen Welt. München (Arnoldsche), S. 10–27.

Goethe, Johann Wolfgang von: Faust I und II. In: Insel Goethe Werkausgabe, Bd. III. Frankfurt a.M. (Insel) 1970, S. 7–341.

Grunberger, Bela (1971): Vom Narzißmus zum Objekt. Frankfurt a.M. (Suhrkamp) 1976.

Hägermann, Dieter (1990): Technik im frühen Mittelalter. In: Hägermann, Dieter & Schneider, Helmuth: Propyläen Technikgeschichte Bd. I: Landbau und Handwerk. 750 v. Chr. bis 1.000 n. Chr. Berlin (Ullstein) 1997, S. 317–504.

Hanfmann, George (1960): Sardis und Lydien. In: Akademie der Wissenschaften und der Literatur. Wiesbaden 1960, Nr. 6, S. 3–40.

Hardt, Matthias (2004): Gold und Herrschaft. Berlin (Akademie).

Harnik, J. (1925): Die triebhaft-affektiven Momente im Zeitgefühl. Imago XI, 32–57.

Harsch, Herta (2001): Zur Geschichte und Psychodynamik der Doppelbemutterung. Psyche – Z Psychoanal 55(4), 358–378.

Harsch, Wolfgang (1985): Das Geld in den Theorien von Marx und Freud. Psyche – Z Psychoanal 39(5), 429–455.

Harsch, Wolfgang (1995): Die psychoanalytische Geldtheorie. Frankfurt a.M. (Fischer).

Harsch, Wolfgang (1998): Psychoanalyse und Ökonomie. Psyche – Z Psychoanal 52(1), 1–29.

Harsch, Wolfgang (2002): Psychoanalyse des Geldes. In: Borchmeyer, Dieter; Harsch, Wolfgang & Hörisch, Jochen: Geld. Heidelberg (Winter), S. 97–112.

Hartmann von Aue: Gregorius. Stuttgart (Reclam) 1988.

Haubl, Rolf (2010): Geld regiert die Welt – die Außen- und die Innenwelt. Freie Assoziation 13(3), 43–57.

Heim, Robert (2011): Das Genießen des Geldes. In: Decker, Oliver; Türcke, Christoph & Grave, Tobias (Hg.): Geld. Kritische Theorie und Psychoanalytische Praxis. Gießen (Psychosozial), S. 76–114.

Heine, Heinrich (1832): Französische Zustände. Werke 4. Berlin (Aufbau) 1978, S. 7–188.

Heinsohn, Gunnar (1984): Privateigentum, Patriarchat, Geldwirtschaft. Frankfurt a.M. (Suhrkamp).

Herodot: Das Geschichtswerk. Frankfurt a.M. (Insel) 2001.

Hesiod: Theogonie. Stuttgart (Reclam) 1999.

Hesiod: Werke und Tage. Stuttgart (Reclam) 2007.

Hession, Charles (1984): John Maynard Keynes. Stuttgart (Klett) 1986.

Homer: Ilias. München (Goldmann) 1982.

Homer: Odyssee. München (Goldmann) 1984.

Hörisch, Jochen (1996): Kopf oder Zahl. Poesie des Geldes. Frankfurt a.M. (Suhrkamp) 1998.

Hörisch, Jochen (2002): Das Geld (in) der Literatur. In: Borchmeyer, Dieter; Harsch, Wolfgang & Hörisch, Jochen: Geld. Heidelberg (Winter), S. 25–39.

Howgego, Christopher (1995): Geld in der antiken Welt. Stuttgart (Theiss) 2000.

Hume, David (1742): Vom Gelde. In: Diehl, Karl & Mombert, Paul (Hg.): Vom Gelde. Ausgewählte Lesestücke zum Studium der politischen Ökonomie. Berlin (Ullstein) 1979, S. 48–61.

Hunger, Herbert (1953): Lexikon der griechischen und römischen Mythologie. Reinbek (Rowohlt) 1984.

Jay, Peter (2000): Das Streben nach Wohlstand. Düsseldorf (Albatros) 2006.

Johnson, William (1979): Der Goldrausch. Amsterdam (Time-Life-International).

Jonson, Ben (1607): Volpone. Stuttgart (Reclam) 2004.

Jones, Ernest (1913): Der Gottmensch-Komplex. In: Jones, Ernest: Zur Psychoanalyse der christlichen Religion. Frankfurt a.M. (Suhrkamp) 1970, S. 15–36.

Jones, Ernest (1916): Die Theorie der Symbolik. In: Jones, Ernest: Die Theorie der Symbolik. Frankfurt a.M. (Athenäum) 1987, S. 50–114.

Jones, Ernest (1918): Über analerotische Charakterzüge. In: Jones, Ernest: Die Theorie der Symbolik. Frankfurt a.M. (Athenäum) 1987, S. 115–142.

Jones, Ernest (1953): Sigmund Freud. Leben und Werk. Bd. I. München (DTV) 1984.

Jones, Ernest (1955): Sigmund Freud. Leben und Werk. Bd. II. München (DTV) 1984.

Kautsky, Karl (1902): Krisentheorien. Die Neue Zeit XX(2), 133–143.

Keynes, John Maynard (1919): Die wirtschaftlichen Folgen des Friedensvertrags. München (Duncker&Humblot) 1920.

Keynes, John Maynard (1924): Ein Traktat über Währungsreform. München (Duncker&-Humblot).

Keynes, John Maynard (1925): Das Ende des Laissez-Faire. In: Mattfeld, Harald: Keynes. Hamburg (VSA) 1985, S. 96–116.

Keynes, John Maynard (1930): Vom Gelde. München (Duncker&Humblot) 1932.

Keynes, John Maynard (1936): Allgemeine Theorie der Beschäftigung, des Zinses und des Geldes. Berlin (Duncker&Humblot) 1983.

Kennedy, Gail (2005): From the ape's dilemma to the weanling's dilemma: early weaning and its evolutionary context. Journal of Human Evolution 48, S. 123–145.

Klein, Melanie (1930): Die Bedeutung der Symbolbildung für die Ich-Entwicklung. In: Klein, Melanie: Das Seelenleben des Kleinkindes (SK). Reinbek (Rowohlt) 1972, S. 31–44.

Klein, Melanie (1932): Die Psychoanalyse des Kindes. München (Kindler) 1973.

Klein, Melanie (1946): Bemerkungen über einige schizoide Mechanismen. In: Klein, Melanie: Das Seelenleben des Kleinkindes. Reinbek (Rowohlt) 1972, S. 101–125.

Klein, Melanie (1952): Über das Seelenleben des Kleinkindes. In: Klein, Melanie: Das Seelenleben des Kleinkindes. Reinbek (Rowohlt) 1972, S. 144–173.

Klein, Melanie (1957): Neid und Dankbarkeit. In: Klein, Melanie: Das Seelenleben des Kleinkindes. Reinbek (Rowohlt) 1972, S. 174–186.

Kohut, Heinz (1971): Narzißmus. Frankfurt a. M. (Suhrkamp) 1973.

Kreissig, Heinz (1991): Griechische Geschichte. Berlin (Verlag der Wissenschaften).

Krueger, David (1986): The Last Taboo. New York (Brunner/Mazel).

Krüger, Stephan (2010): Allgemeine Theorie der Kapitalakkumulation. Hamburg (VSA).

Krugman, Paul (1996): The Gold Bug Variations. Slate Magazine 23.11.1996.

Kurnitzky, Horst (1974): Triebstruktur des Geldes. Berlin (Wagenbach).

Kurnitzky, Horst (1994): Der heilige Markt. Frankfurt a. M. (Suhrkamp).

Laum, Bernhard (1968): Die Funktionen des Geldes in historischer Sicht. In: Andreae, C. A.; Hansmeyer, K. H. & Scherhorn, G. (Hg.): Geldtheorie und Geldpolitik. Günter Schmölders zum 65. Geburtstag. Berlin (Duncker&Humblot) 1968, S. 3–21.

Lenin, Wladimir (1916): Der Imperialismus als höchstes Stadium des Kapitalismus. In: Lenin, Wladimir: Ausgewählte Werke (AW) II. Berlin (Dietz) 1988, S. 643–770.

Lenin, Wladimir (1921): Über die Bedeutung des Goldes jetzt und nach dem vollen Sieg des Sozialismus. In: Lenin, Wladimir: Ausgewählte Werke VI. Berlin (Dietz) 1988, S. 425–434.

Luhmann, Niklas (1988): Die Wirtschaft der Gesellschaft. Frankfurt a. M. (Suhrkamp) 1994.

Lurker, Manfred (1974): Götter und Symbole der alten Ägypter. München (Scherz).

Mahler, Margret (1968): Symbiose und Individuation. Stuttgart (Klett) 1972.

Mandel, Ernest (1982): Die Krise. Hamburg (Konkret) 1987.

Marx, Karl (1859): Zur Kritik der politischen Ökonomie. In: Marx-Engels-Werke (MEW) 13, S. 7–160.

Marx, Karl (1867): Das Kapital I. Kritik der politischen Ökonomie. MEW 23.

Marx, Karl (1885/1864–65): Das Kapital II. MEW 24.

Marx, Karl (1891/1875): Kritik des Gothaer Programms. In: MEW 19, S. 15–32.

Marx, Karl (1894/1863–67): Das Kapital III. MEW 25.

Marx, Karl (1905/1862–63): Theorien über den Mehrwert I–III. MEW 26.1–26.3.

Marx, Karl (1932/1844): Ökonomisch-philosophische Manuskripte. MEW 40, S. 467–588.

Marx, Karl (1939/1857–58): Grundrisse der Kritik der politischen Ökonomie. Berlin (Dietz) 1974.

Marx, Karl (1985): Briefe. MEW 40, S. 635–640.

Marx, Karl & Engels, Friedrich (1848): Manifest der Kommunistischen Partei. MEW 4, S. 461–493.

Mattfeld, Harald (1985): Keynes. Hamburg (VSA).

Mauss, Marcel (1925): Die Gabe. Frankfurt a. M. (Suhrkamp) 1984.

Merkelbach, Reinhold (1992): Die Bedeutung des Geldes für die Geschichte der griechisch-römischen Welt. Stuttgart (Teubner).

Molière: L'Avare. Bielefeld (Velhagen&Klasing) o. J.

Morus, Thomas (1516): Utopia. Stuttgart (Reclam) 1964.

Muensterberger, Werner (1951): Oralität und Abhängigkeit. In: Muensterberger, Werner (Hg.): Der Mensch und seine Kultur. München (Kindler) 1974, S. 170–205.

Nietzsche, Friedrich (1871): Die Geburt der Tragödie. München (Goldmann) o. J.

Nietzsche, Friedrich (1883): Also sprach Zarathustra. München (Goldmann) o. J.

Nietzsche, Friedrich (1887): Zur Genealogie der Moral. München (Goldmann) 1988.

Ovid: Metamorphosen. Frankfurt (Büchergilde Gutenberg) 1984.

Pfaff, William (2009): From Midas to Modern Crisis. International Herald Tribune 16.7.2009.

Plautus: Goldtopf-Komödie. Stuttgart (Reclam) 1978.

Platon: Politeia. In: Platon: Sämtliche Werke 3. Hamburg (Rowohlt) 1958, S. 68–310.

Plinius der Ältere: Naturkunde. Buch XXXIII. Metallurgie. Darmstadt (Wissenschaftliche Buchgesellschaft) 1984.

Polanyi, Karl (1944): The Great Transformation. Wien (Europa) 1977.

Polanyi, Karl (1979): Ökonomie und Gesellschaft. Frankfurt a.M. (Suhrkamp).

Ranke-Graves, Robert (1955): Griechische Mythologie I und II. Reinbek (Rowohlt) 1960.

Recktenwald, Horst (1974): Würdigung des Werkes. In: Smith, Adam: Der Wohlstand der Nationen. München (DTV) 1978, S. XV–LXXIX.

Reiche, Reimut (1995): Von innen nach außen. Sackgassen im Diskurs über Psychoanalyse und Gesellschaft. Psyche – Z Psychoanal 49(3), 227–258.

Renger, Johannes (1995): Subsistenzproduktion und redistributive Palastwirtschaft: Wo bleibt die Nische für das Geld? In: Schelkle, Waltraud & Nitsch, Manfred (Hg.): Rätsel Geld. Annäherungen aus ökonomischer, soziologischer und historischer Sicht. Marburg (Metropolis) 1998, S. 271–324.

Ricardo, David (1817): Grundsätze der politischen Ökonomie. Frankfurt a.M. (EVA) 1980.

Richter, Horst-Eberhard (1979): Der Gotteskomplex. Reinbek (Rowohlt).

Riese, Hajo (1995): Geld: Das letzte Rätsel der Nationalökonomie. In: Schelkle, Waltraud & Nitsch, Manfred (Hg.): Rätsel Geld. Annäherungen aus ökonomischer, soziologischer und historischer Sicht. Marburg (Metropolis) 1998, S. 45–62.

Roazen, Paul (2004): Ödipus in Versailles. Neue Beweise für die Beteiligung Freuds an der Studie über Woodrow Wilson. In: Freud, Sigmund & Bullitt, William (1966/1930): Thomas Woodrow Wilson. Der 28. Präsident der Vereinigten Staaten von Amerika (1913–1921). Eine psychoanalytische Studie. Gießen (Psychosozial) 2007, S. 305–316.

Roheim, Geza (1923): Heiliges Geld in Melanesien. In: Borneman, Ernest: Psychoanalyse des Geldes. Frankfurt a.M. (Suhrkamp) 1977, S. 227–245.

Roheim, Geza (1927): Die Urformen und der Ursprung des Eigentums. In: Borneman, Ernest (Hg.): Psychoanalyse des Geldes. Frankfurt a.M. (Suhrkamp) 1977, S. 152–199.

Rühfel, Hilde (1988): Ammen und Kinderfrauen im klassischen Athen. Antike Welt 19(4), 43–57.

Say, Jean (1821): Briefe an Malthus. In: Diehl, Karl & Mombert, Paul: Wirtschaftskrisen. Ausgewählte Lesestücke zum Studium der politischen Ökonomie. Berlin (Ullstein) 1979, S. 53–87.

Schäfer, K.H. (1967): Erkrankungen des Magendarmkanals. In: Fanconi, Guido & Wallgren, Arvid (Hg.): Lehrbuch der Pädiatrie. Basel (Schwabe) 1967, S. 721–777.

Schopenhauer, Arthur (1851): Aphorismen zur Lebensweisheit. München (Goldmann) o.J.

Schumpeter, Joseph (1942): Kapitalismus, Sozialismus und Demokratie. München (Francke) 1980.

Sedillot, René (1989): Muscheln, Münzen und Papier. Frankfurt a.M. (Campus) 1992.

Segal, Hanna (1957): Bemerkungen zur Symbolbildung. In: Spillius, Elizabeth Bott (Hg.): Melanie Klein heute. Entwicklungen in Theorie und Praxis Bd. I. München (Internationale Psychoanalyse) 1990, S. 202–224.

Shakespeare, William (1596): Der Kaufmann von Venedig. Berlin (Wagenbach) 1986.

Shakespeare, William (1606): Timon von Athen. In: Shakespeares Werke. Zehnter Teil. Berlin (Bong) o.J., S. 173–238.

Simmel, Georg (1900): Philosophie des Geldes. Berlin (Duncker&Humblot) 1977.

Smith, Adam (1776): Der Wohlstand der Nationen. München (DTV) 1978.

Sohn-Rethel, Alfred (1961): Warenform und Denkform. Frankfurt a.M. (Suhrkamp) 1978.

Sombart, Werner (1916): Der moderne Kapitalismus. München (DTV) 1987.

Sophokles: Antigone. Stuttgart (Reclam) 1987.

Sophokles: König Ödipus. Stuttgart (Reclam) 1989.

Spitz, René (1965): Vom Säugling zum Kleinkind. Stuttgart (Klett) 1972.

Stern, Daniel (1985): Die Lebenserfahrung des Säuglings. Stuttgart (Klett-Cotta) 1992.

Stiglitz, Joseph (2008): Wie der Fall der Mauer. Frankfurter Rundschau 8.11.2008.

Stiegler, Ludwig (2009): Windeln für die Banken. Berliner Tagesspiegel 14.4.2009.

Stroczan, Katherine (2002): Der schlafende Dax. Berlin (Wagenbach).

Thiel, Anneke (2000): Midas, Mythos und Verwandlung. Heidelberg (Winter).

Thomson, George (1955): Die ersten Philosophen. Europäisches Buch 1976.

Tuckett, David (2009): Addressing the Psychology of Financial Markets. Veröffentlichung des Institute for Public Policy Research (Ippr). URL: http://www.ippr.org/publications/55/1696/addressing-the-psychology-of-financial-markets (Stand: 28.03.2012).

Türcke, Christoph (2009): Jesu Traum. Springe (Klampen).

Vergil: Aeneis. München (DTV) 1985.

Viderman, Serge (1992): Die Psychoanalyse und das Geld. Frankfurt a. M. (Campus) 1996.

Weber, Max (1904): Die protestantische Ethik und der Geist des Kapitalismus. In: Weber, Max: Gesammelte Aufsätze zur Religionssoziologie I. Tübingen (Mohr) 1988, S. 17–206.

Will, Edouard (1955): Überlegungen und Hypothesen zur Entstehung des Münzgeldes. In: Kippenberg, Hans G. (Hg.): Die Entstehung der antiken Klassengesellschaft. Frankfurt a. M. (Suhrkamp) 1977, S. 205–222.

Williams, Jonathan (1997): Money – A History. London (British Museum) 1998.

Winnicott, Donald W. (1971): Vom Spiel zur Kreativität. Stuttgart (Klett) 1973.

Wirth, Hans-Jürgen (2002): Narzissmus und Macht. Gießen (Psychosozial) 2006.

Zinn, Karl (1986): Arbeit, Konsum, Akkumulation. Hamburg (VSA).

Carmen Dege

Die Lüge und das Politische

Freiheit und Sicherheit in der Präventionsgesellschaft

Hans-Jürgen Wirth

Narzissmus und Macht

Zur Psychoanalyse seelischer Störungen in der Politik

2010 · 230 Seiten · Broschur
ISBN 978-3-8379-2065-9

4. Aufl. 2011 · 440 Seiten · Broschur
ISBN 978-3-8379-2152-6

Die Sicherheitsdebatte der letzten Jahrzehnte ist geprägt von einem Konflikt zwischen staatlich zu gewährender Freiheit und dazu nötiger Sicherheit. Möglich wird dieser Diskurs durch die Verdrängung einer spezifischen Vorstellung von Freiheit, der dieses Buch gewidmet ist. Freiheit wird zur organisierten Lüge, die politisches Handeln ausschließt. Der Konflikt zwischen Freiheit und Sicherheit entpuppt sich dabei als nur scheinbar unabwendbar, als Illusion einer maßgeblich an Prävention und Absicherung orientierten Gesellschaftspolitik.

Der Autorin gelingt es mit ihrer Analyse, das Verständnis des Problemkreises zu erweitern. Darüber hinaus betritt sie theoretisches Neuland, indem sie anhand der Arendt'schen Philosophie eine Konzeption der Lüge weiterentwickelt, die bislang sowohl in der Literatur zur Lüge als auch in der Arendt-Debatte nur marginal gewürdigt wurde.

Gesellschaftliche Macht übt eine unwiderstehliche Anziehungskraft auf Personen aus, die an einer narzisstischen Persönlichkeitsstörung leiden. Karrierebesessenheit, ungezügelte Selbstbezogenheit, und Größenfantasien sind Eigenschaften, die der narzisstisch gestörten Persönlichkeit den Weg an die Schaltstellen ökonomischer oder politischer Macht ebnen. Fremdenhass und Gewalt gegen Sündenböcke zu schüren, gehört zu den bevorzugten Herrschaftstechniken solcher Führer. Geblendet von eigenen Größen- und Allmachtsfantasien verliert der Narzisst den Kontakt zur gesellschaftlichen Realität und muss letztlich scheitern. Eng verknüpft mit dem Realitätsverlust ist die Abkehr von den Normen, Werten und Idealen, denen die Führungsperson eigentlich verpflichtet ist.

Walltorstr. 10 · 35390 Gießen · Tel. 0641-969978-18 · Fax 0641-969978-19
bestellung@psychosozial-verlag.de · www.psychosozial-verlag.de

Horst-Eberhard Richter

Ist eine andere Welt möglich?

Für eine solidarische Globalisierung

Horst-Eberhard Richter

Psychoanalyse und Politik

Zur Geschichte
der politischen Psychoanalyse

Horst-Eberhard Richter
**Ist eine andere
Welt möglich?**
Für eine solidarische
Globalisierung

Horst-Eberhard Richter
**Psychoanalyse
und Politik**
Zur Geschichte
der politischen
Psychoanalyse

2005 · 220 Seiten · Broschur
ISBN 978-3-89806-346-3

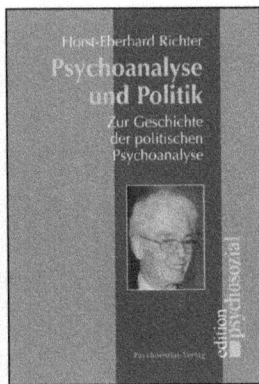

2003 · 332 Seiten · Broschur
ISBN 978-3-89806-243-5

Interessant, konstruktiv, zukunftsweisend – der Psychoanalytiker und Sozialphilosoph Horst-Eberhard Richter nimmt Stellung zu aktuellen Fragen vom Wandel der Psychoanalyse bis hin zur internationalen Friedensbewegung. Er verfolgt in den Reden und Aufsätzen dieses Bandes die geistige Situation in ihrer Entwicklung seit der Hitlerzeit bis in die Gegenwart hinein. Als engagierter Teilnehmer der Sozialen Bewegung der 1970er Jahre wurde er eine Leitfigur desjenigen Flügels der internationalen Friedensbewegung, der über die Kritik an Krieg und Atomrüstung hinaus den Aufbruch zu einer konstruktiven Humanisierung der Politik fordert. Wie sehen die dafür nötigen Wandlungen in der inneren Verfassung der Menschen aus?

Was hat die Psychoanalyse außer einer besonderen Form der Therapie den Menschen heute noch zu bieten? Versteckt sie ihr Potenzial als gesellschaftskritische Wissenschaft oder hat sie es etwa schon verspielt? Diesen Fragen widmet sich der richtungsweisende Denker mit dem Ziel, die Politik zum Gegenstand psychoanalytischer Betrachtungen zu machen. Für Richter bleibt die Psychoanalyse dazu aufgerufen, die Widerstandskraft der Menschen gegen ihre innere sowie die in technischen und politischen Prozessen verborgene äußere Destruktivität zu stärken.

»Horst-Eberhard Richter (...) bleibt auch mit diesem Buch, was er immer war: ein Störenfried, der heikle Themen aufgreift und sie mit der ihm eigenen sanften Unerbittlichkeit analysiert.«

Die Zeit

Walltorstr. 10 · 35390 Gießen · Tel. 06 41-96 99 78-18 · Fax 06 41-96 99 78-19
bestellung@psychosozial-verlag.de · www.psychosozial-verlag.de

www.ingramcontent.com/pod-product-compliance
Lightning Source LLC
Chambersburg PA
CBHW021028210326
41598CB00016B/950